코끝의 언어

우리 삶에 스며든 51가지 냄새 이야기

코끝의 언어

Revelations in Air

주드 스튜어트 지음
김은영 옮김

월북

일러두기

1. 외국의 인명, 지명, 음식명 등은 국립국어원 어문 규정의 외래어 표기법을 따랐다. 다만 관용적으로 굳어진 일부 용어는 예외를 두었다.
2. 하단의 주석은 모두 옮긴이 주로서 본문에서 ● 기호로 표기했다.

우리는 모두 냄새로 이어진다

사람의 몸이 느끼고 경험하는 것 중에 화학과 관련되지 않은 일은 아무것도 없다. 그중에서도 화학의 힘을 가장 선명하게 드러내는 일이라면, 역시 냄새다. 수백, 수천 가지 서로 다른 물질이 눈에 보이지는 않을 정도로 작은 입자가 되어 공기 중을 떠돌다 마침 사람의 코 안에 앉으면, 그것이 어떤 화학적 성질을 가졌느냐에 따라 갖가지 미묘하고 이상한 감각을 일으키며 사람에게 좋은 느낌을 주기도 하고 싫은 느낌을 주기도 한다. 약품을 섞는 작업을 하는 곳에서 이상한 냄새가 풍기는 것을 느낄 때, 독한 물질에서 피어오르는 불길한 향을 맡을 때, 새로 개발된 세제로 깔끔하게 무엇인가를 씻어내 나쁜 냄새를 다 날려버렸을 때, 약간만 뿌려도 느낌을 확 달라지게 하는 좋은 향수를 찾아냈을 때, 공장에서 새로 만든 새 차에서 미묘한 냄새가 감지될 때… 모두 (직감적으로) 화학적인 순간들이다.

물체가 내는 공기의 흔들림을 느끼는 청각이나, 물체가 뿜어내는 전기 신호를 느끼는 시각과 달리 후각은 물질 그 자체가 그대로 코에 직접 와 닿아야만 일으킬 수 있는 감각이다. 바로 그렇기 때문에 후각은 가짜로 만들어내거나 전달하기가 훨씬 어렵다. 없는 소리를 느끼게 하는 스피커나, 물건의 모습을 가짜로 흉내 내는 디스플레이 장치 기술은 대단히 빠르게 발전하여 이미 실용화되었지만, 냄새를 가짜로 뿜어내는 장치를 만드는 것은 훨씬 복잡한 문제다. 이런 사실 역시 실재하는 물질과의 직접적인 접촉이 중요한 화학의 실체감과 후각이 맞닿아 있다는 생각이 들게 한다.

수백 년 전 태어나 이미 세상을 떠난 사람도 얼굴 그림 한 장이면 그 모습을 알 수가 있다. 여태껏 한 번도 들어보지 못한 새의 울음소리도 탐험가가 그 소리를 녹음하면 다른 사람들에게 전해줄 수 있다. 그렇지만 낯선 꽃에서 맡은 향기, 이국적인 장소에서 처음 코로 들어 온 그 공간의 냄새는 그대로 전할 방법이 없다. 냄새는 손에 잡히지 않고, 쉽게 저장해 가져오기도 어려우며, 그대로 기록해둘 수도 없다.

냄새를 표현하기 위해서는 어쩔 수 없이 다른 방법을 이용해 최대한 상대방의 상상력과 공감을 끌어내며 그 냄새가 무엇인지 상상하도록 도와주는 수밖에 없다. 그것이 지금까지도 냄새를 전달하는 최선의 방식이다. 상대방이 간단히 기억해낼 수 있고 쉽게 떠올릴 수 있을 만한 냄새를 짐작해, 그에 견주어 내가 전하고자 하는 냄새를 설명해야 한다. 이는 상대에 대한 공감이며, 다른 사람의 마음에 대한 상상이다. 냄새를 표현하고자 하는 사람이 그 공감과 상상에 충분히 깊이 빠졌을 때, 상대방도 마침내 그 냄새를 공감이라는 형태로 전달받게 된다. 그저 허공 속으로 흩어질 것만 같았던 그 알 수 없던 냄새를 마음과 마음이 통하는 과정에서 이해할 수 있게 된다. 이렇게 보면, 냄새는 화학이 가장 문학에 가깝게 표현되는 일이라고 말해볼 수도 있겠다.

　이 책을 읽는 내내 바로 그런 식으로 냄새를 다루고 전하는, 재미있고 신기한 체험을 즐겨볼 수 있었다. 책 속에는 냄새와 관련된 세계 각지의 풍경, 역사상 여러 시대의 사건, 중요한 인물, 특별한 동물과 식물, 인상적인 음식, 그와 관련된 재미난 풍속이 다채롭게 담겨 있다. 익숙한 꽃향기에 대해서 설명할 때는, 나도 잘 알고 있는 그 꽃향기를 다른 지역, 다른 시대, 다른 사람이 맡았던 순간에 대해 생각하며 전혀 공감할 수 없을 것 같았던 먼 사람과 같은 냄새를 맡는 듯한 희미한 공감을 느끼게 된다. 반대로, 한 번도 경험해 보지 못한 낯선 냄새에 대해서 서술하는 대목은 미지의 것에 대해 품게 되는 강렬한 공상을 자극한다. 세상에 있지도 않은 외계인에 대한 소설이라도 그 외계인의 모습을 삽화로 그려 놓으면 단번에 어떤 모습의 외계인인지 보고 알 수 있지만, 냄새는 그렇지 않다. 이 책에 나오는 멸종된 꽃의 향기에 대해 서술하는 대목을 읽고 있으면 절대 알 수 없는 무엇인가를 생각하면서 오히려 마음속에서는 그 감각이 점점 더 간절해지는 것 같은 느낌이 생긴다.

　상념의 세계로 사람을 끌어당기는 화려한 서술 못지않게, 일상생활에서 쉽게 맡는 냄새를 구체적으로 지목하는 내용들도 귀중한 읽을거리다. 별것 아닌 것처럼 넘어가는 사건 속에 숨겨져 있는 과학 이론, 사회문화적 의미와 생각할 지점을 짚고 지나간다. 일상적 화학현상이 중대한 사건으로 이어지는 연결 고리도 발견하게 된다. 풀을 깎은 후에 나는 냄새, 비에 땅이 젖을 때 나는 냄새, 연필을 깎은 직후에 맡을 수 있는 냄새, 휘발유 냄새 등은 무심한 세상에서 누구나 익히 알고 대수로울 것도 없는 냄새다. 하지만 구체적으로 분석하고 따져볼수록 그 냄새는 점점 의미를 띠게 되고, 나중에는 감정을 공유할 수 있는 매개체가 된다.

　이 책은 냄새에 대해 탐구하면서 문학에서 지리에 이르는 다양한 범위의 이야기를 다룬다. 이는 과학의 세심한 시선을 보여주는 이야기이기도 하다. 이 책은 최첨단 기술을 이용한 메타버스, 가상현실, 딥러닝 인공지능기계라도 아직은 전하기 어려운 감각에 관한 이야기다. 우리가 사는 세상의 좋은 곳, 나쁜 곳, 어디에나 서려 있는 짧게 말하기 어려운 묘한 냄새들을 하나하나 들여다보는 이야기를 따라가다 보면, 우주의 그 모든 것을 다 돌아보고 있는 것 같다는 굉장한 감상이 잠깐 마음을 지나치기도 한다. 그런 어마어마한 책이면서도, 읽는 내내 포근하고 익숙한 가게 안으로 들어설 때처럼 따뜻한 향이 감돈다.

곽재식
작가, 공학박사

들어가며
왜 굳이 냄새에 대해 쓰기로 했나

나의 천재성은 내 콧구멍 안에 들어 있다.

프리드리히 니체의 『이 사람을 보라』 중에서

냄새는 공간과 시간을 찌부러뜨려서 만든 4차원 초입방체*hypercube*
와 비슷하다. 냄새는 기억의 빗장을 풀어 우리가 상상 속에서나 겨
우 들어가볼 만한 장면으로 들어가게 해준다. 어른이 된 뒤에 어린
시절로 다시 가본 사람이 있을까? 그럴 수는 없다. 하지만 어릴 때
다니던 학교에 천천히 걸어 들어가다 보면, 학교 다닐 때 맡았던 바
로 그 냄새가 다시 밀려든다. 가루 날리는 분필, 눅눅한 체육복, 급
식실의 퀴퀴한 음식 냄새. 그리고 그 냄새는 우리를 어린 시절로
완전히 되돌려 놓는다. 장면과 소리는 기억의 저편에서 변형되기
도 하지만, 냄새는 아주 깊은 곳에서 항상 같은 모습으로 웅크리고
있다.

　　사람의 몸속 냄새는 어떨까? 외과의사들 말로는, 건강한 사람
의 몸속에서는 거의 아무 냄새도 나지 않고 그저 습기 찬 맥박이 있

을 뿐이라고 한다. 몸속의 냄새를 밖으로 끄집어내는 것은 외과의사의 수술용 칼이다. 피는 특유의 금속성 냄새를 풍긴다. 뼈를 자를 땐 머리카락 타는 냄새가 난다.

1차 세계대전은 어떤 냄새였을까? 생존자들은 겨자탄*mustard gas*에서 라일락, 마늘, 양고추냉이, 양파 냄새가 났다고 증언한다. 겨자탄을 처음 맞닥뜨렸을 때는 아무 냄새도 느끼지 못한다. 마치 생각이 정리되면서 머리가 확 맑아지는 것처럼, 겨자탄의 가스가 증발할 때에야 신선한 냄새와 함께 도망쳐야 한다는 생각이 본능적으로 떠오른다. 귓가에 울리는 마지막 경고의 말처럼, 얼얼한 겨자 냄새가 위협을 알린다.[1]

지구 밖 우주에서는 어떤 냄새가 날까? 우주에는 공기가 없으므로 냄새도 없다. 그러나 큰 것이든 작은 것이든 사람이 만든 물건 중에서 우주로 나갔다가 지구로 귀환한 것에서는 기분 나쁘면서도 익숙한 냄새가 난다. 달의 먼지에서는 발사된 화약 냄새가 난다.[2] 화성에서 퍼온 흙에서는 살짝 달달한 냄새가 깔려 있고, 거기에 백악질 섞인 산과 황의 냄새가 난다.[3] 금성에서 발견된 포스핀 *Phosphine*은 금성에 생명체가 존재할지도 모른다는 희망을 갖게한 동시에 금성이 썩은 생선 냄새가 가득한 행성일 것이라고 추측하게 했다. 아마도 우리 지구인이 금성에 산다면 숨도 쉴 수 없을 것이다.[4] 목성에 가까이 가서 목성의 냄새를 맡아볼 수 있다면 어떨까? 내층에서는 비터 아몬드*bitter almond* 냄새가 날 것이고, 외층에서는 암모니아 냄새, 그리고 신장 기능이 망가진 사람의 날숨에서 나는 그런 냄새가 날 것이다.[5]

사람의 몸에서 나는 냄새가 바뀌면 그것은 그 사람에게 뭔가

병이 생겼다는 신호일 수 있다. 발진티푸스에 걸린 사람에게서는 갓 구운 빵 냄새가 나고, 결핵에 걸린 사람에게서는 김 빠진 맥주 냄새가 난다. 또 황열병 환자에게서는 정육점 냄새가, 흑사병으로 죽어가는 사람에게서는 과숙된 사과 냄새가 난다. 냄새로 병을 진단하는 것은 너무나 낡은 방식이지만 적절한 방법이기도 하다. 노련한 의사나 훈련받은 개의 코가, 그리고 점점 정밀해지는 '전자 코'가 파킨슨 병, 흑색종, 다발성경화증 등을 감지할 수 있다.[6] 이처럼 우리를 둘러싼 공기는 냄새와 변화에 대한 정보로 반짝거린다.

코로만 냄새를 맡는다는 일반적인 상식과는 달리, 사람은 몸 전체로 냄새를 맡는다. 그리고 우리가 감지한 냄새는 우리가 생각하는 것보다 삶에 큰 영향을 끼친다. 후각 수용기는 코 안쪽을 막처럼 덮고 있지만 우리 피부와 골격근육, 그리고 주요 장기에도 분포한다. 백단향의 향기를 쐬면 찰과상을 입은 피부가 빨리 아물고 빠졌던 머리카락이 다시 난다.[7] 냄새만으로 다른 사람의 감정을 감지할 수 있음을 보여주는 임상실험도 있다.[8] 갑자기 헛냄새를 맡는다면, 그러니까 실제로 존재하지 않는 냄새를 느낀다면 뇌종양이 진행되고 있거나, 간질 발작이 시작되거나, 편두통이 찾아오리라는 신호일 수 있다.[9] 노인이 갑자기 생선이나 페퍼민트의 냄새를 맡지 못한다면 5년 이내에 사망할 확률이 높다.[10]

후각은 내밀한 감각이다. 냄새는 가까운 거리에서만 맡을 수 있기 때문이다. 불꽃놀이의 화약 냄새나 노점의 핫도그 냄새처럼 아주 먼 곳에서 온 냄새인 것 같더라도, 생물공학적으로 먼 거리를 가로질러 맡는 것은 아니다. 우리 코에 와 닿을 만큼 밀도 높은 융단 폭격이 있어야만 냄새를 맡을 수 있다. 또, 역한 냄새에 대해 우리가 가지는 공포는 망상이 아니다. 냄새는, 더 정확히 말해 냄새를 풍기는 물질에서 나와 공기 중으로 떠오른 작은 분자는 실제로 우리 몸속으로 침투해 코 안 깊숙한 곳에 있는 후각 수용기와 결합한다. 기분 좋은 냄새를 맡을 때면 냄새의 친밀성이 아무런 문제가 되지 않지만, 냄새를 맡는 일은 대개 비자발적으로 일어난다. 우리가 숨을 쉬는 한, 냄새를 맡지 않을 수는 없기 때문이다. 자극적인 냄새는 음식, 섹스, 쓰레기, 똥 등 생명과 관계된 것들이 심리적인 불편함을 일으킬 정도로 가까이 있음을 알려주기도 한다.

심리적인 불편함에는 강력한 힘이 있다. 우리 몸에서 후각기관은 애초부터 뭔가를 판단하는 데 쓰이도록 설계되었다. 위협적인 요소에 마주할 때를 대비해 우리 몸의 주변을 감시하는 것이다. 또한 대뇌변연계의 대시보드에 있는 모든 버튼(감정, 기억, 주관)을 조작해 인간의 뇌중에서 가장 먼저 자리 잡은 부분으로 스며든다. 그러나 냄새를 맡는 행위와 생각하는 행위 사이에는 구조적인 시간 지연이 있다. 이성과 언어의 영역인 신피질은 냄새가 가장 나중에 도달하는 부분이며 냄새와 가장 관련이 적다.

냄새를 성급한 판단이나 편견의 근거로 삼는다면 큰 불행을 초래할 수도 있다. 중세시대에 쓰였던, '포에토르 유다이쿠스*foetor Judaicus*'를 생각해보자. 훗날 나치가 유대인의 악취를 뜻하는 말로 오용했던 개념이다.[11] 또 '흑인은 고약한 체취를 감추기 위해 약을 먹는다'는 그릇된 믿음을 가진 인종주의자가 1970년대까지도 미국에 드물지 않았다.[12] 인종 집단에 따라 체취가 아주 조금만 달라도 그 차이가 과장됐고, 이는 주류 집단이 인종주의를 정당화하거나 소수 집단을 억압하는 무기로 쓰였다.[13]

반대로 냄새는 사람을 더 가까운 사이로 만들어주기도 한다. 여러 문화권에서 낯선 사람의 냄새를 맡는 행동은 아름다운 무언의 호의를 의미한다. 여러 아랍 문화에서는 '코맞춤nose kiss'으로 인사를 나눈다. 콧등을 서로 마주 대며 상대방의 냄새를 들이마시는 것이다.[14] 뉴기니 사람들은 한 손을 상대방의 겨드랑이에 넣은 다음, 손을 빼 손가락에 밴 상대방의 냄새를 맡는다.[15] 고대 인도의 문헌에는 이런 인사 풍습도 기록되어 있다. "온유한 사랑의 가장 큰 표시로 당신의 머리 냄새를 맡겠습니다."[16] 냄새를 맡으면서는 공격도 방어도 할 수 없다. 따라서 냄새 맡기는 신뢰를 담보로 한다.

냄새는 또한 지적이기도 하다. 인간이 구별할 수 있는 독특한 냄새의 가짓수는 최대 1조 가지에 달한다. 동물의 세계에서 인간이 결코 냄새 맡기의 최강자는 아니지만 냄새의 차이를 구별하는 데는 단연 독보적이다. 이 능력은 회로의 대부분을 냄새에 할당하고 있는 우리의 뇌 덕분이다. 인간은 왜 지력의 많은 부분을 냄새 맡는 데 쓰고 있을까? 이에 관해 냄새 심리학자 레이첼 허츠Rachel Herz는 아주 흥미로운 이론을 내놓는다. "감정을 느끼고 표현하는 능력은 냄새를 처리하는 뇌의 능력에서 나왔다." 문자 그대로의 의미다. 사람의 뇌에 있는 편도체는 냄새를 처리하는 원시 후각피질로부터 천천히 진화했기 때문이다. 그러나 허츠의 이론은 다른 차원에서의 진화를 은유적으로 일컫는 것이기도 하다. 『욕망을 부르는 향기』에서 그는 "인간에게 감정은 동물에게 냄새와 같다. 동물에게 냄새는 생존을 위한 직접적이고 명시적인 정보다"라고 하면서 이런 현상을 '후각-감정 전환olfactory-emotion translation'[17]이라고 불렀다.

생물학적으로 보면, 냄새 맡기는 품이 많이 드는 행위다. 냄새를 맡는 과정은 복잡해서 우리는 이를 아직도 대략적으로만 이해하고 있을 뿐이다. 인간 몸속의 시각 수용기는 고작 4개에 불과한 반면, 후각 수용기는 400개 이상에 달한다. 과학자들이 청각 수용기와 시각 수용기를 발견한 것은 수백 년 전이지만, 후각 수용기를 발견한 것은 1991년에나 이르러서였다. 후각 수용기가 어떻게 냄새를 감지하는가는 특히나 더 깊은 수수께끼다. 냄새 분자가 어떤 수용기와 결합할지를 결정하는 것은 그 분자의 형태인 듯하다. 다만 어떤 분자가 왜 그런 냄새를 갖는지에 대해서는 정확하게 밝혀진 것이 없다.[18] 벤즈알데히드*benzaldehyde*를 예로 들어보자. 아몬드 냄새 성분인 벤즈알데히드의 꼬리에 산소 이중결합을 더하면 시나몬알데히드*cinnamaldehyde*가 되면서 시나몬 냄새로 바뀐다. 이제 시나몬알데히드의 꼬리에 다섯 개의 탄소분자 사슬을 붙이면, 이 분자에서는 꽃향기가 난다. 아직도 과학자들은 이런 패턴에 관해 제대로 규명하지 못했다.[19]

달리 말하자면, 우리는 아직도 냄새의 에이비시조차 발견하지 못했다. 청각과 시각의 스펙트럼은 파장이라는 공통의 기준이 있는 반면 냄새에는 아직도 공통의 기준이 없다.[20] 따라서 냄새의 범위는 너무나 넓고 그 범위를 좁히는 것조차 만만치 않다.

이러한 복잡함이 바로 냄새를 인터넷으로 전송할 방도가 적어도 당분간은 요원한 이유다. 냄새를 감지하는 행위는 수동적이다. 식품 공장에서 모니터링하는 전자 코도 이미 생산된 식품이나 원료가 상해야만 그 냄새를 감지할 수 있고, 핵 발전소에서도 치명적인 누수가 있어야만 이를 감지할 수 있다.[21] 냄새를 양방향으로 전송하는 것도 역시 여전히 불가능하다. 2016년에 출시된 디지털 스멜 스피커 시라노*Cyrano*처럼 (약간의 눈속임을 동원해서라도) 냄새를 전송하려는 용감한 시도는 기본적으로 사기다.[22] 이 기계에서 전송되는 것은 역동적으로 재혼합된 냄새가 아니다. 미리 준비된 냄새의 시료를 전자적 신호로 방출할 것일 뿐이다. 냄새를 디지털화해 기록할 수는 있다. 그러나 원격통신 장치를 통해 전달할 수는 없다. 냄새는 오직 그 근원이 있는 곳에서만 맡을 수 있다.

이렇게 생각해보자. 냄새는 활성*liveness*를 바탕으로 우리를 우리 몸으로 되돌아가게 한다. 이것은 곧 냄새가 생명 그 자체를 배경으로 하고 있다는 뜻이 아닐까?

내가 냄새에 관심을 갖게 하고 결국 이 책을 쓰게 만든 것이 바로 이 활성이다. 2016년, 베를린에서 보내는 마지막 밤에 내 친구 하이디와 토머스는 〈스멜러*Smeller* 2.0〉이라는 미술 전시에 꼭 가봐야 한다고 고집을 부렸다. 나는 못 이기는 척 따라갔고, 놀라운 경험에 전율을 느꼈다. 밀폐된 방 안에 교회 오르간과 비슷한 장치가 감춰져 있어서, 빠른 속도로 여러 가지 냄새가 흘러나왔다. 어떤 냄새는 영화의 한 장면과 동시에 흘러나왔다. 어떤 냄새는 방 안에서 펼쳐지는 라이브 공연과 동기화되었고, 또 어떤 냄새는 아무 것도 없이 홀로 흘러나왔다. 〈스멜러 2.0〉은 그 전까지 있었던 냄새 기술이 두 가지 측면에서 발전했음을 보여준다. 첫째는 조향사의 도움으로 혼합한 매우 다양한 냄새들을 제공할 수 있게 되었다는 것, 두 번째는 공간 안팎으로 환기를 제어하는 기술이 더 좋아져 냄새가 잔류하거나 의도치 않은 혼합이 일어나지 않는다는 것이다.[23] 이런 측면에서 〈스멜러 2.0〉의 역사적인 실행 사례는 매혹적이었고, 전시 체험은 내 마음속에 깊이 각인되었다.

한편 영화 장면에 냄새를 입히는 것은 영화 제작의 역사만큼이나 오래된 꿈이다. 이 꿈의 역사에는 '스멜오비전smell-o-vision'이라는, 궁극의 매혹에 편승한 충동적 기회주의의 사례가 차곡차곡 쌓여 있다. 반복되는 기술적 시도와 개선의 노력에도 불구하고 관객의 불평은 계속되었다. 냄새가 가짜 같다, 설득력이 없다, 너무 강하다, 너무 약하다…. 영화 장면과의 싱크로도 기대에 못 미쳤다. 몇 번의 시도 끝에 영화관 안에는 이상하고 불쾌한 냄새가 켜켜이 쌓이기만 했다. 가장 흥미로운 것은, 영화를 보려고 입장권을 산 관객들이 스멜오비전의 실패를 은근히 즐기는 듯 보였다는 점이다.[24]

꿈을 포기하지 않고 추진하는 냄새 기술자들의 노력이 오히려 관객의 신경을 거스르는 이유는 뭘까? 냄새는 우리가 살아 있는 한 피할 수 없다. 냄새보다 더 빈틈없이 우리를 둘러싸고 있는 것은 없다. 이는 우리가 냄새에 대해 방어적인 이유도 설명해준다. 눈으로 보거나 귀로 듣는 것과는 달리, 냄새를 맡는 것은 지극히 사적인 감각적 행위다. 냄새 나는 영화를 보든, 푸드 코트의 군침 도는 냄새를 맡든 냄새에 조종당하기를 거부하는 사람의 심리는 겉으로 드러나지 않을 뿐 실재한다. 냄새로 사람을 지배하려는 로봇이 있다면, 사람들은 본능적으로 맞서 싸우려 할 것이다.

냄새에 대한, 뭐라고 콕 집어 말할 수는 없지만 매우 거대한 의문이 나로 하여금 이 책을 쓰게 했다. 사실 그전에는 냄새에 대해 깊이 생각해본 적이 없었다. 가장 본능적인 감정을 촉발하는 일상적 현상이라는 점에서, 내가 냄새에 이토록 무감각했다는 게 다소 의아했다. 그래서 조사를 시작했고, 냄새를 전송하는 새로운 기술을 파헤쳤다. 그러나 그 기술들은 모두 인간의 감각에 미치지 못했다. 비록 말로는 냄새의 차이를 묘사하지 못하더라도, 사람의 후각은 가짜 냄새와 진짜 냄새를 구별하고 또 직접적인 자극이 없어도 냄새를 기억해낼 수 있다.[25] 니체가 말했듯이 냄새 맡기는 훈련으로 다져지지 않는, 좋게 말해 아직 완벽한 균형을 찾지 못한 재능이다. 냄새는 내가 지금까지 무시했던 잠재적인 초능력이며 그 재능은 내 코 안에 있다.

훈련받지 않은 나의 후각 능력은 고도의 훈련을 받은 나의 시각 능력에 비해 현저히 떨어졌다. 나는 디자인 전문작가로서 오랫동안 직업적으로 시각을 발달시켜왔고 그 일을 즐겼다. 그러나 최근 들어 보는 것의 즐거움이 급격하게 사라졌다. 이미지는 너무나 완벽해졌고 양적으로 풍부해졌다. 그리고 그만큼 가치가 떨어졌다. 사람들은 끊임없이 이미지를 생산하고 소비한다. 이미지는 사람들이 쇼핑에 몰입하게 하는 일종의 촉진제가 되었다. 각각의 이미지를 소비하는 데는 거의 시간이 걸리지 않지만, 종합적으로 계산하면 우리의 시간을 엄청나게 많이 잡아먹는다. 우리가 끊임없이 이미지를 소비하는 이유는 이미지 그 자체 때문이 아니라 이미지를 들여다보는 행위가 생각을 차단하기 때문이다. 이미지의 시대에, 이제는 사진 찍기가 실존적 질문에 대한 답처럼 보인다. 비록 그 답이 틀린 것이라 할지라도.

이미지의 과식은 감각의 마비를 불러오는데, 이는 시각적인 함정의 은밀하고 매력적인 부분이기도 하다. 시각적 사고는 돈벌이의 수단이기도 하다. 체화된 세계를 멀리하고 두뇌라는 작은 공간 안에, 그리고 거기 가까이 세워진 깜빡이는 작은 은막에 은신하게 만든다. 톡. 톡. 깜빡. 깜빡. 보는 것이 위로를 준다지만, 쉴 때조차 우리의 뇌를 성가시게 만든다.

〈스멜러 2.0〉 이전부터도 나의 관심, 그러니까 나의 실제 눈과 은유적인 눈 모두가 이미지로부터 멀리 떠나고 있었다. 쇄도하는 이미지가 가리려고 하는 게 무엇이었든 나는 점점 더 그것을 향해 갔다. 이미지는 다른 어떤 감각을 가리려 하는 걸까? 내 뜻을 오해 하지는 말기 바란다. 나는 지금도 여전히 그래픽 디자인과 비주얼 아트 감상하기를 좋아한다. 그저 감각을 더 폭넓게 쓰고 싶었다.

나는 궁금해지기 시작했다. 어떻게 하면 냄새를 더 잘 맡는 사 람이 될 수 있을까? 정말 그렇게 된다면 인생에는 어떤 변화가 생길 까? 냄새가 개인의 고유한 기억을 소중히 보관할 수 있다면, 집단의 역사도 소중하게 보관할 수 있지 않을까? 한편으로는 냄새에 대한 열성적인 관심이 여전히 다소 당황스럽게 느껴지는 건 왜일까?

냄새의 활성과 당혹스러움은 자석처럼 나를 끌어당겼고, 그렇 게 밀고 당기는 싸움이 시작되었다. 마치 손을 내밀어 악수를 하듯 이 코를 들이밀고 사방 곳곳의 냄새를 맡고 다닌다고 상상해보라. 얼마나 이상한가! 냄새를 화두로 인생에 접근한다는 그 어색함이 나를 더욱 집요하게 만들었다. "어색한 것, 낯선 것을 따라가자." 이 말은 내가 지닌 작가로서의 철학을 아주 간결하게 요약한다. 어느 감각기관에서 강렬하게 느껴지는 바를 다른 감각기관의 느낌으로 풀어내기에 적당한 단어를 찾는 일은 나에게 생명과 잠재력의 인상 적인 합주처럼 여겨졌다.

이렇게 생각하는 사람이 나 혼자는 아니다. 2018년에 《뉴욕타임스》가 "첨단 스크린에 도달하다. 이제 혁명은 어디에나 있다"는 제목으로 기사를 실었다. 이 기사를 쓴 칼럼니스트 파르하드 만주 *Farhad Manjoo*는 "현대 기술은 인간이 가진 시각적 능력을 모두 따라잡았다"고 단언하며 "인간 눈에 가해지는 압박을 덜기 위해서는 시각적인 기술을 최대치까지 적용하려는 고집을 버릴 것"을 권했다.[26] 오디오 재생도 마찬가지다. 라이브 공연장에서 음악을 듣고자 하는 것은 몸속에서 뛰는 맥박을 느끼고자 하는 욕망, 청각적인 촉감을 느끼고자 하는 욕망에서 비롯된다(경제 의식의 변화도 중요한 요인이 된다. 사람들은 이제 음악 그 자체보다도 음악을 라이브로 '경험'하는 데 돈을 지불한다). 팟캐스트는 배경음과 진행자의 횡설수설로 우리 귀를 채운다. 우리는 소리에 귀를 기울이고 들으면서 긴장을 푼다. 소리 *audio*는 천천히 시간을 끌면서 쌓여간다.

맛 역시 사라졌다가도 다시 되살아난다. 여러 식도락가가 수많은 이야기들을 풀어놓기 전을 생각하면 어떤 감각이 이보다 더 단조로울 수 있었을까 싶다. 우리는 촉각도 재발견하고 있다. 한바탕 폭풍처럼 컴퓨터 키보드를 두드리고 난 뒤, 또는 뜨개질이나 목공 같은 아날로그 작업을 한 뒤 부드러운 빵 반죽 속에 손을 넣는다고 생각해보자. 만져서 느낄 수 있는 물건을 만드는 것은 비가상적인 존재 방식이다.

자, 이제 냄새도 관심을 받을 자격이 있다. 나는 여기서 냄새의 문화적 요소를 말하고자 한다. 맛과 상당 부분 겹치지만, 훨씬 더 영역이 넓다. 냄새는 순수한 지각에 가장 가까이 닿아 있는 감각이다. 냄새를 맡으려면 한 가지에 집중해야 하고 다양한 방면에 개방적이어야 한다. 이 두 가지는 많은 사람이 기르고 싶어 하는 품성이기도 하다. 미국의 과학 저술가 루이스 토머스*Lewis Thomas*는 이렇게 말한 적이 있다. "냄새 맡기는 생각하기 그 자체와 놀랍도록 비슷하다."[27]

하지만 냄새가 순전히 마음속에서만 생기는 것은 아니다. 냄새는 우리가 세상과 직접 신비로운 접촉을 하도록 이끈다. 헤라클레이토스는 "온 세상이 연기煙氣라면 감각은 냄새밖에 없을 것이다"라는 말을 남겼다. 현실 세상의 상황을 정확하게 묘사했다는 점에서 매우 흥미로운 말이다. 냄새는 어떤 물질이 공기 중으로 스며든 결과로 발생한다. 세상의 여러 포자들은 우리의 코 안으로 쉬지 않고 흘러든다. 그러면서도 한순간도 똑같지 않을 만큼 끊임없이 변한다. 이러한 냄새의 특성은 헤라클레이토스의 또 다른 명언을 떠올리게 한다. "똑같은 강물에 두 번 발을 담글 수는 없다." 언제나 급하게, 말없이 흐르는 냄새의 거대한 흐름. 그러니까 현재와 과거를 연결하고, 나와 멀리 떨어진 곳의 문화와 이어주는 길에 발을 들여놓기 위해 우리가 해야 할 일이란 코를 킁킁거리는 것뿐이다.

나는 왜 굳이 냄새에 대한 책을 썼고, 여러분은 왜 이 책을 읽어야 할까? 바로 우리가 거의 알지 못했던 감각을 쓰도록 자극하기 위해서다. 내 몸속의 쾌락과 생소함을 발견하기 위해서, 덜 익숙하게 느끼고, 더 희미하게, 더 천천히, 가공되지 않은 순간의 날것 그대로 어색한 것을 느끼게 하기 위해서다. 독자들이 이런 욕망을 상기하고 또 충족되기를 희망한다. 이 책이 여러분을 지금까지 경험해보지 못한 거대한 방주에 태우기를, 냄새의 기이한 한계를 더 멀리 확장하고 많은 사람이 가볍게만 생각하던 주제를 무겁게 받아들이게 해주기를 바란다.

냄새에 대해 알아간다는 건 나로서도 여전히 어색하고 이상한 일이다. 우리 얼굴의 한가운데 자리 잡은 코는, 우스꽝스럽게도 생식기와 연관되기도 한다. 코를 킁킁거리다가는 칠칠치 못하거나 버릇없다는 소리를 듣기 십상이고 심지어는 부적절한 성적 암시로 취급받기까지 한다.

그러나 아무튼 냄새는 아주 짧은 순간에 놀랍도록 아름답게 지나간다.

냄새는 완벽하게 독단적이다.

이 책을 읽는 방법

어떤 가이드북이든 대개 필요한 장비나 적절한 사용법을 설명하는 것으로 시작한다. 새를 관찰하는 사람에게는 쌍안경이나 디지털카메라가 필요한 것처럼, 냄새 맡기를 연구하려는 여러분에게 필요한 것은 바로 여러분의 코다.

이 책의 앞부분에서는 코의 간략한 역사에 대해 이야기한다. 코의 내부 기관은 어떻게 작동하며, 역사적으로 코를 어떻게 사용해왔는지 다룬다. 또 다들 잘 모르는 코의 내부 기관에 대해 알아보고, 코를 더 노련하게 이용하는 훈련도 해본다.

충분히 준비하고 적절한 지식을 갖춘 다음에는 넓은 들판에 나가 코로 직접 냄새를 맡아보자. 프루스트는 『잃어버린 시간을 찾아서』에서 홍차에 살짝 적신 마들렌의 향기로 꼭꼭 접혀 있던 어린 시절의 추억을 온전히 펼쳐냈다. 프루스트처럼 나도 각각의 냄새가 얼마나 많은 스토리를 품고 있는지, 그 냄새가 이 세계에 얼마나 깊이 각인되어 있는지 알고 싶었다. 그러려면 우선 어떤 냄새를 선택해야 할까?

냄새는 말이 없기 때문에(어쩌면 우리가 그 말을 아직 못 알아듣는 것일 뿐인지도 모르지만), 분류하기가 참 어렵다. 냄새 분류에 가장 근접한 것이라면 아마도 향수의 세계에서 나눈 것일 텐데, 그것조차도 '좋은 냄새'를 잘 정리한 시스템에 지나지 않기 때문에 냄새의 이상적인 분류 체계는 아니다. 나는 모든 냄새를 탐험하고 싶었다. 그럴 수 없다면 적어도 악취까지는 포함한 더 넓은 영역의 냄새를 경험하고 싶었다. 결국 나는 베이츠칼리지와 피츠버그대학교의 냄새 연구자들이 정립한 향기 분류를 받아들이기로 했다.[1] 이 책에서 소개할 냄새들을 꽃과 허브 향, 달콤한 향, 감칠맛의 냄새, 흙 내음, 수지 향, 쿰쿰한 냄새, 얼얼하게 톡 쏘는 향, 짭짤하고 고소한 냄새, 상큼하게 설레는 향으로 나누었다. 마지막 그룹에는 콕 집어 분류하기 힘든 냄새들을 묶었다.

이 책은 이처럼 각 분류마다 냄새에 대한 자세한 이야기와 함께, 저차원적이고도 신비로운 후각의 더 넓은 측면들을 다루었다. 여기서 독자들에게 한마디 덧붙여두자면, 여러분 스스로 그 냄새를 찾아 이 책을 읽는 동안 실시간으로 맡아볼 것을 권한다. 냄새 맡기는 몸의 안과 밖을 뒤집는, 일종의 명상이다. 냄새 맡기의 핵심은 숨을 들이쉬는 데 있지 않고 주변을 향해 숨을 뱉어내는 데 있다. 냄새를 들이마신 뒤 잠깐 숨을 참아보자. 그러면 색다른 감각의 세계에 들어가게 된다. 그런 다음 다시 돌아와 책에 풍덩 빠져들어 계속 읽어보자.

각 분류의 냄새 이야기가 끝날 때마다 냄새를 잘 맡기 위한 한 쪽짜리 연습법을 소개했다. 모든 냄새에 대한 소개를 마친 뒤에는 자주 묻는 질문 코너를 구성했다. 가장 보편적으로 사랑받는 냄새는? 가장 기피 대상인 냄새는? 냄새로 특허를 받은 사람도 있을까? 영어에는 없지만 다른 언어에는 있는 냄새 이름은 어떤 것일까? 이런 질문에 답했다.

이 책을 쓰기 전에는 공기가 비어 있다고 생각했다. 하지만 지금은 그렇지 않다는 걸 알게 되었다. 공기 속에는 보이지 않는 움직임이 있고, 그 움직임은 공기를 계속 휘젓고 뒤섞는다. 그러면서 공기 속에 들어 있는 아주 특별한 정보들을 냄새로 드러낸다. 제대로 관심을 집중하면 여러분도 그 냄새의 정보를 잡아챌 수 있다. 이제 여러분도 냄새에 흠뻑 빠져드는 재미를 느껴보라. 여러분을 둘러싼 공기가 폭로하는 것들, 코끝에 맴도는 그 언어를 발견하기 바란다.

차례

코

꽃과 허브 향

달콤한 향

코

THE NOSE

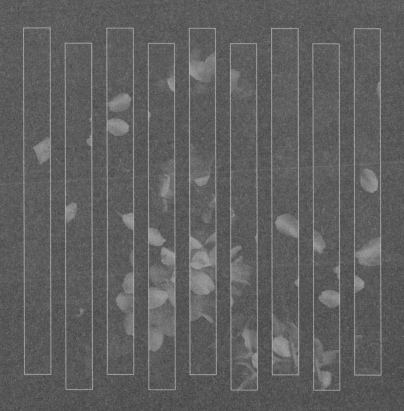

코를 소개합니다

코란 무엇인가? 가장 확실한 답은 "얼굴 한가운데 있고 안에 뼈가 들어 있는 조직(기관)"이다. 코는 안경이 걸리는 받침대이기도 하고, 햇살로부터 피부를 보호해야 하는 날이면 입술 위에 그림자를 드리워주는 천막 같은 존재이기도 하다. 원한다면 콧구멍에 피어싱을 해 보석 액세서리를 착용하거나 가운데 연골을 뚫어 코뚜레 같은 장신구를 착용할 수도 있다. 눈물방울이 영롱하게 반짝거리며 코끝에 매달렸다가 또르르 떨어지는 장면은 심금을 울리는 영화에서 단골로 등장한다. 옆에서 보면 바람을 한껏 안고 위풍당당하게 펼쳐진 삼각돛처럼 턱이나 이마의 둥그스름한 퇴각과 균형을 이룬다. 턱 밑에서 위를 향해 올려다보면 콧대는 사라지고 어렴풋한 3D 얼굴 한가운데 검은 구멍 두 개가 보인다.

코에 대한 사람들 생각의 초점은 일반적으로 그 내부와 기능, 즉 코가 할 수 있는 것과 할 수 없는 것이 아니라 그 외관에 맞춰져 있다. 최소한 나는 (굳이 코에 대해 생각할 경우) 그랬다.

내 코는 전형적인 로마인의 코다. 매부리코지만 콧날은 쭉 뻗었고, 피어싱은 하지 않았으며 전체적으로 크기는 좀 작은 편이다. 내가 고개를 젖혀 하늘을 보면, 내 앞에 있는 사람은 내 코끝이 뾰족하지 않다는 걸 알게 된다. 내 코끝은 거의 사각, 아니 평면에 가깝다. 내 콧구멍은 220볼트 전기 콘센트의 동그란 구멍처럼 생겼다.

내 코는 한 번 부러진 적이 있다. 대학 시절 어느 겨울 방학, 그 사고만 아니었다면 한 편의 로맨틱 스토리가 만들어질 법한 날이었다. 한창 열애 중이었던 나는 당시 애인이었던 세스를 만나러 가려고 엄청난 눈보라를 헤치고 기차역으로 향했다. 필라델피아의 30번가 기차역에 간신히 도착했고, 내가 탈 기차가 떠나기 1분 전이었다. 곧장 기차를 향해 달려가려고 스윙 도어를 향해 거의 몸을 날리다시피 했는데, 아뿔싸! 내 힘이 넘쳤는지 문짝이 반동으로 뱅그르르 거꾸로 돌며 내 얼굴을 정면으로 강타했다. 눈앞에서 초신성이 폭발한 듯한 섬광이 느껴졌고, 한 5분 동안 소리도 낼 수 없을 정도로 아팠다. 정신을 차려보니 코에 보라색 가로줄이 생겼고, 콧등은 퉁퉁 부어 있었다. 그 보라색 줄은 결국 사라졌지만, 툭 튀어나온 콧등은 그대로 남았다.

지금은 이런 모양의 내 코를 좋아한다. 고치지 않고 그대로 두기를 선택하면서, 예쁘고 잘생긴 코 대신 내 인생의 스토리 하나를 남겼다. 이전보다 더 커진 나의 새로운 코는 인종적 특성을 더 근사하게 포장하면서 독일-가톨릭계 미국인이라는 이미지를 희석해주었다.

이 책을 쓰기 시작하기 전에는 내가 얼마나 냄새를 잘 맡는 사람인지 고민해본 적이 없었다. 그저 정상적인 범주에 드는 편이라고 생각했을 뿐이다. 다른 사람들이 표현하는 정도의 냄새를 지각할 수 있고, 가끔은 함께 있는 여러 사람 중에 가장 먼저 어떤 냄새를 느끼기도 했다. 식도락을 즐기는 편에 속하는 사람으로서 음식 냄새 맡기에서는 누구에게도 뒤지지 않는다. 그러나 사소한 자극에도 민감한 피부 때문에 향수는 좋아하지 않는다. 향, 아로마캔들, 아로마테라피 같은 것들에 대해서는 신중하게 중립적인 입장을 지켜왔다. 내가 냄새에 극도로 예민했던 건 임신했을 때, 딱 한 번뿐이었다. 테이블마다 손님으로 만석이고 온갖 음식 냄새가 뒤섞인 레스토랑에서 지글지글 구워지는 스테이크 냄새가 유독 자극적으로 느껴졌던 게 지금도 아주 생생하게 기억난다.

내가 하고 싶은 말은, 나는 완전한 비전문가라는 것이다. 나 자신을 열심히 훈련시키겠다는 자세로 이 책을 쓰기 시작했다.

냄새를 주제로 한 여러 책에는 주로 얼굴에서 똑 떼어낸 코를 적나라한 모습으로 그려놓은 지면도 적지 않다. 내지에서만이 아니라 심지어는 표지에서까지 그런 모습의 코를 보여준다. 하지만 그런 그림이 얼마나 살풍경한지, 보는 이를 얼마나 불편하게 만드는지는 아무도 지적하지 않는다. 얼굴에서 떼어져 달랑 홀로 그려진 코를 보면 늘 뭔가 더 있어야 할 것 같은 기분이 든다. 코는 외관 자체로 의미 있는 게 아니라, 사람의 개성을 드러내는 마스크, 더 확장하면 한 사람 전체를 표현하는 제유법적 표현이다.

코를 따로 놓고 생각하다 보면, 몇 가지 궁금증이 생긴다. 코의 이미지는 고상한가, 외설스러운가? 코에 난 두 개의 공기구멍은 머리와 폐를 연결하는 통로인가, 아니면 혹시 영혼의 영적 통로인가? 코는 인간의 가장 동물적인 기관 아닐까? 어쩌면 가장 인간적인 기관일지도? 냄새 맡는 코의 능력은 때로 우스꽝스럽기도 하고 유용하기도 하며 가끔은 두렵기도 하다. 우리는 이 코를 얼마나 제대로 사용하고 있나?

냄새에 대한 책을 코에서부터 시작해야 할 이유는 언뜻 떠오를 만한 것 말고도 많다. 코는 이상하면서도 매력적이다. 또한 코 각각의 능력과 선호 경향은 문화권마다 깜짝 놀랄 정도로 천차만별이다. 여러 문화와 역사에 공통적으로 나타나는 상징성 속에서, 코는 냄새에 담긴 조용한 감정들을 구체화한다.

후각은 어떻게 작용할까

코는 냄새를 맡는 데 쓰는 기관이다. 그런데 우리는 코를 잘 알지 못하는 상태에서 마구 사용한다. 무언가의 냄새를 맡을 때, 실제로 일어나는 일은 뭘까? 맛을 볼 때처럼 냄새를 맡는 것(즉 후각 작용)도 화학적인 감각이다. 냄새를 맡는다는 것은 공기 중에 떠다니는 화학 성분, 또는 공기를 타고 코에 흘러들어 온 휘발성 분자를 감각한다는 뜻이다. 이런 화학 성분에는 생존은 물론 쾌락에 중요한 역할을 하는 매우 구체적인 정보들이 풍부하게 담겨 있다. 냄새는 산불이나 부패한(또는 위험한 성분이 든) 음식 등 생존에 관한 위협이 우리와 가까이 있음을 경고해준다. 또한 적절한 짝이 될 수도 있는 매력적인 타인을 발견하는 데에도 도움을 준다(타인의 냄새에 대한 더 자세한 이야기는 '살 냄새'에서 다루겠다). 아무런 냄새도 느끼지 못할 때조차 냄새는 무의식적으로 다른 감각이 증명하는 것들을 확인하거나 증폭시킴으로써 지각의 현실성을 더 뚜렷이 각인시킨다.

한편 모든 것이 냄새를 남기지는 않는다. 어째서일까? 어떤 물질이 냄새를 풍기려면 그 물질에서 유리된 분자가 떨어져 나와 공기 중에 떠돌아야 한다. 이것을 '휘발성을 갖는다'고 한다. 대개 물질의 화학반응(예를 들면 가열)이나 미생물대사 과정에서 그 물질의 분자가 휘발성을 갖게 된다. 이때 공기 중으로 냄새가 퍼지는 것이다. 유리, 강철, 도자기, 암석 대부분은 분자가 휘발성을 갖지 않기 때문에 냄새가 거의 나지 않는다.

그렇다면 냄새는 어떻게 우리에게 도달할까? 냄새가 코까지 도달하는 데 성공하려면 냄새 분자(또는 취기분자臭氣分子)가 공기 중에 부유해야 하고, 그러기 위해서는 질량이 300Da(돌턴)을 넘지 않아야 한다. 영국의 물리학자 존 돌턴John Doltan의 이름을 따 수소 원자 하나의 질량을 1Da이라 부른다. 즉 사람이 냄새를 맡을 수 있으려면 그 냄새 분자의 질량은 수소 원자 300개와 비슷하거나 그보다 가벼워야 한다. 냄새는 공기의 흐름을 타고 떠돌지만, 냄새 분자도 중력의 지배를 받는다. 공기의 흐름이 없다면 냄새 분자는 지표면과 물체의 주변 가까이에 차곡차곡 쌓일 것이다. 냄새가 보이지 않는다고 해서 보이는 것보다 덜 물질적인 건 아니다.[1]

냄새가 우리 코에 닿으면 코는 즉시 행동에 들어간다. 우리가 숨을 들이쉬면 냄새 분자가 코 안으로 들어온다. 이 과정은 수동적으로 일어날 수도 있고 능동적으로 일어날 수도 있다. 사람이 코로 숨을 들이쉬는(능동적인 냄새 지각을 돕는) 패턴은 사람마다 매우 다르고 특징적이다. 첫 번째 들숨을 마시는 도중에 코는 이미 그 숨을 통해 들어온 냄새에 대한 정보를 대뇌피질에 전달해, 연이어질 들숨을 최적화함으로써 냄새를 가장 효율적으로 포착한다. 들숨의 패턴 덕분에 우리는 독한 냄새에 압도되거나 냄새를 지나치게 많이 들이마시느라 에너지를 낭비하지 않을 수 있다.[2]

들이마신 공기는 비강의 나선형 통로를 지나는 동안 따뜻하게 데워지고 여과되면서 습도가 높아진다. 냄새를 품은 공기는 우리가 안경이나 선글라스를 쓸 때 콧등에 얹는 자리의 안쪽에서 몇 센티미터쯤 더 올라간 부분에 닿는다. 그 자리가 바로 후각기관이 위치한 곳으로, 우리 뇌의 전두피질 바로 아래다. 그 자리의 맨 밑에 점액질이 풍부한 노란색 막인 후각상피가 있다.

끈적끈적하고 축축한 후각상피 안에는 후각 뉴런이 들어 있다. 후각 뉴런은 마치 지표면에서 땅속을 향해 거꾸로 뻗어가며 자라는 당근처럼 아래를 향해 매달려 있다. 냄새 분자는 먼저 후각상피에 달라붙은 후 "이제 도착했다!" 하고 (아마도) 안도의 한숨을 쉬며 녹아든다. 코 밖 공기 중에 있는 수백만 개의 냄새 분자 중에서 우리가 숨을 들이쉴 때마다 코로 들어와 이 마지막 종착지에 도달하는 냄새 분자는 겨우 수백 또는 수천 개에 불과하다. 덧붙여 설명하면, 실제로 냄새 분자와 결합하는 것은 후각 뉴런 안에 든 후각 수용기 단백질이다.

앞에서 언급했다시피, 후각 수용기가 특정한 냄새를 어떻게 감지하는지는 아직도 깊은 수수께끼다. 냄새 분자가 어떤 후각 수용기와 결합할지를 결정하는 것은 아마도 냄새 분자의 형태인 것으로 보인다. 후각에 대해 연구하는 과학자들은 후각 수용기와 냄새 분자의 결합을 자물쇠와 열쇠의 관계로 비유한다.[3] 각각의 후각 수용기는 정도의 차이는 나지만 아주 많은 종류의 냄새를 감지할 수 있다. 후각 수용기는 어떤 냄새 분자든 딱히 가리지 않고 결합하기 때문이다. 후각 수용기를 자물쇠에 비유한다면, 웬만한 열쇠로 다 열리는 자물쇠라고 볼 수 있다. 따라서 어떤 후각 수용기라 할지라도 웬만한 냄새 분자와는 문제없이 결합할 수 있다. 즉 모든 열쇠(냄새 분자)가 모든 자물쇠(후각 수용기)를 열 수 있는 '만능열쇠'인 셈이다. 경우에 따라 그 열쇠를 조금 더 여러 번 돌리거나 흔들어줘야 하는 정도의 차이가 있을 뿐이다.

이런 설명만으로는 후각을 지나치게 단순화할 수도 있겠다. 한 사람이 가진 후각 수용기는 그 종류만 400가지, 개수로 따지면 600만 개 이상이나 되고 사람이 코로 분간할 수 있는 냄새의 가짓수는 후각 수용기의 개수보다 훨씬 많기 때문이다. 냄새의 종류는 대략 800만 가지에서 이론상으로는 1조 가지에 이를 것으로 추산된다.[4]

더욱이 400종의 후각 수용기는 모든 사람에게 균질하지도 않고 표준적인 기준으로 정리할 수 있는 것도 아니다. 내가 가진 후각 수용기의 3분의 1은 내 옆 사람이 가진 후각 수용기와 다르고, 본인이 자각하든 자각하지 못하든 사람은 제각각 특정 냄새를 느끼지 못하는 무후각증을 가지고 있다. 그렇지만 대부분의 경우, 어떤 냄새를 맡았을 때 자신이나 다른 사람이나 그 냄새를 똑같이 경험했다고 자신한다. 근거 없는 자신감이다.[5]

어디서 어떻게 발생된 냄새든, 냄새 분자는 수많은 후각 수용기 중에서 자신의 짝을 찾아낸다. 냄새 분자와 후각 수용기가 결합하면 전기 신호가 발생해 후각 신경구에 전달된다. 후각 신경구는 뇌 변연계의 중심으로 연결된 신경에서 혀처럼 돌출된 부분에 대롱대롱 봉오리처럼 매달린 두 개의 기관이다. 이렇게 연결된 신경의 사슬은 후각상피 맨 위에 있는데, 이 신경들을 바깥 세상으로부터 보호해주는 것은 아주 얇은 점막뿐이다. 후각 뉴런은 4~8주마다

재생되면서 가장 자주 만나는 냄새에 반응하여 시간에 따른 변화를 겪는다.[6]

후각 신경구는 뇌에서 냄새를 처리하는 1차 처리 센터라고 볼 수 있다. 후각 수용기에서 정보를 받아 특유의 냄새 신호로 암호화한 다음, 이 신호를 뇌피질에 있는 후각 센터로 보낸다. 내가 이 문단의 첫 문장에서 '볼 수 있다'고 말한 이유는 위에서 설명한 냄새 신호 전달의 기본적인 얼개가 한 연구 결과에 의해 의심을 받고 있기 때문이다. 이스라엘의 와이츠만 과학 연구소 *Weitzmann Institute of Science*에서 MRI로 뇌를 연구하던 과학자들이 후각 신경구가 전혀 없음에도 정상적인 후각 기능을 보이는 어느 여성의 뇌를 스캔한 적이 있었다. 실험 대상자가 여성이고 왼손잡이(종종 뇌의 조직에 영향을 미치는 두 가지 기질이다)였기 때문에, 연구자들은 또 다른 왼손잡이 여성을 데려다 뇌를 스캔해보았다. 실험 끝에, 이 연구진은 왼손잡이 여성의 4퍼센트는 무슨 이유에선지 몰라도 후각 신경구가 없어도 정상인처럼 냄새를 맡을 수 있다는 초기 연구 결과를 내놓았다.[7]

냄새의 기이한 측면은 여기서 끝나지 않는다. 후각 수용기가 존재하는 이유부터 되새겨보자. 후각 수용기는 우리 몸이 우리 건강과 안전에 영향을 미치는 화학물질의 갑작스러운 출몰을 감지하는 데 도움을 준다. 후각 수용기의 암호를 책임지는 유전자는 다른 여러 장기에서도 발현된다. 신장은 장내 박테리아에서 '냄새' 신호를 감지해 평소보다 지나치게 과식했을 때 혈압을 조절할 수 있다. 정자는 앞을 보지 못하면서도 소리 없는 공간 속에서 난자가 발산한 유혹의 냄새를 길잡이 삼아 난자에게 향한다. 후각 수용기 세포는 재생될 수 있기 때문에, 과학자들은 척추 부상 치료에 이 세포를 쓰려는 시도를 하고 있다. 그 밖에도 우리의 폐, 혈관, 근육 모두가 끊임없이 냄새를 맡고 있음을 암시하는 증거가 쌓이고 있다.[8]

후각에 대한 과학적 이해는 아직도 초보적인 수준이며, 앞으로 알아내야 할 것이 훨씬 많다. 코에서 출발해 뇌로 깊이 들어가다 보면, 냄새가 기억이나 감정과 왜 그토록 깊이 얽혀 있는지 더 분명해질 것이다.

냄새, 감정의 시간 여행

애초에 우리는 왜 냄새 맡기를 배우는 걸까? 또, 얼마나 일찍 배우게 될까?

우리는 어머니의 포궁 속에서, 착상 후 12주 무렵 처음으로 냄새를 만난다.[9] 냄새 감각은 몸에서 가장 중요한 경계를 정찰하고, 피부를 넘어서 더 멀리까지 몸을 보호할 수 있는 영역을 확장시킨다. 후각 시스템은 몸에 해를 끼칠 수 있는 화학 물질이 전속력으로 우리에게 도달하기 전에 미리 감지해내려고 애쓴다. 쉽지 않은 임무다. 따라서 태아는 양수 속에서 숨을 쉬고 그 내용물의 냄새를 맡으며 일찍이 냄새 맡는 연습을 한다. 태아는 엄마가 먹고 마시는 음식물만이 아니라 엄마가 바르는 화장품, 머리 감을 때 쓴 샴푸, 심지어는 엄마가 숨을 들이쉬며 맡은 냄새까지 감지한다(냄새는 공기 중에서처럼 액체 중에서도 잘 전파된다). 이처럼 우리는 독립적인 개체로 세상에 태어나기 전부터 끊임없이 새로운 냄새를 만나고, 각각의

냄새에 대한 정보를 수집하고 나중에는 그 냄새에 대한 판단까지 하게 된다.[10]

쥐로 실험한 어느 연구가 보여주듯이, 그 판단은 신속하고 이분법적이며 타협의 여지가 없다.[11] 연구진은 먼저 암컷 쥐 여러 마리에게 페퍼민트 냄새를 두려워하도록 가르쳤다. 이 암컷 쥐들이 임신을 하고 새끼를 낳은 뒤에는 새끼들에게 페퍼민트 냄새와 어미 쥐가 페퍼민트 냄새를 접할 때마다 내뿜던 냄새를 동시에 맡게 했다. 즉 어미 쥐가 두려워하던 페퍼민트 냄새와 어미 쥐가 내뿜던 '두려움의 냄새'를 새끼 쥐에게 각인시킨 것이다. 거의 모든 새끼 쥐가 페퍼민트 냄새를 한 번 맡자마자 그 냄새에 대한 공포를 배웠다. 페퍼민트 냄새에 대한 새끼 쥐들의 거부 반응은 극단적이었다. 대부분의 새끼 쥐가 페퍼민트 냄새가 방출되는 튜브를 막으려고 기를 썼다. 냄새공포증osmophobia(특정 냄새에 의해 촉발되는 공포를 말한다)로 고생하는 사람들도 이 쥐들과 마찬가지로 냄새와 어린 시절의 트라우마를 짝지어 연상한다.

인간의 뇌 회로를 자세히 살펴보면 왜 냄새와 감정, 기억이 그토록 얽히고설켜 있는지 이해할 수 있다. 대부분의 감각은 그 자극이 감각기관에서 뇌의 시상視床으로 전달된다. 시상은 '신뇌new brain'라 일컬어진다. 비교적 최근에 진화된 이 새로운 뇌의 영역은 복잡하고 고차원적인 처리 능력을 관장한다.

냄새는 다른 감각과 다르다. 냄새는 언어나 논리 같은, 환상적인 능력을 가진 이 시상을 건너뛴다. 대신 뇌에서 냄새를 처리하는 영역인 후각 신경구로 곧바로 돌진한다. 후각 신경구는 원시적인 '구뇌old brain'의 일부인 편도체와 해마에 연결되어 있다. 해마는 기억, 특히 개인적 서사를 구성하는 일화기억*episodic memories*을 관장한다. 편도체는 감정을 관장한다. 이 기관은 감정을 표현하고 조절하며 때로는 폭발시키기도 한다. 우리의 인생에서 중요한 기억은 거의 예외 없이 감정을 동반한다. 중요한 일화기억이 형성될 때, 우리는 그 순간의 모든 감정을 느끼고 세부적인 면면들까지 분명하게 각인한다. 그 순간의 경험 도중에 뭔가 특별한 냄새를 맡게 되면, 편도체와 해마 그리고 후각 신경구는 그때의 느낌과 기억, 그리고 냄새를 한꺼번에 자연스럽게 융합한다.[12]

냄새 이외의 다른 감각들은 신뇌에 의해 처리되고 조절된다. 냄새는 거의 완벽하게 구뇌의 영역에 속한다. 냄새 지각은 다른 감각에 비해 더 원시적이고 말로 표현하기 어려울 만큼 즉각적이다. 없애고 싶어도 없앨 수 없다. 냄새와 구뇌는 과학자들이 원시적인 뇌 전체를 후각뇌*rhinencephalon* 또는 '코뇌*nose-brain*'라 부를 정도로 밀접하게 연결되어 있다.

연구가 거듭될수록, 냄새와 결합된 기억은 아주 어린 시절부터 각인되며 다른 감각 자극에 의해 떠오르는 기억보다 훨씬 강한 감정적 반응을 불러온다는 사실이 밝혀지고 있다.[13] 냄새는 다른 감각에 비해 신뢰도가 높다. 그래서 배우들도 연기에 필요한 감정을 살려내기 위해 무대 뒤에서 그 감정을 촉발하는 냄새를 맡곤 한다(냄새와 기억에 관한 더 자세한 내용은 '금방 깎은 연필' 꼭지에서 다루겠다).

간단히 말해, 코는 회의적이고 염세적이다. 코는 새로운 냄새에 대해 즉시, 절대적인 판단을 내린다. 익숙하지 않은 냄새에 관해서는, 괜찮다는 것이 확실히 증명되지 않는 한 나쁜 냄새로 간주한다.

뇌는 이러한 판단을 멈추지 않고 수집함으로써 미래에 대비해 냄새의 데이터베이스를 축적한다.

우리에게는 몇 가지 감각이 있을까

사람들은 대부분 냄새를 다섯 가지의 고전적인 감각 중 하나라고 생각한다. 이때 말하는 나머지 넷은 시각, 청각, 미각, 촉각이다. 그러나 사실 사람은 다섯 가지를 훨씬 뛰어넘는 많은 감각을 가지고 있다. 현재 과학적으로 인정된 감각은 열네 가지에서 스무 가지까지 이른다. 이러한 감각들 중 일부는 우리가 이미 알고 있는 다섯 가지 감각을 좀 더 세분한 곁가지라고 할 수도 있다. 예를 들면 촉각이라는 넓은 범주의 감각 안에는, 온도감각(물체에 직접 접촉하지 않고도 열기와 냉기를 감각하는 능력), 통각, 압각 등 세 가지의 세부적인 감각이 있다.

이 외의 다른 감각들은 '빅 5' 감각과 쉽게 연결시키기 어렵다. 우리 신체 부위가 공간 안에서 어느 위치에 있는지를 지각하는 감각인 고유수용성 감각에 대해 이야기해보자. 눈을 감고 손가락으로 실수 없이 이마를 짚을 수 있는 것은 고유수용성 감각 덕분이다. 평형감각은 신체의 균형을 유지하게 해준다. 운동감각은 동작을 감지하고, 시간감각은 시간의 경과를 감지한다. 가끔 스스로 오싹할 정도로 지금이 몇 시인지를 정확하게 알아맞히곤 하지 않는가? 그게 바로 시간감각 덕분이다. 인간 이외의 다른 종은 인간을 회피하기 위해 인간이 갖지 못한 다른 감각을 갖고 있다. 상어는 전기장을 감지하는 전기감각을 이용해 먹잇감을 사냥한다. 귀소본능을 가진 비둘기와 박쥐는 자기장을 감지하는 능력을 기반으로 하늘을 난다.[14] 아기들도 박쥐처럼 스스로 소리를 낸 뒤 돌아오는 소리를 느끼는 음파 탐지 능력을 이용해 이동 방향을 파악한다.[15]

그러나 한 가지 감각 능력이 다른 감각 능력과 동떨어진 채 혼자서만 기능할 수는 없다. 즉 인간이 가진 여러 가지 감각은 언제나 서로의 지각 능력을 증폭해주고 동조함으로써 세상을, 그리고 그 안에서 이루어지는 우리의 경험을 다채롭고 풍부하게 만들어준다. 안대로 눈을 가린 채(즉 시각을 잃은 상태에서) 한 다리로 서서 균형을 잡는 것(균형감각을 이용하는 것)은 어렵다. 김이 모락모락 나는 코코아가 담긴 잔의 사진과 진짜 뜨거운 코코아 잔은 코코아 냄새와 잔을 든 손이 느끼는 뜨거운 온도로 구분할 수 있다. 이러한 감각의 상호 작용 중에는 매우 기이한 것도 있다. 예를 들어 최근 과학자들은 생쥐 실험으로 냄새를 맡는 순간 동시에 들리는 특정한 톤의 소리에 영향을 받는 '스마운드*smound*'의 신경학적 증거를 발견했다.[16]

냄새는 종종 또 다른 화학적 감각인 미각과 섞여 흐릿해지곤 한다. 음식을 씹으면 음식 냄새가 입안에 퍼지면서 목을 통해 곧바로 비강으로 들어간다. 이런 작용을 역류성 비강 후각*retro-nasal smelling*이라고 한다. 실제로 음식의 맛을 내고 계속 먹고 싶도록 우리를 유혹하는 것은 바로 이렇게 농축된 세밀한 냄새다.

사실 인간의 미각은 너무나도 허술하다. 사람의 혀가 구별할 수 있는 맛은 다섯 가지(짠맛, 단맛, 신맛, 쓴맛, 감칠맛)뿐이다. 코를 막고 커피를 한 모금 마시면 단지 쓴맛밖에 느껴지지 않는다. 하지만 코를 잡았던 손을 놓고 맛보는 동시에 냄새를 맡으면 그 쓴맛이 커피 특유의 쓴맛이라는 것을 구별할 수 있게 된다. 더 구체적으로 그 커피의 종류까지도 구별할 수 있다. 우리는 맛의 해상도를 높이고 그 맛이 정확히 어떤 맛인지를 감지하는 데 후각을 이용한다. 향미*flavor*는 냄새와 맛이 식감, 온도, 더 나아가 통각(매운맛) 같은 감각 신호의 융합을 전반적으로 아우르는 용어다.[17]

냄새는 또한 촉감과 비슷한 물리적 차원을 갖고 있다. 냄새를 맡으면 얼굴과 코의 삼차신경이 활성화되어서 온도, 접촉, 통증에 반응한다. 모든 냄새는 어느 정도 삼차신경 반응을 일으키지만, 대개 미미한 수준에 머무른다. 삼차신경 반응을 강하게 일으키는 냄새로는 장뇌와 유칼립투스, 시각을 마비시키는 스컹크 냄새, 혀에 불이 붙은 듯이 매운 아바네로*Habanero* 고추, 눈을 따갑게 만드는 암모니아, 눈물이 나게 만드는 다진 양파 냄새 등이 있다. 특정한 냄새 또는 맛이 싫다면, 그 냄새나 맛이 일으키는 삼차신경 반응 때문인 경우가 많다.[18]

사람의 몸이 다섯 가지의 감각을 느낀다는 이론은 애초에 어디서 나온 것일까? 그 다섯 가지 감각에 매겨진 순서는 어떻게 설명할 수 있을까? 이 두 질문에 대해 잠깐 설명해보자. 자연의 5원소에 빗대어 인간의 감각을 다섯 가지로 규정한 사람은 바로 아리스토텔레스였다. 5원소는 흙, 공기, 물, 불, 제5의 원소인데 제5의 원소는 정의할 수 없는 영혼의 영역에 있다는 것이었다. 아리스토텔레스가 주장한 다섯 가지의 감각(제5의 원소를 제외하고)은 또한 인체가 가지고 있는 감각기관과 정확하게 맞아 떨어진다. 아리스토텔레스는 시각을 감각의 위계 중에서 최상위에 두고, 냄새는 각 감각을 통합

하는 흥미로운 역할로 두었다. 그는 냄새가 시각과 청각을 미각과 촉각에 연결시킨다고 생각했다.[19]

아리스토텔레스의 생각은 오랫동안 서구 세계를 지배했다. 이 이론은 인간의 감각이 몇 가지나 되는지, 감각의 본질은 무엇인지, 사람의 감각을 얼마나 신뢰할 수 있는지에 대한 논쟁을 무가치한 것으로 만들어버리는 부작용을 낳았다. 언어나 감정의 힘을 감각으로 간주해야 하는가를 두고 철학적인 논쟁에 불이 붙었던 때가 있다. 중세 기독교 신학자들은 다섯 가지의 내적인 감각을 신체 감각의 영적 사촌이라고 주장했다. 다섯 가지의 내적인 감각이란 기억, 본능, 상상, 환상 그리고 상식(다섯 가지의 신체 감각을 통해 수집한 정보를 처리하는 정신적 능력)이었다. 17세기의 유쾌한 우화극 〈링구아 *Lingua*〉에서는 언어를 상징하는 인물 링구아가 다섯 가지 신체 감각 중의 하나가 되기를 소망한다. 상식은 링구아가 감각이 될 수 있는지를 판단하는 법정의 판사다. 각각의 감각을 차례차례 칭송하던 상식은 신체의 감각은 다섯 가지를 넘을 수 없기 때문에 링구아가 공식적으로 감각이 될 수 없다는 평결을 내린다. 평결을 내리기 전에는 냄새를 '소우주 최고의 사제'라고 선언한다. 즉 17세기에도 여전히 아리스토텔레스의 승리였다.

일반적으로 언제나 시각이 모든 감각 중에서 최고의 자리를 차지하고 있었지만, 냄새도 나름대로 든든한 지지자를 거느리고 있었다. 그중에는 아리스토텔레스의 선배인 디오게네스, 로마의 의사 갈레노스(갈레노스는 후각이 뇌와 직접 연결된다는 이유로 냄새를 가장 우월한 감각으로 여겼다)뿐만 아니라 계몽주의 시대 철학자 존 로크, 장 자크 루소, 드니 디드로 등이 있었다. 후각을 감각의 위계에서 높은 자리에 두어야 한다고 믿는 사람들은 냄새의 직접성(공기 중 입자의 형태로 물체의 정수를 드러낸다는 점에서), 냄새의 정서적인 힘 그리고 선과 악을 구분하는, 부인할 수 없는 도덕적 성질(기독교 신학자들의 주장이었다)을 그 이유로 들었다. 그러나 냄새의 직접적인 성질은 또한 여러 감각들 사이에서 평범하지 않은 힘을 지닌 것처럼 여겨지게 했고, 따라서 그 본성이 의심을 받기도 했다.

냄새에 대한 신망은 인쇄기가 발명되면서 서구 세계에서 서서히 흐려지기 시작했다. 구전 문화에서 문자 위주의 시각적인 문화로 바뀌어갔기 때문이다. 계몽주의 시대에 이르자 냄새의 자리는 더 낮은 곳으로 떨어졌다. 임마누엘 칸트, 게오르그 헤겔, 프리드리히 니체 같은 철학자들 덕분에 시각은 가장 정확한 감각, 즉 과학을 추구하고 지식을 축적하는 데 가장 이상적인 감각으로 간주되었다. 감정을 불러일으키고, 불안정하게 존재하며, 말로 표현하거나 계량하기 어려운 냄새가 어떻게 시각과 같은 수준으로 과학이나 산업의 대의를 이끌 수 있겠는가? 이와 같은 우려와 식민지 개척이라는 당시의 배경을 겹쳐보면, 서구의 사상가들이 후각을 가장 시대에 뒤떨어진 감각이라고 기꺼이 깎아내린 이유를 쉽게 이해할 수 있다. 냄새는 이성의 안티테제였고, 어른보다는 아이, 남성보다는 여성, 문명인보다는 원시인, 사람보다는 동물에게 더 예민한 감각이었다.[20]

불쾌한 냄새, 유해한 냄새를 그대로 두지 않는, 탈취의 시대인 현재로 시간을 빨리 감아보자. 한 연구진의 추산에 따르면, 규모가 300억 달러를 넘는 현대의 향기 산업에서 럭셔리 향수가 차지하는 비율은 고작 20퍼센트에 불과하다고 한다. 나머지 80퍼센트는 기능성 향수가 차지한다. 기능성 향수란 세탁용 세제, 청소용품, 그리고 기존의 불쾌한 냄새나 생산과정에서 생긴 유해한 냄새 등을 모두 제거하기 위해 수없이 많은 가정용품에 첨가되는 냄새를 말한다. '무향' 제품은 꾸며진 무대의 허구와 같다. 자극적이거나 나쁜 냄새를 제거한 뒤 희미하지만 기분 좋은 냄새를 입혀놓은 것이기 때문이다.[21] 오늘날에 이르러서도 감각의 위계 중 후각의 위치는 매우 낮고 겸손하다.

그러나 아무리 겸손하다고 해도 냄새의 파괴적인 힘은 상당하다. 우선 눈에 드러나는 후각기관인 코에 대한 생각의 역사적 변화를 살펴보자. 이 변화들은 냄새가 가진 힘, 그리고 이토록 저급한 감각이 인간이 가진 가장 섬세한 본성인 지능, 인성, 성격을 구체적으로 드러내 보일 수 있다는 현실에 대한 비꼬인 경외심을 보여준다.

코, 인간성의 제유법적 상징

맛과 냄새를 지각하는 능력은 오래전부터 전반적인 지능을 알려주는 가늠자로 인식되어 왔다. 라틴어 *sapere*는 '맛을 보다, 냄새를 맡다', '알다'라는 두 가지 뜻을 모두 가지고 있다. 따라서 호모 사피엔스*homo sapiens*는 지식을 가진 사람과 맛을 보는 사람이라는 두 가지 뜻을 가진다. 마찬가지로, '현명하다', '영리하다'는 뜻을 가진 단어 'sagacious'는 '냄새에 예민하다'는 뜻의 라틴어 *sagacis*에서 왔다. 냄새에 예민하다는 것은 지식을 쌓는 방법에서 통찰력이 있다는 의미다. 오늘날과 마찬가지로 그때에도 사람들은 지혜로운 사람을 평가할 때 냄새를 비유로 썼다. 골칫거리나 기회의 '냄새를 맡았다'는 표현이 바로 그런 예다. 지금은 쓰이지 않지만 영어권에서 'nose-wise'라는 말은 냄새를 감지하는 예민한 능력과 영리함을 동시에 의미했다.[22]

코가 지능의 자리로만 간주된 것은 아니다. 코는 영혼이 깃들어 있는 기관이라고 여겨졌다. 고전 라틴 작가들은 사느냐 죽느냐의 순간을 "내 영혼이 코에 있었다"라고, 즉 영혼이 몸에서 영원히 떠나려는 순간이라고 일컬었다.[23] 여러 문화권과 역사적 맥락에 걸쳐서 냄새는 하늘 높은 곳이나 에테르에 있다고 여겨졌던 영혼, 혹은 사자死者와의 소통을 인간이 몸으로 직접 느낄 수 있는 수단이었다. 향을 태워 신을 섬기거나 공양을 바칠 때 냄새는 인간이 느낄 수 있는 영성의 매개체였고, 코는 그 소통의 목격자였다(더 자세한 내용은 장뇌, 시나몬, 유향, 몰약, 오래된 책 꼭지에서 다룬다).

우리 얼굴 한가운데 자리 잡은 코에 가볍지 않은 상징이 깃들어 있음을 감안한다면, 코의 형태를 성격적 유형과 연결 지으려는 시도는 피할 수 없는 것이었다. 두개골의 형태와 크기를 인성적 유형과 연결 짓는 유사과학인 골상학처럼, 코를 형태별로 분류 짓는 여러 가지 시스템이 나타나면서 코에 대해 쌓인 '지식'을 체계화하려는 시도가 일어났다. 이렇게 코를 분류하는 많은 시스템은 인종주의를 옹호하기 위한 일종의 유사과학적 이론을 제공했다. 반드시 그렇게 활용되지 않아서 해악은 덜 끼쳤다 해도 풍자의 소재로서는 그만이었다.

18세기, 로렌스 스턴이 집필한 실험적 소설 『신사 트리스트럼 샌디의 생애와 견해』는 코 모양의 분류 논쟁에 크나큰 영향을 끼쳤다. 트리스트럼의 아버지 월터는 코에 집착하는 사람으로, 코에 대한 문헌이라면 닥치는 대로 모아들인다. 코가 그 사람의 위대함을 말해준다고 믿는 그는 트리스트럼이 태어날 때 닥터 슬롭이 잘못 조작한 분만 겸자 때문에 아기의 코가 뭉개지자 처참한 심정을 이루 말할 수 없었다.[24] 아기 트리스트럼의 뭉개진 코는 그가 평생 불운할 것이고 지적으로 열등할 것이며 성적인 매력도 전혀 없을 것임을 예언하는 것 같았다. 이 소설에 등장하는 또 한 명의 인물, 하펜 슬라브켄베르기우스*Hafen Slawkenbergius*는 독학으로 코에 대한 전문가 수준의 지식을 습득한 사람으로, 본인도 눈에 띄게 긴 코를 가지고 있다. 슬라브켄베르기우스는 로망어로 쓰여진 논문 〈코에 대하여*De Nasis*〉를 번역했다. 이 논문은 코의 형태가 어떻게 사람의 성격을 보여주는지를 설명한 가공의 논문이다. 이 소설에서 슬라우켄베르기우스는 몹시 똑똑한 캐릭터로 등장한다. 그러나 자세히 살펴보면, 우선 그의 이름 자체가 조롱과 멸시의 뜻을 담고 있다. 'Hafen'은 독일어로 '요강'을 의미하고, 성인 'Slawkenbergius'는 거름더미를 뜻하는 'Schackenberg'와 비슷하다.

실제로 코의 분류에 대한 유명한 책 『비과학*Nasology*』은 1848년 조지 자벳*Gorge Jabet*이라는 사람에 의해 출판되었는데, 아마도 조지 자벳이라는 이름은 작가 이든 워윅*Eden Warwick*의 필명으로 보인다. 골상학으로부터 파생된 비과학은 사람의 성격과 지능은 코의 형태로부터 직관적으로 알 수 있다고 주장한다. 자벳은 코의 형태를 여섯 가지 유형으로 분류했다. 그중 로마인형, 그리스인형 그리고 콧구멍이 넓은 심사숙고형이라는 세 가지 유형의 코는 긍정적인 성격을 암시한다. 네 번째 유형은 자벳이 '유대인형'이라고 이름 붙인 유형인데, 약삭빠르고 이재에 밝은 성격을 암시한다. 자벳은 이 유형의 코를 유대인형이라 이름 붙였지만, 꼭 유대인만 이런 유형의 코를 가졌다고 말한 것은 아니다. 그에 따르면, 사업에 능한 사람의 코는 이 유형에 속할 확률이 높다. 자벳이 분류한 나머지 두 가지 유형은 들창코와 천상의 코(코끝이 하늘을 향하고 있다고 해서 이런 이름을 붙였다)인데, 도덕적인 허약함을 암시한다. 이 시기의 영국 작가들 또한 은연중에 아일랜드인들 특유의 코를 타락을 암시하는 유형으로 분류 지으려 했다.[25]

코의 형태를 분류하는 시스템은 동양에도 있다. 예를 들면 중국에서는 관상을 보는 전통이 있는데, 코의 모양을 중히 본다. 관상이란 일종의 몸에 그려진 운세도로서, 코의 형태는 한 사람의 인생의 다양한 측면을 암시한다고 여긴다. 특히 금전운, 재산운과 관련이 있다고 간주한다. 나이가 40대에 이렀을 때, 사람이 얼마나 빨리 돈을 벌고 얼마나 잘 관리하며 투자를 잘 하는지가 코에 드러난다고 믿는다.[26] 이에 따르면, 커다란 로마인형인 나의 코를 봤을 때 나는 대장 기질이 있고 타인의 간섭을 싫어하며, 성질이 급하고 에너지가 넘치며 돈 관리를 잘 한다고 볼 수 있겠다.

또 큰 코는 대개 관능적인 성격을 암시해서, 코 자체가 남근의 상징으로 간주된다. 지그문트 프로이트는 코가 성기와 직접 연결되어 있으므로 성적 억압은 코 수술과 코카인 흡입으로 치료될 수 있다고 믿었다. 그래서 외과의사인 빌헬름 플리스*Wilhelm Fliess*와의 기이한 협업으로 프로이드의 환자 중 많은 사람들이 심리적 치료의 보조적인 수단으로 코 수술을 받았다.[27] 프로이드가 가졌던, 코는 기본적으로 옷을 입지 않은 남근이라는 생각은 코가 큰 관능주의자

캐릭터나 수많은 성적 묘사로 아직도 여러 문헌에 남아 있다.

코와 남성의 성기를 연결 짓는 사고와는 정반대의 극단에 있는, 코를 절단하는 형벌은 심한 굴욕, 인간으로서의 존엄성을 완전히 훼손시키는 행위다. 범죄에 대한 대가로 한 사람의 코를 절단하는 형벌은 역사 속에 무수히 많다. 고대 이집트, 콜럼버스의 발견 이전의 아메리카, 초기 인도와 아랍 문화에서 모두 코를 베어버리는 형벌인 의형劓刑이 행해졌다. 정적에게 이 형벌을 내리기도 했지만, 권력을 남용한 자, 불충한 신하, 심지어는 불륜을 저지른 배우자에게도 내려졌다. 로마의 황제 유스티니아누스는 권좌에서 축출될 때 반역 세력에 의해 코를 잃었지만, 투쟁 끝에 권좌를 되찾고서 황금으로 만든 보형물을 붙이고 살았다.[28] 16세기 천문학자 티코 브라헤*Tyco Brahe*는 결투를 벌이다 코를 잃었으며, 결국 그도 평생 코 보형물을 붙이고 살아야 했다. 네팔의 고대 도시 키르티푸*Kirtipu*는 반란의 대가로 너무나 많은 사람이 의형을 당해서 '잘린 코의 도시'라는 별명을 얻었을 정도였다. 이와 비슷한 역사적인 사건은 19세기 터키에서도 일어났다. 불가리아의 침략에 무릎을 꿇은 터키의 병사들은 패전의 형벌로 코를 베였다. 하지만 다행히도 자비로운 침략자들이 패전국의 병사들에게 사면을 베풀면서 은으로 만든 코 보형물을 나눠주었다. 코 성형술의 발전의 역사가 코 절단의 역사와 나란히 이루어져 왔다는 것은 알고 보면 놀랍지 않은 일이다.[29]

아마도 사람들은 코는 다른 어떤 신체 부위보다도 인간으로서

한 사람이 가진 지적, 영적 특성과 남다른 체질, 자주적 성격 등의 다면성을 잘 보여준다고 여기는 듯하다. 조향사들에게 있어서 코는 그들의 전문성을 상징하기도 한다. "제인 로*Jane Roe*는 피르메니히*Firmenich*●의 코였다"라는 말에서처럼, 조향사들은 '코'라는 별칭으로 불린다. 향수 원료들 간의 미세한 차이를 완벽하게 구분해낼 정도로 전문적인 기능을 가진 코는 엄격한 훈련을 거쳐서 만들어진다. 그들은 어떤 분자가 어떤 냄새를 만들어내는지와 냄새를 혼합(음악의 코드처럼 냄새의 혼합은 어코드*accord*라고 부른다)하는 방법을 배우고, 이런 모든 지식을 동원해 자신만의 향기를 만들어낸다. 코는 향기 화학자들에게 없어서는 안 될 무기다. 향기 화학자와 관련한 더 자세한 이야기는 뒤에서 다뤄보겠다. 장미와 재스민에 대한 꼭지에서는 향수 제조의 역사와 기술에 대해서 알아본다.

미래의 냄새

새로운 과학을 창조할 야심이 있다면, 먼저 냄새를 측정하라.

알렉산더 그레이엄 벨_과학자, 발명가

인간과 동물의 후각에 대한 연구가 나란히 진행되는 동안, 다양한 로봇 코는 과학자들에게 온 세상에 떠다니는 수십억 가지 냄새에 대해 많은 것을 가르쳐주었다. 여기에 쓰이는 장비 중에 가스 크로

● 향수와 향료의 원료를 생산하는 기업.

마토그래프-질량분석기*gas chromatograph-mass spectrometer*가 있다. 아주 오래전부터 냄새를 연구하는 데 쓰여온 필수적인 장비다. 과학자들은 이 장비로 공기 샘플을 빨아들인 다음, 그 안에 든 냄새 분자를 정확하게 역설계한다. 어떤 분자가 그 냄새를 만들어내는 가장 중심적인 요소인지도 파악할 수 있다. 재미있는 점은 거의 모든 냄새가 여러 가지 분자로 구성되어 있고, 전체 구성 성분 중 극히 작은 부분만 차지할 뿐인 분자가 그 냄새의 결정적인 요소인 경우도 있다는 것이다. 향기를 연구하는 화학자들은 이 가스 크로마트그래프-질량분석기를 이용해 경쟁사 향수 제품의 비밀 분자들을 주기적으로 분석한다(합법적이며 상당히 정확도가 높은 연구 방법이다). 이런 기술은 화학공학, 환경정화 등에도 두루 쓰인다.[30]

전자 코는 여러 상황에서 위험을 감지하는 작업에 투입되고 있다. 전자 코를 만드는 방법 중에는 인간이 공통적으로 가지고 있는 400개의 후각 수용기의 유전자를 복제한 뒤, 각각의 냄새에 대해 각각의 복제 유전자가 보이는 반응을 측정하는 방법이 있다. 복제된 유전자를 살아 있는 포유동물이나 효모세포에 이식하면 세포 기반 전자 코, 또는 무세포 센서라 알려진 전자 코를 만들어낼 수 있다. 이 전자 코야말로 살아 있는 상태를 유지시키기 위한 특별한 조건이 필요하지 않은, 진정한 로봇 코라고 볼 수 있다.[31]

전자 코는 대개 목적에 부합하는 몇 가지의 냄새 분자만을 인지하도록 설계된다. 예를 들어, 맥주 양조장에서 쓰이는 전자 코는 맥주가 산성화되는 기미가 보이거나 불쾌한 냄새가 나기 시작하면 아주 초기부터 경고 신호를 보낸다(맥주 냄새에 대해서는 뒤에서 자세히 다룬다). 지금 당장이든 아니면 아주 가까운 미래에서든, 전자 코는 신선한 장미를 수확하기에 가장 적당한 때,[32] 상하기 시작한 음식을 폐기해야 할 때,[33] 암에서부터 코로나19에 이르기까지 다양한 질병의 조기 진단에도 쓰일 수 있을 것이다.[34] 최근에는 전자 코 기술로 다양한 냄새를 매우 정확하게 감지하는 센서가 개발되고 있다. 이런 전자 코는 포유류의 코가 가진 폭넓은 능력에 융통성까지 겸비했다고 할 수 있다.[35]

이와는 다른 유형의 전자 코로는 냄새를 정확하게 구별하는 기능보다는 냄새를 주어진 인지 기준에 따라 구별하도록 프로그램된 종류가 있다. 이를테면 어떤 냄새가 불쾌한가 자극적인가를 판단해서 구별하는 식이다. 또한 연구자들은 인간과 AI 알고리즘을 실험 대상으로 하여, 냄새 분자의 형태와 그 분자가 내는 냄새를 연결 짓는 데 상당한 진전을 보이고 있다. 분자의 구조를 기반으로 냄새를 역설계한다는 아이디어 역시 매우 구미가 당기지만, 아직은 시기상조로 보인다. 한편 2015년의 한 선구적인 연구 결과가 언론의 헤드라인을 장식했다. 이 연구진은 황 원자가 탄 냄새 또는 마늘 냄새를 내며, 분자가 크면 클수록 더 좋은 냄새를 낸다는 사실을 알아냈다. 이 정도의 내용으로 언론의 집중 조명을 받았다는 사실 자체가 우리가 후각에 대해 얼마나 아는 것이 없는지를 반증한다.[36]

파장으로 색채를 측정하고 주파수로 소리를 측정하듯이, 만약 모든 냄새에 공통적으로 적용할 수 있는 표준을 발견한다면 어떨까? 그 발견은 아마도 잃어버린 성배를 찾은 것에 비유할 수 있을 것이다. 어떻게 하면 냄새를 수량화해서 크게 다른 두 가지 냄새를 직접 비교할 수 있을까? 현재 수많은 냄새 분류 체계들이 수십억 가지 냄새의 갈래를 정리하며 객관적인 카테고리로 묶어 분류하고 있다. 조향사들은 완벽한 형태는 아니더라도 그들에게 필요한 냄새의 팔레트를 만들었다. 과학자들은 아직도 초보적인 단계에서 벗어나지 못하고 있다. 그러나 역사는 바로 이런 수많은 시도가 쌓여서 이루어진다. 박물학자 카롤루스 린나이우스*Carolus Linnaeus*®는 1752년에 냄새에 대한 과학적인 분류법을 제안했다. 그러나 그가 분류한 냄새는 꽃향기와 과학적인 목적으로 널리 쓰이는 것들의 냄새뿐이었다. 그로부터 약 100년 후, 영국의 화학자 조지 윌리엄 셉티머스 피스*George William Septimus Piesse*는 냄새를 음악에 비유한 '오도폰*odophone*' 개념을 제안했다. 그의 분류 시스템은 향수 원자의 냄새를 피아노 건반에 따라 정리한 것이었다. 피스는 무거운 냄새를 악기의 저음에, 가볍거나 날카로운 냄새를 고음에 비유했다. 그의 아이디어는 지금도 향수 용어에 남아 있어서, 조향사들은 구체적인 냄새를 노트*note*, 냄새들의 조합은 어코드라고 부른다. 향수를 뿌렸을 때 가장 빨리 휘발되면서 제일 먼저 느껴지는 냄새를 톱 노트*top note*라고 하며, 그다음에 느껴지는 냄새를 미들*middle* 또는 하트 노트*heart note*, 마지막까지 남는 향을 베이스 노트*base note*라고 한다.

　나중에 과학자들도 냄새의 분류에 참여했고, 과학자들이 정립한 분류 체계는 그 이전의 다른 분류 체계보다 성공적이었으며 과학적으로도 엄밀했다. 2018년에는 한 연구진이 '자연 속에서 얼마나 자주 마주치는가'를 기준으로 냄새를 분류해보았다. 그리고 그 냄새들을 수학에서 쌍곡면(감자칩의 형태를 상상하면 된다)이라 부르는 3차원 입체곡면에 매핑해보니, 아주 흥미로운 유사성이 발견되

●　생물분류학의 초석을 놓은 칼 린네의 라틴어식 이름이다.

었다. 어떤 방향에 점으로 찍힌 냄새들은 뚜렷하게 좋은 냄새인 반면, 또 다른 방향에 찍힌 냄새들은 누가 맡아도 불쾌하다고 느낄 만한 냄새였다. 어떤 방향은 냄새가 산성과 연관되어 있고 또 다른 방향은 냄새가 쉽게 휘발된다는 특징이 있었다. 매우 인상적인 결과였다. 특히 냄새가 실제로 얼마나 광범위한 분야인지를 똑똑히 보여주었다는 점이 가장 주목할 만했다.[37]

자, 이제 코와 후각에 대한 이야기는 이쯤 하도록 하겠다. 무언가를 배우고 익히는 데는 직접 경험하는 것이 최고의 성과를 낸다. 이제 '나의 코'를 사용해보자. 그 냄새의 들판으로 나가서 또 무엇을 발견할 수 있을지 탐색해볼 시간이다.

냄새를 탐구하는 좋은 방법

첫 번째, 가루를 낸다. 냄새를 알고 싶은 물질을 손가락으로 뭉개거나 부수어서 냄새가 퍼지도록 만든다. 고체 물질을 공기 중으로 띄워 코 안으로 들어올 수 있게 만드는 것이다. 최대한 곱게 그 물질을 분쇄한다.

두 번째, 물을 이용한다. 물은 냄새를 더 잘 끌어낸다. 할 수 있다면 물질을 물에 적셔서 냄새를 맡아본다. 열정적인 냄새 사냥꾼이라면 스프리처®를 가지고 다니며 이용할 수도 있겠지만, 그저 물을 살짝 묻히는 것으로도 충분하다. 비가 오거나 습도가 높은 날은 냄새를 추적하기에 특히 더 좋은 날이다.

세 번째, 온기를 유지한다. 냉기는 후각 능력을 감소시킨다. 그러니 가능하다면 호흡을 따뜻하게 덥혀주는 게 좋다. 냄새 맡고자 하는 물질을 한쪽 손바닥 위에 올려놓고, 다른 손을 오목하게 만들어 그 위를 덮은 뒤 손가락 틈새로 냄새를 맡아본다.

그 밖의 방법으로는 먼저 코를 실룩거리며 냄새를 맡아보고, 그다음에는 물질 자체를 흔들어보면 도움이 된다. 조향사나 냄새 맡기 전문 직업을 가진 사람들은 냄새를 묻힌 시향지를 코 앞에서 흔들어보고, 코를 시향지 가까이 대고 리드미컬하게 실룩거려본다.

● 차가운 백포도주와 소다수를 섞어 만든 음료.

냄새는 물에 떨어진 잉크 방울이 퍼지는 모양과 비슷하게 덩굴손 모양으로 퍼져나가기 때문에, 냄새 물질을 흔들면 냄새 분자가 더 많이 방출된다. 냄새를 맡는 동안 코를 움직이는 것도 냄새의 덩굴손과 더 많이 접촉하고 더 다양한 각도에서 냄새를 탐구하는 데 도움이 된다.

또 냄새를 맡을 때는 톡 쏘는지, 얼얼한지, 눈이 따가운지 주의를 기울이자(유칼립투스, 스컹크, 다진 양파, 암모니아를 생각해보자). 이런 냄새들은 안면근육을 제어하는 삼차신경 반응을 촉발한다. 입구는 넓지만 크기는 자그마한 유리컵을 가져다가 냄새 물질을 덮어봐도 좋다. 이 방법을 사용할 때는 유리 재질이 가장 좋다. 다른 냄새가 스며들 수 없고, 유리 자체도 냄새가 없기 때문이다. 그 안에 젖은 종이 타올을 넣어두면 냄새를 더 증폭할 수 있다.

꽃과 허브 향

FLOWERY & HERBAL

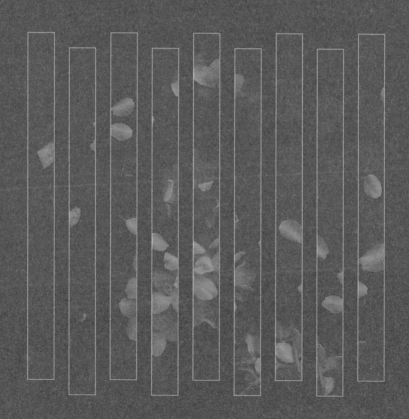

마른 땅의 비 냄새

PETRICHOR

장미

ROSE

재스민

JASMINE

금방 깎은 잔디

FRESH-CUT GRASS

빨랫줄에 널어 말린 빨래

LINE-DRIED LAUNDRY

마른 땅의 비 냄새

PETRICHOR

페트리코. 바싹 마른 흙이 비에 젖으면서 올라오는 이 냄새는 흙 안에서 움직이는 모든 것을 넉넉하게 감싸며 피어오른다. 이 냄새는 초록색 풀 냄새에 가벼운 광물 냄새가 섞여 있다. 뒤이어 약간 새큼하면서 싱그러운 물방울의 기운이 느껴진다.

마른 땅의 비 냄새는 이 모든 냄새를 품고서 땅으로부터 솟아올라 우리의 코 가까이 접근한다. 마치 땅이 날숨을 뱉어내는 것 같다. 이 냄새는 수백만 개의 아주 작은 점으로부터 동시에 발산되기 때문에 입체적이다. 이 냄새 안에서는 각각의 순간들이 팽창하면서 마치 시간의 흐름이 늦어지는 것처럼 느껴진다. 그리고 세상의 공기를 안도감으로 채운다.

비 냄새는 계절성이 강하다. 아무 때나 맡을 수 있는 냄새가 아니다. 대기 조건이 맞아야 한다. 하나의 냄새가 아니라 차라리 해프닝에 가깝다. 우리는 대부분 마른 땅이 비를 맞을 때 내뿜는 비 냄새를 좋아한다. 그러나 이 냄새에도 이름이 있다는 것은 잘 알지 못한다(사실은 하나가 아니라 몇 가지가 밀접하게 얽혀서 만들어진 냄새다). 우리는 평생토록 이 냄새를 맡아왔지만, 이에 대해 굳이 터놓고 이야기해본 적은 거의 없다. 마른 땅의 비 냄새는 각자가 기억 속에 품고 있는, 달콤하고 소소한 비밀이다.

인도에 있는 카나우지*Kanauji*라는 도시에서는 이 냄새를 담은 미티 아타르*mitti attar*라는 향수를 만든다. 4월부터 5월까지 조향사들은 땅에서 바싹 마른 흙을 퍼내 원반 모양으로 빚어 말린 다음 증류기 위에 올려놓고 가열한다. 이 흙이 적당한 온도로 달구어지면, 증기에서 천천히 흙냄새가 퍼지기 시작한다. 이렇게 흙냄새와 함께 올라온 수증기가 관을 타고 흘러 백단향 오일이 담긴 큰 통 속에 떨어지면 미티 아타르의 베이스가 된다. 마른 땅의 흙냄새는 우리에게 메시지를 보낸다. 변화하지 않으면 아무것도 남지 않는다고. 변화가 없으면 냄새도 없다고. 몇 달에 걸친 건조하고 더운 계절이 끝나고 몬순이 다가올 무렵 카나우지에서는 마음을 진정시켜주는 마른 땅의 흙냄새를 병에 담는다.[1]

'페트리코'는 그리스어로 '돌의 피'라는 뜻으로, 1964년 호주 출신의 두 과학자 이사벨 베어*Isabel Bear*와 리처드 토머스*Richard Thomas*가 지은 이름이다. 이들은 모래, 마른 흙, 찰흙 등 다양한 종류의 흙에서 오일을 뽑아냈고, 식물이 토양에 분비하는 지방산(주로 팔미트산과 스테아르산)이 비가 오는 동안 더 농축된다는 것을 알아냈다. 가뭄이 끝난 뒤 종종 식물이 폭발적으로 성장한다는 것을 깨달은 이사벨과 토머스는 혹시 마른 땅의 비 냄새, 즉 페트리코가 천연의 비료가 아닐까 하는 생각을 했다. 아쉽지만 그렇지는 않았다. 사실 페트리코는 주변 다른 식물의 성장을 지방산으로 지연시켜 물이 귀해질 때 경쟁에서 이기려는 식물의 방어책이었다. 다시 말해 식물이 분비한 화학물질의 축적물이 우리가 맡는 바로 그 비 냄새의 정

체다.[2]

몇 년 전 매사추세츠 공과대학교MIT의 과학자들은 페트리코가 어떻게 우리 코에 와 닿는지 규명해냈다. 고속 카메라로 빗방울이 다공성 표면에 떨어지는 순간을 촬영했더니, 충돌 순간 빗방울에 아주 작은 공기 방울이 생기는 게 포착되었다. MIT 교내 신문인 《MIT 뉴스》는 이 과정을 이렇게 묘사했다. "샴페인을 잔에 따르면 거품이 위를 향해 솟아오르다가 마지막에는 거품 방울이 터지면서 에어로졸이 되어 퍼진다. 모래 토양 위에 갑자기 떨어진 빗방울도 똑같은 방식으로 분산되면서 페트리코 냄새를 퍼뜨리기에 가장 좋은 형태로 공기 방울을 품는다."

빗방울이 지표면과 충돌하는 장면의 슬로우 모션 동영상을 온라인으로 보니, 빗방울은 아주 잠깐 도넛 모양이 되었다가 금방 평평한 원반 모양으로 변했다. 그리고 마치 호수 위를 바쁘게 날아다니는 반딧불이처럼, 아주 미세한 물방울이 무수히 그 원반으로부터 튀어 올랐다. 바로 그 미세한 물방울들이 흙에서 올라온 냄새를 품고 공기 중으로 퍼져나가는 것이다.[3]

비는 단계에 따라 자기의 냄새를 만들어낸다. 처음에는 아주 깨끗한 금속성의 오존 냄새를 풍긴다. 천둥을 동반한 폭풍우가 시작되기 직전에는 기압과 기온이 요동친다. 대기의 난류가 대기 중의 분자들을 쪼개놓는데, 이때 산소가 오존이 된다. 그다음에는 하강 기류가 오존을 폭풍의 전면으로 밀어낸다.[4]

마른 흙의 비 냄새는 비가 실제로 내리기 시작했음을 알리는 신호다. 비가 계속 내리면 그 냄새는 페트리코와 비슷하면서도 다른 냄새인 지오스민geosmin, 즉 흙냄새로 바뀐다. 지오스민은 비가 그친 후에도 남아 있는, 약간 곰팡내 비슷하면서 눅눅한 냄새다. 비트와 흙을 갈아엎을 때 나는 것과 비슷한 이 냄새는 방선균이라는 땅속 박테리아에서 시작된다. 지오스민은 민물고기에게 알을 낳을 장소를 알려주고 낙타가 사막에서 오아시스를 찾도록 도와주는 냄새이기도 하다.[5]

페트리코는 물질이 기체가 될 때 냄새가 생겨난다는 주장을 뒷받침하기도 한다. 페트리코의 경우, 그 변형된 물질이 황금의 오일, 즉 서로 경쟁하는 식물들이 토양에 분비하는 물질이다. 냄새는 공기를 타고 흐르면서 공기에 일종의 '퍼스낼리티'를 부여한다. 페트리코는 또한 공기가 3차원이라는 것, 다시 말해 공기가 공간을 차지한다는 것을 알게 해준다. 소나기가 내린 후의 고요한 공기는 모든 것을 씻어버린 듯 당당하고 날카로우며 어디서든 오래 머물지 않는다. 내 상상 속에서 페트리코는 새콤한 향이 나면서 손가락으로 톡 치면 바르르 진동하는 투명한 주황색의 젤로_Jello-O_처럼, 지상의 높은 곳에 떠 있는 황금색의 공기 입방체다. 페트리코가 코끝을 휙 스쳐갈 때면 우리는 바로 지금, 여기서 어떤 변화가 일어나고 있다는 것을 느낀다. 각각의 냄새는 시공간 안에서 한순간의 점을 찍는다. 그 냄새를 맡는 우리는 그 점의 목격자다.

어느 추운 겨울날, 나는 미티 아타르를 내 손목에 살짝살짝 찍어 바르고 밖으로 나가 냄새를 맡아보았다. 페트리코 냄새에서는 충만한 힘이 느껴졌다. 아직도 겨울이 길게 남아 있었지만, 페트리코의 저돌적인 냄새는 거침없이 달력을 넘겨버리는 것 같았다. 봄을 향해 질주하는 성급한 희망의 냄새였다.

대륙 전체로 퍼져나갔다. 기독교 교회는 장미를 이단의 꽃이자 관능을 자극하는 꽃으로 규정하고 억압하려 했으나 결국 실패했다. 교회에서는 결국 성모 마리아와 장미를 연관 짓는 대안을 택했다. 세속의 열정을 신앙심으로 이끌어낸 것이다. 기독교의 로사리오(묵주)는 원래 진짜 장미 꽃봉오리로 만들었다. 손가락으로 장미 꽃봉오리를 만질 때마다 은은하게 풍기는 향은 기도하는 신자들을 향기로운 환상에 빠지게 했다.

수백 년 동안 장미는 일순간의 황홀경, 결코 영원히 지속될 수 없는 관능과 활성을 상징했다. 영국 엘리자베스 1세 시대의 부유층은 디너 파티에서 속을 비운 계란 껍데기에 장미수를 채워 서로에게 던지면서 그 향기를 만끽했다. 장미는 17세기 유럽의 바로크 시대에도 수많은 사치품에 화려한 향기를 빌려주었다. 편지지, 침구, 목욕물은 물론이고 손가락으로 만지작거리면 은은한 향기가 나는 팔찌, 향수를 뿜어내도록 고안된 반지도 있었다. 이 시대에는 냄새야말로 물체의 진정한 정수이자 영혼 비슷한 것으로 간주되었다. 물체의 외양은 내면과 현저히 다른 경우가 많았고, 눈에 보이는 것을 믿을 수 없을 때도 있었기 때문이다.[9] 비록 찰나의 것일지라도 냄새야말로 가장 진짜에 가까운 감각이라 여겼으며, 장미는 그 감각의 가장 아름다운 표현이었다.

지금도 그렇지만 과거에도 조향사들은 여러 가지 이유로 장미를 원료로 즐겨 썼다. 장미는 향기에 따라 다양한 품종이 있다. 특히, 오래된 품종인 알바*Alba*, 갈리카*Gallica*, 센티폴리아*Centifolia*, 다마스크*Damask*가 대표적이다. 향수 원료로서 장미는 언제나 다른 향기와 잘 어울리며, 포용적이기까지 하다. 어떤 원료의 배합이든 장미 에센스를 조금만 첨가하면 잘 어울리지 않던 배합도 조화로워지고 실수도 감춰지곤 한다.[10]

장미를 기르고 개량하는 일은 다방면에 걸친 지식이 필요하고 역사적으로 의미 있는 분야라서, 이 일에 매진하는 과학자와 원예 전문가는 '로사리언*rosarian*'이라고 불린다. (때로는 다소 황당하기까지 한) 장미 품종 교잡의 역사를 살펴보면 동서양이 조우한 역사의 흔적도 쉽게 찾아볼 수 있다. 그렇게 만들어진 장미 변종에는 사람의 이름이 부여되기도 한다. 대표적인 것이 돌리 파튼*Dolly Parton*, 프린세스 다이애나*Princess Diana*다. 장미의 이름이 되지 않았다면 역사 속에서 영원히 잊혔을 이름도 많다. 가장 대표적인 예가 19세기 파리에서 드레스 디자이너로 활동했던 마담 테스투*Madame Testout*다.

한편 오늘날 가장 인기 있는 변종 중 상당수는 시각적으로 화려한 모양과 색깔만을 보여줄 뿐, 고유의 향기를 잃었다. 과학자들은 이를 개선하기 위해 장미에 달콤한 향기를 만들어주는 효소를 개발했다. RhNUDX1 효소는 로즈오일의 주요 화학물질인 모노테르펜 게라니올*monoterpene geraniol*을 꽃잎에서 생산한다. 과학자들은 이 효소의 유전자를 향기가 없는 요즘 장미 품종 속에 다시 집어넣어, 장미가 향기를 되찾기를 바라고 있다.[11]

장미의 영혼인 향기를 재설계하는 작업 중에는 슬프지만 불가능한 측면도 있다. 장미가 찰나의 아름다움을 의미하는 만큼이나, 그 향기는 장미의 생생한 아름다움을 되새기게 한다. 장미 향기를 맡아보면 특별한 순간에 육체적으로 살아 있는 우리 자신을 확인하게 된다. 지금 여기에서, 우리는 죽음을 피할 수 없는 존재의 향기를 즐기고 있는 것이다. 그것은 조용하고 황홀한 경험이며 갑자기 그 존재가 사라지기 전까지 누릴 수 있는 강렬한 즐거움이다.

재스민

JASMINE

왁스 같은 질감에 노란 버터 색깔이 감도는 재스민 고체 향수를 피부에 문지른다. 왁스 질감은 피부에서 녹는 순간 점차 사라진다. 곧이어 놀라운 고양감이 찾아온다. 향기는 파도처럼 우리 주변을 감싸고 흐른다. 그 향기 안에서 소곤거림이 들린다. 서서히 고조되는 열기와 곱디고운 가루 같고 매끄러운 비단 같은 질감, 깊고 깊은 황금의 나무 그늘 같은 느낌에 감탄한다.

톱 노트는 이내 사라지고 이어서 따뜻하고 울림이 있는 미들 노트가 올라온다. 이제 이 향기의 아름다움에는 풍부함과 우아함 그리고 느긋함이 어우러진다. 세상에서 가장 편안한 공간에 머무는 듯한 느낌이다. 재스민 향기는 그 어떤 것보다도 사랑스럽다. 이제 이 향기는 마치 나의 새로운 피부 같다.

우리는 재스민차를 마시고 재스민 쌀로 밥을 지어 먹는다. 입으로 먹고 마시면서 그 향기를 즐기는 것이다. 재스민은 대개 꽃 그 자체의 모습보다는 향기로 인식된다. 한 조향사는 "재스민이 없으면 향수도 없다"라고 말하기도 했다. 숭고함과 일상을 묶어내는 재스민 향기에는 세상의 모든 향이 담겨 있다. 조향사들이 재스민을 좋아하는 데는 여러 가지 이유가 있다. 우선 재스민 꽃은 그 자체가 그대로 향수다. 복잡한 향이지만 균형이 잡혀 있으며, 다른 향들과 조합되면 향기의 상승작용을 일으킨다. 향기와 향기를 조합할 때, 재스민은 하트 노트의 역할을 한다. 이 향기는 톱 노트에 비해 상대적으로 오래 지속된다.

또한 재스민 향기는 좋은 냄새와 나쁜 냄새를 특이한 방식으로 결합시킨다. 향기를 잘 맡아보면, 따뜻한 꿀 같은 달콤함에 배설물과 부패물의 냄새가 있는 듯 없는 듯 살짝 얹혀 있다. 고도로 농축된 인돌indole(배설물에도 들어 있다)과 크레솔cresol(콜타르의 달짝지근하면서 역한 냄새) 분자 때문이다.[1]

재스민에는 '로열 재스민'이라고도 불리는 재스미눔 그란디플로룸Jasminum grandiflorum과 재스미눔 샌닥Jasminum sandac의 두 가지 품종이 있다. 또 다른 품종인 재스미눔 불가리스Jasminum vulgaris는 앞의 두 품종보다는 향기가 덜 달콤하지만 로열 재스민을 접목하기 위한 대목臺木으로 많이 쓰인다. 이 외에도 재스민이라고 불리고 꽃도 피는 넝쿨식물이 여럿 있지만, 진짜 재스민과는 관련이 없는 종이다. 재스민은 하얀 꽃이 피고 줄기가 기어 올라가며 덩굴을 이루는데, 그 꽃을 보기는 쉽지 않다. 인도 사람들은 재스민을 '숲의 달빛'이라고 부른다. 마치 비밀을 들키지 않으려는 듯, 밤에만 꽃이 피어 어둠 속에서 향기를 퍼뜨리며 향기로써 자신의 존재를 드러내기 때문이다. 재스민은 16세기부터 프랑스 향수 산업의 역사적 중심지로 인정받아온 프랑스 남부 그라스Grasse 지방과 관련이 깊다.[2] 그러나 재스민의 원산지는 인도이며, 이란, 터키, 중국, 모로코, 이집트,

장미

ROSE

장미 향은 향기의 아이콘이다. 어디서나 단연 돋보이는 냄새라서 오히려 그 디테일을 제대로 느끼려면 시간이 두고 천천히 맡아야 한다. 처음 맡는 순간의 장미 향은 느닷없이 훅 달려드는, 달콤하고 노골적인 향기다. 비할 데 없이 화려하다. 그러나 그 노골적인 화려함이 차츰 가라앉으면 여왕의 침묵과 같은 은은함이 남는다. 제대로 맡고 나면, 이 향기에 대해 같은 마음을 지닌 찬미자들의 거대한 무리에 속하게 된 즐거움을 깨닫게 된다.

장미 향의 거침없는 저돌성은 코에서 오래 머무르지 않는다. 나는 장미 향을 맡으면 할머니가 교회 갈 때만 입으시던, 할머니의 가장 좋은 옷이 떠오른다. 그러나 그 고전적인 품격의 냄새 뒤에는 알 수 없는 열기와 날카로운 가시, 가루받이의 욕망이 숨겨져 있다. 장미 향은 늦여름의 어느 날, 느릿느릿 기어가는 벌레, 떨어진 잔가지와 나뭇잎에 파묻혀 썩어가는 비단결 같은 꽃잎, 어수선하게 제 영역을 넓혀나가는 자연의 꿈틀거림을 연상시킨다. 장미의 향기 속에서 사람들은 인생의 찰나성을 깨닫는다. 아름다운 꽃송이는 속절없이 떨어지고 아무리 아름다운 것도 썩어 없어진다.

장미의 역사와 상징성에 대한 연구는 쉽지 않다. 장미는 그 한계가 어디일까 싶을 정도로 수많은 긍정적인 것들(사랑, 섹스, 영혼, 마법)을 상징한다. 장미가 품을 수 없는 의미가 있다면, 아마도 식상함일 것이다. 장미는 없는 곳이 없다고 말할 수 있을 정도로 예술 작품, 건축물, 직물, 패션 등에 수없이 등장하지만 전혀 식상하지 않기 때문이다. 거의 모든 문화와 역사적 배경에서 장미에 대한 강렬한 찬양의 표현을 찾아볼 수 있다. 장미는 단연코 꽃의 제왕이다.

현대의 서구인들이 흔히 하듯이 장미 향을 몸에 찍어 바르는 것은 어쩌면 장미의 향기와 친해지는 가장 소극적인 방법일지도 모른다. 열성적인 팬들은 장미를 먹고, 마시고, 약으로 소비하기도 한다. 장미 향이 나는 향수를 몸에 뿌릴 뿐만 아니라 다른 사람과 공유하는 공간에도 뿌리고, 할 수만 있다면 드넓은 야외마저도 장미 향으로 채우려고 노력한다. 어떤 사람들은 장미 향기를 들이마시면서 몽롱한 느낌에 젖기도 하고, 심지어는 아주 값비싼 상상에 빠지기도 한다.

장미, 그리고 그 향기가 고대 로마인들에게 어떤 상징성을 갖고 있었는지를 한마디로 요약하기는 어렵다. '생명의 힘'이 아마도 가장 가까운 표현일 것이다. 부유하고 권세 있는 로마인들은 결혼식의 주인공이나 승리한 운동선수를 위해 장미 꽃잎을 눈처럼 뿌렸다. 귀한 손님에게 장미꽃 목걸이를 걸어주고, 장미수를 뿌려주었으며 식탁과 음식 위에도 장미 꽃잎을 뿌렸을 뿐만 아니라 술잔에도 장미 꽃잎을 띄웠다. 역사적으로 유명한 한 만찬에서는 비둘기를 장미수에 담갔다가 만찬장 위로 날게 해서 만찬을 즐기는 손님들에게 그 향기가 뿌려지게 했다고 한다. 네로 황제는 만찬장 천장에 장미 꽃잎이 든 장치를 달아두었다가 만찬 중간중간에 장미 꽃잎이 장미 향기와 함께 뿌려지게 했다는 기록이 있다. 또 다른 로마 황제인 엘라가발루스*Elagabalus*의 만찬에서는 어이없게도 손님이 장미 꽃잎에 깔려 질식사하는 사고까지 발생했다.[1] 또 로마에서는 야외 체육 행사 때 천막에 장미 향유를 발라서 관중이 향기에 둘러싸인 채 경기를 관람하며 쉴 수 있게 했다. 로살리아 축제 기간에는 장미와 바이올렛을 뿌렸다. 로마인에게 절화 장미는 인생 절정의 순간에 갑작스러운 죽음을 맞는 아름다운 젊음을 상징했다.[2]

이슬람의 세계, 특히 페르시아에서는 장미 향기가 영적인 사랑과 세속적 사랑을 하나로 묶어준다고 여겼다. 즉 섹스와 로맨스를 모두 아우르면서도 그 둘을 초월하게 해준다고 생각했다. 예언자 무함마드의 말과 행동을 모아놓은 언행록「하디스*Hadith*」에서는, 무함마드가 승천하여 신의 계시를 받을 때 이마에 맺힌 땀방울이 지상에 떨어진 자리에서 향기로운 장미가 솟아났다고 전한다.[3] 또 페르시아 예술 작품의 공통적인 모티프 중 하나가 나이팅게일이 높은 담 너머 장미를 향해 노래를 부르는 장면이다. 이 테마에 대해서는 몇 가지 해석이 가능하다. 사랑하는 이와 떨어진 연인으로도 볼 수 있고, 신에 대한 간절한 열망 등으로도 읽을 수 있다. 새와 장미의 결합은 애절하다. 서로 보이지 않는 상태에서 오직 노래와 향기만으로 연결되기 때문이다.[4] 서로 보이지 않아도 연결되는 이들의 관계는 장미의 가루받이를 책임져주는 곤충과 장미가 맺는, 향기를 바탕으로 한 실제 관계와도 다르지 않다. 곤충은 아무리 대단한 장애물이 가로막고 있어도 장미 향기를 향해 나아갈 것이다. 그들은 밀폐된 유리관에 갇힌 꽃의 향기까지 느낄 수 있다.[5]

장미에 대한 열광은 1526년 자히르 우드-딘 무함마드*Zahir ud-Din Muhammad*가 세운 무굴 제국까지 뻗어갔다. 무함마드는 바부르*Babur*라는 이름으로 더 유명한데, 그의 명령에 따라 페르시아와 인도 전역에 장미와 수선화가 가득한 공식 정원이 지어졌다. 바부르는 세 딸의 이름에도 장미를 넣었다. 굴랑*Gulrang*은 장미의 빛깔을 띤 사람이라는 뜻이고, 굴치흐라*Gulchihra*는 장미의 얼굴, 굴바단 *Gulbadan*은 장미의 몸을 가졌다는 뜻이었다. 페르시아어에서는 '굴*gul*' 자체가 포괄적으로 꽃을 가리키는 말이므로, 장미는 꽃 중의 꽃임을 암시한다고 볼 수 있다.[6]

장미는 이슬람 세계 어디서나 특별한 상징이었다. 한편으로는 쏜살같이 지나가버리는 아름다움을 상징하는 꽃이기도 했다. 페르시아와 다마스쿠스에서는 아직 피지 않은 장미 꽃봉오리를 땅속에 파묻어 저장했다가 중요한 손님에게 식사를 대접할 때 파내서 장식으로 쓰는 풍습이 있었다. 땅에서 파낸 장미 꽃봉오리는 뜨거운 음식 옆에서 열을 받으면 접시 위에서 화려하게 꽃잎이 벌어졌다.[7] 아랍에서는 예배당인 모스크를 지을 때 장미수를 섞어 모르타르를 만들었다. 그렇게 지은 벽은 뜨거운 낮이면 은은한 장미 향을 내뿜었다.[8] 지금도 중동에서 인기가 높은 과자류에는 장미수가 들어가는 것이 많다. 바르피*barfi*, 바클라바*baklava*, 할바*halva*, 굴랍자문*gulab jamun*, 쿠나파*kanafeh*, 누가*nougat*, 로쿰*lokum* 등이 그런 과자류에 속한다. 인도 아대륙에서 라마단 기간 중에 즐겨 마시는 탄산음료 루아프자*Rooh Afza*도 장미 향이 난다.

장미는 어디에서나 볼 수 있는 흔한 꽃이면서도 특별한 꽃으로 대접받아왔다. 비록 일시적일 뿐이라 해도 장미의 존재로 평범한 일상도 화려하고 특별한 것이 된다. 이제 유럽으로 다시 돌아가보자. 장미에 대한 로마인들의 집착은 제국이 몰락한 후에도 유럽를 맡을 수는 없다. 그러나 향수를 뿌리면 하루 종일 사랑스러움으로 가득 차는 기분이다. 얼굴 가까이로 다가오는 날파리를 쫓으려고 손사래를 치거나 어쩌다 한 번씩 흘러내리는 선글라스를 치켜올릴 때면 내 손목에서 피어오른 재스민 향기가 코끝에서부터 스며들었다. 기분 좋은 놀람의 순간들이었다.

날마다 재스민 향수를 바르면서, 나는 향수에 대한 생각을 차츰 바꿨다. 향수는 부를 상징할 뿐만 아니라 때로는 다소 부적절하기는 하지만 권위나 위세를 나타내기도 한다는 것도 틀리지 않는다. 역사적으로 향수는 안티페미니스트라는 말도 맞다. 프랑스를 별로 좋아하지 않는 사람에게 너무나 프랑스적이라는 느낌이 드는 것도 사실이다. 하지만 조심스럽고도 친근하게 다가온 재스민 덕분에, 나는 향수가 주는 은밀한 즐거움을 받아들이게 되었다. 향수는 한 사람의 스타일을 다감각적으로 만들어준다. 보호받는 느낌, 따뜻한 느낌을 주고 공개적인 분위기에도 거리낌 없이 섞일 수 있게 해준다. 만약 옷이 갑옷이라면, 향수도 갑옷이다. 옷으로서의 갑옷과 다른 점이 있다면 갑옷을 벗고 자신을 온전히 드러낼 때에도 향수는 그 벌거벗은 몸을 여전히 덮고 있다는 것이다.

재스민이 나에게 꼭 맞는 향수는 아닐지도 모르지만, 어쨌거나 내게 새로운 감각의 가능성을 보여주었다. 내 향수를 찾는 과정은 최고의 친구를 찾는 과정과 비슷하다. 어디엔가 나와 딱 어울리는 향기가 있을 것이다. 이제 그 향기를 찾는 과정을 음미해보려 한다.

금방 깎은 잔디

FRESH-CUT GRASS

금방 깎은 잔디는 활기차고 싱싱한 초록 냄새가 나며, 특히 지면 가까이에 잔뜩 농축되어 있다. 그 냄새를 맡으면 마치 시들었던 식물이 물을 잔뜩 빨아올렸을 때처럼 기운이 살아난다. 이 냄새는 내게 착 달라붙은 듯 가까운 느낌을 준다. 숨을 들이쉴 때마다 내 허파가 식물의 날숨으로 채워지는 기분이다.

　　마당의 잔디를 깎을 때마다 나는 그 냄새를 또렷하게 느낀다. 잔디깎이의 칼날이 소리 내며 돌아갈 때마다 깎인 잔디가 반원을 그리며 한 줌씩 솟아올랐다가 떨어지면, 나는 풀잎들이 남긴 냄새 속으로 빠져든다. 그 냄새는 다른 냄새들과 기분 좋게 섞인다. 자외선 차단제 냄새가 섞여 있는 내 땀 냄새, 한 줄기 여름 공기의 냄새, 정원에 심은 토마토 덩굴 아래서 올라오는 묵직한 흙냄새, 마당 구석진 곳 그늘 아래서 자라고 있는 이끼와 양치류의 눅눅한 냄새. 하지만 그 냄새는 아주 눈 깜짝할 사이에 지나간다. 잔디 깎는 기계를 멈추면, 깎인 잔디에서 나던 냄새는 순식간에 사라져버린다. 잔디 깎기는 아주 짧은 시간에 지나가버리는 나만의 여름철 휴식이며, 딱 그 순간에만 내 곁을 떠도는 비눗방울과 같다. 그 시간이 지나면 그 기분은 사라지고 냄새도 사라진다.

　　깎인 잔디를 한 줌 집어 비닐 백에 넣었다. 잔디가 머금고 있던 물기 때문에 비닐 백 안에 금방 습기가 찼다. 풀잎을 손으로 만지면 그 촉감이 좋다. 그 풀잎 주머니가 마치 작은 건초더미라도 되는 양 풀잎을 주먹으로 쳐보고, 손가락으로 이리저리 뒤집어보고 싶은 유혹에 빠진다. 풀잎은 부드럽고, 유연하고, 폭신폭신하다. 그러나 그 풀잎의 냄새는 잔디를 깎을 때 나는 그 냄새하고는 전혀 다르다. 비닐 백 안의 풀잎들은 잔디를 깎을 때 나던 냄새보다 더 흙냄새가 강하고 푸석푸석하면서 살짝 땀 냄새가 난다. 더 이상 살아 있는 식물의 날숨이 아니다. 깎인 잔디에서 생명이 빠져나가는 듯한 냄새가 나는 건 당연하다. 그 냄새와 함께 풀잎은 서로에게 위험이 다가오고 있다는 신호를 미친 듯이 발신한다.

대부분의 식물이 그렇듯이, 풀잎은 냄새를 수단으로 서로 소통한다. 꽃이 피는 식물은 자신의 향기로 꽃가루받이를 해줄 매개자를 유혹하고, 과실수는 냄새로 자신의 씨를 퍼뜨려줄 동물을 부른다. 식물은 자기들끼리 많은 이야기를 나누는데, 이 사실은 아직 널리 알려져 있지 않다. 동물과 달리 식물은 한 장소에 뿌리를 박고 살아간다. 천적이 다가와도 도망칠 수가 없다. 그래서 냄새로 천적을 피하고 서로에게 경고를 보내준다.

천적의 공격을 받은 식물은 휘발성 화합물을 방출해 주변의 다른 식물에게 눈앞에 닥친 위험에 대한 경고를 보낸다. 경고를 받은 식물들은 재빨리 자기 몸의 일부에서 영양소를 빼돌리거나 자신을 덜 맛있게 만들어서 천적이 흥미를 잃도록 만들거나, 그로부터 입게 될지도 모를 상처를 치료할 준비를 미리 해둔다. 한 식물의 일부에서 다른 일부를 향해 공격자가 다가오고 있음을 경고하기도 한다. 식물들은 어떤 곤충이든 자기 몸을 향해 다가오는 곤충을 향해 후각 신호를 보내기까지 한다. "내 적의 적은 내 친구다"라는 논리다.

식물은 몸에 상처를 입으면 리폭시게나제 *lipoxygenase*라는 효소를 활성화시키고, 두 가지의 산을 분비한다. 이 두 가지 산은 식물이 상처를 입어 공기 중의 산소에 노출되면 (z)-3-헥산알*hexanal*이라는 또 다른 효소로 변형된다. 이 효소는 위기에 처한 풀잎의 후각 신호, 그러니까 우리가 아무것도 모르고 좋아하는 방금 깎은 잔디의 냄새와 비슷하다. 그러나 (z)-3-헥산알은 완벽한 상태로 오래 머물지 않는다. 우리가 소포를 열어본 뒤 포장지를 바로 쓰레기통에 버리는 것처럼, (z)-3-헥산알은 더 작은 분자로 쪼개져서 급속하게 분해되어 사라진다.[1]

식물이 어떻게 냄새로 말을 하는지는 잘 알려져 있지 않지만, 땅속 깊은 곳에서 이루어지는 것만은 분명해 보인다. 식물의 뿌리는 땅속 깊은 곳에서 아주 넓은 영역에 걸쳐서 '곰팡이의 네트워크'로 서로 조밀하게 연결되어 있다. 이 네트워크를 '우드 와이드 웹*Wood Wide Web*'이라고 한다. 단단하게 얽히고설켜 있는 이 네트워크를 통해 식물들은 자손이나 이웃과 영양분을 공유하고 위기가 다가오면 경고를 보내거나 심지어는 경쟁자를 방해하기까지 한다. 이 모두가 화학적 신호를 통해서 이루어지는데, 오직 나무와 식물만이 그 신호를 주고받을 수 있다.[2] 식물은 이처럼 언제나 다른 식물과 보이지 않는 신호를 주고받는다.

방금 깎은 잔디 냄새를 싱싱한 풀잎의 냄새라고 좋아하지만, 사실 잔디에게 그 냄새는 긴급 신호, SOS와 마찬가지다. 우리 인간들은 이 냄새를 대수롭지 않게 생각한다. 우리에게는 사실 아무 의미 없는 냄새니까. 누군가에게는 위기의 냄새지만 누군가에게는 싱그럽고 상쾌한 냄새라니. 뭔가 아이러니하다는 생각이 들지 않는가?

불가리아 등 다양한 곳에 널리 퍼져 있다.

재스민 향기는 인위적으로 흉내 내기 어렵다. 그래서 천연 재스민으로 향수를 만드는 게 일반적이다. 재스민은 꽃이 아직 피어 있고 향유 성분이 최고조에 올라 있는 이른 아침에 사람 손으로 일일이 꽃봉오리를 따 모아야 한다. 향수를 만들기 위해 꽃향기를 추출하는 방법 중 증류법은 어느 시대에나 가장 일반적으로 쓰였다. 기원전 3500년에도 증류법이 쓰였는데,[3] 이 과정은 매우 노동집약적으로 이루어졌다. 당시 사람들은 배가 불룩 나온 커다란 가마솥과 그 가마솥 위에서부터 다른 용기로 연결된 용수철 모양의 튜브로 꽃향기를 증류했다. 먼저 꽃을 따다가 물이 끓는 솥에 붓고 뚜껑을 덮어 밀폐한다. 그러면 꽃에서 나온 향유가 수증기에 섞인다. 향유가 섞인 수증기는 위로 올라가 용수철 모양으로 감긴 튜브로 들어가고, 튜브를 따라 흐르면서 냉각된다. 냉각된 수증기는 다시 액체가 되는데, 이때 물과 향유가 분리되어 향유가 물 위에 떠오른다.[4] 증류 과정을 여러 번 반복하면 더 정제된 오일을 얻을 수 있다. 그러나 재스민처럼 예민한 꽃을 증류하면 우리가 얻고자 하는 향을 내는 향기 분자가 파괴되기 쉽다. 근대 이전의 조향사들은 증류법 대신 냉침법으로 재스민 오일을 추출했다. 먼저 참기름, 올리브오일, 아몬드 오일, 유향수 분비액 또는 아무런 냄새도 나지 않는 돼지기름, 쇠기름처럼 증발하지 않는 지방을 준비한다. 나무틀에 고정된 유리판 위에 준비된 지방을 발라준 후 꽃송이를 그 위에 뿌리고 압착한다. 그러면 재스민에서 나온 향유가 천천히 지방 속으로 스며든다. 유리판에 발라준 지방이 꽃에서 흘러나온 향유로 완전히 포화 상태가 될 때까지 꽃송이를 더 뿌려가며 압착을 계속한다. 재스민은 꽃송이를 딴 후 시간의 경과에 따라 향유의 농도가 달라지기 때문에 냉침법이 잘 맞는다. 냉침법은 저속도 촬영과 비슷하다. 오랜 시간에 걸쳐서 천천히 꽃의 은근한 향기를 찍어내는 것이다.[5]

증류는 아름답다. 느리고 철학적인 침묵의 작업이다. (…) 액체에서 눈에 보이지 않는 기체로, 그리고 다시 기체에서 액체로 변화함으로써 (…) 순수해진다. 흐릿하고 분명하지 않은, 그러나 이 매력적인 상태는 애초에는 화학에서 출발하지만 아주 멀리까지 나아간다.

프리모 레비의 『주기율표』 중에서

현대에 이르러서는 재스민의 향기를 뽑아내는 데 추출법이 더 선호되기 시작했다. 꽃송이를 타공된 금속판 위에 뿌려놓고, 용제(주로 헥세인 *hexane*)가 순환하고 있는 밀폐 용기 안에 통째로 담근다. 서서히 금속판을 가열하면 용제가 꽃 안에 들어 있던 향유와 밀랍, 염료를 녹인다. 용제가 휘발되고 나면, 굳은 밀랍 형태의 고체 향수가 남는다. 이 고체를 살짝 문지르는 방식으로 향수로 사용할 수 있다. 내가 사용하는 재스민 향수도 작고 납작한 원형 용기 안에 든 농축된 고체 향수다. 고체 그대로 피부에 살짝 문질러서 사용하는 방법 외에도 다른 방법이 있다. 이를 알코올에 용해시킨 뒤 걸러내면 조향사들이 '앱솔루트 *absolute*'라 부르는 액체가 만들어진다.[6] 하지만 아무리 효율 높은 추출법을 쓴다 해도 재스민 앱솔루트 2파운드를 얻으려면 재스민 꽃송이 3000파운드가 필요하다.[7] 유리병 안에 밀봉된 재스민 향수는 초고가의 사치품이지만, 들판의 재스민 향기는 누구나 즐길 수 있는 향수다. 재스민은 대부분의 지역에서 잘 자라는 소박하고 작은 들꽃이다. 바람에 실려 날아오는 재스민 향기는 장소를 가리지 않는 담백한 즐거움이다.

레바논의 수도인 베이루트Beirut를 비롯한 지중해의 여러 마을에서는 주민 대부분이 자기 집에 찾아오는 손님들을 향긋하고 신선한 공기로 맞이하기 위해 문가에 재스민을 심는다. 엄마들은 아이들 잠자리 머리맡에 재스민 꽃송이를 담은 접시를 가져다 놓는다. 아이들이 좋은 꿈을 꾸며 단잠을 자기를 바라는 마음에서다. 재스민 꽃송이를 엮어 목걸이로 만들어 팔기도 하는데, 택시 기사들 사이에 특히 인기 있는 아이템이다. 인도와 레바논 등 여러 나라에서 신부는 행복한 가정을 상징하는 재스민 화관을 쓴다. 레바논에서는 아침 인사로 사바 일-카하흐르sabah il-khahr라고 말하는데, '빛나는 아침'이라는 뜻의 사바 일-나우르sabah il-nour와 똑같거나 보다 강한 의미이다. 사랑하는 사람에게 건네는 따뜻한 인사의 말에도 재스민이 빠지지 않는다. 사바 일-필 왈 야스민sabah il-fil wal yasmin은 "재스민처럼 향긋한 아침의 기운이 가득하시길 빕니다"라는 뜻이다.[8] 지구상의 어떤 나라에서든, 재스민은 상류층의 사치스러움이 아닌 친근하고 따뜻한 마음을 표현한다.

나는 향수를 즐기는 편이 아니기 때문에 매일 재스민 향수를 뿌린다(바른다)는 것은 다소 낯선 습관이다. 그러나 재스민 덕분에 향수에 대해 생각하고 배우게 되었고, 거부감을 벗어던지고 향기에 빠져들게 되었다. 그러면서 놀라운 사실에 호기심을 갖게 되었다.

첫째, 똑같은 향수라도 뿌리는 사람에 따라 그 향기는 다르게 발향된다. 병에 든 향수나 시향지에 묻힌 향수 또는 다른 사람의 손목에서 향수의 냄새를 맡아보는 것으로 그 향수를 판단해서는 안 된다. 향수와 피부와의 케미(화학작용)가 중요하다. 향수와 피부의 화학작용은 인종에 따라서 미묘한 차이를 보인다.[9] 심지어는 같은 사람이라 해도 신체의 어느 부위 피부냐에 따라서도 달라진다. 예를 들어, 오른손잡이인 사람의 경우 왼쪽 손목에 향수를 발랐을 때보다 오른쪽 손목에 발랐을 때가 더 강하게 발향된다. 왼손잡이라면 그 반대가 된다. 관자놀이나 머리카락에 향수를 뿌리면 두피의 피지선 덕분에 향이 더 강해진다. 고대 로마의 부유층 사람들이 어떤 향수냐에 따라 각기 다른 맥이 뛰는 자리에 뿌렸다는 이야기가 있는데, 이 역시 충분히 설득력이 있다. 향수는 그 향수를 뿌린 사람의 맥, 신체적 개성과 혼합될 뿐만 아니라 그 두 가지의 상태를 증폭시키기도 한다.

둘째, 향수는 시간이 흐르면서 변하고 바로 그 점을 중심으로 디자인된다. 피부와 맞닿는 첫 순간에는 화려하게 감각되면서 개인차가 드러나지 않고 그 향수의 모든 측면이 동시에 발현된다. 그러나 그 향기가 피부에 녹아들면 변화가 일어난다. 조향사들은 종종 향수의 구조를 음악에 비유한다. 향수의 톱 노트는 가장 휘발성이 강하고 제일 먼저 사라진다. 그다음에는 미들 노트(하트 노트)가 뒤따라온다. 미들 노트까지 사라지면 마치 악곡의 피날레처럼 베이스 노트만 남는다. 음악 역시 시간성을 기반으로 한다.

셋째, 향수는 움직임과 함께 살아난다. 프랑스어 시야쥬*sillage*는 '향기가 남긴 길'이라는 뜻이다. 이 단어의 뜻을 몸으로 직접 배우는 과정은 내게 큰 즐거움을 주었다. 물론, 내가 나 자신의 시야쥬

빨랫줄에 널어 말린 빨래

LINE-DRIED LAUNDRY

빨랫줄에 널어 밖에서 말린 빨래가 풍기는 냄새에는 세상 전체가 들어 있다. 마치 세상 모든 냄새의 축소판 같다. 그 냄새는 우리가 매일 입고 벗는 옷가지에 거대한 기운을 불어넣어줌으로써, 그 느낌을 우리에게 고스란히 전해준다. 그 냄새는 차곡차곡 접힌 속옷에 켜켜이 스며들어 숨는다. 새로 깔아 놓은 침대보에서도 그 냄새가 난다. 발이 너무 멀어 냄새를 맡기는 힘들겠지만, 새로 빨아 신은 양말에서도 그 냄새가 날 것이 분명하다.

밖에 널려 따뜻한 햇살을 받으며 마른 빨래는 늦은 여름날 황혼의 저녁 빛을 집 안까지 끌어들인다. 대체 이 냄새의 정체는 무엇일까? 이 냄새의 실체를 명확하게 파악하기란 어렵다. 베이스 노트는 깨끗하고 소박한 직물의 냄새다. 그 냄새를 들이마시면, 소용돌이를 이루는 세탁기 안의 폭풍 속에서 꽈배기처럼 마구 꼬인 옷가지, 단단하게 쳐진 빨랫줄에서 펄럭이는 빨래의 모습을 상상할 수 있다. 상상만 해도 그 냄새에 코를 박고 힘껏 숨을 들이마시고 싶어진다.

이 냄새를 과학적으로 어떻게 파헤칠 수 있을까? 골목마다 머리 위로 빨랫줄이 갈지 자로 걸려 있고, 날마다 그 빨랫줄에서 빨래가 펄럭거리는 이탈리아 소도시에서 성장한 한 대기화학자가 그 냄새를 규명하기 위해 간단한 실험을 해보았다. 그는 대학원생 두 명과 조언자 한 사람의 도움을 받아 이케아에서 구입한 면 타올 세 장을 빨아 각기 다른 곳에서 널어 말렸다. 한 장은 실내에서, 한 장은 검은 방수포로 햇빛을 가린 실외의 그늘 속에서, 한 장은 햇빛이 쨍쨍한 실외에서 그 햇빛을 온전히 받게 하며 말렸다. 타올이 완전히 마르자 각 타올에서 방출된 냄새 분자를 측정해 빈 비닐 백, 빨지 않은 타올에서 나는 냄새 분자, 그리고 세 장의 타올을 말리던 주변에서 순환하던 공기 샘플과 비교해보았다. 이 모든 공기 샘플을 비교하고 대조한 결과, 연구진은 햇살을 받으며 말린 타올에서만 포집된 냄새 분자를 분리해냈다. 여기에는 펜탄알*pentanal*(고수 잎과 여러 종류의 알코올 음료에 들어 있다), 옥탄알*octanal*(깨끗하고 상큼한 향을 낸다), 노난알*nonanal*(장미와 멜론 또는 오이 사이의 중간 냄새) 등이 포함된 케톤*ketone*과 알데하이드*aldehyde*가 들어 있었다. 연구진은 이렇게 이론을 정리했다. "보통의 세탁용 세제와 세탁물 속에 든 일반적인 화학물질을 알데하이드와 케톤으로 변환시키는 것은 대기 속 오존으로 보인다."

그렇지 않다면 햇살 자체가 그 화학변화를 일으켰을지도 모른다. 자외선에 노출되면 매우 반응성이 높은 라디칼*radical*로 변하는 분자가 있다. 그다음에는 그 라디칼이 다른 분자와 반응하여 케톤과 알데하이드, 그리고 에스테르*ester*를 남아돌 정도로 만들어낸다. 이 세 개의 분자는 식물, 음식, 향수에서 나는 좋은 천연 냄새와 관련이 있다. 실험을 했던 연구진은 젖은 타올 속의 수분도 마치 돋보기처럼 햇살을 더 농축해 분자 반응을 가속시키고 그 향기를 더 많이 만들어내도록 유도하는 것은 아닐까 생각했다.[1]

한편 이상하게도 미국에서는 바깥에서 빨랫줄에 빨래를 널어 말리는 것이 분쟁의 원인이 되곤 한다. 그런 사례가 하도 많아서, 알렉산더 리*Alexander Lee*라는 변호사는 프로젝트 런드리 리스트*Project*

*Laundry List*라는 단체를 만들어 밖에서 공개적으로 빨랫줄에 빨래를 널어 말릴 권리를 보호하는 운동을 벌이기까지 했다. 이 비영리 단체는 빨랫줄에 빨래를 널어 말리는 것이 환경뿐만 아니라 여러 측면에서 큰 도움이 된다고 주장했다. 다음은 알렉산더 리가 한 잡지와의 인터뷰에서 말한 내용이다. "우리는 건조기 반대론자가 아닙니다. 우리는 빨랫줄 찬성론자일 뿐입니다. 진짜 문제는 미국인들이 앉은 자리에서 일어나 밖으로 나가서 신선한 공기를 마시고 햇빛을 쬐면서 담장 너머로 이웃과 대화를 나누며 인간으로서 인간만이 할 수 있는 행동을 하기 위한 시간을 내려고 하지 않는다는 것입니다. 제 추산으로 전 세계에서 50억 명 이상의 사람들이 건조기 없이도 잘 살아가고 있습니다. 그들의 삶이 편하고 쉬운 삶은 아닐지 몰라도 그렇게 사는 것이 자연과 함께 살아가는 방법입니다."[2]

많은 사람이 빨랫줄은 미관상 좋지 않고 하층민을 연상시킨다고 생각해서 그에 대해서도 NIMBY를 외친다. 그러나 빨랫줄에 빨래를 널어 말리는 것은 아름답고 여유로운 행동이다. 그 행동은 여름날 오후에만 느끼는 행복을 만들어준다. 향기로운 마술이 스며든 빨래를 걷고 개서 차곡차곡 서랍 안에 넣는, 소소하지만 확실한 행복이다.

도심에서 빨랫줄에 옷을 널어 말리면 옷에 나쁜 냄새가 밴다고 생각하는 사람들이 있는데, 틀린 생각이다. 남편과 나는 여름을 늘 베를린에서 보내는데, 그곳에서는 건조기를 쓰는 집이 거의 없고 모두가 1년 내내, 집 안에서든 집 밖에서든 빨랫줄에 옷을 널어 말린다. 우리는 담배 피우는 사람, 노상에서 커리부어스트 *currywurst*●를 먹고 때로는 맥주를 쏟기도 하는 사람, 모퉁이 후미진

구석에서 몰래 소변을 보는 사람까지 있는 혼잡한 도로에서 옷을 말렸다. 지상은 굉장히 지저분하지만, 두 층만 올라가면 공기가 완전히 다르다.

남편 세스는 베를린에만 가면 빨래에 집착하는 나를 놀리곤 한다. 하지만 나도 그럴 만한 충분한 이유가 있다. 일단 여행객인 우리는 하루의 대부분을 밖에서 보낸다. 어딜 가든 자전거로 이동하고, 가끔은 놀이터 모래 동산에서 뛰어다닌다. 실내에 있을 때도 에어컨이 없기 때문에 땀을 흘릴 수밖에 없다. 그야말로 옷을 계속해서 더럽힐 수밖에 없는, 아날로그 방식의 삶이다. 따라서 베를린에서의 세탁은 매일 치러야 하는 의식과 같다. 옷을 빨랫줄에 널어 말리는 것이 로맨틱하거나 이상적인 선택은 아니지만, 가장 실용적인 방법이기는 하다. 다른 방법이 있는 것도 아니다. 빨래는 내게 시카고에서의 평범한 일상과 베를린에서의 일상 사이에 깊고 굵게, 확실한 분리선을 그어준다. 빨래는 내가 처음부터 끝까지 즐겁게 할 수 있는 가사노동이고, 그 열망과 취향은 향기가 되어 우리 옷에 스며드는 것 같다. 베를린에서 내가 쓰던 세제는 퍼실*Persil*인데, 미국에서 타이드*Tide*를 고집했던 것처럼 독일에서는 꿋꿋하게 퍼실만 쓴다. 많은 소비자가 세탁용 세제는 한번 선택하면 잘 바꾸지 않는데, 나도 그런 소비자에 속하는 편이다. 기본적으로 세제는 '깨끗한 냄새'에 대한 기본적인 기대 수준을 설정한다. 어머니가 나의 어린 시절 내내 타이드로 우리 가족의 옷을 빨아주셨다는 점에서, 타이드의 냄새는 내게 '깨끗한 냄새' 그 자체다.

●　독일 요리 중 하나로, 커리를 넣어 만든 소시지 위에 케첩을 뿌려 먹는다.

내 친구 안다예가 빨래 냄새에 대해 들려주었던 한 에피소드가 기억에 남는다. 첫 번째 스토리는 그 친구가 스페인의 톨레도 *Toledo*에서 자갈로 포장된 비좁은 거리를 걷다가 겪은 경험이었다. 그 거리는 머리 위로 빨랫줄이 가로질러 걸려 있었다. 유럽 여행이 처음이었던 내 친구는 가슴 가득 벅찬 숨을 들이마시며 펄럭거리는 빨래 아래로 그 길을 걸었다. 훗날, 수천 마일 떨어진 뉴어크*Newark*의 한 거리에서 불현듯 바로 그때의 그 냄새를 맡았을 때, 마치 자신이 스페인의 그 골목으로 순간 이동을 한 듯한 느낌이었다고 한다. 그 친구와 나는 종종 빨래에 관해 아주 일상적이고 시시콜콜한 기억을 들춰보곤 한다. 그 친구나 나나 빨랫줄에 빨래를 널어 말리는 집에서 자랐기 때문에 뒷마당에 걸린 빨랫줄과 거기에 널린 빨래가 마치 이동식 요새처럼 놀이에 얼마나 좋은 무대가 되는지 시시콜콜한 기억까지 되새기곤 했다. 아직 마르지 않아 축축한 침대보를 들추며 그 사이로 뛰어다니고, 바람에 날려 올라갔다 떨어지는 빨래들 사이로 햇살이 출렁거리던 기억. 시간이 지남에 따라 그 햇살이 달라지던 장면들, 형형색색의 빨래집게가 가득 든 바구니까지. 그 모든 이야기에 빨래 냄새가 배어 있다. 그 냄새는 마치 유령처럼, 시간 여행처럼 공기 중에, 개켜진 빨래의 층층에 스며 있다.

나는 늘 냄새가 어떻게 공기의 전면에서 눈에 보이지 않는 수많은 움직임으로 공기의 존재를 느끼게 하고 사라지는지에 대한 이야기에 귀를 쫑긋거렸다. 빨랫줄에 널린 빨래가 바로 그랬다. 빨래는 바깥 공기를 맞으며 주변의 냄새, 한 조각의 시간과 공간 그리고 그날의 날씨로 가득 부풀어 오른다.

냄새 일기를 쓰자

냄새 맡는 감각을 키우려면 관찰력을 활성화시키는 데서 출발해야 한다. 생각해보자. 아침에 잠에서 깨서부터 지금 이 순간까지, 오늘 하루 동안 느껴졌던 냄새가 있었는가? 아무 냄새도 못 느꼈을 수도 있고, 뭔가 맡긴 했는데 기억이 잘 안 날 수도 있다. 괜찮다. 오늘부터 한 가지 냄새를 잘 맡아보고 그 냄새에 관심을 가져보자. 자신이 생각할 수 있는 가장 분명한 냄새를 찾아보는 것도 좋다. 최근에 백화점이나 쇼핑몰에서 지나쳤던 디저트 가게나 향수 가게를 떠올려보자. 따뜻한 날 비가 그친 뒤 공원으로 나가 걸어보는 것도 냄새 관찰력을 키우는 데 도움이 된다. 노트에 오늘 느꼈던 냄새에 대해 적어두거나 휴대전화의 메모장에 입력하고 날짜를 표시해두자.

이런 행동을 반복해서 습관으로 만들면, 두 가지 변화가 생긴다. 첫째, 냄새를 전보다 빨리 감지하게 되고 훨씬 자주 기록을 남기게 된다. 둘째, 시간이 지나면서 이 습관이 자리를 잡으면 이 냄새 일기는 인생의 기억을 담은 기록으로 남는다. 내 삶이 어떤 순간과 그 순간의 냄새로 포착되는 것이다.

달콤한 향

SWEET

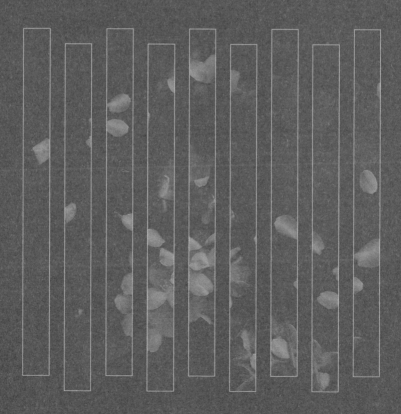

바닐라
VANILLA

스위트 우드러프
SWEET WOODRUFF

비터 아몬드
BITTER ALMONDS

시나몬
CINNAMON

핫 초콜릿
HOT CHOCOLATE

바닐라

VANILLA

바닐라 향은 약간 나른하고 깊고 달콤하다. 온기로 가득한 어떤 조용한 공간에서 쉬는 느낌이 들게 하며, 어쩐지 충만한 느낌을 준다. 반면에 사람을 수다스럽게 만들기도 한다. 맛있는 모든 간식에서 바닐라 향이 난다는 것을 생각하면 그다지 의외는 아니다. 바닐라 향을 맡으면 자유 연상이 거침없이 확대된다. 먼저 건포도, 대추야자, 건자두, 커런트, 살구 등 여러 가지 말린 과일의 향기가 느껴지다가 곧이어 과립 형태의 설탕, 오래 묵은 나무, 온실 속의 꽃, 말린 담뱃잎 냄새로 변한다. 그러다가 눈앞에 갈색 리큐르 같은 그윽한 시럽 형태의 액체가 보이는 듯하다. 상상할 수 있는 모든 주황색의 색조를 순환하며 마음속으로 유쾌한 슬라이드 쇼를 즐기게 된다.

그런데 바닐라 향은 중요한 사실을 감추고 있다. 바로 바닐라 향은 간접적으로만 알 수 있다는 사실이다. '바닐라' 하면 바닐라와 함께 섞여 있던 여러 가지 다른 냄새나 향미는 별다른 노력 없이도 떠오르지만, 바닐라만의 냄새나 향기를 떠올리는 것은 조금 어렵다. 바닐라는 흔히 '개성이 없는 냄새' 취급을 받는데, 이는 바닐라의 보편적인 인기를 증명할 뿐만 아니라 바닐라가 그동안 자신보다 더 강한 향미의 뒤를 받쳐주는 조연 역할을 해왔다는 데서 이유를 찾을 수 있다. 바닐라는 이제 거의 모든 것의 향미가 되었다. 주연을 띄워주고는 배경 속으로 사라지지만, 동시에 기묘하게 주연들의 그물망에 얽혀 있다.

바닐라는 어쩌다가 개성 없는 향미로 여겨지게 되었을까? 어쩌면 그 순백성에 단서가 있을 것 같다. 그런데 여기서 한 가지 짚고 넘어가야 할 것이 있다. 흔히 바닐라 하면 흰색을 떠올리지만, 천연 바닐라는 흰색이 아니라 검은색이라는 점이다. 특히 그 향은 '블랙 캐비어'라고도 불리는 검은색 바닐라빈에서 긁어낸 씨앗에서 나온다. 식용 난蘭의 일종인 바닐라에는 크게 세 가지 품종이 있다. 바닐라 플라니폴리아*Vanilla planifolia*는 멕시코 남동부와 중앙아메리카에서, 바닐라 폼포나 시데*Vanilla pompona Schiede*는 마다가스카르, 타히티와 인도네시아에서 생산된다.[1] 바닐라 타히텐시스*Vanilla tahitensis*는 앞의 두 종을 교배해 얻은 잡종이다.[2]

바닐라의 역사는 언제나 초콜릿과 밀접하게 얽혀 있었다. 화이트 향과 브라운 향, 라이트 향과 다크 향은 오래전부터 짝을 이루어 왔다. 콜럼버스 이전의 중앙아메리카에 살던 토토낙*Totonac*족은 바닐라를 재배하는 데 처음으로 성공했고, 그들을 지배하던 아즈텍*Aztec*족에게 바닐라빈을 공물로 바친 것으로 알려져 있다. 그들은 바닐라를 카치차낫*caxixanath*, 즉 '숨어 있는 꽃'이라고 불렀다. 바닐라 꽃은 눈에 잘 띄지 않고 몇 시간 정도 피어 있다가 금방 시들어버리기 때문이다. 아즈텍족은 쓴맛이 나고 최음 효과가 있는 초콜라틀*의 맛을 부드럽게 하기 위해 바닐라를 곁들였고 이를 공식 행사에서 음료로 내놓기도 했다.[3] (초콜릿의 역사에 대해서는 잠시 뒤 설명하도록 하겠다.) 1520년, 아즈텍 제국의 통치자 목테수마*Moctezuma*는 에르난도 코르테스*Hernando Cortés*에게 그 음료를 대접했고, 그 음료를 맛본 코르테스는 바닐라를 유럽에 전파했다. 스페인에서는 '씨방'이라는 뜻을 가진 바이나*vaina*의 축소형** 바이니야*vainilla*라고 불렀다.[4]

19세기 중반까지 바닐라빈은 노동 집약적인 과정을 거쳐야 얻어지는 농산물이었다. 바닐라는 버팀목 역할을 하는 지주목 주변을 둘러싸고 덩굴을 이루며 자란다. 심어서 첫 꽃망울을 보기까지는 3년이 걸린다. 오랜 기다림 끝에 핀 꽃은 겨우 몇 시간 피어 있다가 시들어버린다. 사람은 그 꽃에서 아무 향기도 느끼지 못하지만, 그 연약한 흰 꽃이 피어 있는 짧은 시간 동안 가루받이가 이루어지고 열매가 달리는 것을 보면 특정 종류의 벌과 곤충은 바닐라꽃의 향기를 느끼는 것이 분명하다.

운이 좋아 가루받이가 이루어지면 콩꼬투리 모양의 바닐라빈이 여물기까지 다시 9개월의 시간이 흘러야 한다. 수확한 바닐라는 4단계에 걸쳐 숙성시켜야 하는데, 이 단계도 짧으면 3개월, 길

● Chocolatl. '초콜릿'은 스페인어인 '초콜라테'에서 변한 말이며 초콜라테라는 말은 아즈텍족이 사용하던 '초코아틀'에서 유래했다는 것이 일반적이나, 정확한 근거는 없다. 아즈텍족이 카카오 음료를 마셨다는 기록은 존재한다.

●● 스페인어에는 명사에 -ita, -ito, -illo, -illa 등의 접미사를 붙여 귀여움, 사랑스러움의 의미를 더한 축소형 명사를 쓰곤 한다.

면 9개월이 걸린다. 우선 바닐라빈을 죽여야 한다. 여기서 '죽인다'는 건 삼베 주머니로 싸서 거의 끓을 정도로 뜨거운 물에 담갔다가 건져 광합성을 중단시킨다는 뜻이다. 그다음부터 바닐린(바닐라 향을 내는 무색 또는 황백색의 결정)을 생산하는 효소가 활성화된다. 이 바닐라빈을 자루째로 따뜻한 곳에 두어 24시간 '땀'을 흘리게 한다. 그다음에는 건조를 하는데, 몇 주에 걸쳐서 날씨 좋은 날 이른 아침 시간에 햇빛에 내어놓고 말린다. 이제 마지막으로 검사 과정이 기다린다. 어둡고 건조한 실내에서 바닐라빈을 크기별로 분류해 저장하면 천천히 짙은 색으로 변하면서 부들부들한 가죽 같은 질감을 갖게 된다.[5] 예상 외로, 갓 따놓은 바닐라빈에서는 아무 냄새도 나지 않는다. 이렇게 몇 달에 걸쳐서 숙성 과정을 지나야 드디어 그 향이 나기 시작한다.[6]

부유한 유럽인들은 대서양을 건너온 바닐라와 초콜릿의 향미에 푹 빠져들었다. 스페인은 오랫동안 바닐라 시장을 독점했고, 프랑스와 포르투갈은 자신들이 개척한 열대 식민지에서 바닐라를 재배하고 싶어 했다. 그러나 그 시도는 성공하지 못했다. 바닐라꽃을 가루받이해주는 곤충이 아메리카 대륙에만 서식했기 때문이다.

그러던 어느 날, 관찰력 좋은 한 소년이 손으로 바닐라꽃 가루받이를 하는 방법을 발견했다. 그 뒤로 바닐라 재배는 전 지구적 산업으로 확장되었다. 그 주인공 에드몽은 마다가스카르에서 한참 떨어진 레위니옹La Réunion에 사는 열두 살의 노예였다. 백인 주인 페레올 벨리에-보몽Ferréol Bellier-Beaumont은 에드몽에게 이따금씩 식물학을 가르쳐주었다. 벨리에-보몽은 20년 전부터 레위니옹섬에서 바닐라 나무를 기르고 있었지만, 한 번도 열매를 맺어보지 못하던 참이었다. 그런데 1841년 어느 날, 콩꼬투리가 하나도 아닌 두 개나 달린 것을 발견한 것이다. 자세히 조사해보니 어쩌다 우연히 열린 게 아니었다. 에드몽이 손으로 꽃가루받이를 했던 것이다. 에드몽은 주인 앞에서 직접 꽃가루받이 하는 방법을 보여주었다. 아주 가는 막대나 엄지손톱으로 꽃밥과 암술머리를 분리하는 소각체를 들어 올리고 수술에서 꽃가루를 직접 암술머리로 옮겨주는 방식이었다.[7] 벨리에-보몽은 쾌재를 부르며 이웃 농장주들을 불러 에드몽의 손가락 가루받이 방법을 알려주었다.[8]

자연 상태의 초콜릿과 바닐라가 단맛보다는 쓴맛이 강한 것처럼, 이 일화 역시 씁쓸하게 끝났다. 1848년에 노예 해방을 예견한 벨리에-보몽은 에드몽을 일찍 해방시켜주고 알비우스*Albius*라는 성을 지어주었다(알비우스는 '하얗다'는 뜻이므로, 흑인 에드몽에게 이 성을 붙여준 것을 이상하게 여기는 사람들도 있다). 그는 또한 자신이 손가락 수분법을 가르쳤다고 주장하는 프랑스 출신 과학자의 거짓 주장을 무너뜨리는 일에도 에드몽을 도왔다. 역사에 자신의 이름을 남기게 된 것은 달콤한 결과였지만, 에드몽 알비우스의 인생은 씁쓸하게 끝났다. 본인과 후손 어느 누구도 그 발견으로 금전적 이익을 누리지 못했기 때문이다. 그는 가난에 허덕이다 사망했다.[9]

한편 일각에서는 토머스 제퍼슨이 수 세대에 걸쳐 바닐라를 하얗게 만들었다는 그럴듯한 주장이 있다. 친프랑스파 식도락가이자 노예주였던 제퍼슨 대통령은 1789년 프랑스에서 개인 요리사를 데리고 왔다. 당시 프랑스에서 유행하던 최신 고급 요리인 아이스 디저트를 잘 만드는 요리사였다. 1791년, 대혁명이 한창인 와중에 제퍼슨은 프랑스에서 바닐라빈 50개를 간신히 구해왔다. 자기 나라가 있는 대륙이 바로 바닐라의 원산지라는 사실도 모르고 바다 건너 먼 나라, 그것도 내전에 가까운 혼란 속의 나라에서 바닐라빈을 구해왔다니! 제퍼슨이 즐겨 먹던 바닐라 아이스크림은 약간 노란빛을 띤 흰색에 까만 바닐라 캐비어가 점점이 뿌려져 있었다.[10] 견과류와 과일, 심지어 빵과 케이크까지 넣던 그 당시의 다른 아이스크림에 비해 제퍼슨의 아이스크림은 미니멀하다 못해 충격적일 정도로 담백했다. 이 아이스크림이 바닐라를 향미의 기본으로 각인시킨 운명의 시작이었다. 칼럼니스트 아만다 포티니*Amanda Fortini*가《슬레이트*Slate*》에 썼듯이, 바닐라는 "향미라기보다 향미의 출발점"이었다.[11] 사람들은 차가운 아이스크림에 바닐라를 곁들이면 아이스크림의 본래 냄새는 사라지고 열대에서는 무취였던 식물로 향긋한 향미가 생겨난다는 것을 신기해했다.

역사적 요인들이 겹쳐지며 일어난 거센 폭풍은 바닐라가 그 순백성을 무기로 세계를 정복하도록 이끌었다. 제퍼슨은 식민지 미국의 엘리트층에서 아이스크림 선풍을 일으키며 바닐라 아이스크림을 하나의 상징물로 만들었다. 1841년, 에드몽 알비우스가 발견한 손가락 가루받이 방법으로 프랑스는 천연 바닐라 무역을 지배하게 되었고 1898년에는 바닐라 무역이 절정을 이루었다. 조금만 여유 있는 집이면 어느 집이든 부엌에서 바닐라 향을 찾을 수 있을 정도로 대량으로 생산되어, 핫 초콜릿과 커피를 팔던 유럽 전역의 커피하우스에서 바닐라 향이 든 과자와 빵, 케익 등을 구워 팔기 시작했다. 1875년, 바닐라는 실험실에서 합성하는 데 성공한 최초의 향미제가 되었다. 이 실험의 성공으로 더욱 많은 사람들이 바닐라 향을 소비할 수 있게 되었다.

20세기 초에는 탄산음료 전문점의 바람을 타고 바닐라 아이스크림 소비가 급격히 증가했다. 금주법 시대에는 술집들이 아이스크림 전문점으로 업종을 변경한 뒤 알코올 함유량이 높은 바닐라 추출물을 은밀하게 팔았다. 이런 밀주 덕분에 바닐라는 다시 한번 짙은 향미를 갖게 되었다. 탄산음료 전문점은 20세기 중반까지 미국에서 동네 사람들의 모임 장소로 인기를 누렸지만, 인권 운동의 시대를 맞이하기 전까지 백인과 흑인이 별도의 장소를 이용해야 했던 부끄러운 역사의 장소이기도 하다. 탄산음료 전문점은 1886년에 처음 등장한 코카콜라의 마케팅 플랫폼이기도 했다. 코카콜라의 단맛에도 바닐라가 들어 있었다.[12]

한편, 피부색에 상관없이 집집마다 가정주부들은 모든 음식에 바닐라 향 첨가하는 것을 당연하게 여기게 되었다. 19세기 말부터 가공저당식품의 바람이 일면서 제조업자들은 값싸고 누구나 좋아하는 바닐라로 식품의 맛을 더했다. 요즘에는 사람들이 웬만해선 바닐라 향을 그다지 느끼지 못하는 것도 이상하지 않다. 그동안 바닐라에 너무나 길들여져왔기 때문이다. 그러나 이 지나치게 무분별한 사용에도 불구하고, 바닐라는 지금도 조용한 매력을 간직하고 있다. 바닐라 향은 얼굴과 코에서 삼차신경을 전혀 활성화하지 않는 특이한 냄새다. 이 특징 덕분에 바닐라는 어떤 냄새보다도 선호도가 높다. 우리가 어떤 강한 냄새를 맡았을 때 그 냄새를 싫어하게 되는 이유는 그 냄새 자체가 아니라 그 냄새가 유발하는 삼차신경 반응이기 때문이다.[13] 또한 바닐라 향은 근육통과 스트레스성 두통을 완화하며,[14] MRI 검사를 받을 때의 불안감을 진정시켜준다.[15] 아로마 테라피스트들은 바닐라 냄새가 놀람반사를 진정시키고 수면무

호흡증후군을 완화하며 남성의 성기능 회복을 돕는다고 말한다.[16]

그렇다면, 검은색 바닐라가 어떻게 하얀 향미제가 되었을까? NPR의 한 방송에서는 이 질문에 매우 설득력 있는 이론을 답으로 내놓았다.

> 순백성은 언제나 순흑성에 견주어 정의되었다. 시인이자 캘리포니아대학교에서 영어와 흑인학black studies을 가르치는 교수인 헤리에트 뮬렌 Harryette Mullen에 따르면 순백성은 청결과 순수만이 아니라 공백, 즉 무색성을 연상시킨다. 그는 순백성과 유색성이라는 두 개념이 순백성 대 유색성, 초콜릿 대 바닐라로 병치를 이룬다고 말한다. 따라서 (…) 일종의 정상적인 기준으로 받아들여져온 (…) 순백성에 관심을 두지 않는 것이 순백성의 암묵적 우월성을 뒤집는 방법이다. 또한 우리는 정상적인 것이 바람직하기는 하지만 또한 지루하기도 하다는 생각을 어느 정도는 갖고 있다.[17]

향미의 초기값이라는 이유로 바닐라의 향은 마치 제로처럼 취급된다. 그러나 다른 형태의 순백성처럼 이제는 그 초기값에 대해 따져볼 때다.

바닐라빈 세 개를 조리대 위에 올려놓으면 그 바닐라가 자란 지역의 냄새를 맡을 수 있다. 주름이 잡힌 검은색 콩꼬투리 세 개는 크기도 제각각, 냄새도 제각각이다. 멕시코산은 나무 내음이 가장 강하다. 눈을 감고 맡아보면 삼나무 판자로 벽을 마감한 흡연실이 그려진다. 마다가스카르산 바닐라에서는 분내처럼 보드랍고 몽롱하게 달콤한 냄새가 난다. 바닐라 분자 농도가 가장 옅은 타히티산 바닐라 향은 화사하고 개성 있는 향이 난다.

이제 바닐라는 더 이상 뭇 향의 배경이 아니라 특색 있는 주인공이다.

스위트 우드러프

SWEET WOODRUFF

스위트 우드러프(서양선갈퀴)에는 여러 층의 소박한 향이 매력적으로 섞여 있다. 갓 베어낸 목초, 초록 풀잎, 아몬드와 바닐라, 슈거파우더까지. 쉽게 제 모습을 드러내지 않는 수줍은 향기의 조합이다.

《아트 오브 이팅 *The Art of Eating*》에 실릴 글을 쓰기 위해 조사를 시작했을 때만 해도, 스위트 우드러프의 맛이 그 자체적인 섬세하지만 쉬이 사라져버리는 냄새에 얼마나 크게 좌우되는지 알지 못했다. 그 냄새는 알싸한 독일의 추억과 푸짐한 전통요리들을 생각나게 한다. 미국에서 자란 내 어린 시절 기억에서는 찾을 수 없는 추억이지만, 상상으로나마 그 추억을 채우는 것도 굉장히 즐거웠다. 《아트 오브 이팅》에 이 기사를 쓴 건 일종의 사고 실험이었다. 내가 직접 경험해본 적 없는 맛과 향을 어떻게 기억하겠는가? 가짜 스위트 우드러프의 향미라면 독일 어디서나 넘쳐난다. 내게 주어진 임무는 진짜 스위트 우드러프에서 그 맛을 재현해 내는 것이었다. 원래의 맛과 향이 어떤지도 모르는 상태에서 말이다. 가능한 일일까?

스위트 우드러프의 독일어 이름 발트마이스터*waldmeister*는 '숲의 제왕'이라는 뜻이다. 와일드베이비스브레스*wild baby's breath*, 향기로운 지푸라기라고 불리기도 한다. 스위트 우드러프의 향미는 봄철의 따스한 날씨와도 관련이 깊다. 이 식물은 4월 말부터 숲에서 보이는데 6월에 꽃이 활짝 피기 전에 수확해야 하기 때문이다. 스위트 우드러프는 독일 사람들이 늦봄과 초여름에 마시는 펀치인 마이볼레*Maibowle*의 주재료다. 마이볼레는 달콤한 화이트 와인과 젝트*Sekt*(스파클링 와인), 갈색 설탕을 섞은 액체에 박하와 레몬밤, 발트마이스터의 싱싱하고 어린 가지를 넣고 우려내서 만든다. 독일어로 '향수'라고 묘사할 정도로 갓 깎은 봄철 목초의 섬세하고 싱그러운 향미가 난다. 색깔도 옅은 초록색이다.

내가 휴가 때마다 많은 시간을 보내는 베를린에서는 단맛이 나는 모든 것에서 발트마이스터 향이 난다. 시내에서 파는 아이스크림에서도 심심치 않게 이 향을 느낄 수 있다. 여름에 마시는 밀맥주 베를리너 바이세*Berliner Weisse*에도 초록색 인공 발트마이스터 시럽을 뿌린다. 미국 사탕에 온통 라임 맛이 들어가듯이 막대 사탕, 곰돌이 젤리, 알사탕 등 독일에서 파는 모든 사탕에는 발트마이스터 맛이 있다. 이유가 뭘까?

알고 보면 독일에서 발트마이스터는 미국에서의 라임보다 훨씬 유서가 깊다. 마이볼레의 역사는 프륀*Prünn* 지역의 베네딕트회 수도사 반달베르투스*Wandalbertus*가 처음으로 발트마이스터, 블랙커런트, 담쟁이넝쿨을 가지고 음료를 만든 854년으로 거슬러 올라간다.[1] 독일 사람들에게 발트마이스터는 예로부터 봄철과 새 출발, 초록을 떠올리게 하는 향기다. 어린이 간식에서도 매우 인기가 높다는 점으로 미루어보건대, 어린아이 입맛에도 잘 맞나 보다.

반면 스위트 우드러프의 향기에는 몸을 가누기 힘들게 만들 정도로 어지러움증을 일으키는 요소도 있다. 스위트 우드러프는 '프로이엔베트슈트로Frauen-bettstroh'라고도 불리는데, '아가씨의 깔짚'이라는 뜻이다. 봄철에 여성의 잠자리에 향기 좋은 허브를 두는 관습에 따라 침대 매트리스 속에 넣곤 했기 때문에 이런 이름이 붙었다. 건초 더미 속에서 뒹구는 듯한 향기를 느낄 수 있다. 조금 더 아는 척을 하자면, 요한 스트라우스 2세의 경쾌한 오페레타 〈발트마이스터〉와 귄터 그라스의 『양철북』에도 이 향이 등장한다. 특히 『양철북』에서는 주인공 오스카의 첫 섹스 장면에서 거품 이는 발트마이스터 소다가 등장하는데, 이것이 언급될 때마다 상황은 점점 더 묘해진다.

발트마이스터의 냄새에서 가장 중요한 향 성분은 쿠마린coumarin이다. 건초, 바닐라, 계피, 통카빈, 사워 체리, 대추야자 등 많은 식물에서 공통적으로 발견되는 화합물이다. 쿠마린은 독성이 있어서 미국에서는 식품첨가물로 사용할 수 없다. 하지만 쿠마린의 부작용은 기껏해야 심한 두통 정도일 뿐이다. 독일 사람들은 이 부작용을 대수롭지 않게 여긴다.

스위트 우드러프의 단맛을 제대로 내려면 시간이 중요하다. 생 스위트 우드러프에서는 아무 냄새도 나지 않는다. 잔가지를 꺾어봐도 마찬가지다. 하지만 잔가지를 가지고 집에 돌아와 몇 시간 지나면 분명히 냄새가 나기 시작한다. 그 냄새를 제대로 알아채려면 이처럼 약간의 인내심과 지식이 필요하다. 특히 마이볼레를 제대로 만들려면 몇 번의 시행착오를 거쳐야 하고, 타이밍을 잘 맞춰야 한다. 내가 선택한 레시피에는 싱싱한 발트마이스터 잔가지를 꺾어서 '잠시' 시들도록 두라고 적혀 있었다. 나는 그 잠시를 한 시간 정도로 해석했지만 알고 보니 그 정도로는 충분하지 않았다. 그 다음에는 싱싱한 레몬밤과 박하, 적당히 시든 발트마이스터의 줄기를 몇 등분으로 잘라서 함께 묶어 쿠마린이 너무 많이 우러나오지 않도록 정확히 30분에서 45분 동안 와인에 담가둬야 한다. 잘린 자리에서 나오는 쌉쌀한 흙내가 펀치에 배이게 하려면 발트마이스터 줄기를 잘 잘라야 한다. 허브가 우려지는 동안 싱싱한 레몬을 잘라 얼렸다. 녹으면서 마이볼레의 발트마이스터 향을 희석시킬 얼음 대신 아예 얼린 레몬을 넣기 위해서였다.[2] 그렇게 만들어진 펀치는 싱겁고 밍밍한 것이 아무런 향도 느껴지지 않았다. 그럭저럭 먹을 만은 했지만 다시 시도해보기로 했다. 레시피를 좀 더 연구한 결과, 스위트 우드러프를 시들게 하려면 최소 8시간은 기다려야 한다는 걸 알아냈다. 이번에는 아침부터 줄기를 더 많이 꺾어다가 놓고 기다렸다. 저녁 무렵에야 만족스러운 결과를 얻었다. 시들어 흐느적거리는 작은 스위트 우드러프 줄기 다발에서는 알싸하니 독특한 초록 향기가 났다. 빵집에 들어가면 제일 먼저 느껴지는 그런 달콤한 향이었다. 하지만 무엇보다 그 향기가 일깨우는 것은 찰나성, 햇살과 그림자의 무상함과 잃어버린 여름날의 밝은 추억이었다.

제대로 말린 향긋한 발트마이스터 다발과 적당히 거품이 인 와인을 다시 한번 섞어주었다. 이번에도 미리 얼려 둔 레몬 슬라이스를 넣어주었다. 지난 번보다 한층 발전된 마이볼레였다. 냉장고에서 마이볼레가 든 피처를 꺼내 테이블로 옮겨가는 동안, 향기가 긴 꼬리를 그리며 따라왔다. 친구들과 나는 돌아가며 얼굴을 피처에 가까이 들이대고 그 냄새를 맡아보았다. 마치 유리그릇에 갇힌 요정처럼, 피처 안에서 강한 향기가 피어올랐다. 펀치의 거품이 꺼지고 얼린 레몬이 녹기 전, 유리잔 안에서 발트마이스터 향기가 빠져나가기 전, 그때가 마이볼레를 즐기기에 딱 좋은 때였다.

나는 마이볼레 만들기에서 멈추지 않았다. 그 이후로 발트마이스터 맛 사탕과 발트마이스터 향 시럽을 사들였다. 열심히 키운 스위트 우드러프 줄기를 꺾고 또 꺾어다 손수 발트마이스터 시럽을 만들기도 했다. 스위트 우드러프를 우려낸 물에 레몬즙을 섞어 졸인 간단한 시럽이었다. 그다음에는 발트마이스터 푸딩 위에 달콤한 휘핑 크림을 얹은 판나 코타*panna cotta*를 만들었다. 젤라틴과 크렘 프레슈를 섞어 냉장고에 하룻밤 넣어두면 되는 후식이다. 아침에 일어나 시리얼과 커피에 이어 발트마이스터 푸딩을 맛보았다. 발트마이스터 푸딩이라니! 드디어 그 맛과 향을 제대로 느낄 수 있었다. 그다음엔 두 가지 발트마이스터 시럽, 즉 진짜 시럽과 향만 첨가된 시럽으로 눈을 돌렸다. 이제는 그 둘 사이의 미묘한 유사성과 차이점을 알아볼 수 있었다. 나는 또 다른 시든 스위트 우드러프 가지의 냄새를 맡아보았다. 머릿속에 각인된 냄새가 즉시 디테일하게 밀려왔다.

이제는 나도 아주 익숙하게 발트마이스터의 맛을 단박에 알아챈다. 그러나 냄새 쪽은 전혀 그렇지 않다. 약간 머리가 어질어질하고, 날카로우면서 고집스러운 초록색을 띤, 딱 짚어내자 너무나 어려워서 차라리 스릴이 느껴지는 그런 냄새다. 언제든, 몇 번이든 그 냄새를 쫓아다니는 나를 어렵지 않게 상상할 수 있다.

비터 아몬드

BITTER ALMOND

비터 아몬드에서는 어쩐지 크리스마스 시즌에 가장 자신 있는 케이크를 내놓는 노련한 베이커리 전문가의 냄새가 난다. 견과를 짜낸이 기름에서는 부드럽고 정제된 견과류 특유의 고소하고 달콤한 냄새가 난다. 비터 아몬드 오일이 든 병을 손목에 대고 살짝 기울이면, 아주 잠깐이지만 강렬하게 그 향기가 피어난다. 이 오일은 피부에 부드러움만 남겨놓고 고소하고 달콤한 오일 향기는 거의 순식간에 사라진다. 비터 아몬드 오일은 피부와 모발의 보습제로 매우 인기가 높다.

한편 비터 아몬드는 고전적인 미스터리 소설 속의 수많은 범죄 장면에서 살인의 흔적을 고스란히 보여주는 클리셰로 등장한다. 시신에서 나는 비터 아몬드 냄새는 그 사람이 청산가리로 독살당했다는 것을 암시하기 때문이다.

식물성 독극물인 청산가리는 아주 치밀하게 작용한다. 식용 식물 중 사과, 복숭아, 살구, 리마콩, 보리, 아마씨 등은 자신을 먹으려 하는 현명치 못한 초식성 동물을 죽이기 위해 청산가리를 분비한다. 이 식물들은 세포 안의 한 구역에 비활성 분자 형태의 청산가리를 당糖에 붙여서 저장한다. 필요할 경우 청산가리를 활성화하는 효소도 세포 안의 또 다른 구역에 마련되어 있다. 초식 동물이 다가와 이 식물의 잎을 우적우적 먹으면, 잎이 으깨지면서 별도의 구역에 나뉘어 있던 청산가리 분자와 활성화 효소가 섞이고 청산가리의 치명적인 독성이 활성화된다. 청산가리가 사람을 죽이는 과정도 이와 비슷하게 치밀하게 진행된다. 청산가리는 동물의 세포가 음식을 에너지로 변환하는 생체역학적 과정을 방해함으로써 세포가 산소를 쓰지 못하게 막는다. 청산가리에 의한 죽음은 기본적으로 세포 수준에서의 질식사다. 이러한 생체역학은 모든 동물에게 매우 기초적이고 공통적인 대사이기 때문에, 청산가리는 거의 모든 종의 동물을 죽일 수 있다.[1]

청산가리가 그렇게 많은 식용식물 속에 들어 있다면, 어떻게 우리는 그 식물들을 먹고도 멀쩡히 살아 있는 걸까? 그 답은 청산가리가 어떤 식물에 어떻게 들어 있느냐에 있다. 사과와 복숭아의 경우에는 딱딱한 씨 안에 청산가리가 들어 있다. 우리가 먹지 않고 버리는 부분이다. 다른 식물의 경우 찧거나 빻아서 물에 헹궈버리면 청산가리가 씻겨 나간다. 일반적으로 청산가리는 관리하기 쉽고, 대부분 식품 공급에 위협이 되지 않는다. 청산가리 중독 때문에 위험한 유일한 식용 식물은 카사바*cassava*다. 아프리카에서는 쓴 카사바를 너무 많이 먹고 단백질을 너무 적게 섭취해 콘조*konzo*라는 병에 걸리는 일이 있다. 이 병에 걸리면 마비 증세가 나타난다. 카사바를 여러 번 깨끗한 물에 씻으면 독성을 어느 정도 제거할 수 있는데, 늘 가뭄에 시달리는 지역에서는 어려운 일이다.[2]

아몬드 같은 식물에서 청산가리를 생산하는 유전자를 무력화하는 것도 가능하다. 아주 작은 유전자 돌연변이를 일으켜 조금 더 착한 사촌인 스위트 아몬드*sweet almond*를 만드는 것이다. 비터 아몬드, 즉 프루누스 아마라*Prunus amara*는 생으로 먹으면 정말 쓰고, 웬만한 성인이라도 스무 알만 먹으면 생명을 잃을 수 있다. 그러나 똑같은 비터 아몬드를 데치거나 구워서 치명적인 청산가리를 제거하면 마지팬*marzipan** 또는 슈톨렌*stollen***을 만들어 먹을 수 있다. 스위트 아몬드, 즉 프루누스 둘치스*Prunus dulcis*도 케이크나 과자 등 디저트 재료로 많이 쓰인다. 그러나 스위트 아몬드에서는 비터 아몬드의 짙은 향미나 죽음의 위협을 피하는 스릴은 느낄 수 없다.[3]

정말 우습게도, 독극물 중 많은 것이 아주 좋은 냄새를 풍긴다. 문제는 그 냄새를 음미할 만큼 살아 있기 힘들다는 것이다. 청산가리는 희생자가 자신이 치명적인 독극물을 삼켰다는 것을 알아차릴 수 있는 아주 드문 독극물 중 하나다. 살인을 다룬 여러 소설을 살펴보면 희생자가 비터 아몬드 냄새를 느끼면서 뒤늦게 그 의미를 깨닫고 패닉 상태에 빠지는 장면을 볼 수 있다. 다른 독극물들은 나중에야, 그러니까 살육의 냄새를 한참 풍긴 후에야 자취를 드러낸다. 제1차 세계 대전에서 쓰였던 수포작용제 루이사이트에서는 제라늄 향이 매우 강하게 난다. 또 다른 수포작용제 디포스겐에서는 아니스 냄새가 난다. 또 어떤 신경작용제는 과숙된 또는 혹은 썩은 과일 냄새가 난다.[4]

천연 독극물들도 향기를 내뿜는다. 어떤 독극물은 독성이 유

● 아몬드 가루, 설탕, 달걀 흰자로 반죽해 만든 말랑말랑한 과자로, 페이스트리나 사탕류의 속 재료로 사용하거나 예쁜 모양을 내 색을 입힌 과자로 만들기도 한다.

●● 독일, 오스트리아에서 12월에 만들어 먹는 전통 빵. 12월 초에 만들어 크리스마스까지 매일 한 조각씩 잘라 먹는다. 빵 자체의 보존성이 뛰어나 2개월 이상 먹을 수 있다. 이 빵의 재료로 마지팬이 사용된다.

난히 강하다. 흰독말풀은 가지과에 속하는 식물로, 트럼펫 모양의 아름다운 꽃을 피운다. 잎에서는 고약한 냄새가 나지만, 꽃에서는 취할 정도로 달콤한 냄새가 난다. 북아메리카 원주민 문화에서 남자가 성년으로 넘어가기 위해 거쳐야 하는 통과 의례인 비전 퀘스트*vision quest*●●●에서는 환각제로 흰독말풀 냄새를 맡기도 한다.[5] 독미나리는 파슬리나 당근과 비슷한 냄새가 나는데, 한입만 먹어도 사망에 이를 수 있다. 더 오싹한 것은 희생자가 약 기운 때문에 입을 벌린 채 마치 뭔가를 비웃는 듯한 표정으로 죽어간다는 것이다.[6] 벨라돈나*belladonna*도 잎에서는 아주 쓰고 독한 냄새가 나지만, 그 열매에서는 설익은 토마토 냄새가 난다. 죽음에 빠져들며 초록색 토마토 넝쿨 아래서 몸을 비트는 누군가를 상상해보라.[7]

비터 아몬드 오일은 역설적이지만 아주 기본적인 사실을 기억하게 한다. 죽음은 유혹적인 향수의 화환을 쓰고 온다는 것. 그렇지 않다면 우리가 자신의 죽음을 눈치채지 못하는 것을 어떻게 설명하겠는가? 살인 현장의 분위기는 더욱 은유적이다. 어떤 때는 진짜 공기 속에서 느껴진다. 시체와 여러 명의 형사들, 그리고 놀라서 흥분한 목격자와 행인들 사이로 부조리하게 달콤하고 흥겨운 비터 아몬드 냄새가 흘러다닌다.

●●● 라코타 수우족 언어로는 '헴블레체야'로, '꿈을 요청하는 외침'이라는 뜻이다. 류시화, 『새는 날아가면서 뒤돌아보지 않는다』, 2017, 85쪽.

시나몬

CINNAMON

시나몬 냄새를 맡으면 얼얼하다. 마치 생생하게 살아 있는 듯한 그 냄새는 전기가 흐르는 전선끼리 마주 부딪쳤을 때 튀는 불꽃과도 같다. 다른 종류는 몰라도 내가 들고 있는 실론산 시나몬 가루는 그렇다. 시나몬 가루가 묵직하게 들어 있는 지퍼백 입구를 열면 톤이 미세하게 다른, 수없이 많은 색깔의 향기가 퍼져 나온다. 그 냄새는 거의 섬광처럼 번득인다. 참고로 식료품 가게에서 샀던 베트남산 시나몬 가루의 톱 노트는 그렇게 화려하지 않았다. 이윽고 시나몬 가루의 매운맛에 나는 깜짝 놀랐다. 품질 좋은 시나몬의 향은 너무 오래 구워 살짝 탄 고추 냄새와 비슷하다. 독일 사람들은 매운맛을 내는 향신료는 모두 '샤프*scharf*'라고 부른다. '날카롭다, 쩨는 듯하다'라는 뜻이다. 음식의 매운맛을 더하고 싶다면, 문법은 무시하고 '*mit scharf*'라고 요구하면 된다. 시나몬의 매운 맛은 이런 표현처럼 '날카롭게' 느껴진다. 마치 그윽한 연기 냄새 같다. 예리하면서도 달콤한 이 향미는 코와 혀 끄트머리에서 핑 하고 튕겨 올라가는 듯하다.

시나몬 냄새는 저절로 파블로프 조건 반사를 일으킨다. 과학자들이 이 냄새에 대해 더 자세히 연구하지 않은 것이 이상하다. 시나몬 냄새는 익숙하고 즐거운 추억들을 연상시킨다. 추운 계절, 아늑함, 맛있는 쿠키, 할머니, 크리스마스, 완전한 휴식. 이처럼 시나몬 냄새는 우리에게 너무나 익숙해서 그 냄새에 대해 모르는 게 없을 것 같다. 하지만 그 기분, 그 느낌은 환상일 뿐이다. 시나몬에 대한 기본적인 사실들을 조금만 알고 나면, 시나몬이 낯설고 멀게 느껴진다.

흥미로운 사실 몇 가지만 먼저 이야기해보자. 시나몬은 나무에서 얻는다. 정확히는 어떤 나무의 껍질이다. 로마인은 시나몬을 먹지는 않고 태워서 향을 즐겼다.[1] 또한 미국인들이 먹는 시나몬은 대부분 진짜 시나몬이 아니다. 또 이 냄새는 어쩐지 할머니의 넉넉한 품과 교회의 바자회를 연상시키지만, 고대 사회에는 노골적으로 섹스를 연상시켰다.

시나몬 스틱은 월계수의 일종인 녹나무의 부드러운 안쪽 껍질을 말린 것이다. 녹나무는 스리랑카(옛 지명이 실론이다)가 원산지이지만, 베트남, 인도네시아, 중국에도 분포한다. 먼저 싱싱한 가지를 잘라내 손질한 다음 실내에서 발효시킨다. 그리고 잔가지와 겉껍질을 제거해서 안쪽 껍질을 드러낸다. 겉껍질을 제거한 녹나무 가지를 황동 블록으로 문질러 안쪽 껍질의 조직을 부드럽게 하고, 남아 있는 잔가지의 흔적을 제거한다. 그리고 코카스타*kokaththa*라고 불리는 반달 모양의 칼로 시나몬 껍질을 벗겨낸다. 벗겨진 시나몬 껍질은 돌돌 말리면서 원통 모양의 막대기처럼 된다. 이 상태의 시나몬 스틱(시나몬 껍질)을 며칠 동안 건조한다. 이 막대기를 아주 고운 가루로 빻을 수도 있고, 여기서 에센셜 오일을 추출할 수도 있다. 아니면 시나몬 스틱 그대로 수출할 수도 있다.[2]

시나몬의 기원 설화는 신화라기에는 다소 세속적이다. 기원전

5세기경 그리스의 역사가 헤로도토스에 따르면 아라비아에는 거대한 시나몬 새(불사조라고도 불린다)가 있어서 시나몬 스틱을 물어다가 둥지를 짓는데, 그 둥지가 대개 사람은 접근할 수 없는 깎아지른 절벽에 있었다. 아랍인들은 시나몬을 얻기 위해 쇠고기 덩어리를 시나몬 새의 둥지 근처 맨땅에 던져두었다. 고기에 욕심이 난 시나몬 새가 땅으로 내려 앉아 발톱에 그 고기를 움켜쥔 채 다시 둥지로 돌아가니 무거운 고깃덩어리 때문에 둥지가 부서지면서 시나몬 스틱이 땅바닥으로 떨어졌다. 향신료 상인들은 그 자리로 달려들었고, 고기를 먹느라 정신없는 거대한 새의 그림자 밑에서 재빨리 시나몬 스틱을 주워 모았다.3 헤로도토스로부터 약 100년 후, 식물학의 아버지라 불리는 테오프라스토스는 시나몬 채집꾼들이 일하는 과정을 다음과 같이 묘사하기도 했다. "시나몬 채집꾼은 시나몬이 자란다고 알려진, 독사가 우글거리는 위험한 계곡에서 시나몬을 모으기 위해 완전무장을 한다".4

시나몬은 우선 냄새 덕분에 존재감을 얻었다. 맛으로 인식된 것은 나중이었다. 시나몬의 역사는 동양의 향신료 역사와 거의 함께한다. 미각과 후각을 현혹하는 향신료의 매력은 세계 무역의 장에 활기를 불어넣었고, 나중에는 식민주의를 불러오는 요인이 되기에 이르렀다. 약품, 향수, 종교의식용이었던 향신료가 음식과 음료에 쓰이게 된 것은 한참 후의 일이었다. 향신료 무역로는 점점 더 많은 점을 연결하고 더욱 밀도 높은 네트워크를 이루면서 동에서 서로, 남에서 북으로 띠를 이루었다. 그 결과 공급량이 늘어나면서 가격은 하락했고, 공급의 민주화가 이루어졌다. 향신료 무역의 열풍은 19세기 후반에 이르러 합성 향신료 생산으로까지 이어졌다. 시나몬의 특징적인 냄새를 내는 시나몬 알데하이드는 1834년에 합성되면서 세계 최초의 합성 향기 분자가 되었다.[5]

대중적인 향신료가 되기 전까지 시나몬은 호화 사치품, 최고급 향수이자 (태우는) 향으로 간주되었다. 조향사라는 직업에 대한 오래된 문헌인 그리스 시인 안티파네스의 글에 당시 유명한 조향사였던 페론*Peron*의 수공품이 다음과 같이 묘사되어 있다.

나는 그가 페론의 연고를 바르도록 두었다. 그대의 향기를 위해 허리를 굽히고 앉아 삼송과 시나몬을 섞는다.[6]

황후 포페아의 배를 발로 차서 죽인 로마 황제 네로는 이를 깊이 뉘우친다며 엄청난 비용의 시나몬 스틱을 장작처럼 거대하게 쌓아올린 단 위에서 포페아를 옮겨 화장했다. 포페아의 시신은 시나몬 향 속에서 한나절 동안 불꽃으로 타올랐다.[7]

사실 냄새와 맛은 입을 실험실로, 코를 실험실 굴뚝으로 둔 하나의 혼성 감각일 뿐이다.

장 앙텔므 브리야 사바랭Jean Anthelme Brillat-Savarin_미식가

사람들은 특별한 날을 위해 고가의 향신료를 아껴두곤 한다. 그러다가 크리스마스 특별 요리에는 향신료의 여왕이라 할 수 있는 시나몬을 아낌없이 사용한다. 뱅쇼, 쿠키, 과일 케이크, 진저브레드,

당밀로 단맛을 낸 모든 먹거리들까지. 이런 모든 요리에 중세 유럽 요리법의 흔적이 남아 있다.[8] 당시 빵집 주인들이 명절이나 축제 때면 시나몬을 넉넉하게 사용했기 때문이다.

그러나 우리가 명절과 축일에 맛보는 시나몬은 사실 시나몬이 아니라 시나몬의 친척인 카시아*cassia*다. 둘 사이에는 몇 가지 차이점이 있다. 우선, 진짜 시나몬은 연한 황금빛을 띤다. 시나몬 스틱은 연하고 한쪽 방향으로만 말린다. 냄새도 순하고 여운이 길며 부드럽다. 카시아는 모든 면에서 더 질기고 딱딱하며 거칠다. 붉은 벽돌색이며 나무에서 벗긴 껍질은 시나몬 스틱과 달리 양쪽 방향으로 말리며(단면을 보면 '3' 자 모양이 된다), 훨씬 또렷하고 강한 냄새가 난다. 카시아에는 또한 약한 독성을 띤 쿠마린이 들어 있다. 시나몬에는 들어 있지 않은 성분이다. 시나몬을 좋아하는 사람 중에는 베이킹에는 진짜 시나몬을 쓰고 고기 요리와 음식을 상에 내기 직전에 향미를 돋우는 데에는 카시아를 쓰는 사람도 있다.[9]

한편 (앞에도 살짝 언급했지만) 시나몬에 관한 사실 중 가장 놀라운 건 아무래도 고대 사람들이 시나몬을 매우 색정적으로 여겼다는 점일 것이다. 정향과 육두구, 그리고 특히 생강과 시나몬이 욕정을 일으키는 것이 확실하다고 믿었다. 구약성서 「잠언」에는 "새를 잡으려고 올무를 놓듯이 매춘부가 젊은 남자들을 잠자리로 끌어들이기 위해 시나몬을 썼다"고 쓰여 있다. 역시 구약의 한 편인 「아가서」에서도 시나몬, 꿀, 감송, 유향, 몰약, 사프란, 정향 등이 성적인 본능을 자극하는 향신료라고 이야기한다.

로마의 극작가 플라우투스는 〈카시나*Casina*〉라는 제목의 희극을 썼는데, 영리한 말괄량이인 카시나의 성적인 매력 때문에 벌어지는 일들을 그렸다. 극중 한 장면에서 술 취한 사내가 카시나에게 다음과 같이 푸념한다.

"나의 아름다운 바쿠스여! (…) 그대에 비하면 다른 모든 것들은 더러운 시궁창에 불과하도다! 그대는 나의 몰약, 나의 시나몬, 나의 장미 향유, 나의 사프란, 나의 카시아, 나의 가장 고귀한 향수! 당신이 쏟아부어진 곳이 내가 묻힐 자리요!"

아풀레이우스의 희극 〈황금 당나귀〉에서는 주인공이 노예 소녀의 숨결과 관능적으로 흔들어대는 엉덩이에 배인 시나몬 향기에 취해 끓어오르는 욕정을 주체하지 못하는 장면이 나온다. 베르길리우스의 〈아이네이스〉에서는 큐피드가 눈에 보이지 않는 존재로 둔갑하고 야밤에 프시케를 찾아간다. 그러나 프시케는 '시나몬 냄새가 나는' 큐피드의 곱슬 머리카락을 알아챈다. 성 아우구스티누스는 '시나몬과 귀한 향유 속에서 몸을 굴리듯 바빌론의 더러운 거리에서 뒹굴며 보냈던' 젊은 시절을 한탄한다. 멀쩡한 정신으로는 밤새 불꽃 튀는 토론을 벌이던 로마의 청년들도 시나몬을 우려낸 포도주를 마시면 밤새 향락에 몸을 맡겼다고 한다.[10]

중세 베네딕트 수도회 소속이자 아프리카 출신의 수도승이었던 콘스탄티누스는 아랍의 철학서와 과학서를 라틴어로 번역하면서 로마 제국의 몰락 이후 유럽인이 잊고 있었던 학문의 기준을 엄격하게 재정립했다. 유럽인의 지성에 지대한 공헌을 했음에도 기껏해야 중세의 성 지침서 『성적 교합에 관하여De Coitu』의 저자로만 알려진 그는 이 책에서 시나몬을 최고의 약으로 추천하면서, 의학적인 효능을 가진 향신료 제조법을 소개했다. 성욕 감퇴로 고민하는 사람에게는 갈랑갈, 시나몬, 정향, 필발, 루콜라, 당근 등을 혼합한 향신료를 추천했는데 '그중에서도 최고는 내 손가락에 키스를 하는 것'이라고 말하기도 했다(금욕의 성자는 아니었던 게 분명하다).[11] 15세기 아랍의 성 지침서 『향기의 정원』의 저자 샤이크 모하마드 알-네프자위는 남성이 시나몬, 생강, 쿠베브cubeb, 파이레더pyrether(북아메리카의 향신료)의 혼합물을 입으로는 씹는 동시에 성기에 열심히 문질러주면 여성을 만족시켜줄 수 있다고 썼다.[12] 18세기 무렵까지도 영국의 신혼부부들은 초야를 치르기 전에 포도주, 우유, 달걀노른자, 설탕, 시나몬, 육두구를 섞어 만든 '코셋cosset'이라는 음료를 마셨다.[13]

시나몬은 이런 향신료다. 좀 더 덧붙이면, 이 향은 추운 계절에 신체적으로나 정서적으로나 우리를 따뜻하게 해줄 뿐만 아니라 이불 속을 후끈하게 달궈주는 역할까지 한다. 어쩌면 시나몬은 우리가 가진 모든 감각을 따뜻하게 해주는지도 모른다. 무언가를 열망하게 만들고 몸과 마음을 열기로 가득 채워주는 것이다.

핫 초콜릿

HOT CHOCOLATE

핫 초콜릿 냄새의 바탕은 고체였던 것이 녹아 흐르며 피어나는 매캐함이다. 그러면서 약간의 금속성이 느껴지는, 기분 좋게 떫은 냄새다. 핫 초콜릿 냄새는 단단한 반죽처럼 든든하게 우리의 코를 채운다. 그러나, 오! 공중으로 붕 뜨는 듯한 이 느낌이라니! 머그 컵 위로 모락모락 피어오르는 구름 같은 김과 함께, 핫 초콜릿은 즐겁고 변화무쌍한 향기를 발산한다. 꽃처럼 달콤하고 과일처럼 상큼하며 거기다 살짝 매콤한 열감까지. 코를 스치는 달콤한 그 구름은 흑설탕 알갱이처럼 쉬이 부서진다. 그래도 다시 냄새를 맡아보면 다시 호박색의 몰트 시럽 같은 달콤함이 느껴진다. 눈을 지그시 감고 핫초콜릿 안에 우유가 얼마나 들어 있는지 그 냄새에만 정신을 집중할 수도 있다. 눈을 깜빡, 했다가 다시 코를 킁킁, 해본다. 다시 눈 깜빡, 코 킁킁. 코가 지칠 때까지 되풀이해보면, 그때마다 마치 마법처럼 냄새가 바뀐다.

초콜릿 냄새는 차원을 뛰어넘는다. 커피나 차, 맥주, 포도주처럼 초콜릿은 수백 가지의 향 화합물로 이루어져 있다. 구체적으로 말하자면, 포도주의 향 화합물이 200가지인 데 비해 초콜릿은 600가지다. 하지만 초콜릿 냄새의 프로파일을 결정하는 것은 오직 스물다섯 가지뿐이다. 이 스물다섯 가지가 한데 모여 우리가 초콜릿이라고 구분할 수 있는 냄새와 향미를 만들어낸다. 그러나 그 스물다섯 가지의 결정적인 화합물은 하나의 다발처럼 한데 뒤섞여 있어서 각각을 분리해낼 수는 없다. 그 화합물을 이루는 분자들 중 많은 수가 사람의 땀, 양배추, 쇠고기 냄새에도 들어 있다. 2019년에 두 화학자가 초콜릿의 향을 합성하기 위해 그 향을 조성하고 있는 분자들과 농도를 파헤치는 연구에 성공하자 세상의 모든 초콜릿 제조업자들이 쾌재를 불렀다.[1]

사람의 뇌는 동시에 네 가지 이상의 서로 다른 냄새를 처리하지 못하고 곧 그 냄새에 취해버린다. 아무리 전문가라 할지라도 세 가지 이상의 냄새 혼합물을 구별하는 것은 어렵다.[2] 식도락가들의 초콜릿 중독을 설명해주는 것이 바로 이 즐거운 '취기'다. 누구나 여러 가지 초콜릿 냄새를 하나하나 구분하려고 시도해보지만, 대부분 실패한다. 성공한다 해도 그중 일부를 구분하는 정도일 뿐이다. 초콜릿 냄새는 우리가 쉽게 들어가 마음대로 탐험할 수 있는 단일한 냄새가 아니다. 모든 초콜릿 냄새는 새로운 획을 긋는다.

초콜릿은 애초에 향 좋은 따뜻한 음료로 소비되었다. 초기의 메소아메리카인들이 마시던 핫 초콜릿은 요즈음 우리가 마시는 핫 초콜릿의 레시피와는 많이 달랐다. 메소아메리카인들은 코코아 빈을 볶고 갈아 옥수수 가루와 섞어 페이스트로 만든 다음, 여기에 칠리페퍼, 바닐라, 아나토 페이스트*annato paste**, 여러 가지 꽃으로 향미를 냈다. 핫 초콜릿으로 만들어 마실 때는 이 페이스트를 뜨거운 물에 섞은 다음, 그 액체가 담긴 용기(조롱박 또는 토기 항아리)를 아주 높이 들고 따른다. 핫 초콜릿의 표면에 거품을 일으키기 위해서다.[3] 이렇게 만든 핫 초콜릿은 달콤한 간식이 아니라 맛 좋은 액상의 끼니에 가깝다. 메소아메리카인들의 초콜릿 페이스트는 건조시키면 오랜 시간 보관이 가능하기 때문에 가지고 다닐 수도 있었고, 뜨거운 물만 있으면 어디서든 걸쭉한 음료로 만들어 마실 수 있었다. 마야인과 아즈텍인은 어디서든 핫 초콜릿 페이스트와 코코아 빈을 화폐처럼 사용했다.[4]

아즈텍 사람들에게 핫 초콜릿은 쓴맛을 가지고 있으며 사람을

● 아메리카 열대에 서식하는 홍목紅木의 과육에서 얻는 주황색 염료.

취하게 만드는 황금의 액체, 아드레날린, 그리고 생기를 의미했다. 거품이 일어 있는 초콜릿의 표면에서는 그 안의 열기에 의해 시시각각 변하는 여러 가지 냄새가 뿜어져 올라온다. 핫 초콜릿은 일종의 만병통치약처럼 여겨졌으며, 아즈텍인들이 인신공양의 제물로 바쳐질 사람들에게 생의 마지막 순간에 피가 섞인 물로 핫 초콜릿을 만들어 먹였다는 데서도 이 음료의 지위를 알 수 있다.[5]

신세계를 식민지로 삼은 유럽의 여러 나라에서는 여성들이 남성보다 앞서서 '인디언의 핫 초콜릿'을 마시기 시작했다. 스페인에서는 여성들이 길고 긴 가톨릭 미사 도중에 하녀를 시켜 성당 안으로 몰래 핫 초콜릿을 들여오게 해 마시곤 했는데, 도저히 숨겨지지 않는 그 냄새 때문에 들켜서 사제들로부터 큰 비난을 듣는 일도 많았다고 한다.[6] 16세기부터 17세기 사이, 가톨릭을 받아들인 신대륙의 스페인 식민지에서는 금식 기간에 핫 초콜릿이 크게 유행했다. 교회법에서 금식 기간에 참회자들에게 음료를 마시는 것은 허용했는데, 따라서 핫 초콜릿은 완벽한 대용식이었다. 에그노그, 수프, 환자들이나 먹는 미음 따위보다 훨씬 맛있고 포만감도 있었다.[7]

17세기 말, 스페인 예수회와 도미니크 수도회의 성직자들은 다른 나라에 사는 형제들과 두루 초콜릿을 나눴다. 수도사로부터 수도사에게로, 사제로부터 사제에게로, 초콜릿은 그렇게 유럽에서부터 점차 퍼져 나갔다.[8] 유럽인들도 처음에는 아즈텍에서 온 음료를 거의 변형하지 않았다. 거품을 일으키기 위해 높은 곳에서 음료를 따르는 방법 대신, 유럽인들은 몰리니요*molinillo*라는 작은 거품기로 핫 초콜릿을 저어서 거품을 내고 향을 돋우었다.[9] 나중에는 핫 초콜릿 레시피에도 변화가 생겼고, 자연스레 냄새도 변했다. 18세기 초부터 유럽인들은 핫 초콜릿에 데운 우유, 설탕, 달걀, 때로는 커스터드를 섞었다.[10] 요즘 케토 다이어트*keto diet*●에 빠진 사람들이 버터 스틱을 커피에 녹여 마시는 것과 비슷하게, 유럽인들은 핫 초콜릿에 뜨는 코코아 버터를 전혀 걷어내지 않고 지방 성분이 든 그대로의 초콜릿을 마셨다.

초콜릿을 먹기에 가장 좋은 상태는 액체로 녹인 상태다. 사실, 초콜릿을 고체 상태로 만들려면 여러 가지 기술이 필요하다. 우리에게 익숙한 바 형태의 초콜릿은 1828년에 '더칭*dutching*' 기법이 발명된 후에야 등장했다. 더칭이란 코코아 버터 지방을 액상의 초콜릿에서 분리해 지방 성분이 적은 초콜릿 페이스트를 만드는 공정을 말한다. 초콜릿 제조자들은 여기에 감미료를 더해 핫 초콜릿 믹스를 만들어 팔았다. 몇십 년 후, 초콜릿 제조자들은 초콜릿 페이스트를 더 곱게 갈아 설탕과 분유를 첨가했다. 여기에 코코아 버터를 다시 첨가한 뒤 이 초콜릿 믹스를 몇 시간 동안 극도로 곱게 갈고 잘 섞어서 알갱이가 느껴지지 않는 부드럽고 고운 가루로 만들었다. 이 모든 과정에서 초콜릿의 온도를 섭씨 60~70도로 유지하다가 마지막 단계에서 온도를 급격하게 낮춰서 단단한 고체 형태가 되도록 만들었다.[11] 이렇게 해서 초콜릿 바가 탄생했다.

초콜릿은 항상 이 힘든 과정을 되돌려 다시 액상으로 돌아가고 싶어 한다. 사람도 그렇듯이, 섭씨 25도 이상의 온도에서는 초콜릿도 땀을 흘린다. 거기서 온도가 내려가지 않으면 녹아버린다. 어

● 탄수화물을 최소화하고, 프로틴과 지방으로 섭취해야 할 칼로리를 채우는 다이어트 방법.

쩌면 그래서 초콜릿 냄새가 그토록 섹시한 것은 아닐까? 초콜릿은 주변 환경에 늘 민감하게 반응하며 유연하다. 사람의 손끝만 닿아도 녹아내린다.

식민지에서 건너온 다른 모든 상품들과 마찬가지로, 초콜릿에 얽힌 이야기도 굉장히 어둡다. 서아프리카 국가들, 특히 가나와 코트디부아르는 코코아 빈의 세계 무역량 중 70퍼센트를 감당한다.[12] 이 두 나라 모두 노예제와 맞먹는 비인도적 관행이 만연해 있다. 코코아 농장의 노동자들은 대부분 최종 상품의 맛도 보지 못한다. 게다가 그 노동자의 대부분이 어린이다. 공정무역 초콜릿과 싱글 오리진 초콜릿**은 초콜릿 생산에 꼭 필요한 투명성을 보장한다. 따라서 상품의 품질은 높이면서도 아동 노동과 산림의 황폐화를 막아준다.[13] 윤리적인 초콜릿 생산자들은 착취의 역사로 인식되고 있는 초콜릿 공급 체인을 변혁시키기를 바라고 있다. 지금까지는 이들의 노력이 어느 정도 성공을 거두고 있는 것으로 보인다.

다시 머그 컵에 담긴 핫 초콜릿 냄새를 맡으며 기분 좋은 사실을 떠올려본다. 도시 전체에서 초콜릿 냄새가 난다는 것을 말이다. 내가 사는 시카고에는 미국 최대 규모의 초콜릿 공장인 블로머 *Blommer* 초콜릿 공장이 있고, 이 공장에서 뿜어내는 초콜릿 냄새는 시카고의 번화가까지 매일 퍼져 나간다. 어느 날 어떤 초콜릿 냄새가 나는지를 알려주는 모바일 앱이 나와 큰 인기를 끈 적이 있었을 정도다.

●● 한 나라에서 생산된 원료로만 만들어 지역적 특징이 드러나는 식품을 싱글 오리진이라고 한다. 싱글 오리진 초콜릿은 여러 나라에서 생산된 코코아 원두를 섞어 만들지 않고 한 나라에서 생산된 코코아 원두만으로 만든 초콜릿을 말한다.

나와 블로머 초콜릿의 첫 만남은 또 하나의 오래된 추억이다. 오래전 베를린에서 친구 하이디, 토머스와 함께 우리끼리 아는 자전거 길을 따라 자전거를 타고 있었다. 자전거를 타는 내내 가녀린 나무들 틈 사이를 지나 어디선가 초콜릿 냄새가 실려 오는 것 같았다. 진해졌다 사라지는가 하면 다시 그 냄새를 싣고 불어오던 잔잔한 바람결이 지금도 기억난다. 나와 친구들은 행복한 침묵 속에서 나뭇잎 사이로 어른어른 비치는 햇살을 받으며 초콜릿 향기의 리본을 따라 달렸다. 지금도 나는 베를린에 가면 그때의 자전거 여행을 되새기며 자주 자전거를 탄다. 하지만 그 추억은 너무나 아름답고 소중해서 속속들이 들여다보기도, 심지어는 다시 되풀이하기도 조심스럽다.

비슷한 냄새끼리 비교해본다

집에 있는 식초 병을 모두 꺼내 작은 그릇에 조금씩 따로 담아보자. 공통적인 식초 냄새 외에 식초마다 특별한 차이가 느껴지는가? 예를 들면 사과주로 만든 비네거는 알코올 냄새를 내세워 톡 쏘는 냄새가 강하다. 셰리 비네거는 부드러운 나무 향기가 난다. 화이트 비네거와 발사믹 비네거는 모두 포도로 만들지만 냄새는 전혀 다르다.

꼭 식초가 아니더라도 주방이나 냉장고에 있는 다른 종류의 양념이나 식재료를 가지고도 이런 실험을 할 수 있다. 아보카도 오일, 아몬드 오일, 코코넛 오일, 올리브 오일 등 여러 종류의 식용유도 제각각 냄새가 다르다. 소금도 마찬가지다. 라임, 레몬, 귤, 자몽 등 감귤류 과일도 여러 가지 사서 실험해보자. 냄새의 차이가 잘 느껴지지 않는다면, 재료를 약간 따뜻하게 해서 냄새 분자가 더 잘 퍼지게 한 뒤에 실험해본다.

특히 친구의 도움을 받아 이런 비교 실험을 반복해보면 도움이 된다. 눈을 가리고, 친구에게 각 시료가 담긴 접시의 위치를 바꿔달라고 한 후 냄새를 맡아보는 것이다. 위치나 순서를 바꾼 후에도 그 냄새를 구별할 수 있을까? 한번 시도해보길 바란다.

감칠맛의 냄새

SAVORY

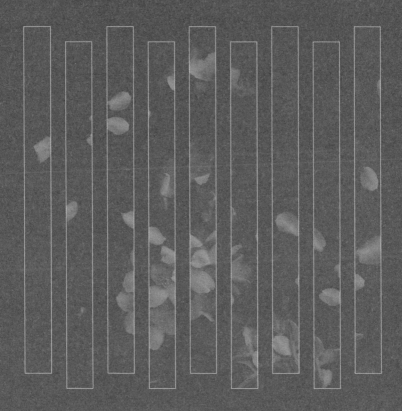

베이컨
BACON

두리안
DURIAN

고린내 나는 치즈
STINKY CHEESE

아위
ASAFOETIDA

담배
TOBACCO

베이컨
BACON

차가운 생 베이컨은 보기에도 썩 유쾌하지 않고, 보기만 해도 느끼하다. 냄새를 맡아 봐도 소금에 절인 냄새 말고는 특별히 느껴지는 게 없다. 그러나 일단 베이컨을 프라이팬에 척 얹고 버너에 불을 붙인 뒤 기다리면, 화려한 요리 극장의 막이 오른다. 베이컨은 금세 다른 모습으로 변하고, 주방에는 입맛을 돋우는 냄새가 퍼진다.

베이컨의 냄새는 매우 활동적이다. 열기만 있으면 어지러운 궤적을 그리며 퍼져나간다. 프라이팬이 달구어지는 동안, 냄새의 층 위에 또 한 층, 그 위에 또 한 층이 연이어 겹쳐지며 점점 더 짙어진다. 그 냄새는 입안에 군침이 고이게 한다. 한 입 맛을 보면 혀를 톡 쏘는 듯한 짠 맛이 만족을 선사한다. 그 냄새를 부드럽게 감싸는 연기의 맛도 느껴진다.

베이컨 냄새는 프라이팬 안에서 일어나는 현상들로부터는 하나하나 구별하기 불가능할 정도로 다중감각적이다. 냄새가 점점 분명해지는 것을 눈으로 보고 귀로 듣는다. 프라이팬 위로 튀어 오르는 미세한 기름방울의 구름 때문일까? 마치 손을 대면 만져질 듯한 냄새다. 프라이팬이 뜨거워지면, 베이컨의 가장자리는 마치 살아 있는 듯 꿈틀거리며 안으로 말린다. 그다음에는 마치 땀을 흘리듯 기름이 흐르고, 뜨거운 기름이 이내 노릇노릇한 호수를 이룬다. 이제 베이컨은 갈색으로 변하며 쪼글쪼글해진다. 그동안 냄새는 몽글몽글 피어오르며 마치 불꽃처럼 활짝 피었다 사라지기를 반복한다. 요리의 절정에 이르면 냄새는 크레센도로 달려가고, 버너를 끈 후에도 뽀얀 연기의 흔적과 함께 온 집 안에 잔향이 머문다.

베이컨에서 나는 냄새는 전형적인 마이야르 반응*Maillard reaction*이다. 마이야르 반응이란 20세기 초에 활동했던 화학자 루이 카미유 마이야르*Louis-Camille Maillard*의 이름에서 따왔다. 식품이 가열되면, 식품에 함유되어 있던 당분이 분해되어 아미노산과 반응한다. 이때 입맛을 자극하는 냄새 화합물이 많이 방출되며 특별한 풍미가 나타난다. 마이야르 반응은 바로 이 일련의 화학반응을 칭한다. 방출되는 화합물은 대부분이 탄화수소와 알데하이드다. 마이야르 반응은 끓이거나 볶거나 굽는 동안 갈색으로 변하는 모든 음식이 왜 그렇게 유혹적인 냄새를 풍기는지를 설명해준다.[1]

소금물이나 소금에 절여 만든 베이컨은 다른 종류의 돼지고기보다 질산염이 풍부해 매우 독특한 냄새가 난다. 질산염은 가열하면 분해되면서 다시 한번 질소가 함유된 분자, 특히 피리딘*pyridine*과 피라진*pyrazine*을 방출한다. 흰색 지방층은 베이컨의 냄새를 구성하는 세 번째 화합물을 만들고, 여기서 피어오르는 연기는 네 번째 화합물을 만들어낸다. 이 모든 화합물들이 제각각 정도를 달리하며 조리되면서 번갈아가며 나름의 냄새를 내놓는다. 그렇게 베이컨은 조리 정도에 따라 다층적이고 다차원적인 냄새로 우리를 유혹한다.

베이컨이 가진 구매 호소력의 한계를 탐색해보는 것은 나름대로 괜찮은 소일거리다. 인터넷 검색 창을 열어 베이컨을 테마로 한 상품 순례를 해보자. 비누, 립밤, 방향제, 치실, 일회용 반창고, 타투 스티커까지 다양한 물건이 판매되고 있다는 것을 알게 될 것이다. 심지어 TV 프로그램 〈샤크 탱크*Shark Tank*〉*에는 베이컨이 구워지는 냄새로 잠자는 사람을 깨우는 '웨이크 앤 베이컨*Wake N Bacon* 알람시계'**가 등장한 적이 있다. 참고로 이 시계는 〈샤크 탱크〉 역사상 최악의 상품이라는 평을 받았다.[2]

베이컨 애호가들이라면 이토록 군침이 돌게 하는 베이컨 냄새를 과학적으로 규명할 수 있다는 것을 알면 반색을 할 것이다. 2004년에 한 연구 집단이 베이컨보다 기름기가 적고 가공도 하지 않은 돼지고기의 냄새와 베이컨 냄새를 비교했다. 결론적으로 질산염이 베이컨 냄새의 진폭을 더욱 크게 한다는 것이 밝혀졌다.[3] 더 나아가, 베이컨 냄새가 얼마나 매력적인지도 수학적으로 실험한 사례가 있다. 서로 다른 두 연구 집단이 빅 데이터 분석 알고리즘으로 레시피 웹사이트를 분석해, 주어진 레시피에 베이컨을 첨가했을 때의 효과를 분석했다. 어떤 레시피에 베이컨이 있고 없고에 따라 그 레시피의 인기가 달라질까? 답부터 말하자면 '그렇다'다. 하지만 아주 큰 차이를 보이지는 않았다. 레시피에 베이컨을 추가하면 별점이 4.13등

● 〈샤크 탱크〉는 2009년 8월 9일에 첫 전파를 탄 ABC의 창업 리얼리티 쇼 프로그램이다. 기업가가 '샤크'라 불리는 다섯 명의 투자 판정단 앞에서 사업 계획을 프리젠테이션하면, 판정단이 그 회사에 투자할지 말지를 결정하는 방식이다.

●● 'WAKE n BACON'은 알람 10분 전, 베이컨을 굽기 시작한다. 정각이 되면 알람 소리와 함께 알맞게 익은 베이컨이 시계 밖으로 나온다. 그 고소한 냄새를 맡으면 일어나지 않을 수 없다는 콘셉트의 발명품이다. 제때 일어나지 않으면 베이컨이 타버린다는 엽기적인 발상이기도 하다.

급에서 4.26등급으로, 표준편차에서 15퍼센트 올라갈 뿐이었다.[4] 어쨌거나, 베이컨의 승리다.

두리안
DURIAN

거침없고 박력 있다, 이 냄새는. 마치 견고한 성벽을 들이받는 공성포 같다. 찰리 브라운의 친구 피그펜처럼, 두리안은 어딜 가나 자기만의 지독한 냄새 구름을 몰고 다닌다. 이 과일은 어떤 밀폐 용기에 꼭꼭 담아두어도 그 냄새가 사방으로, 그것도 눈 깜짝할 사이에 퍼진다. 다른 냄새 같으면 이게 무슨 냄새지? 어디서 나는 거지? 하며 코를 킁킁거리고 공중에 떠도는 희미한 냄새를 쫓아 그 진원지를 찾아다녀야 하겠지만, 두리안은 그렇지 않다. 냄새가 당신을 찾아낸다.

썩은 달걀, 여름날 뙤약볕에 뜨거워진 쓰레기, 암모니아가 팔팔 끓는 솥단지, 썩은 양배추, 그리고 이어서 설명할 아위까지, 그 어떤 고약한 냄새도 두리안에 미치지 못한다.[1] 여기까지 소개한 키워드 모두가 두리안 냄새를 이야기할 때 빠짐없이 등장하는 단어들이지만, 사실 두리안 냄새를 맡는 것은 눈을 가린 사람 셋이 코끼리를 더듬거려본 후 코끼리의 생김새를 각자 설명하는 것과 비슷하다. 즉 그 세 사람이 각자 관찰한 것이 진실이라 해도 완벽한 진실은 아니라는 이야기다.

두리안은 음악으로 치자면 지독한 다성음악이다. 영화 〈2001 스페이스 오딧세이〉의 으스스한 배경음악을 떠올려보자. 그 음악을 작곡한 죄르지 리게티 *György Ligeti*는 '마이크로폴리포니 *micro polyphony*'●의 콘셉트를 즐겨 썼다. 그의 음악은 치밀하고 디테일하다. 분리된 각각의 필라멘트가 거대한 음의 벽 안에서 어두운 색으로 번쩍거린다. 그 거대함과 복잡함 속에서 마치 신의 마음을 훔쳐본듯 두려움이 밀려온다. 두리안 냄새가 바로 그렇다.

또는, 시각적으로 비유하자면, 철학자 루트비히 비트겐슈타인이 말한 불가능의 색, 붉은 빛을 띤 초록이 생각난다. 일반적인 경우라면 우리는 이 두 색깔이 서로 중첩되었을 때 각각을 분리해서 볼 수 없다. 초록과 빨강이 합쳐지면 거무스름한 갈색으로 중화되어 버린다. 두리안의 두 가지 지배적인 냄새, 즉 구린내와 단내도 빨강과 초록처럼 서로를 상쇄시킨다. 그러나 빨강-초록과는 달리 뒤섞이지 않고 각자 왕성하게 서로의 주변을 맴돈다. 각자 활기차고 상대방 때문에 주눅 들지 않는다. 그래서 불가능이 현실이 되었다.

두리안의 맛은 어떨까? 이 열매의 맛을 보면 온갖 야릇함이 파도처럼 몰려왔다가 사라진다. 따뜻한 열대의 꿀 같은 달콤함이 먼저 나타나 혀끝에서 사르르 녹는다. 그러나 뒤끝이 깨끗하지는 않다. 두리안의 질감은 질척하고 부들부들하면서 약간 버터 같은 느낌이다. 과일 중에서는 보기 드문 이 기름기가 두리안 특유의 냄새와 맛을 오래도록 머물게 한다. 입안에 넣으면 약간 얼얼한 감이 있는데, 그래서 두리안을 한꺼번에 많이 먹으면 혀가 마비되는 듯한 느낌이 들기도 한다. 두리안을 좋아하는 사람들은 바로 그 감각에

●　다성음악의 한 종류로, 각 성부가 음 높이만 같을 뿐 서로 다른 템포와 리듬으로 진행하면서 각 성부가 미세하게 움직인다. 결과적으로 각 성부가 동시에 움직일 때 만들어지는 성부만 들을 수 있다.

매료되어 두리안을 찾는 것이다. 입안에 불이 난 듯한 고통을 오히려 즐기며 매운 맛을 찾는 사람들과 비슷하다. 두리안의 단맛은, 그지독한 고린내가 없었다면 오히려 두리안을 쉽게 질리는 과일로 만들었을 것이다.

두리안은 우리의 감각을 최대치로 활성화시킨다. 생김새는 마치 '포켓몬스터' 비디오게임에서 쏙 튀어나온 것 같다. 언뜻 보면 괴상한 모양의 커다란 초록색 꼬투리는 기하학적으로 완벽한 원뿔 모양의 돌기로 덮여 있다. 그 돌기로 덮인 두리안의 겉껍질을 잘라내려면 양손에 두툼한 장갑을 껴야 한다. 칼로 단단한 껍질을 갈라 벌리면 부드러운 과육 덩어리들이 드러난다. 얼마나 성숙되었느냐에 따라 과육의 색깔은 연한 노란색에서 진한 주황색까지 다양하다. 과육 덩어리들을 조심스럽게 꺼낸 뒤에는 가운데 있는 단단한 주황색 씨를 제거한다. 마치 닭 가슴살처럼 둥그스름하고 묵직하면서 과즙이 풍부한 과육 덩어리에서는 고약한 냄새가 마구 뿜어져 나온다.

두리안의 냄새는 호불호가 극단적이다. 좋아하거나 극도로 싫어하거나 둘 중 하나지만, 어느 쪽이든 그 냄새에 대해서는 아무것도 알지 못한다. 나는 호도 불호도 아닌 세 번째 카테고리에 속한다. 바로 호기심. 다시 말해 무엇이 두리안에 대한 나의 인상을 형성하는가에 대한 호기심이다. 내가 두리안을 접하려 할 때 알고 있던 것은 두리안 특유의 그 고린내가 매우 악명 높은 반면에 수많은 애호가들로부터 사랑도 받고 있다는 사실이었다. 태국과 말레이시아가 원산지인 두리안은 수확기가 길지 않은 과일*이라 가격도 싸지 않다. 천연 당 함유량이 매우 높아 모든 종류의 디저트 재료로 인기가 높다. 사탕, 월병, 찰밥*sticky rice** 그리고 특히 아이스크림에 많이 쓰인다. 하지만 알코올 음료에 첨가하거나 알코올 음료와 함께 먹는 것은 금기다. 두리안은 간에서 알코올을 분해하는 데 쓰이는 효소를 강하게 억제하는 작용을 한다.[2] 술 마시면서 두리안을 먹다간 죽는 수가 있다는 말이 허언이 아니다. 한편 여러 동남아 국가에서는 공공 운송 시스템, 공항 또는 회사에서 두리안을 섭취하는 것을 금지하고 있다. 꼭 공공 장소가 아니더라도, 어디서든 두리안을 꺼내 먹으면 주변의 사람들이 몽땅 사라지는 신기한 경험을 하게 될 것이다.

여기서 질문이 나와야 한다. 두리안은 왜 그렇게 고약한 냄새를 풍길까? 다른 과일들과 마찬가지로, 가장 확실한 이유는 동물을 유혹하기 위해서다. 코끼리, 코뿔소, 호랑이, 사향고양이 등의 동물들이 두리안을 먹고 그 씨앗을 퍼뜨리게 하기 위해서다. 이 동물들은 모든 냄새가 뒤섞여 있는 정글 속을 두리번거리며 다닌다. 그러니 두리안은 다른 모든 냄새를 누르고 동물들의 관심을 끌기 위해 더욱 강한 냄새를 풍기게 된 게 아닐까? 2016년에 두리안 냄새 속의 화합물을 분석한 한 보고서는 두리안의 한계취기*odor detection threshold*•••가 매우 낮다는 사실을 밝혀냈다. 즉 두리안의 가장 지배적인 냄새의 경우, 그 냄새 분자의 공기중 농도가 매우 낮아도 사람

• 말레이시아에서 두리안의 수확기는 5~8월이며, 인도네시아에서의 수확기는 11월~1월이다.

•• 끈기가 많은 찹쌀로 찐 밥에 과일을 섞어 먹는 동남아식 찰밥.

••• 아무 냄새도 없는 공기에서, 냄새를 내는 취기물질을 구별할 수 있는 최소농도 detection threshold 또는 냄새를 인식할 수 있는 최소농도recognition threshold를 한계취기라고 한다.

이 그 냄새를 느끼기 시작한다는 뜻이다.

　바닐라 향의 주요 냄새 분자인 바닐린 역시 한계취기가 가장 낮은 냄새 분자 중 하나로, 1세제곱미터당 0.1 또는 0.2마이크로그램, 즉 1톤짜리 오일 탱크 한두 개를 채운 바닐린이면 지구 어디서나 바닐라 향기를 느낄 수 있다고 한다.[3] 반면에 두리안의 지배적인 냄새 분자의 한계취기는 0.00076(퀴퀴한 고린내를 피우는 3-메틸-2부틴-1티올 _3-methyl-2-butene-1-thiol_)과 0.0080(과일 향을 내는 에틸(2S)-2메틸부타노에이트 _ethyl (2s)-2-methylbutanoate_)에 불과하다.[4]

페 디세이 Feu d'Issey 향수 냄새를 맡는 것은 마치 광속으로 내 코를 스쳐가는 물체들을 찍은 어지러운 비디오 클립의 재생 버튼을 누르는 것 같다. 갓 구운 바게트, 라임 껍질, 깨끗하게 빨아 물기를 짠 리넨, 샤워 솝, 뜨거운 돌, 소금기 도는 피부, 스쳐가듯 사라지는 비타민 B 알약의 느낌, 그리고 UFO가 남기고 간 것 같은 흔적까지… 이 향수를 만든 사람이 누군지는 몰라도 향수 제조에 보기 드문 재능에 유머 감각까지 갖춘 사람이다. 이 향수를 쓰든 안 쓰든, 향수란 가장 간편한 형태의 지성임을 상기시키는 수집품으로서 응당 하나쯤 갖추어야 할 아이템이다.

루카 트린 Luca Turin의 『향기들 perfumes: The Guide』 중에서

　두리안 냄새를 처음 맡았을 때, 그 냄새는 내가 그 전까지 갖고 있던 '과일 냄새'라는 기준을 완전히 부숴버렸다. 기존의 연상작용을 놓아버리고 내게 생긴 인지부조화를 해소하려는 노력을 포기하

자, 두리안 냄새가 훨씬 편하게 느껴졌다. 마찬가지로 이 냄새가 다른 문화에서는 높은 대접을 받는다는 사실을 받아들이자 그 냄새도 견딜 만해졌고(그 문화권에 속하는 십억 명에 달하는 사람들의 판단이 틀렸을 리 없다), 그 안에 담긴 것이 무엇인지를 탐구하게 되었다.

두리안을 한 입 베어 물자 그 냄새에 대한 나의 감각도 달라졌다. 고린내 나는 치즈처럼, 역류성 비강 후각으로 들이마시자 (입안에서) 그 냄새도 달리 느껴졌다. 그 맛과 질감의 영향까지 보태진 두리안은 시시각각 변하는 향미 속의 이질적인 긴장감을 조용한 단호함으로 가라앉힌다. 그래서 언제나 두리안의 다면성에 더 집중하게 한다.

두리안 냄새를 오줌 냄새에 비유하며 폄하하는 것도 바로 이런 다채로움 때문이다. 1998년 모넬 화학감각연구소*Monell Chemical Senses Center* •의 팸 돌턴*Pam Dalton*은 미국 국방부의 의뢰를 받아 악취탄*stink bomb* 생산을 위한 연구를 진행했다. 연구 결과로 만들어진 화합물, 일명 악취탕*stench soup*은 고체 형태를 가진 두리안의 경쟁자다. 그러나 확실히 모든 사람이 도망가게 만들 진짜 범용 악취탄을 만들기는 말보다 훨씬 어렵다. 우리가 알고 있는 가장 끔찍한 악취, 예를 들어 하수구, 썩어가는 쓰레기, 부패한 시체 냄새도 사실 사람이라면 적응하게 되어 있는, 이 세상에 존재하는 냄새기 때문이다. 악취탄의 가장 이상적인 레시피는 고약한 냄새와 향기로운 냄새가 섞인 '의외의' 합성물이다. 이 합성 냄새는 그 안에 든 각각

• 미국 펜실베이니아주 필라델피아에 있는 비영리 과학연구단체. 후각과 미각을 전문 분야로 연구한다.

의 냄새 성분을 구분할 수 있을 만큼 단순해야 하면서도, 그 각각의 냄새 성분을 함께 섞었을 때 껄끄럽고 불쾌한 불협화음을 만들어내야 한다. 즉 불쾌한 근접성의 문제, 예를 들면 마치 뭔가를 먹고 있는 상태에서 배변을 하는 느낌이다.[5] 고약함과 향기로움이 혼재되어 있다는 점에서, 두리안은 애초에 자연적으로 이 모든 요건을 충족하고 있는 셈이다.

생 두리안으로 아이스크림을 만들면 그 냄새와 향미는 또 변한다. 그 냄새가 크림 같은 부드러움으로 가라앉기는커녕, 두리안 아이스크림에서 가장 먼저 느껴지는 것은 부자연스러운 향수 냄새다. 차가운 아이스크림이 혀끝에서 녹으면, 그 향미는 따뜻하고 생동감 있고 풍부하게 입안을 채운다. 영국의 박물학자 앨프리드 러셀 월리스*Alfred Russel Wallace*도 묘사했듯이, 두리안의 맛과 냄새를 설명하기란 매우 혼란스럽다. 그는 1856년에 두리안에 대해 이렇게 적었다. "아몬드로 한껏 풍미를 돋운 풍부한 커스터드 (⋯) 그리고 이따금씩 크림치즈, 양파 소스, 셰리 와인 그뿐 아니라 서로 어울리지 않는 여러 음식들이 떠오르게 하는 (⋯) 먹으면 먹을수록 멈추고 싶지 않게 된다."[6]

두리안 냄새를 맡고 맛을 보게 된다면, 여러분이 지금껏 느끼고 맛본 어떤 것과도 다르다는 것을 알게 될 것이다. 두리안의 고린내는 생동감으로 반짝거린다.

고린내 나는 치즈

STINKY CHEESE

핏! 핏! 둥그런 나무 상자 안에서 마치 으스스한 요기妖氣처럼 스멀스멀 냄새가 올라온다. 강렬한 맥박 같다. 아주 오랫동안 씻지 않은 발에서 나는 냄새처럼 자극적이다. 왁스 페이퍼로 싼 내용물이 들어 있는 그 상자를 한 손으로 들고, 한 손으로는 은밀하고 불쾌하고 불안정한 어떤 것을 꽁꽁 싸매고 있는 타락의 기운을 느껴본다.

치즈를 손에 얹고 손가락 마디 한두 개 정도 거리에서 냄새를 맡아보니 밀도 높고 강렬한, 매우 흥미로운 냄새의 구름이 몽글몽글 느껴진다. 낯선 에너지로 충만한 에일리언을 만나는 기분이다. 그 에일리언은 내 손바닥 위에서 불안한 숨을 쉰다. 소란이나 방해만 없으면 그 섬세한 평형 상태는 아슬아슬하게 유지된다. 그러나 조금만 더 가까이 가 그 치즈 냄새를 맡으면, 독한 화학 약품 세례를 받은 것처럼 코가 깜짝 놀란다.

나는 지금 라미 뒤 샹베르탱*L'Ami du Chambertin* 치즈의 냄새를 맡고 있는 중이다. 라미 뒤 샹베르탱은 에프와스*Époisses* 치즈와 같은 방식으로 만드는데, 이 냄새는 2004년에 전자 코가 뽑은 세계에서 가장 고린내 나는 치즈로 선정된 적이 있다.[1]

고린내 나는 치즈의 그 고린내는 세 가지 방법으로 얻어진다. 로크포르*Roquefort*와 스틸톤*Stilton* 같은 푸른곰팡이 치즈는 우유에 페니실리움 로크포르티*Penicillium roqueforti*라는 푸른곰팡이균을 주입해 만든다. 이 치즈의 내부(전문가들이 페이스트*paste*라 부르는)에는 공기가 통하게 하기 위한 구멍이 뚫려 있다. 곰팡이 포자가 피어나면서 이 치즈의 특징인 푸른색 무늬를 만든다. 뿌연 가루가 생기거나 카망베르*Camembert*처럼 희고 말랑말랑한 치즈는 페니실리움 카멘베르티*Penicillium camemberti* 곰팡이균을 주입해 만드는데, 겉껍질에 푸석푸석한 흰 가루가 생기는 것이 특징이다. 사촌지간인 로크포르티처럼, 이 곰팡이들도 치즈의 안쪽을 부드럽게 하는 한편 지독한 암모니아 냄새를 풍긴다. 곰팡이와 다른 미생물들은 치즈를 안쪽에서부터 바깥쪽으로 변화시키며 마법처럼 다양하게 감각을 자극한다. 고린내 같은 자극적인 냄새와는 반대로 풍부하고 미묘한 향에 버터 같은 부드러움을 갖췄다.

가장 냄새 고약한 치즈를 꼽으라면 아마도 숙성 과정 전에 소금물이나 술로 겉껍질을 씻어내는 종류의 치즈일 것이다. 라미 드 샹베르탱과 에프와스는 모두 숙성에 들어가기 전에 부르고뉴 지방에서 나는 브랜디인 마르 드 부르고뉴*marc de Bourgogne*에 담가 세척한다. 마르 드 부르고뉴는 와인을 만들 때 통 밑에 가라앉은 찌꺼기로 만든다. 이렇게 세척하고 나면 브레비박테리움 리넨스*Brevibacterium linens*를 비롯한 여러 종류의 코리네 박테리아*coryneform bacteria*의 성장을 촉진한다. 이 두 종류의 치즈 껍질을 독특하기 그지없는 냄새가 나는 선명한 주황색으로 만드는 게 바로 이 박테리아들이다. 이 치즈에서 발 고린내와 비슷한 냄새가 나는 이유 역시 이 박테리아들에 있다.

껍질을 세척한 치즈는 굉장히 부드러워지기도 하는데, 그렇게 되면 나무 그릇에 담긴 치즈를 푸딩처럼 수저로 떠먹을 수도 있다.[2] 껍질을 세척하는 치즈는 이외에도 림버거*Limburger*와 뷰 블로뉴*Vieux Boulogne*(맥주로 세척한다), 스팅킹 비숍*Stinking Bishop*(배로 빚은

술인 페리*perry*로 세척한다), 묑스테르*Munster*(소금물로 세척한다), 한비 *Hanvi*(압착한 게뷔르츠라미너 포도로 만든 브랜디인 마르 드 게뷔르츠라미너*marc de Gewürztraminer*로 세척한다) 등이 있다.[3] 이 치즈들은 모두 독특한 냄새로 악명이 높다.

그렇게 코를 후벼 파는 듯 독하고 역겨운 냄새가 나는 치즈를 사람들은 도대체 왜 먹는 걸까? 누군가 억지로 강요하지 않는 한 먹지 않을 것 같은데 말이다. 하지만 그 거부감을 극복하고 미각을 훈련시키는 과정은 많은 사람에게 놀랍고 경이로운 경험을 선사한다. 이 경험을 이해하기 전에, 먼저 이토록 고약한 냄새의 치즈들이 어떻게 만들어지는지 좀 더 자세히 살펴보자.

우유가 치즈가 되기 시작한 것은 순전히 실용적인 문제로부터 시작되었다. 우유를 고체로 만들면 가지고 다니기 쉽고 더 오래 보관할 수 있으며 맛도 더 좋아졌다. 브론웬 퍼시벌*Bronwen Percival*과 프랜시스 퍼시벌*Francis Percival*이 쓴 책 『바퀴의 재발명*Reinventing the Wheel*』에서 치즈 만들기를 가장 잘 설명하고 있다. 우선 젖소, 염소, 양을 비롯한 포유동물로부터 젖을 짜낸다. 여기에 단백질을 응고시키는 효소 레닛*rennet*을 첨가하면 지방도 고체화되며 분리된다. 여기에 다시 종균 배양을 첨가해 발효시킨다. 그다음 단계는 우유가 엉겨 굳어진 응유凝乳로부터 수분을 분리하는 것이다. 마지막으로 고체화된 응유를 일정한 환경에서 숙성시킨다.[4] 이때 치즈의 다양성은 네 가지 요소 중 하나의 변형으로 설명할 수 있다. 첫 번째, 애초에 가장 중요한 원료가 되는 우유가 어떤 우유인가(치즈로 만들기 전에 저온살균을 했는가 안 했는가). 두 번째, 발효 과정을 언제 시작하고 언제 끝내는가. 세 번째, 유청乳淸으로부터 응유를 언제 분리하는가. 네 번째, 특별히 선택된 장소에 응유를 저장하기 전에 어떤 과정을 거치는가. 건강한 임신을 위한 의사의 역할처럼, 치즈 장인은 충분한 지식과 정보를 가지고 자연의 과정이 펼쳐지는 것을 지켜보기만 하다가 아주 가끔씩 참견할 뿐이다.

소수의 애호가들만이 즐긴다고 하지만, 고린내 치즈는 사실 역사가 매우 길다. 고대 수메르-아카드 문명에서 사용하던 언어에서 가하르*ga-har* 또는 에키둠*eqidum*은 치즈를 가리키는 단어였는데, 그 범주가 매우 넓었다. 하지만 고린내 나는 치즈를 가리키는 말은 따로 있었다. 고린내 치즈를 뜻하는 나가후*nagahu*는 누군가를 향한 점잖은 욕설로도 쓰였다.[5]

중세 유럽에서 활동하던 수도자 노트커 발불루스*Notker Balbulus*가 쓴 이야기를 살펴보자. 샤를마뉴*Charlemargne* 황제가 어느 날 저녁 식사 무렵에 가톨릭 주교를 방문했는데, 그날이 마침 금요일이었다고 한다. 가톨릭에서는 금요일에 육식을 금하고 있었기 때문에, 주교는 자신이 갖고 있는 치즈 중에서 최고의 치즈를 골라 낯설고 불쾌한 냄새를 풍기는 푸른색 줄무늬를 제거한 다음 황제에게 내놓았다. 주교는 황제에게 가장 맛있는 부위를 권했다. 황제는 주교가 권하는 대로 그 치즈를 먹기 시작했고, 점점 더 빠져들더니 식사가 끝날 무렵에는 자신의 궁으로 그 치즈를 정기 배송하도록 주문까지 하게 되었다.[6] 18세기 초의 작가 알렉산더 포프는 스틸톤이야말로 시골 사람들이 꿈꿀 수 있는 최고의 치즈라고 생각했다. 그의 동료 작가이자 동시대인이었던 대니얼 디포는 치즈에 진드기나 구더기가 잔뜩 붙어 있어서 숟가락으로 진드기와 함께 떠먹어야 할 정도인 스틸톤을 왕성하게 먹어댔다고 전해진다.[7]

구더기투성이 치즈는 고린내 치즈 애호가들도 선뜻 달려들지 못하는 극단적인 종류의 치즈지만, 실제로 사람들이 먹는 치즈일 뿐만 아니라 매우 현대적인 음식이기도 하다. 카수 마르주casu marzu라 불리는 사르디니아공국 전통 치즈가 있는데, 이 치즈를 만드는 치즈 장인들은 치즈 안에 치즈 파리를 넣어 그 안에서 알을 낳게 한다. 알에서 나온 유충이 치즈 속의 지방 성분을 먹으면서 부패 과정을 촉진시켜서 (비록 냄새는 역겹지만) 비단결처럼 부드러운 치즈를 만든다. 최적의 향미와 부패 사이의 좁은 경계선을 어떻게 설정하느냐를 두고 벌어진 열띤 논쟁은 아직도 끝나지 않았다. 몇몇 애호가들은 이 치즈를 종이봉투에 넣어 보관하라고 충고하는데, 그렇게 하면 구더기들이 호흡할 산소가 부족해지기 때문이다. 산소 부족으로 고통 받는 구더기는 종이봉투를 향해 몸통을 던지며 탈출하려 애쓴다. 구더기가 몸을 던져 종이봉투에 부딪치는 소리가 끊어진 (구더기가 모두 질식사한) 직후에 치즈를 먹는 게 가장 이상적인 타이밍이라고 한다.[8]

고린내 치즈가 풍기는 냄새에 대해 우리가 두려워하는 건 정확히 뭘까? 몇몇 과학자가 이 주제로 연구를 실행했다. 이들은 그 연구 결과로 2017년에 엉뚱한 과학적 발견에 주는 상인 이그노벨Ig Nobel 상을 받았다. 연구 결과, 치즈는 '혐오의 신경학'에 대해 완벽하게 객관적인 교훈을 주는 것으로 나타났다. 앞서 설명했듯 냄새(후각)는 잠재적인 위험을 감지하기 위한 감각이고, 따라서 판단이

성급하다. 초숙성된 치즈 냄새를 처음 맡으면 즉각적으로 머릿속에 이런 경고가 떠오른다. '이 치즈, 너무 오래된 거 아냐? 박테리아가 너무 많아 위험하지 않을까? 코가 보내는 경고를 무시하고 이 고린 내 나는 걸 먹어서 좋을 게 뭐가 있겠어?' 혐오감은 마치 미생물처럼 빠른 속도로, 보이지도 않으면서 우리의 마음속을 세차게 휘젓는다. 이 연구에서 연구진은 프랑스인 참가자들을 치즈 애호가, 치즈 혐오자의 두 그룹으로 나누었다. 그리고 fMRI로 뇌를 스캔하면서 치즈를 먹게 했다. 치즈 혐오자의 뇌에서는 음식 인지와 관련 있는 보상센터가 재빨리 닫히면서 치즈를 음식으로 인식하기를 거부했다. 자의식과 관련된 뇌섬엽 역시 혐오감을 거들었다. 이렇게 생각해보면 쉽다. 만약 당신이 스스로 고린내 치즈 애호가가 절대 아니라고 생각하더라도, 당신의 뇌섬엽은 몸을 웅크리고 이상한 냄새를 풍기는 치즈를 게걸스레 먹고 있는 당신의 모습을 마음속에 그려낸다. 이렇게 냉소적인 관점에서 보면, 당신의 모습은 이상하게 느껴진다. 당신의 의지는 과감하게 저항한다.[9] 그러나 이런 사고의 연속선은 무엇보다도 우선 우리가 '사실을 제대로 알지 못한다'는 것을 되새기게 한다. 고린내 치즈가 반드시 부패와 발효의 경계선을 달콤한 냄새가 나는 치즈보다 더 멀리까지 확장시키는 것은 아니다. 또한 항상 만들어진지 오래되었음을 의미하는 것도 아니다. 소금물이나 술로 세척한 뒤 겉껍질에 박테리아와 곰팡이가 잘 자라도록 영양소 풍부한 꺼풀 하나를 더 씌웠을 뿐이다. 다시 말하자면, 고린내 치즈 냄새가 반드시 미생물이 위험하게 작용하는 중이라는 걸 뜻하지는 않는다는 것이다. 고린내 치즈가 우리에게 선사하는 것은 생동감 있고 다면적이며 변화무쌍한 향미에 다가갈 기회뿐이다.

치즈는 이렇게 만들어지는 과정에서 조용히 투입물들을 흡수한다. 포유동물은 자기가 살아가는 환경 속에서 제일 좋아하는 먹이를 먹고, 그 토산土産의 맛이 몸에 스며든다. 치즈는 발효와 응유 과정에서 언제 무엇이 투입되었는지를 드러낸다. 가장 중요한 것은 치즈는 숙성되는 장소의 공기를 흡수한다는 것이다. 한 장소에 놓인 채 마치 동굴 벽 같은 껍질 속에서 아주 오래전부터 미생물에 배어든 채로 숨을 들이쉬고, 내뱉는다. 치즈의 맛에는 시간과 경험, 지역적 특성이 모두 들어 있다. 바로 그런 것들이 그 맛을 구체화해주기 때문이다. 우리는 그렇게 해서 생겨난 결과물을 한 조각씩 입에 넣는다. 치즈가 어떻게 만들어진 것인지 감히 유추해보려 하지만, 이 추측은 치즈가 거쳐온 과정 중 한 장의 스냅 사진, 혹은 길고 긴 필름의 롤 속에 든 한 컷의 사진에 불과하다.

코로 직접 그 고린내 나는 치즈의 냄새를 맡는 것은 단 하나의 데이터 포인트일 뿐이다. 그러나 역류성 비강 후각으로 그 치즈의 냄새를 맡아보면 대조적인 요소들이 펼쳐내는 환상적인 연금술을 경험하게 된다.[10] 라미 뒤 샹베르탱을 한 조각 입에 넣자, 혀끝에서 화끈한 폭발이 일어났다. 그다음에는 스르르 녹으면서 전혀 다른 느낌이 일어났다. 마치 폭죽놀이의 피날레 같았다. 마늘 냄새, 달걀 냄새가 섞인 채 톡 쏘는 고린내에서 거의 열기가 느껴졌다. 그다음에는 이내 부드럽게 녹아 풍부한 맛이 우러나더니 그 맛이 혀를 따라 천천히 걸러졌다. 수많은 향미가 공간을 다투니, 한 조각만으로는 그 모든 경쟁을 다 관찰할 수가 없었다. 그래서 다시 한 조각을 먹고, 또 한 조각을 먹었다. 식탁 위의 치즈는 점점 작은 덩어리가 되었다. 퀴퀴한 고린내는 공기 중으로 퍼지며 사라지는 듯 보였다. 잠깐 동안의 흥겨운 몰입이다. 한 시간 후, 냉장고에서 그 악취가 고스란히 다시 느껴질 때에 이르러서야 나는 내가 얼마나 정신을 잃고 몰입했었는지를 깨달았다. 하지만 정신을 잃을 만큼 대단한 맛이었다는 것도 깨닫는다.

아위
—
ASAFOETIDA

이 냄새는 사방을 향해 주먹질을 하듯 뿜어 나오면서 자기 공간을 확보한다. 억세고, 가차 없고, 거대하다. 그러나 첫 타격 이후, 냄새는 갑자기 부드러워지고 깊어지면서 어떤 풍경을 연상케 한다. 뜨거운 햇살 아래서 살짝 땀 흘리고 있는 잘 익은 양파밭. 이 냄새가 더 디테일해지면, 그 밭이 변한다. 이제는 낭창낭창한 마늘 새싹, 파와 부추 사이에 자라난 실한 양파. 우리가 아는 모든 종류의 파와 마늘류가 자라는 풍성한 밭. 보자마자 허기가 느껴질 만한 풍경이다.

아위 향은 상상을 초월할 정도로 역한 냄새가 나는 수지 향인데, 양파와 마늘을 대신하는 향신료로 자주 쓰인다. 여러 언어권에서 '악마의 똥'이라는 별명으로 불리는 아위의 서양어 이름은 'asafoetida'인데, 나뭇진을 뜻하는 페르시아어 'aza'와 라틴어로 불쾌한 냄새 또는 악취를 뜻하는 'foetid'의 합성어다. 현대 인도어로는 'hing'이라고 하는데, 산스크리트어로 '죽이다'라는 뜻의 'han'에서 왔다.[1]

아위는 닥터 수스의 그림책 시리즈에나 나올 법하게 요상하게 생긴 식물에서 얻어진다. 인광성 라임 그린 색을 뿜내며 레이스 같은 모습으로 쑥쑥 자란다. 아위의 냄새는 이란 동부와 아프가니스탄 사막의 공기 속까지 퍼져나간다. 이 향신료를 수확하려면 먼저 봄철 아위의 뿌리에 상처를 내서 흘러나오는 수지를 모은다. 대리석처럼 딱딱하게 굳은 수지는 냄새가 빠져나가지 못하도록 세 겹 수축 포장을 해야 한다.

아위는 원래 그대로의 상태에서는 지독한 악취를 풍기지만 식재료로서는 황금의 향신료다. 날것 그대로의 아위의 냄새는 거의 참을 수 없을 정도다. 하지만 기름과 함께 조리하면 채소 요리와 완벽하게 어울리는 감칠맛으로 피어난다. 가열만 해도 지독한 악취의 주성분인 황 화합물이 분해된다.

중동에서 아위가 처음 역사적인 기록에 등장하는 것은 기원전 8세기 무렵이다. 이 무렵 바빌로니아 국왕 마르둑-아플라-이디나 2세*Marduk-apla-iddina II*의 정원 수목 기록에 등장하고, 현재 이라크 모술 근방인 니네베*Nineveh*에 있었던 아쉬르바니팔*Ashurbanipal* 국왕 시대에 저술된 약초 목록에도 등장한다. 로마 시대에는 당시에 문명 세계로 알려진 곳에서 이 식물이 활발하게 거래되었다. 그 무대는 이탈리아에서 리비아, 아시아 남부 전역까지 이르렀다. 지금도 아위는 인도 남부, 옛 페르시아 지역 그리고 아프가니스탄의 음식에 쓰이는 주요 향신료지만, 서구에는 거의 알려져 있지 않다. 참고로 주목할 만한 예외가 있는데, 영국에서 쓰이는 우스터 소스*worcestershire sauce*의 레시피에 아위가 들어 있다. 영국이 인도를 식민지로 지배했던 결과다.

옛 로마인들은 알렉산더 대왕이 페르시아 원정에서 돌아온 다음부터 아위를 향신료로 쓰기 시작했다. 로마인들은 이 향신료가 북아프리카 키레네*Cyrene*가 원산지인 향신료, 실피움*silphium*과 거의 똑같은 맛이라는 것을 알고 열광했다. 그리스의 의사 디오스코리데스*Dioscorides*는 기원후 1세기에 쓴 글에서 이란에서 나는 아위를 실피움과 비교하면서 아위가 실피움만은 못하다는 듯한 어조로 말했다. 그는 "강렬함은 실피움만 못하고 역겨움은 실피움보다 더하다"라고 적었다. 그럼에도, 아위는 많은 요리에서 실피움 대신 쓰였다. 몇십 년 후 키레네의 실피움이 완전히 멸종되었기 때문이다. 로마인들은 아위를 잣과 함께 항아리에 저장했다가 그 잣을 꺼내 요리에 사용했다. 말하자면 아위의 자극적인 향미를 간접적으로 즐긴 것이다. 요리사와 의사들은 이 식물을 다양한 용도로 활용했다. 디오스코리데스는 자신의 저서 『약물지*De Materia Medica*』에서 아위를 거의 만병 통치약처럼 다뤘다. 그의 평가에 따르면, 아위는 갑상선종, 탈모, 치통, 늑막염, 기관지염, 폐 질환에 효과가 있다고 한다. 그뿐만이 아니다. 전갈에게 물린 자리에도 쓸 수 있고, (용기만 있다면) 식초와 함께 가글을 하면 목구멍에 달라붙은 말거머리도 제거할 수 있다고 한다. 현대의 의사들이라면 디오스코리데스의 이러한 주장에 말도 안 되는 소리라고 콧방귀를 뀌겠지만, 그의 말이 아주 틀린 것은 아니다. 아위는 소화를 돕고 복부팽만을 치료한다. 이런 이유로 인도 요리 달*dal*(렌즈콩으로 만든 요리)에는 맛과 기능을 겸한 향신료로 쓰인다.

감각이 예민해 양파와 마늘 섭취에 거부감을 느끼는 사람이라면 아위를 대체 향신료로 생각해보기를 권한다. 나도 그렇게 아위를 먹기 시작했다. 이국적이고 자극적인 향신료를 찾아 시카고 향신료 가게에 갔지만, 나의 경제 사정이나 파·마늘류에 대한 남편의 거부감 문제로 선택할 수 있는 향신료가 아위밖에 없었다. 그날 저녁 칠리를 요리했는데, 사실 칠리는 양파와 마늘이 많이 필요한 요리다. 우리는 대신 아위를 써보았다. 결과는 매우 성공적이었다. 우리는 아주 맛있는 요리를 행복한 마음으로 배불리 먹을 수 있었다.

아위는 유럽 전역으로 퍼져나가 중세 시대 초기에는 요리에 많이 쓰였다. 프랑스인들은 양고기 바베큐에 아위를 향신료로 썼다. 서구에서는 아위의 인기가 차츰 시들어 결국 거의 쓰이지 않게 된 반면, 다른 지역에서는 큰 인기를 얻었다. 7세기 이슬람 문화의 융성과 함께 압바스 제국이 아위의 서식지인 페르시아 지역에 대해 지배권을 갖게 되었다. 압바스의 통치자는 세계 각국의 사람들이 모이는 궁정에서 아위를 풍부하게 쓴 여러 가지 스튜 레시피가 담긴, 아랍풍 요리책 여러 권을 선보이기도 했다.

'악마의 똥'은 1600년대 무굴 제국이 융성한 기간에 인도로 들어갔다. 아그라*Agra*와 델리*Delhi*에서도 새로운 의학적인 용도(사실인지는 애매하지만)로 쓰이기 시작했다. 아위가 목소리를 더 좋게 해준다는 것이었다. 궁정에서 노래를 부르는 가수는 동트기 전에 일어나 아위와 버터를 섞어 한 수저를 떠먹고 강가에 나가 일출을 보며 노래 연습을 하곤 했다. 아위는 인도의 엄격한 자이나교 수행자들 사이에서 더 큰 인기를 얻었다. 모든 자이나교 신자들이 채식주의자지만, 자이나교 중에서도 일부 분파에서는 감자, 양파, 마늘 등 식물의 뿌리 부분도 먹지 않는다. 그들은 이런 식품을 아난트케이 *ananthkay*, 즉 무수히 많은 생명이 들어 있는 하나의 몸이라고 믿는다. 감자는 한 알에서도 여러 개의 싹이 나고, 골파는 물컵에 꽂아놓으면 새싹이 자란다. 이런 뿌리채소를 수확한다는 것은 뿌리를 뽑아 그 식물 전체(그 뿌리에 붙어 있는 미생물은 말할 것도 없고)를 죽인다는 뜻이고 따라서 생명의 윤회마저 끝장내 버린다는 뜻이다. 아위는 뿌리까지 뽑아 생명을 빼앗지 않고도 양파의 맛을 낼 수 있다. 로젠 고쉬*rogen ghosh*와 달의 독특한 맛을 내주는 것도 바로 아위다. 사실 양파만으로는 아위의 맛을 따라갈 수 없다.[2]

내가 산 아위 가루는 아주 작은, 노란색이 눈에 확 뜨이는 플라스틱 병이다. 병에는 반데비*Vandevi* 여신이 그려져 있다. 포장을 뜯고 뚜껑을 열면 안에는 선명한 노란색 가루가 들어 있는데, 그 가루 알갱이 몇 알만으로도 냄새가 훅 끼친다. 아무런 가공도 하지 않은 그대로의 상태로는 너무나 강한 냄새가 나기 때문에, 대개 고무나무 수지, 쌀가루, 심황 가루를 섞어 자극적인 냄새도 줄이고 저장도 용이하게 한다. 어느 날 호기심을 누르지 못한 나의 일곱 살짜리 아들이 친구와 함께 나의 작은 노란색 병을 땄다. 아위 가루 범벅으로 손가락이 노랗게 된 채 낄낄거리며 두 꼬마 녀석은 온 방 안을 뛰어다녔다. 집 안에 그 가루와 냄새로 가득했다. 서구 세계의 역사에서 오래도록 잊혔고, 나로서는 그동안 듣도 보도 못했던 그 냄새는 멈추지 않고 뭉게뭉게 피어올랐다.

여러분도 한번 아위를 시도해보시라. 낯설긴 해도, 요리에 쓰면 가장 익숙한 양파와 마늘 맛으로 변신하니까. 지독하고 흥미로운 도플갱어다.

담배

TOBACCO

내가 처음 냄새를 맡아본 연초는 퓨어 버지니아*Pure Virginia*였다. 마치 아주 잘 가꾼 농가의 안뜰 같은 냄새였다. 더운 날씨와 깎인 잔디 냄새가 났다. 달콤한 시럽 같은 뉘앙스는 건포도, 대추야자, 무화과를 연상시켰다. 버지니아는 담뱃잎을 얇고 가늘게 잘라 겹쳐서 압착한 뒤 특이하게도 추잉 껌 크기로 자른 플레이크 형태의 연초 담배다.* 전체적으로는 갈색인데, 파티클 보드처럼 줄무늬가 들어 있다. 그 금색 줄무늬는 당이 농축되어 있는 부분이다. 이 당분 때문에 버지니아를 피울 때 단맛이 느껴지면서 다른 담배보다 훨씬 뜨겁게 탄다. 퓨어 버지니아는 파이프 담배를 처음 접하는 사람에게는 불을 붙이기가 까다롭지만 균형 있고 편안한 향을 풍긴다. 연초가 모두 탈 때까지 향이 유지된다.

그 다음에는 벌리*burley*담배**의 포장을 열었다. 이 연초는 색깔이 진하고 냄새도 묵직하면서 사향 냄새가 나는 대신 달콤한 향기는 덜하다. 연기에서 훅 느껴지는 숲속 바닥의 냄새가 오래 남는다. 나뭇잎과 잔가지가 썩으면서 나는 냄새, 잔디 냄새가 느껴진다. 벌리는 버지니아보다 훨씬 묵직하고 덜 순하다. 이 연초에 불을 붙이면, 처음에는 궐련과 맛이 똑같다. 향이 좋아 선택할 만한 담배는

● 파이프로 피우는 연초 담배의 형태로는 섀그 컷, 리본 컷, 코인 컷, 크럼블 케이크, 플레이크, 플러그 컷 등 여러 가지가 있고, 플레이크는 마치 육포처럼 납작하게 가공된 것을 뜻한다.

●● 오하이오주 남부 지방에서 나는 담배.

아니다. 하지만 벌리는 니코틴 함량이 많고 자극성이 강한 성분이 블렌딩되어 있다. 벌리는 다른 타입의 담배들보다 마약 같은 중독성이 강해서 굳이 냄새로 사람을 유혹할 필요가 없다.

마지막으로 라타키아Latakia 통을 땄다. 이 연초 담배의 냄새는 당밀처럼 시럽 향이 진하지만, 달콤하지는 않다. 이 담배 표면에서는 여러 가지 향이 난다. 구연산, 베이킹 향료, 연기, 나무 수액, 버섯까지. 라타키아는 다크호스다. 치고 나올 기회를 노리는 새로운 맛이 있는 느낌이다. 가장 대중적인 연초인 니코티아나 타바쿰Nicotiana tabacum과 똑같은 담뱃잎이지만 재배 지역이 다르다. 현재는 키프로스인 옛 시리아 지역에서 재배한 연초를 쓴다. 라타키아는 똑같은 담배 나무지만 다른 기후 조건에 적응한 종류다.[1]

테이블 반대편에는 우리 부부의 친구인 데이브가 앉아 있었다. 그는 이 담배를 포함해 여러 종류의 담배를 갖고 있었다. 데이브는 나에게 버지니아, 벌리, 라타키아는 파이프 담배의 3원색이라고 말했다. 자신이 피워본 모든 담배에 최소한 이중 한 가지 연초가 블렌딩되어 있었다고 했다. 그는 파이프 담배에 푹 빠져 있었다. 그의 새로운 취미였다. 그가 파이프 담배에 빠진 것은 스트레스 때문이었다. 그는 화가인데, 2020년 3월 15일자로 베를린에 있는 한 예술 대학에 교수로 임용되었다. 그가 꿈에 그리던 직장이었다. 그런데 코로나19로 봉쇄조치가 단행되면서 그가 타려던 비행기 스케줄이 취소되었고, 그와 그의 아내는 시카고에서 오도 가도 못하는 상황이 되었다.

그다음에 데이브가 내온 것은 여러 개의 밀폐 용기였다. 자신이 말한 담배의 3원색이 블렌딩된 연초를 보여주려는 것이었다. 첫 번째가 블랙 프리깃*Black Frigate*으로, 캐번디시*Cavendish* 블랜드(제조 과정에서 증기 처리를 한 버지니아), 라타키아, 그리고 터키시*Turkish*가 섞인 연초였다. 이 연초의 형태는 플러그 컷으로, 잔디의 뗏장이나 토탄 덩어리와 비슷한 직육면체 형태지만 가장자리가 풀려 있다는 차이가 있다. 럼주에 7일 정도 담가 숙성시킨 블랙 프리깃은 깊고 그윽한 사향 냄새에 디젤 냄새의 여운을 남긴다.[2]

워 호스*War Horse*는 벌리, 버지니아, 켄터키*Kentucky*(향 좋은 장작을 때면서 오븐에 구운 벌리를 말한다)를 블렌딩한 것이다. 애연가들은 이 향기 좋은 담배에서 아니스 리큐어인 아니제트*anisette* 향이 난다고 한다.[3]

이제 선베어*Sun Bear* 이야길 해보자. 이 담배는 굉장히 귀엽게 생겼다. 퍼레이드나 축제 때 뿌리는 꽃종이 같이 팔랑거린다. 선베어는 붉은색과 밝은 버지니아와 오리엔탈을 블렌딩해서 데킬라, 딱총나무꽃으로 케이싱*casing*● 한다. 케이싱은 대개 은연중에 느껴진다는 점에서, 담배의 톱 노트를 확연히 구분되게 하는 플레이버링 *flavoring*과 다르다. 또, 케이싱은 블렌딩된 원초들이 서로 매끄럽게 조화를 이루도록 돕는다. 담배를 피우고 있는데 한 모금에서는 버지니아 맛이 나고, 그다음 모금에서는 오리엔탈 맛이 나는 것을 좋아할 애연가는 없다. 선베어의 경우, 데킬라 케이싱은 버지니아의 높은 당분을 잠재워 연소 속도를 늦추고, 딱총나무꽃은 달콤함에 꽃향기를 더해준다.[4]

● 연초의 기본적인 풍미를 더하기 위해 감초, 옥수수 시럽, 설탕 등 여러 가지 재료를 투입하는 과정.

또 다른 담배인 가스 라이트*Gas Light*는 라타키아의 성분 비율이 높다. 비잔티움*Byzantium*은 라타키아와 페리크*Perique*의 혼합인데, 페리크는 담배의 주성분으로 쓰이기보다는 약간의 양념 같은 역할을 한다. '로열 요트'라는 별명으로도 불리는 피터슨*Peterson*은 벨기에의 작가 조르주 심농*Georges Simenon*이 메그레 미스터리 시리즈를 집필할 때 줄담배로 피웠다고 해서 유명해진 담배다. 다른 담배들로는 블랙 하우스*Black House*, 빌리 버드*Billy Bud*, 파더 뎀시*Father Dempsey*, 잭나이프 플러그*Jacknife Plug*, 올드 다크 파이어드*Old Dark Fired*, 나이트 캡*Night Cap* 등이 있다.

파이프 담배는 약간의 품을 더 들여야 하는 대신, 담배 냄새에 더 집중하면서 음미할 수 있는 흡연 방식이다. 파이프 담배는 시간을 천천히 흐르게 하고 그 연기 속에서 오래 호사를 누릴 수 있게 한다. 이건 단지 나만의 생각이 아니다. 파이프 담배 냄새에 대한 감상은 여러 연초 블렌드 리뷰에서도 필수적으로 등장하는 항목이다. 애연가들은 각 블렌드의 '틴 노트*tin note*'를 설명한다. 새 담배통을 처음 땄을 때 가장 먼저 풍겨 나오는 냄새다. 반면에 '룸 노트*room note*'는 흡연 후 방에 남아 떠도는 향을 뜻한다. 파이프 챔버에 재운 담배의 윗부분에 붙은 담뱃불을 뜻하는 차르 라이트*char light*는 여분의 수분을 모두 태워서 담뱃불이 꺼지지 않고 균일하게 타들어 가게 한다.[5] 차르 라이트의 연기가 그 담배의 룸 노트를 만든다. 차르 라이트가 붙은 후에 챔버에 재운 담배를 다시 한번 천천히 다져서 흡연할 수도 있다. 몇몇 애연가가 생각하는 완벽한 흡연은 다시 불붙이는 일을 최소화하면서 천천히 태우는 것이다. 그러나 파이프는 굉장히 까다로워서, 세세한 부분까지 신경을 써서 잘 관리해야만

한다. 불만 붙여놓는다고 잘 타지 않는다. 중간중간에 들숨으로 뻐끔 뻐끔 연기를 빨아들여서 불기운이 계속 살아 있게 해줘야 한다. 대부분의 애연가는 나름대로 자신만의 호흡이 있으며, 자신이 피우고 있는 담배 블렌드와 그날의 분위기, 날씨, 함께 파이프를 피우는 동료들, 대화의 흐름 아니면 자기만의 생각에 적응해가는 리듬이 있다.

"왜 파이프 담배를 피워?" 어느 날엔가 데이브에게 물어보았다. 어떤 대답이 나올지 대충은 짐작하고 있었다. 데이브도 원래는 보통 담배를 피웠었는데, 팬데믹 사태로 여러 가지 악재가 겹치면서 파이프 담배를 피우게 되었다. 데이브는 숨을 깊이 들이마시며 생각에 잠겼다. 그날은 파이프를 물고 있지 않았지만, 파이프 담배를 피울 때의 호흡 습관이 그대로 드러났다. "언젠가 이런 얘기를 들었거든. 파이프 담배를 피우는 동안에는 화를 낼 수가 없다고. 그 말이 너무나 깊이 와닿더라고. 파이프가 마음의 평화를 가져다준다는 말이 너무나 좋았어. 파이프를 물고 담배를 피우고 있으면 다른 건 할 수가 없어. 책을 읽거나 글을 쓰는 것 말고는." (그는 말을 멈추고 한 숨 깊이 들이 쉬고, 다시 이어 말했다.) "내가 뭘 하고 있었는지, 시간이 몇 시인지 다 잊게 돼. 다른 세상을 상상하게 만드는 것 같아."

이제 분명한 사실들을 나열해보자. 파이프 담배 또는 어떤 종류의 흡연이든, 담배는 신체적인 건강에 해롭다. 그러나 정신적 건강이라면 문제가 다르다. 마음에 들지 않아도 어쩔 수 없다. 일상적인 수준을 뛰어넘는 스트레스와 불안에 시달리는 상황이라면, 파이프 담배가 마음을 다스리는 데 도움이 될 수도 있다. 파이프 담배는 뭔가 사소하고 내가 통제할 수 있는 일에 주의를 집중하게 한다. 데이브에게 있어서 파이프 담배는 품위 있는 감정의 배출구였다. 자신의 꿈을 눈앞에 두고도 시카고에서 오도 가도 못하고 있는 이 상황에서 그나마 파이프 담배와 그 냄새가 그에게는 일종의 '방구석 세상 탐험'이 되어준 것이다.

　파이프 챔버에 한 번 채운 담배를 끝까지 다 피우려면 시간이 적지 않게 흘러야 하니, 그동안 충분히 무언가를 고민하고 결정을 내릴 수 있다. 담배의 향이 흩어지고 공기가 다시 깨끗해지면, 그 선택이 옳았는지 여부가 판가름 난다. 여기서 기원전 5000년~3000년 사이 언젠가 처음으로 담배를 재배했던 북아메리카 원주민들이 문제 해결에 담배를 어떻게 활용했는지 다시 생각하게 된다. 그들은 풀어야 할 문제가 생기면 궐련 또는 파이프 담배를 피우면서 숙고했다. 그리고 마지막에 그 담뱃재를 땅에 던졌다. 땅에 떨어진 재의 모양이 마지막 결정에 대한 어떤 징조를 알려주는 거라고 믿었다. 나는 약간의 사행성이 가미된, 이런 결단력이 좋다. 꽉 막힌 문제를 풀어내려면 이성과 논리도 필요하지만, 그만큼 운 또한 따라주어야 한다고 믿기 때문이다. 나는 이런 아메리카 원주민들의 관습은 그들이 어떤 결정을 내리든 그 결정에 뒤따르는 모든 일들을 완벽하게 통제할 수는 없음을 인정하고, 그 결과를 존중하는 태도를 보여준다고 생각한다.[6]

　이 책을 쓰기 전에는 어떤 냄새를 맡음으로써 얼마나 많은 것을 배울 수 있는지 미처 알지 못했다. 와인, 맥주, 용연향, 트러플 냄새와 마찬가지로 담배 냄새 역시 사람과 사람을 이어준다. 데이브는 독학으로 터득한 지식을 내게 전수해주었는데, 그가 알려준 덕분에 나는 파이프 애연가들을 괴롭히는 '텅 바이트*tongue bite*'의 몇 가지 원인을 설명할 수 있게 되었다(수분이 많은 연초를 피할 것. 파이프를 너무 자주, 뻑뻑 빨아들이지 말 것. 영국산 연초는 버지니아보다 빨리 연소하는 경향이 있기 때문에 초보 애연가에게 지뢰밭이다). 또 흡연자가 얼마나 레트로 헤일retro-hale을 잘하는가를 알아볼 수도 있게 되었다. 레트로 헤일은 입과 코로 동시에 숨을 들이쉼으로써 잠깐이지만 담배의 맛과 향을 융합시키는 호흡법을 말한다.

우리는 이 세상 안에 저마다의 세상을 품고 있다. 대화는 우리에게 그 세상을 엿볼 수 있는 기회를 주고 같은 하늘 아래 머물게 한다. 친구들이 떠나도, 지금의 이 룸 노트, 그러니까 단조로운 공포와 몽롱한 지루함, 그리고 그것을 깊이 보상해주는 우정의 위로는 아주 오래도록 남아 있을 것이다.

새로운 냄새를 수집한다

집 안에서 전에는 냄새를 느껴보지 못했던 물건들을 찾아보자. 먼저 주방에서 출발하자.

일상적인 세계도 놀라운 냄새들로 가득 차 있다. 내가 가지고 있는 화이트 비네거는 소금 냄새가 난다. 그게 진짜 식초인지 소금인지 확인하려고 핥아보고 싶을 정도다. 천연 세제인 구연산에서는 잘 볶은 견과류 냄새가 난다. 울의 냄새는 울이 품고 있는 비밀의 왁스에서 나온다. 아이가 갖고 노는 봉제인형에서는 아이의 머리카락 냄새가 난다.

절구가 있다면, 알갱이 형태의 양념을 곱게 가루로 빻은 후 냄새를 맡아보자. 예를 들어 고수 씨앗은 풀잎 냄새가 섞인 감귤 냄새가 난다. 정말 의외이지 않은가? 이렇게 놀라운 냄새를 목록으로 만들어보자.

흙 내음

EARTHY

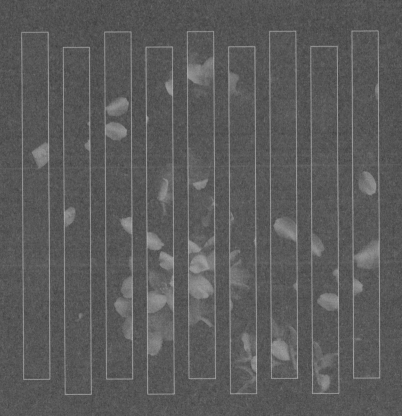

트러플

TRUFFLES

와인

WINE

포연

CANNON FIRE

녹고 있는 영구동토층

MELTING PERMAFROST

차

TEA

트러플

TRUFFLES

항공우편으로 배송된 싱싱한 여름 트러플이 도착하자 강렬한 바다 냄새가 사방으로 퍼져나왔다. 놀라울 정도로 강한 바다 냄새였다. 짭짤하고, 변덕스럽고, 멀리 퍼지면서도 고집스러운 깊이감이 있었다. 온갖 양념류와 먹다 남은 음식들, 탄산수가 튀어나올 만큼 들어찬 냉장고 안에서 트러플은 정신을 빼앗길 정도로 아름다운 향을 풍겼다. 트러플은 자신만의 이상한 세계를 설파하는 이단아였다.

이 냄새를 금방 눈치챌 수 있었다고 말할 수는 없겠다. 하지만 냉장고 문을 열 때마다 뭔가 야릇한 냄새가 주방 전체로 새록새록 퍼졌다. 그날 집에서 파스타를 만들어 먹을 계획이었기 때문에, 냉장고 문을 끊임없이 여닫았다. 그때마다 트러플 냄새는 냉장고를 탈출해 공기 중에 퍼졌다. 오후가 저녁이 되었고, 상쾌하고 짜릿한 바다 냄새가 이윽고 마치 흙냄새, 버섯 냄새로 바뀌었다. 그러나 그 정도로는 절반 밖에 표현되지 않는다. 내가 먹어본 다른 버섯들은 훨씬 더 연하고 눅눅한 냄새, 땅바닥의 흙과 낙엽에서 나는 그런 냄새였다면, 트러플은 그보다 더 멀리 퍼지는, 말로 형용하기 어려운 묵직한 냄새를 가지고 있었다.

트러플이 담긴 주머니를 열고, 종이로 만든 상자를 꺼낸 다음 그 안을 들여다보았다. 트러플은 축축한 페이퍼 타올로 가볍게 싸여 있었다. 내가 산 것은 블랙 섬머 트러플*Tuber aestivum*이다. 여름 트러플은 블랙 다이아몬드 트러플*Tuber melanosporum* 중에서 세 번째 정도로 쳐준다. 블랙 다이아몬드 트러플은 트러플 중에서 두 번째로 쳐주는 종으로, 프랑스 남서부 페리고르*Périgord* 지역에서 난다고 해서 '페리고르 트러플'이라고 불린다. 하지만 오늘날은 대부분 페리고르에서 동쪽으로 훨씬 더 멀리 들어간 프로방스 지역에서 생산된다. 이 트러플보다 훨씬 더 비싸고 고급인 종은 이탈리아의 움브리아와 피에몬테에서 나는 화이트 알바 트러플*Tuber magnatum*이다. 원래 피에몬테주 알바가 원산지여서 알바 트러플이라 불린다.[1]

페이퍼 타올을 헤치고 트러플을 꺼냈다. 딱딱하고 큼지막한 자갈 네 개, 또는 점토로 빚은 작은 뇌 같은 모양이었다. 겉표면은 숯처럼 새까맣고, 표면이 살짝 타도록 바싹 구운 프렌치 페이스트리처럼 아주 가느다란 금이 마구 그어져 있었다. 트러플을 만져보기는 고사하고 눈으로 보는 것도 처음이었다. 내 손 위에 올려진 트러플은, 오래 써서 표면이 다 긁히고 거칠어진 골프공같이 단단했다.

트러플은 정확히 뭘까? 트러플은 투베르*Tuber*라는 속에 속한 곰팡이의 자실체다. 이 버섯은 지표면 아래 참나무, 밤나무, 자작나무, 개암나무 등의 뿌리에서 자라기 시작한다. 나무와 트러플은 상호 호혜적인 관계다. 나무는 지상에서 광합성을 해 저장한 탄수화물을 트러플에게 주고, 트러플은 땅속의 질소, 인 등을 흡수해 나무에게 준다.

나무뿌리에 트러플 포자를 접종하면, 나무뿌리 주변 실뿌리의 네트워크가 확장되면서 나무뿌리의 표면적이 기하급수적으로 늘어난다. 이 네트워크는 천연 질소 저수지가 되어서 나무뿌리 주변의 흙으로부터 이 영양소를 흡수하는 한편, 흙의 영양분을 더해주고 토양 성분을 안정화해주는 곤충과 박테리아를 유인한다. 트러플에 의존하는 나무들은 트러플이 만들어주는 이 네트워크가 없다면 건강하게 잘 자라 후손을 번식시킬 수 없다. 트러플을 수확하는 시기는 대개 늦은 가을부터 초겨울까지, 나무의 자연스러운 생장 주기에 맞춰서 이루어진다. 늦여름이 되면 트러플은 땅속에서 조용히 자신을 어필하기 위해 분주하다. (지상의 우리로서는 땅속에 있는 트러플의 냄새를 맡을 수도 볼 수도 없기 때문에 별로 관심이 없지만, 트러플도 양성생식을 한다.) 땅 위에서 광합성이 멈추고 낙엽이 쌓이기 시작하면 땅속의 트러플은 동면에서 깨어나기 시작한다. 늦가을 뇌우가 몰아치고 마지막 열기의 폭풍이 지나갈 때 트러플의 신비로운 성장의 과정이 진행된다.[2] 성장 과정에서 트러플은 마늘 냄새와 비슷하게 자극적이고 약간 역겨운 냄새를 발산한다. 암퇘지들도 이 냄새를 좋아하는데, 발정한 수퇘지에게서 나는 냄새와 비슷하기 때문이다. 이 때문에 트러플 헌터(채취자)들은 돼지를 훈련시켜서 트러플을 찾게 한다. 그러나 이 방법은 치명적인 문제를 야기한다. 우선 돼지들이 자신의 몰아치는 성적 욕구를 주체하지 못한 나머지 마구 땅을 파헤치다가 나무뿌리의 섬세한 네트워크를 망가뜨리고, 심지어는 그렇게 발견한 트러플을 먹어치우기 때문이다. 따라서 요즘의 트러플 헌터들은 개를 훈련시키는 쪽으로 방향을 바꾸었다. 개는 땅 위에서 냄새로 트러플의 위치를 찾은 다음, 주인에게 그 자리를 얌전하게 알려준다. 개가 보낸 신호를 읽은 주인은 조심스럽게 땅을 파고 트러플을 캐낸다.

블랙 트러플은 까다롭기는 해도 재배가 완전히 불가능하지는 않다. 정확한 날짜는 알 수 없지만, 1818년경 프랑스의 농부 조셉 탈롱*Joseph Talon*은 작물 재배가 가능할지도 의문스러울 정도로 험악한 땅에 도토리나무를 심었다. 자신이 자주 트러플을 캐던 곳에 도토리나무가 많았기 때문이었다. 처음에는 큰 기대 없이 그 나무가 자라 넉넉한 그늘이라도 드리워주기를 바랬다. 8년 후 도토리나무가 제대로 성장하자, 놀랍게도 그 뿌리에는 블랙 트러플이 여러 덩어리로 자라고 있었다.

이렇게 해서 프랑스 남부 지방에서 트러플의 골드러시가 시작되었다. 이 시기의 트러플 재배는 각 지역의 포도밭을 쑥대밭으로 만든 진딧물인 필록세라*phylloxera*의 덕을 보았다고 할 수 있다. 포도나무가 모두 죽어버리니 포도밭이 황무지가 되었고, 그 땅에서 트러플 재배가 시작되었던 것이다. 여기에 누에 전염병이 번지면서 뽕나무의 가치마저 떨어지자 대체작물을 찾는 빈 땅이 더 늘어났다. 1895년에 절정을 이룬 트러플 재배는 이 무렵 매년 1500톤을 생산하기에 이르렀다.[3] 참고로 가장 고가인 화이트 트러플은 아직도 재배에 성공하지 못하고 있다. 화이트 트러플과 숙주 나무의 관계는 매우 까다로워서 속속들이 규명하기가 어렵다.[4]

트러플 열풍은 20세기 초에 접어들자 점차 사그러들었다. 두 번에 걸친 세계대전으로 유럽에서 농사를 지을 수 있는 인구가 급감했고, 도시의 성장이 급속히 진행되면서 트러플밭은 방치되기 시작했다. 한 그루의 나무가 트러플을 생산하는 기간은 약 30년 정도

이기 때문에, 사람의 한 세대가 지나가기도 전에 숙주목 한 그루의 생산력이 고갈된다. 트러플 재배의 열기가 식어버리자, 노하우를 되살리기까지는 수십 년의 세월이 필요했다. 심지어는 사람의 눈길을 피하는 듯한 이 곰팡이를 찾아내는 것조차 어려웠다.

다시 나의 주방으로 돌아와보자. 나는 첫 번째 트러플을 얇은 종잇장처럼 저몄다. 밀가루처럼 하얗고 미세한 힘줄 같은 것이 얽혀 있는 속살이 드러났다. 트러플의 속살이 드러나자 냄새가 바뀌었다. 토스터기에서 올라오는 바삭바삭한 빵가루 냄새, 살짝 구운 잣 냄새가 떠올랐다. 나는 집에서 만든 페코리노 치즈와 고급 올리브 오일을 듬뿍 뿌린 탈리아텔레*tagliatelle*[●] 4인분을 만들어 면도날처럼 얇게 저민 트러플을 파스타 위에 올렸다. 솔직히 말하자면, 나와 내가 초대한 친구들은 트러플이 나오자마자 그 향이나 맛을 감상할 만큼 준비가 되어 있지 않았다. 트러플 슬라이스는 마치 가톨릭 성찬의 밀떡과 같이 뻣뻣했고, 향도 내가 기대한 만큼 환상적이거나 황홀하지는 않았다. 함께 식사를 한 네 사람 중 신선한 트러플을 직접 먹어보거나 요리해본 사람은 없었다. 식탁에 둘러앉은 네 사람은 각각 일리노이, 필라델피아, 버팔로, 캐나다 삼림지대 출신이었다. 그 전에 트러플 오일을 맛본 적은 있었으나 사실 그런 트러플 오일은 실제 트러플이 거의 들어 있지 않다. 조금 더 고급스러운

[●]　파스타의 일종. 납작하고 넓적하다.

트러플 오일은 통조림 트러플을 기름에 담가 절인 것이지만, 그것이 전부다. 트러플 오일은 대개 실제 트러플 향의 주요 성분인 합성 향료(베틸티오 메탄*bis-methylthio-methane*)를 첨가해 '트러플화'한 것이다.[5]

가열해보면 어떨까? 우리는 파스타를 데우면 트러플 향이 살아날지도 모른다고 뜻을 모았다. 우리는 파스타를 새로 만들어 다시 시도해보았다. 여기서 두 번째 트러플을 잘랐다. 이번 트러플은 약간 회색이 도는 속살을 드러내며 더 깊고 강렬한 향기를 뿜어냈다. 우리는 이 트러플을 아직 김이 모락모락 오르고 있는 파스타 접시 위로 얼른 가져가 얇게 저며서 올리고 먹기 시작했다. 이번에는 맛이 달랐다. 파스타의 따뜻한 열이 그 오묘하고 시시각각 변하는 듯한, 파스타 면 속에 겹겹이 들어가 숨은 향을 더욱 진하게 발산시켰다. 이번에는 그 향의 변화가 더욱 변덕스럽고 폭이 넓었다. 트러플 냄새를 맡는 것은 하나를 딱 짚기 어렵고 유동적인, 그러나 가락을 잘 맞추면 탁월한 결과를 볼 수 있는 미분음 연구와 같았다.

우리에게는 아직 시험해볼 트러플이 한 송이가 더 남아 있었다. 트러플의 수분은 매우 빨리 사라지고 냄새도 맛도 함께 시든다. 따라서 시간이 흐를수록 금전적인 가치도 떨어진다. 다음 날 아침, 빠른 속도로 가치가 하락하고 있는 나머지를 꺼내 그 냄새를 제대로 짚어내기 위한 다소 무모한 실험에 도전했다. 우선 작은 그릇에 올리브 오일을 담고 그 위에 트러플 슬라이스를 띄운 다음 전자레인지에 돌렸다. 결과는 어땠을까? 명백한 실패였다. 트러플 향기의 톱 노트가 모조리 사라졌다. 전날 밤에 느꼈던, 땅과 하늘 사이의 모든 것을 넉넉하게 품고 있는 듯한 묵직한 향이 모두 사라져버렸다.

그다음에는 고급 올리브 오일을 그릇에 담아 너무 뜨겁지 않은 온도로 데운 다음, 그 위에 트러플 슬라이스를 띄우고 뚜껑을 살짝 덮어두었다. 그제서야 나는 왜 트러플 오일이 그렇게 칭송받는 식재료인지를 실감했다. 지난밤에 테이블 주변을 감싸고 돌다가 마치 환영처럼 순식간에 사라져버렸던 그 수많은 뉘앙스들이 모두 그 오일에 농축되어 담겨 있었다. 오일이 트러플 냄새의 입체성을 깎아 평면적으로 만들어버린 것도 사실이었지만, 파노라마 뷰로 카메라에 풍경을 담는 것처럼, 그 오일에는 아주 넓은 범위의 트러플 냄새가 담겨 있었다.

나는 남은 트러플을 모두 슬라이스로 만들어 올리브 오일 병에 담고 그 오일을 다 먹을 때까지 점점 짙어지는 트러플 향을 음미했다. 그 향은 그 넉넉하고 폭넓은 냄새를 회복하지 못했다. 그러나 그 오일 위로 트러플의 아름다운 유령이 일렁이고 있었다.

와인
WINE

브루넬로 디 몬탈치노*Brunello di Montalcino*의 향기를 처음 맡았을 때 느껴진 것은, 약간의 자의식과 그렇지 않은 척 가면을 쓴 두려움이 섞인 향기였다. 나는 내가 긴장하고 있음을 느꼈다. 이 책을 쓰면서 수많은 냄새를 맡아보고 그간 계속해서 그 안에 감춰진 이야기들을 찾아내고자 하지 않았던가? 나는 와인이 나의 무지, 그리고 작가로서 실력이 어설프고 모자람을 보여주는 증거가 되지 않을까 걱정스러웠다. 와인 전문가도 아닌 내가 와인 이야기를 제대로 펼쳐 보일 수 있을까? 그러나 곧 애초부터 가슴 졸이고 불안해할 필요가 없는 일이었다는 걸 깨달았다. 와인 냄새를 맡아보고 평가하는 방법을 배우면서, 나로 하여금 이 책을 쓰게 만들었던 애초의 예감, 즉 서로 다른 냄새로부터 여러 이야기들, 더 나아가면 인류의 기억이 담긴 역사 전체도 풀어낼 수 있다는 나의 생각이 옳았음을 확인할 수 있었다. 사실 우리는 냄새를 통해 어떤 사물에 익숙해지는 경우가 많다. 그리고 어떤 사물에 더 많은 관심을 기울이는 것만으로도 후각을 단련시킬 수 있다. 사람들은 누구나 냄새를 상당히 중요하게 받아들인다. 그리고 어떤 냄새에 대해 함께 이야기하다보면, 은연중에 서로의 생각까지도 알 수 있게 된다. 와인 애호가들은 이런 모든 점들을 염두에 두고 깊이 빠져든다. 속물처럼 비쳐질지도 모른다는 두려움 때문에 더 많은 사람이 와인 냄새를 맡아보기를 포기한다는 게 안타까울 뿐이다. 사실, 우리는 비교적 저렴한 가격의 와인이라도 충분히 냄새로 그 와인을 감상해볼 수 있다. 냄새는 내가 마시는 와인 한 잔 한 잔을 모두 더욱 흥미롭게 해준다.

'와인 냄새를 맡는다'는 표현은 사실 약간 어색한 말이다. 와인의 냄새를 맡는 것과 맛을 보는 것은 떼려야 뗄 수 없는 관계처럼 느껴지기 때문이다. 와인의 맛을 보는 것은 경험의 중요성이라는 측면에서는 냄새를 맡아보는 것보다 우위에 있는 것처럼 보일 수 있다. 어쩌면 정말 그럴 수도 있겠다. 와인 냄새를 관찰할 때 가장 먼저 다가오는 당황스러움은 냄새 맡기와 맛보기의 관계를 뒤집는 것의 이상야릇함을 수용해야 한다는 점이다. 그러나 사실 와인이 가진 향미를 부여하는 것은 냄새다. 와인 전문가들이 냄새에 대해 끊임없이, 체계적으로 생각하는 것도 바로 그 때문이다. 와인 잔을 들고 휘휘 돌린다든가 하는, 익히 알려진 와인 전문가들의 방식은 와인의 아로마를 제대로 열어 그 냄새를 속속들이 끌어내려는 것이다. 와인 잔을 돌리는 것 말고 또 한 가지 방법이 있다. 와인 잔을 바닥과 수평으로 들고 코를 잔 안으로 들이밀어 킁킁거려보는 것이다. 액체 표면 주변의 냄새를 맡는 것은 블러드하운드가 수면 아래의 시신을 찾는 것과 비슷하다. 와인의 향을 들이마실 때는 입을 벌리고 냄새를 맡아보는 것이 좋다. 냄새 분자가 혀 위를 지나가며 비강으로 역류해 들어가기 때문이다.[1]

그렇다면 와인에서 무슨 냄새를 맡아야 할까? 먼저, 냄새로 와인이 온전한지를 체크할 수 있다. 와인 코르크의 냄새를 맡아보는 것은 와인이 산화되지 않았는지를 판단하는 쉬운 방법이다. 또한 코르크 오염 여부를 판단할 수도 있다. TCA라는 화학물질이 코르크를 통해 병으로 스며들면 와인의 향이 망가져서 습기 먹은 마분지나 땀에 절은 양말 냄새가 난다. 코르크에서는 코르크 냄새가 나야지, 그 외에 다른 냄새가 나서는 안 된다.[2] 또, 너무 바싹 말라 부서지거나 딱딱하게 경화되어서는 안 된다. 와인이 오염되지 않은 온전한 상태라고 가정하면, 어떤 냄새가 나야 할까? 어떤 냄새든 그 냄새는 그 와인을 마시는 사람의 감각을 집중시키고 와인 잔 안으로 더 깊이 끌어들이는 냄새여야 한다. 주의를 기울여 와인 냄새를 맡아보면 그 와인이 어떻게 만들어졌는지도 알 수 있다.

와인을 만드는 과정은 의외로 간단하고 어떤 와인이나 모두 비슷하다. 와인의 개성을 결정하고 나중에 그 맛과 향을 독특하게 하는 것은 각 과정에서 내려지는 양조장 주인 나름의 결정이다. 보통 좋은 와인이라고 말하는 와인은 생산 연도나 병입 시기에 따라 매력적인 차이를 보여준다. 대량 생산되거나 저렴한 와인은 그러한 차이를 최소화하고 결과물의 품질을 일정하게 유지하도록 설계된 기계화 과정을 통해 생산된다. 이런 와인은 언제 생산되어 어디서 언제 병입된 와인이든 똑같은 맛과 향을 낸다. 그렇다고 이런 와인을 나쁜 와인이라고 말할 수는 없다. 플레이버 프로파일*flavor profile*의 공통분모를 가장 낮게 유지하려는 경향이 있지만 말이다.

다시 양조 과정으로 돌아가보자. 와인 양조는 양조장인이 특정 장소에서 어떤 포도를 재배할지를 결정하는 순간부터 시작된다. (이번 예에서는 단일 품종 포도만으로 양조하는 과정을 따라가 보기로 한다. 하지만 여러 품종의 포도를 블렌딩해서 양조하는 와인도 많다는 것을 잊지 말자.) 포도를 재배하는 지역의 일반적인 기후, 땅의 경사도, 그 해의 일조량, 기온 변화 등 수많은 요소가 포도의 성장에 영향을 준다. 양조 장인들은 의도적으로 포도나무에 물을 주지 않거나 일부 가지를 쳐내서 남은 가지에만 포도의 맛과 향을 집중시키는 방법을 쓰기도 한다. 재배한 포도를 언제 수확할지는 양조장인이 목표로 하는 와인의 품질 외에도 여러 가지 요소의 영향을 받는다. 수확한 포도는 가지에서 포도 알만 떼어내고, 화이트 와인을 양조한다면 껍질까지 제거한다. (일반적인 믿음과는 달리 청포도는 화이트 와인, 적포도는 레드 와인이라는 공식은 사실이 아니다. 어떤 포도든 껍질을 제거하면 화이트 와인이 된다.) 포도 알을 으깨 걸쭉한 과즙 상태(머스트*must*라고 부른다)로 만든 다음 커다란 발효통에 옮겨 담는다. 장인은 여기에 이스트를 첨가하기도 하고 자연 발효를 기다리기도 한다. 과즙이 발효되면, 포도에 든 당 성분이 화학변화를 일으켜 알코올과 이산화탄소가 생긴다. 와인에 따라서 이런 발효 사이클을 한 번만 거치기도 하고 두 번 거치기도 한다.

와인 양조장인은 발효를 중단시킬 시점을 전략적으로 결정하고, 그다음에는 숙성용 통(나무 또는 스테인리스 스틸)으로 옮긴다.[3] 나무통은 드라이하고 떫은맛을 내는 탄닌산을 생성시킨다. 차를 우려 마신 뒤 아직 축축한 티백에 혀를 대보면 순수한 탄닌산을 맛볼 수 있는데, 그 맛을 기억하면 와인을 마실 때 탄닌을 구별할 수 있을 것이다. 나무로 만든 숙성 통은 그 통을 만든 나무의 향, 그 통에서 이전에 숙성시켰던 술(셰리주, 위스키) 또는 여러 세대에 걸쳐 숙성시켰던 다른 와인의 향까지 와인에 전달한다.

숙성이 끝나면 병입 과정에 들어간다. 이 마지막 단계에서도 몇 가지 변화가 있을 수 있다. 예를 들면, 샴페인과 거품이 있는 와인에는 코르크를 막기 전에 아주 소량의 효모를 함께 넣는다. 따라서 이 술은 밀봉된 상태에서 2차 발효가 진행된다. 그래서 병을 따면 특유의 거품이 올라오는 것이다. 와인에 따라서 시장에 나오기 전에 더 긴 숙성 기간을 거치기도 한다. 여기까지가 와인 양조의 전 과정이다.

와인은 냄새로 자신이 겪어온 이 모든 것을 알려준다. 소믈리에들은 와인을 구별할 때 어떤 포도로 만든 와인에서 어떤 냄새가 나는지를 기억하는 데서부터 출발한다. 예를 들면, 시라*Syrah* 포도에서는 검은 후추 냄새가 난다. 와인이 어떤 포도로 만들어졌는지를 구별하려면 와인에서 느껴지는 포도의 냄새와 특징에 대해서 생각해야 한다. 그 특징에는 포도 산지의 지형, 포도나무의 나이, 재배 과정 등의 단서가 모두 녹아 있다. 와인에서 마른 과일 냄새가 난다면 그 와인은 오래 묵은 와인이거나 넝쿨에 매달린 포도송이의 알이 찌그러들 정도로 더운 날씨에서 자란 포도로 만들어진 것이다. 시큼한 과일 향이 난다면 그 포도는 천천히 익어가는 시원한 날씨에서 자랐을 것이다. 그리고 와인 양조장인은 비가 내리기 전에 서둘러 와인을 담갔을 것이다. 와인에서 나는 나무 향은 그 와인이 어떤 나무로 만든 통에서 숙성되었는지를 말해준다. 코끝이 알싸한 느낌이 난다면 알코올 농도가 더 높다는 뜻이다. 갓 구운 빵 냄새가 난다면 아직도 효모균이 남아 있음을 의미한다. 초록 피망 냄새는 카베르네 소비뇽*Cabernet Sauvignon*과 소비뇽 블랑*Sauvignon Blanc* 포도가 많이 함유하고 있는 휘발성 화합물인 피라진 덕분이다. 품종에 따라서 피라진 단계를 거쳐야 하는 포도가 있기 때문에, 숙련된 코를 가진 전문가들은 와인에 남아 있는 이 냄새로부터 그 포도가 재배 과정 후반기에 어떻게 길러졌는지를 알 수 있다. 초보 테이스터들은 특징적인 냄새를 가진 샘플, 즉 베리류, 초록 사과, 파인애플, 배, 리치 등을 직접 가지고 와서 와인 냄새를 맡아본 후 이 샘플의 냄새와 비교해보기도 한다. 사람의 코도 경험이 쌓일수록 냄새를 더 잘 구별할 수 있게 된다.

내가 25달러를 주고 산 2014년 카르파초*Carpazo*산 브루넬로 디 몬탈치노는 산지오베제*Sangiovese* 품종 포도로만 양조된다. 최고의 매스 마켓 레드 와인이라 할 수 있는 키안티*Chianti* 역시 산지오베제로 만든 와인이다. 브루넬로 디 몬탈치노의 냄새를 맡아보면, 말린 체리의 새콤한 향이 난다. 진짜 체리 몇 알을 씹으면서 직접 그 향을 확인해보았다. 다시 맡아보니 오래 묵힌 발사믹 식초 특유의 향, 그리고 과일 향보다는 풀, 야채 향이 더 강하게 느껴졌다.[4]

인간의 모든 감각은 항상 함께 활동한다. 와인 냄새를 맡을 땐 이 점이 큰 강점으로 작용한다. 투명하고 맑은 레드와인이 와인 잔 안에서 밝은 빛으로 일렁이면서 싱싱한 딸기 향을 풍긴다. 이 모든 감각의 단서들이 종합되어 그 와인은 피노 느와르*Ponot Noir*라고 말해준다. 짙은 붉은 와인이 와인 잔 안에서 느긋하게 흔들리면서 말린 자두 향을 낸다면 그 와인은 말벡*Malbec*, 메를로*Merlot*, 또는 카베르네 소비뇽이다. 혀끝에서 말려드는 듯한 탄닌은 독특한 텍스처를 남기는데, 종종 나무 향이 나기도 한다. 나의 브루넬로는 진한 붉은 색이고 잔 안에서는 맑게 출렁인다. 냄새는 발사믹 식초와 많이 비슷하다. 톡 쏘는 듯한 향기와 탄닌이 혀끝을 감싼다.

블라인드 테이스팅은 소믈리에들이 기술을 연마하기 위해 즐겨 쓰는 방법이다. 그 과정은 매우 사교적이다. 뜻이 맞는 소믈리에들끼리 모여 어떤 잔에 어떤 와인이 담겨 있는지 모르는 상태에서 테이스팅을 한다. 모두 와인 잔을 들고 맛을 본 후에 돌아가며 자신의 감상 평을 발표한다. 테이스팅의 목적은 원료가 된 포도, 생산 지역, 명칭*appellation**, 생산 연도, 생산자 등 그 와인에 대해 최대한 많은 정보를 수집하는 것이다. 블라인드 테이스팅은 숙련도에 따라 엄격하게 그룹을 지어 진행한다. 블라인트 테이스팅의 세계에서 선두에 있는 사람들은 감상 평이나 참가할 테이스팅을 선별하는 데 있어 다른 사람들에 비해 훨씬 체계적이다. 상위에 속하는 블라인드 테이스팅이라면 오스트리아의 특정 지역에서 생산된 그뤼너 벨

●　국가별로 지정학적 경계에 따라 와인을 분류하는 방법. 각 명칭에는 포도 재배지와 포도주 양조 방법에 관한 법률과 규정이 적용되어 있다.

트리너*Grüner Veltiner*에 집중하거나 브루넬로 디 몬탈치노 같은 명칭을 마스터할 것이다. 잘 정립된 프로토콜에 따라 특정 지역에서 특정 품종의 포도로 양조한 와인을 다루는 것이다.

이 책을 쓰는 동안 팬데믹의 영향 때문에 실제 테이스팅에 참가해볼 수는 없었다. 하지만 차선책으로 인터넷을 통해 와인의 향기와 맛을 감상하는 커뮤니티 활동에 동참해 보았다. 와인 강사이자 브루넬로 팬인 시아버지와 함께 줌 미팅으로 테이스팅 테스트를 해보았다. 다른 사람들과 함께 와인 냄새를 맡는 것은 마치 즉흥극을 하는 극단이 새로운 즉흥극의 흐름을 찾아가는 것 같은 기분이 들었다. 고참 전문가가 먼저 맛을 보고 그에 대한 감상 평을 전하고 나면, 나머지 참가자들도 테이스팅을 할 수 있었다. 이미 아는 것을 더 진지하게 파고드는 데는 흥미와 느긋함이 요구된다.

다시 지금 내가 들고 있는 와인 잔에게 시선을 맞춰보자. 과거에 와인 냄새를 맡을 때의 느낌은 뭔가 출발선에 선 느낌, 미래를 똑바로 조준하며 파르르 떨고 있는 화살촉 같은 느낌이었다. '이제 맛있는 걸 마실 시간이야!'라는 듯이 말이다. 하지만 지금은 이 냄새가 모든 방향을 향하면서 확산되고 있다. 지금 내가 느끼고 있는 이 냄새는 과거로 돌아가 그때 내가 어떻게 그 와인을 마셨는지를 다시 보여준다. 나를 다른 사람과 연결하고, 같은 와인의 향기에 함께 취하며 더 가까워지게 했던 자리. 가장 중요한 벡터는 어딘가를 향하고 있는 화살이 아닐지도 모른다. 중요한 것은 '지금'이라는 한 점이다. 와인 냄새에는 수없이 많은 요소들이 담겨 있다. 어떻게 만들어졌는지, 어떻게 숙성되었는지, 시간에 따라 어떤 변화를 겪었는지, 내가 그 와인을 어디에 갖고 갔는지, 그리고 우리는 그 와인에서 무엇을 느꼈는지까지. 심지어는 한 잔 속의 와인일지라도 모금마다 달라진다. 와인은 숨을 쉬며 세상을 향해 열려 있기 때문이다. 와인은 살아 있다.

포연

CANNON FIRE

포연에서는 어떤 냄새가 날까? 군사 역사가 외에 포연의 냄새를 재대로 설명할 수 있는 사람이라면 사냥꾼, 폭죽 전문가 그리고 전쟁 영화 재연배우 정도일 것이다. 화약 제조법은 시대에 따라 달라져 왔지만, 기본적인 냄새는 변하지 않았다. 썩은 달걀 냄새와 비슷한 검은 유황 냄새가 베이스 노트다. 그리고 초석硝石에서 나는 퀴퀴한 오줌 냄새가 포함되어 있다. 숯가루 냄새도 느껴진다.[1]

그 냄새는 역동적일 수밖에 없다. 포연은 텅 빈 대기를 질량과 굉음, 매캐한 재 가루로 채운다. 대기를 뒤흔들며 휘저어놓는다. 눈 앞에서 어떤 거리가 산산조각으로 허물어진다면, 마치 영화를 보는 듯 현실감이 없을 것이다. 그러나 그 냄새와 코를 찌르는 매캐한 연기는 손으로 만지는 것과 다름없이 생생한, 부인할 수 없는 증거다.

미국의 남북전쟁은 한층 발전된 각종 무기와 화기로 유혈극으로 치달았다. 『전투의 냄새, 공성전의 맛*The Smell of Battle, The Taste of Siege*』이라는 책을 쓴 역사가 마크 M. 스미스*Mark M. Smith*는 냄새를 비롯한 여러 가지 감각을 통해 전쟁의 살육으로 희생된 사람들을 그려낸다. 남북전쟁에 참전했던 병사들은 집으로 보낸 편지를 통해 모든 감각에 무자비하게 들이치는 현대전의 포격과 기억 속에 생생하게 남아 있는 냄새를 묘사했다. '화약 냄새를 맡으며'라는 말은 코앞에서 벌어지는 참극을 목격하면서 최전선에서 싸운다는 뜻이었다.

포연은 전쟁의 시작과 끝을 알리는 냄새였다. 모든 전투가 포연과 함께 시작되었고, 전투가 끝난 후에도 오래도록 그 냄새가 남아 전쟁의 아픔을 상기하게 했다. 시골 냄새가 진동하는 농촌의 벌판을 상상해보자. 소똥 냄새, 건초 냄새가 떠돌던 그 벌판이 갑자기 자욱한 연기와 코를 찌르는 화약 냄새로 뒤덮인다. 전투가 치열해지면 양 진영에서 쏘아대는 대포는 병사들의 귀와 코를 동시에 막아버린다. 한 병사는 편지에서 '대포 소리는 말벌떼처럼 우리 머리 위에서 웅웅거렸다'라고 썼다. 육중한 대포알은 그 소리로 궤적을 짐작할 수 있었고, 병사들은 귀를 쫑긋 세워 그 소리로 대포알이 떨어질 자리를 피할 수 있었다. 그러나 조용히 날아오는 총알과 수류탄은 쉽게 피할 수 없었다.

당시 전투가 끝난 뒤의 광경을 묘사한 다음 글을 살펴보자. "독한 화약 냄새가 온 하늘을 뒤덮었다. 연기와 유황 냄새가 두껍게 덮인 공기는 모든 병사들을 질식시킬 것 같았다." 매캐한 연기와 매장을 기다리며 부패해가고 있는 엄청난 수의 시신들을 떠올려보라. 7월의 뙤약볕 아래서 남북전쟁을 통틀어 가장 치열한 전투가 벌어졌던 게티즈버그*Gettysburg*를 돌아본 한 여인은 일기장에 이렇게 썼다. "썩어가는 말의 시체, 그리고 제대로 매장되지 못한 시신에서 풍기는 끔찍한 냄새가 천지를 내리눌렀다. 숨을 들이쉴 때마다 너무나 지독한 악취가 밀려드니, 이러다가 전염병이 돌지 않을까 두렵다."

전쟁이 끝난 후에도 포연의 냄새는 많은 병사에게 괴로운 외상후 스트레스 장애로 남았다. 필라델피아의 한 기자는 남북전쟁이 끝난 다음 해 독립기념일의 불꽃놀이를 이렇게 기록했다. "7월 5일 새벽까지 이 악마적인 초석 연기로 가득 찬 공기는 가라앉지 않을 것이다!"[2] 그날 화약 냄새를 열심히 들이마신 참전 용사들 몇몇은 자신의 자랑스러운 무용담을 늘어놓았다. 포연은 누구든 한 사람이 가진 정치적 신념이나 전쟁이 해결수단이 될 수 있다는 믿음과 만나면 불길한 돌연변이를 일으킬 수 있는 냄새였다.

대포는 보이는 적뿐만 아니라 보이지 않는 적, 이를테면 공기로 전파되는 질병과도 싸우는 무기였다. 독기 이론*misma theory*은 1880년까지 널리 퍼져 있던 일종의 믿음인데, 나쁜 냄새가 질병을 일으킨다는 주장이었다. 나쁜 냄새, 즉 독기는 쓰레기더미, 옥외 변소, 병원, 구빈원 같은 곳뿐 아니라 공동묘지, 시궁창, 동굴, 나무 그늘로 어두운 거리, 심지어는 인도의 갈라진 틈에서도 흘러나온다고 믿었다.[3] 그리고 독기를 없애야 한다는 이론은 웃음이 날 정도로 엉뚱한 길로 흘렀다.

아닉 르 게레Annick Le Guérer는 자신의 책 『냄새Scent』를 통해 독기 이론의 논리적 오류를 파헤쳤다. 대부분의 감염병은 눈에 보이지 않는 경로를 통해 퍼지는 게 사실이다. 세제처럼 상큼한 향기가 배어 있는 곳에서는 질병의 전파가 둔해지는 것도 사실이다. 도시에 인구가 많아지면, 인구가 밀집된 지역에서 더 많은 질병이 발생하는 것도 사실이다. 그러나 썩은 냄새와 싸우는 것은 진짜 질병과 싸우는 데 있어 어리석은 방법일 뿐이다. 독기 이론에 따르면, 환기를 잘하고 개인 생활 습관을 개선하면 치명적인 독기로부터 스스로를 보호할 수 있다. 르 게레는 "기본적인 공기의 질과 자신의 몸 상태를 안정적으로 유지하려면, 지나치게 눅눅하거나 너무 덥거나, 과하게 건조하거나 춥지 않도록 조심해야 한다"라고 썼다.

1348년에 페스트가 파리를 덮쳤을 때, 파리대학은 주민들에게 여름에는 로즈 워터, 장뇌, 샌달우드로 만든 향수의 시원한 냄새를 맡으라고 권장했다. 겨울에는 침향, 스위트 검 나무sweet gum, 육두구 냄새를 맡으라고 했다. 어떤 계절이든 목욕을 너무 자주 하면 건강에 해로울 수도 있다고 경고했다. 모공을 막아 질병을 옮기는 모든 것으로부터 피부를 보호하는 것이 좋다는 의미였다.[4]

어느 정도 과학적인 근거를 가지고 담배, 박하사탕, 시럽 등 기분 좋은 냄새를 맡거나 자그마하고 상큼한 향이 나는 시트러스 계열의 나무를 몸에 지니라고 주장하는 사람들도 있었다.[5] 16세기의 한 문헌에서는 의사들에게 향나무속 나무의 가지와 향갑으로 무장한 뒤에 환자를 치료하라고 조언했다. 전염병이 창궐할 때 유행했던 또 다른 관습으로 붉은 카네이션의 냄새를 맡거나 정향을 박은 레몬을 휴대하는 것, 그리고 북유럽에서 흔히 볼 수 있는 허브였던 당귀의 가루를 옷에 뿌리는 것 등이 있었다.[6]

독기는 더 심한 독기로 막아야한다고 주장하는 의사들도 있었다. 1622년, 장 드 랑페리에 박사는 의사들에게 말린 공작새 똥과 염소 오줌을 섞은 거무튀튀한 혼합물을 맨몸에 발라서 역병을 막아내라고 조언했다.[7] 황당한 이야기처럼 들리기는 하지만, 사실 완전히 얼토당토않은 주장은 아니었다. 염소뿐만 아니라 젖소, 양, 낙타 등의 냄새는 벼룩을 쫓아내므로 페스트가 전염될 확률을 낮춰주는 효과가 있었다.[8]

대포를 이용한 훈연 방역으로 페스트를 막아내겠다는 노력은 17세기 프랑스에서 절정을 이루었다. 페스트 사망자가 나오면 향수 장인들이 그 집으로 가서 구석구석 오염을 제거했다. 불을 붙인 숯이 든 작고 납작한 냄비를 목에 대롱대롱 걸고 가서는 망자의 집 앞에 화톳불을 피우고 온 집의 창문을 모두 닫았다. 그리고 집 안에 있던 짚풀 매트리스와 더러워진 침구를 모두 걷어서 화덕에 집어넣었다. 그리고 와인과 식초로 모든 가구를 닦고 장신구와 식기는 끓는 물에 소독했다. 창고와 저장고 등에는 향기가 나는 화톳불을 피웠다. 이들이 하는 일의 목록은 길고도 철저했다. 당시에 작성된 한 보고서에 따르면, 신중한 향수 장인들은 목조 골재나 건물의 외벽에 남아 있을지도 모르는 오염물들을 말끔히 제거하기 위해 거리에 대포를 쏴서 자신들에게 주어진 임무의 대미를 장식했다고 한다. 그러나 대포를 쏘는 데는 큰 부작용도 따랐다. 건물의 기반이 무너지고 창문이 모두 깨지기도 했기 때문이다.

역한 냄새와의 싸움은 오랫동안 지속되었다. 독기와의 싸움은 여러 측면에서 도시의 풍경을 바꿔놓았다. 1858년 런던, 1880년 파리에서 있었던 대악취 사건*The Great Stink* 같은 악취의 결정적인 순간들은 대도시와 그 근교를 완전히 변화시켰다.[9] 의회는 도시의 공기를 깨끗하게 유지하고 전염병의 전파를 막기 위해 인도를 포장하고 건물의 외벽을 흰색으로 칠하게 했으며, 하수처리 시스템을 정비하고 보건위원회와 공장지대법을 확립하게 했다. 또 도로를 확장하거나 도심에 공공 공원을 조성해 도시의 허파로 삼는 등 환경 개혁을 단행했다.

포연의 냄새는 다층적인 의미를 갖고 있다. 수백 년 전, 전쟁터를 지배할 때에는 시체 냄새를 퍼뜨렸다. 그러나 근대 도시의 거리를 뒤덮었던 포연의 냄새는 의미가 달랐다. 질병에 대항하는 보건 위생 수단이었다. 오늘날에는 불꽃놀이가 아니면 포연 냄새를 맡을 수 없다. 전쟁의 냄새, 전염병과 싸우기 위한 무용의 무기였던 것이 지금은 도시의 자랑과 현대성의 승리를 의미하는 냄새가 되었으니, 이것이야말로 적자생존의 변화가 아닐까.

녹고 있는 영구동토층

MELTING PERMAFROST

녹고 있는 영구동토층은 이 책을 쓰면서 내가 직접 그 냄새를 맡아볼 수 없는 극소수의 대상 중 하나였다. 그래서 냄새를 맡으려면 눈을 감고 정신을 집중하며 상상에 의존해야 했다. 우선 동영상을 통해 북극을 연구하는 과학자들이 이 냄새를 어떻게 묘사하는지 살펴보았다. 풀, 토탄 냄새가 나는 스카치 위스키, 발 고린내까지 다양했다. 한 과학자는 소나무 숲으로 걸어 들어가다가 똥더미에 엎어진 것에 비유했다. 또 다른 과학자는 창고 깊숙이 보관해뒀다가 처음 꺼내서 펼친 눅눅한 텐트 냄새에 비유했다. 이 외에도 오래 묵힌 고급 치즈, 퇴비더미, 눅눅한 방에 핀 곰팡이, 연기, 지저분한 지하실의 비좁은 배관 공간에서 나는 특이한 금속성의 냄새와 먼지 냄새가 뒤섞인 냄새 등이 있었다.[1] 한 과학자는 메이플 시럽과 꽃향기가 바닥에 깔려 있다고 말했다. 사실 녹고 있는 영구동토층에서 풍기는 금속성의 먼지 냄새는 고농도 CO_2의 냄새와 비슷하다. 이 냄새가 공포로 다가오는 것이 바로 그 때문이기도 하다. 다시 말해 영구동토층은 항상 얼어 있어야 하므로, 아무 냄새도 없어야 한다.

영구동토층은 북반구 면적의 4분의 1을 차지하며, 정상적이라면 결코 녹지 않는다. 영구동토층을 덮고 있는 토양은 툰드라 식물이 자라고 북극의 동물들이 뛰어다닐 수 있을 만큼 따뜻하다. 툰드라 식물은 다른 식물들처럼 이산화탄소를 들이마시면서 대기 중의 이산화탄소를 흡수한다. 북극 식물과 동물이 죽으면 기후가 따뜻한 다른 지역과는 달리 그 주검이 부패하지 않는다. 여름이 절정일 때 죽는다 해도 몇 주 후면 추운 겨울이 다시 찾아오기 때문이다. 그들의 주검은 살짝 냉동된 상태로 공기 중에 노출되어 있다가 겨울과 함께 새로운 눈이 쌓이며 그 밑에 묻히게 된다. 그렇게 묻힌 식물과 동물의 주검은 점점 하층으로 밀려 내려가면서 영구동토층 아래 깊이 묻혀 이산화탄소의 저장고가 된다. 이 과정이 수만 년 동안 자연의 순환에 따라 계속 반복되면서 엄청난 양의 탄소가 영구동토층에 묻히게 되었다.

그냥 '엄청나게 많다'는 말로는 모자라다. 정확히 말하자면 영구동토층 아래 갇혀 있는 이산화탄소의 양은 현재 지구 대기 중에 존재하는, 그러니까 이미 지구의 건강을 위협하고 있으면서 영구동토층이 녹기 이전부터 그 증가 속도가 점점 더 빨라지고 있는 이산화탄소량의 두 배에 달한다. 영구동토층이 뱉어내고 있는 것은 이산화탄소와 메탄이라는, 냄새 나는 트림만이 아니다. 그 두 가지 가스와 함께 소리도 냄새도 없이 풀려 나오는 위협이 있다. 지구상에서 가장 많은 양의 독성 수은, 그리고 거의 박멸된 질병(천연두, 탄저, 스페인 독감, 페스트)의 세균들이 바로 그 위협이다.

연꽃이 자라려면 흙탕물이 필요하다는 건 누구나 안다. 진흙탕의 냄새는 곱지 않으나 연꽃의 향기는 매우 곱다. 진흙탕 없이는 연꽃이 피지 않는다. 대리석 위에서 연꽃을 키울 수는 없다. 진흙탕이 없으면 연꽃도 있을 수 없다.

틱낫한

다시 말하자면, 이 냄새는 어둡다. 타버린 화약 냄새처럼, 영구동토층의 냄새는 애초에 있어서는 안 되었던 것의 냄새다. 그러나 이 냄새가 완전한 공포의 냄새인 것만은 아니다. 그 어둠 속을 관통하는 한 줄기 빛도 있다. 영구동토층은 깊은 과거, 층층이 쌓인 고대의 냄새가 빛으로 다가오는 냄새이기도 하다. 멸종된 동물, 한뎃잠을 자던 초기 인류의 흔적이 발견의 빛을 보고 있는 냄새이기도 하다. 북극에서는 어떤 생명체의 주검도 완전히 분해되지 않기 때문에, 깊은 곳에 묻혀 있던 한 시대의 동식물이 완전히 다시 등장하는 것과 마찬가지다. 그러나 그들이 따뜻한 현대의 공기에 노출되는 순간, 분해(부패)가 새롭게 시작된다. 극저온에서 얼어붙었던 주검에 갇혀 있던 고대의 미생물들이 풀려나기 시작하는 것이다. 한 역사가 그렇게 다시 살아남으로써 우리에게 예기치 못한 결과를 몰고 올 수도 있다.[2]

영구동토층은 또한 탄소와 메탄 외에도 다른 휘발성 유기화합물VOCs, volatile organic compunds의 냄새가 난다. 이 휘발성 유기화합물은 종류가 매우 다양하지만 아직 충분히 연구되어 있지 않았으며, 영구동토층을 덮고 있는 툰드라에 좋은 영향과 나쁜 영향을 동시에 미친다. 툰드라에 살고 있는 미생물들이 이 물질을 왕성하게 먹어 치우지만, 미생물에게 먹히지 않은 휘발성 유기화합물은 공기 중으로 더 높이 올라가 삼림과 인간 모두에게 유독한 지상 오존층을 형성한다. 그러나 이 냄새의 반응에는 긍정적인 측면도 있다. 태양 복사를 우주로 산란시켜 되돌려 보내는 아주 작은 입자를 대기 중에 퍼뜨리고, 그 입자는 또한 대기 중에서 구름을 형성해 지구의 온도를 떨어뜨린다. 이 입자들이 일으키는 도미노 현상은 매우 광범위한 지역에 영향을 미치는 결과를 낳는다. 창백한 희망이기는 하나, 이 상상의 냄새에는 이렇게 희망적인 측면도 있다.[3]

그 냄새를 직접 맡아보지 못해 아쉬웠다. 그러나 지금 나는 냄새에 관한 궁금증보다 더 중요한 질문을 맞닥뜨리게 되었다. 그 냄새에 대해 알고 있는 것들로부터 새로운 의문이 생긴다. 나도 그 냄새를 만드는 데 일조한 것은 아닐까?

차
—
TEA

차는 사람의 마음을 달래주고 그 냄새는 그윽한 깊이를 느끼게 한다. 정산소종正山小種을 끓이니 희미한 송진 향과 함께 찻잎으로부터 훈연 향이 퍼진다. 이 차는 나무를 태워 건조시키는 홍차인 훈연차의 일종이다. 마른 나뭇잎 냄새가 잠시 우수에 젖어들게 한다. 오로지 혼자서 집 밖을 떠도는 외로움의 냄새다. 이 향을 맡으면 머릿속으로 무언가를 기다리는 사람이 그려진다. 추위 속에서 혼자, 언 몸을 녹여줄 뜨거운 차 한 잔을 기다리는 사람. 찻잎의 냄새를 다시 맡아보니 시트러스 향이 느껴진다. 우수에 젖은 기분을 쨍, 하고 파고드는 한 줄기 햇빛이다.

찻잔에 따라놓은 차는 계속해서 변한다. 뚜렷이 구별되는 향이 부드럽게 녹아든다. 쌉쌀한 맛은 전혀 없이 충만하고 투명하다. 그 향이 균형감을 잃지 않는다. 찻잔 속에서 찻잎이 완전히 피어나도록 하기 위해 필요한 것은 오직 끓는 물을 부어주는 것뿐이다.

차는 우리를 따뜻하게 해주고 마음을 차분히 진정시켜준다. 또 영양학적인 가치도 있다. 그러나 우리가 차를 마시는 이유 중 가장 중요한 것은 그 맛과 향, 그 의례 때문일 것이다. 물을 팔팔 끓이고 찻잎이 우러나도록 하기 위해, 차를 마시려면 기다려야 한다. 차는 사랑스러운 것의 향기를 음미하는 순간과 그 시간의 흐름을 느리고 더디게 해준다. 그래서 찻잔을 채운 향기에 물리적 실재감을 부여한다.

지금 우리는 이 음료를 '차tea'라고 부르지만, 애초의 이름은 테

t'e, 중국 남부의 항구 도시 푸젠성福建省 아모이厦門 방언으로 원래 발음은 테이*tay*였다. 네덜란드 사람들은 아모이 항으로부터 유럽으로 차를 수입해왔다. 그들은 이 음료를 'thee'라고 불렀는데, 나중에 영어로 'tea'로 부르게 되었다. 만다린어로는 'cha'인데, 이 단어가 인도, 페르시아, 아프가니스탄 그리고 러시아를 거치면서 'cjai', 러시아에서는 'shai'가 되었다.[1]

차를 음용하는 관습은 처음에는 실용적인 목적으로 시작되었다. 기원전 3세기 중국의 신농 황제는 백성들에게 물을 끓여 마셔야 한다는 포고령을 내렸다. 전설에 따르면 어느 날 신농 황제가 손수 물을 끓이는데 나뭇잎이 떨어져 차가 우러나게 되었다고 한다. 그 물을 마셔보니 맹물을 끓인 것보다 훨씬 상쾌하고 향기로웠다. 이때의 나뭇잎이 바로 오늘날 우리가 차나무*Camellia sinensis*라고 부르는 식물의 잎, 즉 찻잎이었다.[2]

중국의 차는 여섯 종류로 나뉜다. 백차, 황차, 녹차는 모두 무발효차다. 싱싱한 찻잎을 수확해 말리거나 수확 즉시 쪄서 산화를 막는다. 우롱차는 반발효차고, 흑차와 보이차는 발효차다. 보이차는 중국 윈난성雲南省 외곽에서 나는 희귀한 차로, 6대 명산의 기슭에서 자란 1000살 먹은 차나무의 잎을 수확해 차로 만든다. 옛 전설에서는 날쌘 원숭이들이 그 나무들로부터 찻잎을 수확했다고 한다. 여러 차 종류 중에서도 보이차는 소박한 향과 맛이 뛰어난 차로 유명하다.[3]

옛날 중국에서 마시던 차는 쓰쓸한 향이 있었으며 약초로도 쓰였다. 4세기 위나라에서 쓰인 책을 살펴보면 말린 찻잎을 다관에 적당히 넣고 끓는 물을 붓는데, 여기에 양파, 생강, 오렌지 그리고 때에 따라서는 소금을 첨가했다는 기록이 있다.[4] 차를 만들 때 재스민처럼 향이 나는 꽃잎이나 허브를 섞기 시작한 것은 나중의 일이다. 한편 향이 나는 차를 만드는 과정은 간단하다. 쌓아놓은 찻잎 옆에 싱싱한 꽃잎을 두어 꽃향기가 찻잎에 스미도록 하는 것이다.

차에 대한 세계 최초의 문헌은 780년대의 시인이자 학자였던 육우陸羽가 썼다는 『다경茶經』으로, 차에 대한 모든 이야기들을 재치 있고 세밀하게 펼쳐놓았다. 그는 끓는 물이 찻잎에 떨어지는 순간을 다음과 같이 묘사했다. 사람들은 바로 그 순간에 차의 향기가 퍼지기 시작한다고 보았다.

> 차의 모양은 수만 가지다. 속되고 분별없이 말하자면, 차는 몽고인들의 가죽신처럼 쭈글쭈글 쪼그라들기도 한다. 아니면 들소의 군턱처럼 늘어진 듯 보이기도 한다. 어떤 것은 날카롭게, 어떤 처마 끝처럼 둥글게 말린다. 산봉우리를 넘어오는 구름처럼 휘휘 맴돌며 떠오르는 버섯의 포자 같기도 하다. 바람에 흔들리는 물줄기에 부딪치면 한껏 부풀거나 튀어 오르기도 한다…[5]

찻물을 끓이는 데는 많은 도구가 필요하지 않으므로, 차를 준비하는 과정은 그 자체로 개념적이고 미학적으로 형성되었다. 차를 끓이는 과정은 무언가를 완벽하게 해내려는 집단적, 개인적 충동을 보여주는 거울로 작용해왔다.

일본 사람들이 차를 마시기 시작한 것은 6세기 말부터였다. 중국으로 건너가 불교를 공부하고 돌아온 승려들이 차를 가지고 돌아온 덕분이었다. 일본인에서 생겨난 일본식 다도는 16세기 무렵에 지금과 같은 형태로 정립되었다.[6] (향도香道에 대해 더 알고 싶다면 '침향' 꼭지를 참조하라.) 아시아 대륙을 횡단하던 티베트인들은 그들이 '수유차酥油茶'●라 부르는, 매우 강한 향의 차를 마셨다. 야크의 젖과 소금으로 만드는데, 야채를 기를 수 없는 높은 고도에서 사는 티베트인들은 보통 사람들이 야채를 먹듯이 이 차를 마신다.[7] 아프가니스탄의 특별한 차, 키마크차qymaq chai는 카다멈cardamom 향을 첨가한 녹차로 만든다. 이 차에 중탄산염을 첨가하면 찻물이 빨갛게 된다. 여기에 설탕과 우유를 충분히 넣어주면 분홍색 차가 만들어진다.[8] 아프가니스탄 사람들은 지금도 예를 갖추어야 하는 중요한 자리에서 이 차를 대접하곤 하는데, 이는 옛날 실크로드와 티로드의 무역 상인들이 거래가 성사되었음을 확인하며 이 차를 마시던 데서 비롯된 관습이다. 러시아인들은 터키와 중앙아시아 전역으로 확산된 사모바르samovar로 차의 역사에서 한 몫을 했다. 사모바르는 많은 양을 계속 뜨겁게 끓이며 마실 수 있는 도구다. 예로부터 사모바르는 한 자리에서 여러 잔의 차를 연거푸 마시며 대화가 끊기는 어색한 침묵의 순간을 채울 수 있게 해주었다. 러시아인들은 차에 레몬 한 조각, 과일잼 한 스푼을 곁들여 낸다.[9] 모로코 사람들은 녹차에 싱싱한 스피어민트와 설탕을 함께 끓인 다음 찻주전자를 아주 높이 들어 올려 찻잔을 향해 부어서 거품을 만드는데[10], 아메리카에도 이런 방식이 퍼져 있다.

차는 동양과 무역을 하던 네덜란드인들을 통해 1610년경 유럽으로 들어왔다. 유럽인들에게는 차가 너무나 생소했다. 1685년의

● 티베트식 버터. 외국인들은 수유차를 butter tea라고 부르기도 한다.

한 일화에 따르면, 몬머스 공작의 미망인이 별다른 설명 없이 차를 사촌에게 보냈다. 그러자 요리사는 마치 시금치를 데치듯이 그 차를 끓인 다음 찻물은 버리고 젖은 찻잎을 접시 위에 얹어 내갔다고 한다.[11] 그러나 18세기 중반 무렵, 차는 영국을 아주 가볍게 점령해 버렸다. 처음에는 높은 가격을 지불해야만 차를 즐길 수 있었으나, 1784년 귀정법Commutation Act●이 제정되면서 가격이 뚝 떨어졌다. 19세기 중반에는 식민지 인도로부터 더 싼 가격의 인도산 차가 수입되었다. 커피와는 달리 정수된 물로 끓이기만 하면 되었기 때문에 커피와는 달리 차는 준비 과정도 간단했다. 1850년대 영국에서는 애프터눈 티를 즐기는 것이 일상적인 문화가 되었다.[12]

대서양 건너 아메리카 대륙의 식민지에서는 영국의 과세를 거부하던 주민들이 보스턴항에서 차를 바다에 던져 버리는 저항 운동까지 일어났다. 미국인들도 영국인 못지않게 차를 좋아했다. 20세기 들어서면서 아이스 티를 창안하고 어디서나 간편하게 차를 마실 수 있도록 티백을 발명한 것도 미국인들이었다. 북미 대륙의 또 다른 지역, 캐나다의 래브라도반도에 살던 이누Innu족은 사냥을 위해 계절따라 이동하며 살았는데, 생활에 필요한 모든 것을 함께 가지고 이동했다. 이누족 아이들은 찻잎으로 속을 채운 '차 인형'을 가지고 다녔다. 차를 모두 먹고 나면, 풀잎이나 건초로 인형의 속을 채웠다.

호주에서는 아주 요란한 방식으로 차를 마셨다. 야영할 때 모

●　1784년 영국의회가 제정한 법령으로, 차에 붙던 세금을 119퍼센트에서 12.5퍼센트로 대폭 내림으로써 차 밀무역을 막고 차의 유통량을 크게 증가시켰다.

닥불 위에 걸어 물을 끓이는 금속 버킷(빌리 캔*billy can*이라 부른다)에 물을 끓여 차를 진하게 우려내는데, 여기에 향을 더하기 위해 고무 나무잎을 넣은 다음 버킷을 들고 빠른 속도로 머리 위로 휘휘 돌려서 찻잎이 버킷 바닥으로 가라앉게 한다. 마지막에 진하게 농축된 달콤한 연유를 부어 마신다.[13]

지구상 어디서든 차를 마시는 목적은 똑같다. 물에 향기를 더하고 그 차와 함께 타인과 교류하는 것. 차를 만들고 즐기는 과정은 향수를 증류하는 것과 거의 비슷하다. 차의 향은 여러 종류의 톱 노트로 구분된다. 우유, 민트, 소금, 카다멈, 레몬까지. 그러나 베이스 노트는 거의 똑같다. 공동체의 일치감 그 자체가 위안을 준다. 차와 그 향을 마시면서 숨을 고를 휴식을 갖는다. 향기가 나의 몸과 마음을 더 강하게 해주는 순간이다.

땅바닥에 더 가까이 다가가자

더러워져도 상관없는 옷을 입고 숲으로 들어가자. 봄날 비 내린 후면 더욱 좋다. 적당한 공터를 만나면, 배를 땅에 대고 엎드린다. 손을 보호하기 위해 정원 손질용 장갑을 끼고, 천천히 기어가면서 냄새를 맡아본다. 지나가는 사람들이 이상한 눈초리로 쳐다보거든, 유명 대학 연구진들로부터 부탁을 받아 실험을 하는 중이라고 대답하자. 실제로 UC버클리에서 진행했던 냄새 연구에서는 참가자들이 안대로 눈을 가리고, 귀마개로 귀를 막고, 손에는 장갑을 끼고, 무릎에는 무릎 보호대를 하고 오직 코로 냄새를 맡아서 연구진이 떨어뜨린 초콜릿 에센셜 오일의 흔적을 따라갔다(실험 참가자의 3분의 1은 첫 시도에서 미션을 완수했고, 나머지는 여러 번에 걸쳐 차츰 실력이 나아졌다).[1] 이 연습을 할 때는 돌이나 나뭇가지, 젖은 나뭇잎을 만지기를 주저하지 말아야 한다. 호기심을 자극할 만한 냄새는 아마 대부분 그 아래에 있을 테니까. 고도가 다른 특정 장소들의 냄새를 비교해보도록 한다. 뺨이 땅에 닿을 정도로 얼굴을 가까이 대고 몸을 웅크렸다가 무릎을 짚고 천천히 일어선다. 냄새 분자도 중력의 지배에 순응한다. 공기의 움직임에 따라 공중으로 떠올랐다가도 결국은 땅바닥에 가라앉는다. 실제로 에센셜 오일을 갖고 나가서 높은 곳에서 한 방울 떨어뜨린 뒤 높이를 달리하며 냄새를 맡아보면 확인할 수 있는 사실이다.

수지 향

RESINOUS

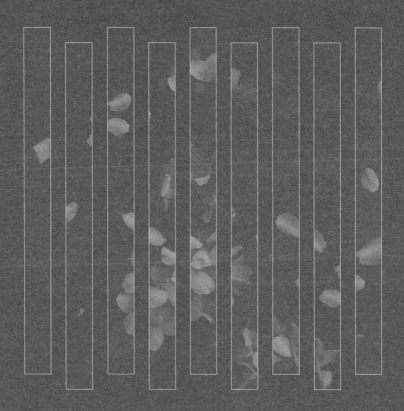

금방 깎은 연필

FRESHLY SHARPENED PENCILS

침향

OUD

장뇌

CAMPHOR

유향

FRANKINCENSE

몰약

MYRRH

금방 깎은 연필

FRESHLY SHARPENED PENCILS

모든 것을 감싸주는 듯한, 은근한 나무 냄새. 한 번의 들숨에 코 안은 조금 건조해진다. 이 냄새는 공기가 통하지 않는 찬장 내부처럼 농후하고, 미립 물질이 섞여 있는 느낌이 든다. 마지막에 신경을 톡 건드리며 지나가는 냄새는 금속성이다. 하지만 아주 희미하다.

글쓰기에 냄새가 있다면, 아마 연필 냄새일 것이다. 이는 나 혼자만의 고집스러운 확신이다. 컴퓨터 타자로 글을 쓰고 있는 지금도 그 확신에는 변함이 없다. 물론 볼펜도 애착이 가지만, 살아 있는 과정으로서의 글쓰기를 표현하기에 펜글씨는 너무나 고정적이라고 생각한다. 연필은 지우기 그리고 고쳐 쓰기의 반복이라는, 글쓰기의 진실을 온전히 받아들인다. 만약 글쓰기라는 행위에 물질적인 형태가 있다면, 그 형태는 언제나 연필처럼 생겼을 것이다.

그러나 물리적 실체로의 연필의 위상은 가볍고 사소하다. 우리는 아무런 무게도 없는 흑연의 끈을 바닥에 끌면서 글을 쓰고 또 쓴다. 그 흔적은 연필 깎은 부스러기를 남기며 지나간다. 연필을 만드는 대부분의 물질, 그리고 그 냄새 역시 그렇게 버려진다.

입구가 넓은 유리병을 하나 골라 연필 깎은 부스러기를 절반

쯤 모은 뒤 코를 깊이 들이밀고 냄새를 맡아본다. 냄새가 진하게 느껴지지 않는다. 가라앉은 생과일주스를 흔들 때처럼, 병을 흔들어 부스러기를 섞어놓고 다시 냄새를 맡아본다. 결국에는 연필 깎은 부스러기를 코로 들이마실 듯이 병을 코에 대고 기울인다. (뭔가의 냄새를 제대로 맡아보려면 얌전히 행동해서는 도움이 되지 않는다.) 연필 부스러기가 내 코 주변에 몰리며 콧볼을 간지럽힌다. 부스러기의 덤불 속으로부터 그 냄새가 퍼지며 올라온다.

이 냄새는 어떻게 내가 어린 시절에 맡았던 연필 냄새와 똑같은 걸까? 연필은 항상 똑같은 냄새가 나는 건가?

발터 벤야민은 1932년에 쓴 에세이에서 "기억의 범위가 아무리 넓다고 해도, 기억이 곧 자서전이 될 수는 없다"라고 썼다.[1] 그는 "자서전은 시간, 과정과 순서 그리고 삶의 연속적인 흐름을 구성하는 것들을 다룬다. 여기서 내가 말하고 있는 것은 공간, 시간 그리고 불연속성이다"라고 덧붙였다. 그는 기억을 직선이 아니라 공간적이고 세밀한 격자처럼 짜여 있고, 안으로 얽혀 있는 것으로 보았다.

기억을 되새기는 것처럼, 냄새를 맡는 것도 어떤 다른 공간으로 들어가는 듯한 느낌을 준다. 냄새는 접혀 있던 구조물이 활짝 열릴 때처럼 모든 각도를 동시에 보여준다. 아주 잠깐이면 모두 돌아볼 수 있을 만큼 거리가 가까운, 밀도 높은 공간이다. 뭔가 냄새를 맡을 때마다 그 순간은 데이터로 채워진다. 하지만 그 데이터는 코에 과부하가 걸리는 순간 연기처럼 사라질 운명이다. 당혹스러운 일이다. 다행히도 냄새를 맡는 행위는 반복이 가능하다. 잠시 쉬었다가 다시 시작하면 된다. 데이터는 쌓였다가 사라지면서 출렁거리게 그냥 두자. 내가 관찰할 수 있는 것만 관찰하자. 기억과 마찬가지로 냄새의 공간은 언제나 열려 있을 테니까.

　기억을 비활성화해둔 것이 바로 역사다. 즉, 역사는 어떤 것이 지금의 그것이 되기까지의 스토리다. 연필의 역사는 극단적으로 느리게 움직인다. 수백 년 동안 손톱 끝 만큼씩만 변해왔다.

　냄새는 어떤 물건에 대한 아주 깊은 정보를 제공한다. 어쨌든 어떤 것의 냄새를 맡는다는 것은 코를 통해 그것의 입자를 내 몸속으로 빨아들인다는 의미다. 그러나 우리는 보통 그런 방식으로 어떤 사물을 알아가지 않는다. 나는 연필을 한쪽 끝부터 반대편 끝까지(연필 끝에 달린 지우개, 몸체의 나무, 심의 흑연) 세세하게 냄새를 맡아보고 싶었다. 그렇게 더 가까이 관찰하고 조사함으로써 연필에 대해 무얼 더 잘 알 수 있을지 궁금했다. 가장 놀라운 점은 옛날에는 지금보다 훨씬 더 향이 강한 나무로 연필을 만들었다는 사실이었다. 현대적인 연필을 만들 때 최초로 쓰인 나무는 플로리다, 조지아, 테네시에서 자라는 붉은 삼나무였다. 붉은 삼나무 냄새는 지금도 삼나무로 만든 옷장, 서랍장에서 맡아볼 수 있다. 붉은 삼나무로 만든 연필에서는 알싸한 검은 후추와 계피 냄새가 났고 연필을 깎은 부스러기는 붉은 기운이 도는 분홍빛이었다. 1890년대까지만 해도 붉은 삼나무는 미국 남부지방에서 헛간이나 통나무집을 짓고 울타리를 칠 때도 쓰일 정도로 흔했다. 그러나 연필 생산이 급증하면서 붉은 삼나무의 수요는 많아지고 공급이 부족해 가격이 치솟았다. 이윽고 사람들은 연필 만들 때 쓸 새로운 나무를 찾기 시작했다.

미국 산림청에서는 여러 종의 나무를 수소문하여 오리건과 캘리포니아에서 나는 향 삼나무*incense cedar*를 추천했다. 이 나무는 가격도 저렴하고 연필을 만들기에도 이상적인 나무였다. 그러나 향 삼나무로 연필을 만들던 당시(지금 우리가 쓰는 연필도 향 삼나무로 만든다)에는 이 나무의 색깔과 향이 너무 연해서 소비자들을 만족시키기 힘들었다.[2] 그러자 20세기 초 연필 제조사에서는 향 삼나무를 붉은 삼나무처럼 보이도록 염색을 하고 향을 입혔다. 이런 공정이 언제 중단되었는지는 기록되어 있지 않다. 제조사들이 비용을 절감하기 위해 향료와 염료를 서서히 줄여가다 소비자로부터 불만 섞인 반응이 더는 나타나지 않자 결국은 아예 끊어버리게 된 것인지도 모른다.

여기서 새로운 궁금증이 솟아난다. 내가 새로 산 연필을 깎은 부스러기에서는 별다른 개성이 없는 냄새가 나지만, 100년쯤 묵은 연필 부스러기가 있다면 지금도 그때처럼 알싸하고 신선한 냄새가 날까? 이 냄새는 어쩐지 세월을 아무렇지도 않게 건너뛰는 것 같다. 흑연은 어떨까? 연필 깎은 부스러기를 모아놓은 내 유리병에서 흑연 냄새를 맡을 수 있을까? 급기야 나는 연필심을 사서 냄새를 맡아보았다. 그 냄새는 깨끗하고 밝은 금속성의 냄새였다. 본질적으로는 날카로운 냄새지만 불쾌한 냄새는 아니었다.

연필이 처음부터 나무 속에 흑연을 박은 형태로 만들어진 것은 아니었다. 처음에는 납 합금으로 만든 가느다란 막대를 끈으로 감거나 종이로 말아서 만들었다. 16세기에 잉글랜드의 브로데일*Borrowdale*에서 매장량이 풍부한 흑연 광산이 발견되면서 흑연이 납 합금을 대체하게 되었다. 흑연은 납 합금에 비해 더 진하게 써지면서 지우기도 쉬웠다. 그렇다면 흑연은 어쩌다가 연필 안으로 들어가게 되었을까? 최초의 제조 공정에서는 나무를 긴 막대처럼 가공해 중간에 긴 홈을 판 뒤 얇고 좁은 판 형태의 흑연 심을 넣고 마치 흑연 샌드위치를 만드는 것처럼 그 위에 똑같은 모양의 나무 막대를 덮어 붙인 후 모서리를 갈아 둥근 막대 형태로 만들었다.[3] 1795년에 이르러서는 특허를 얻은 콩테*Conté* 식 제조법으로 품질이 낮은 흑연 가루를 가지고도 품질 좋은 연필을 만들 수 있게 되었다. 먼저 불순물을 제거한 흑연 가루에 점토와 물을 일정 비율로 배합해 건조시킨 후 도자기처럼 굽는다. 이 과정이 끝나면 흑연 심이 만들어진다. 이 흑연 심을 나무로 만든 케이싱에 삽입해 접착제로 접합하고 연마, 도색 과정을 반복한다.[4] 흑연 가루에 점토와 왁스를 배합하면 흑연 사용량을 줄일 수 있을 뿐만 아니라 연필을 소비자의 요구에 맞춰 다양화할 수 있다는 마케팅상의 장점이 있었다. 점토와 왁스의 배합량이 늘면 연필심은 더 단단해지고 색은 연해진다. 반면에 흑연 함유량이 많을수록 진하고 부드럽게 써진다.[5]

이제 핵심으로 들어가보자. 우선 흑연은 냄새가 없다. 내가 냄새를 맡아본 모든 연필의 흑연 심에서는 점토와 왁스 첨가제 냄새만 났다. 사실 그 냄새에서는 단순한 물질보다는 역사적으로 더 중요한 어떤 것의 냄새가 난다고 할 수 있다. 나는 거기서 산업 혁명 초기 성공의 냄새가 난다고 느꼈다. 지우개에도 그 자체의 냄새가 있다. 질 좋은 지우개에는 지우개에 가장 좋은 원료일 뿐만 아니라 향도 매우 좋은 천연고무가 더 많이 함유되어 있다.[6] 냄새가 없는 지우개는 대개 저렴하고 잘 지워지지도 않는다. 천연고무의 냄새는 생기 있지만 약간 역하고 노골적으로 존재감을 드러낸다. 콧수염을 기르는 사람이 공격적으로 치켜 올라간 끄트머리를 더욱 치켜 올리며 어루만지는 것처럼, 지우개로 코 밑에 반원을 그리며 아주 부자연스러운 모양으로 내 지우개의 냄새를 맡아본다. 하지만 사실 지우개 냄새를 맡게 되는 때는 대개 써놓은 글씨를 지울 때다. 지우개로 글씨를 지우려고 하다보면 몸을 종이 가까이로 굽히게 된다. 글씨를 지운 뒤 종이 위에 어질러진 지우개 가루를 후 불어 제거할 때는 먼저 숨을 들이쉬어야 하고, 필연적으로 나의 행동이 야기한 그 냄새를 맡게 된다.

연필의 냄새는 글씨를 쓰는 동안에는 나지 않는다. 글씨를 쓰는 그 사이에 연필을 깎고 지울 때에야 냄새가 난다. 연필에서는 향삼나무, 점토, 왁스 그리고 고무 냄새가 난다고 말할 수 있겠다. 그러나 좀 더 문학적으로 표현하자면, 연필에서는 생각과 고민의 냄새가 난다.

내가 연필에 흥미를 갖는 것은 내가 그 냄새의 첫인상을 기억할 수 있는 매우 드문 물체이기 때문이다. 내가 처음 연필 냄새를 맡았던 것은 아마도 내가 그림을 그리기 시작하던 때였을 것이다. 사실상 내가 무언가를 기억하기 시작했던 때라고 할 수 있다. 냄새는 실제 기억의 형성을 앞선다. 아주 새로운 냄새를 만나면 그 냄새와 연관된 것은 뇌리에 깊숙이 각인된다. 어떤 냄새의 첫인상을 시간이 지나고 나서 다시 쓰기는 불가능에 가까울 정도로 어렵다.

앞에서 살펴보았듯이, 냄새는 코를 통해 들어와 후각 신경구에 닿아 거기서 처리된다. 다른 감각의 자극과는 달리, 냄새는 시상을 거치지 않는다. 시상은 복잡하고 고차원적인 처리와 다른 감각 인지의 대부분을 담당하고 있으며, 신뇌라고 알려진 뇌 부분의 일부다. 신뇌라 부르는 이유는 진화론적으로 비교적 최근에 발달했기 때문인데, 이 부분은 이성적이고 문명적이며 냉정한 실행력을 관장한다. 냄새는 시상을 우회한 채 후각 신경구에서 두 개의 두뇌 구조, 즉 편도체(감정을 조절한다)와 해마(일화기억을 통제한다)로 곧바로 날아간다. 냄새는 결정적으로 구뇌와 가깝다. 논리나 언어와는 거리가 있고 감정적으로 원초적이며 일생의 기억을 위해 계속 덧씌워진다. 냄새는 우리를 곧바로 과거의 한 장면으로 이동시킨다. 생생한 현장감까지 구체화시키는 감각과 느낌까지 고스란히 고속으로 되감아준다. 우리가 어떤 냄새를 맡을 때 자기도 모르게 주춤거리는 것도 그 때문이다.

내가 연필 냄새를 맡았던 최초의 순간을 기억할 수 있을까? 다른 디테일은 어떻게 떠오를까? 더 강렬하게? 아니면 그 당시에는 묻혀버렸던 감각까지 더해서 더 선명하게? 21세기로 돌아와 다시 연필 깎은 부스러기가 든 내 유리병의 냄새를 맡으며 나의 어린 시절을 회상해보았다.

나는 서른 개의 머리들 사이에서 책상 앞에 앉아 고개를 숙이고 뭔가를 마무리하고 있다. 종이에 무언가를 끄적이다가 뭉툭해진 연필을 깎는다는 핑계로 오랫동안 구부리고 있던 다리를 펴고 연필깎이를 찾아 교실 안을 돌아다닌다. 나는 항상 연필깎이가 보관되어 있는 교실 뒤쪽 수납장의 한쪽 구석으로 간다. 창밖으로 녹슨 호루라기를 부는 소리가 들리는 듯하다. 곧이어 창밖으로 날리는 분필 가루가 연상되고, 교실 전체의 건조함도 느껴진다. 사각사각, 연필을 깎는 소리도 들리는 듯하다. 한 손으로 연필깎이의 양옆을 꽉 잡고 그 안에서 돌아가는 기어의 움직임, 깎여 나오는 나무 부스러기를 느낀다. 나무가 깎이면서 나는 소리에 기분이 좋다.

연필깎이 안의 공간은 비워야 할 때가 오기까지 계속 채워진다. 동그랗게 말린 나무 부스러기를 쓰레기통에 쏟아 버리고 틈새에서 반짝거리는 검은색 가루를 털어낸다. 연필 냄새가 훅 끼치는 것은 바로 그 순간이다.

나는 다시 유리병 속 나무 부스러기 냄새를 맡으며 그 교실의 한 구석을 차지하고 있던 어린 나를 되새겨본다. 주파수 다이얼을 돌려도 지직 지직 소음만 들리다가 어느 순간 갑자기 주파수가 정확하게 맞춰진 느낌이다. 사라졌던 문명을 소환한 것이다.

침향
OUD

이 냄새에 어울리는 형용사가 있다면, '호화로운'이다. 깊은 환대의 느낌이다. 건조하고 알싸한, 약간 숨이 막히지만 포근한 삼나무 옷장 속으로 들어갔는데 갑자기 그 옷장이 파베르제의 달걀로 변신하는 장면을 상상해보자. 아니면 모든 나무가 향수를 내뿜는 숲에 서 있다고 상상해보자.

침향은 깊고 우아한 향을 내는, 고가의 나무 향이다. 마호가니나 섬세한 상감 공예처럼 침향의 베이스 노트는 나무 냄새다. 그 냄새는 '따뜻한'이라는 설명어를 초월한다. 거의 그 자체로 열을 내는 것 같다. 마치 향수를 뿌린 사람이 지나갈 때 흔적으로 남는 잔향처럼, 침향은 넓고 긴 여운을 가진 냄새다. 흡사 후광이나 망토처럼 그 냄새를 뿜고 있는 사람을 보호한다.

한 마디로 말해 침향의 냄새는 맥시멀리스트다. 풍부하고 꽉 찬 느낌이다. 침향의 효과는 구석구석까지 정신이 혼미할 정도로 풍부한 향에 자신을 맡기는 데서 나온다. 침향의 향기는 숨을 들이쉴 때마다 다르게 느껴진다. 나무 향, 발삼 향, 풀 향기, 파우더 향, 약간 달짝지근한 향까지. 만약 침향에 색깔이 있다면 반짝반짝 빛나는 금색의 미분음(캐러멜, 호박색, 향료의 색)일 것이다. 그 누구라도 침향에는 감탄하지 않을 수 없을 것이다.

나는 침향에 대해서는 무지했다. 우선 나는 원래 거의 향수를 사용하지 않는데다, 둘째로는 내가 속한 문화가 다른 문화권과는 달리 침향을 그다지 높이 쳐주지 않기 때문이다. 내가 사는 시카고에서 침향은 아라비아만에서처럼 길가다 아무 상점에서나 살 수 있는 물건이 아니다. 중국 출신 억만장자의 제단에서 태우는 향으로나 볼 수 있는 정도다. 일전에 일본 나라현의 불교 사원 도다이지東大寺에 갔다가 란자타이蘭奢待라고 불리는 8세기의 침향 덩어리를 경건하게 관람하는 단체 관광객을 보고 놀란 적이 있다. 일본의 왕들은 여러 명의 역사적인 인물들에게 은세공품을 선물로 하사했는데, 그중에 1574년, 오오기마치 왕이 일본의 통일에 공헌한 오다 노부나가 장군에게 작은 침향목을 하사했다는 내용이 있다.[1]

영미권에서 자라온 나에게 침향은 그다지 큰 의미로 다가오지 않지만, 다른 문화권에서는 이처럼 침향이 큰 의미를 선사하는 듯하다. 카타르의 국영방송 알 자지라*Al Jazeera*에서 제작한 다큐멘터리 〈천국의 향기*Scent of Heaven*〉에서 인터뷰한 카타르 남자처럼, 나는 캄보디아산 침향의 향기를 맡으면 어머니가 떠올라 가슴이 저리거나 인도산 침향의 향기를 맡으면 아버지가 생각나는 것도 아니다.[2] 나로서는 이해하지 못하겠지만, 침향을 신봉하는 사람들에게 그 향기는 가슴을 깊이 파고드는 무언가가 있는 듯하다.

많은 사치품이 그러하듯이, '침향'이라는 이름도 이 냄새가 가진 여러 이름 중의 하나일 뿐이다. 아가우드*agarwood*, 알로에우드*aloewood*, 가하루*gaharu* 등의 이름으로 불리기도 한다. 한편, 천연 침향은 행복한 우연에 의해서 만들어진다. 동남아시아의 삼림에 서식하는 곤충들이 아퀼라리아*Aquilaria*속 상록수를 먹고 자라기 시작한다. 그러면 그 나무들 중 일부(10퍼센트 미만)에서 곤충에게 계속 감염되는 것을 막기 위해 짙은 색의 향기 좋은 수지를 분비하기 시작한다. 분비된 수지가 곤충에게 감염된 자리를 흠뻑 적시면, 살아 있는 나무가 그 물질을 바짝 마르고 어두운 색의 딱딱한 돌처럼 굳혀 놓는다. 이렇게 변형된 물질이 침향이다. 곤충에 의한 감염이 계속되면 나무의 수지도 계속 흘러나오고, 그렇게 시간이 가면서 침향의 품질은 천천히, 더욱 좋아진다. 어느 정도 시간이 흘러 인간의 탐욕이 인내심을 이길 때, 나무에서 침향을 잘라내고 건강한 나무는 그대로 잘 자라도록 놓아둔다. 이렇게 얻어낸 것이 침향 조각으로, 상자에 잘 포장되어 동남아시아로 보내져 향 판매상의 손을 거쳐 최종 소비자들에게 판매된다. 아라비아만 어디서나 침향 거래는 수지맞는 장사다.

최고급 침향을 '싱킹 그레이드 *singking-grade*'라고 부르는데, 목질을 가득 채운 수지의 무게로 인해 물에 가라앉기 때문이다. 그래서인지 일본에서는 침향을 '징코じんこう'라고 부르는데, '무겁다'라는 뜻이다.* 향 판매상들은 침향 조각이 자기 손가락 사이로 떨어질 때 나는 소리를 듣고 침향의 품질을 가늠한다고 한다. 좋은 침향 조각은 바싹 마른 음악 같이 귀에 똑똑히 들리는 '달그락 달그락' 소리를 내야 한다.³

침향은 일본 사람들이 차를 마실 때 다도를 실천하며 향을 음미하는 의식인 '향도'에서 특히 인기가 좋다. 일본의 향도는 무로마치 시대(1336~1573)에 시작되어 에도 시대(1603~1867)에 절정을 이루었다가 그 후로 차츰 쇠퇴했다.⁴ 귀족과 막부 계층의 인기 있는 여가 활동이었던 향도는 근본적으로 따지면 냄새를 외워서 진행하는 게임이다. 오늘날 향수 공방의 도제들이 훈련받는 방식과 비슷하다. 향도의 참가자들은 확실히 차이가 나는 향을 구분하는 것으로 시작해 그 차이를 점점 구분하기 어려운 향으로 바꾸어 진행한다. 향도에는 여러 가지의 고전적인 향인 정향, 팔각회향, 소라 껍질, 사향, 유향 등이 자주 등장하지만, 침향이 이 게임의 스타라는 데 누구도 이견을 달지 못한다. 침향의 다양한 등급과 향기의 품질이 향도 게임의 핵심을 형성한다고 해도 과언이 아니다. 일본 사람들은 최고급 침향을 '갸라きゃら'라고 부르는데, 어떤 종류든 최고로 뛰어난 것을 칭찬하는 의미로 쓰이기도 한다.

●　じんこう는 '물에 가라앉는 향기로운 나무', 沈水香木じんすいこうぼく를 줄인 말이다.

향도에서는 참가자들에게 향기를 맡아보라고 요구하지 않고 '향기를 들어보라'고 요구한다. 언뜻 들으면 말도 안 되는 비유 같지만, 부처가 말씀하실 때마다 그 말씀 한 마디 한 마디가 향기가 되어 공기 중으로 퍼졌다는 전설을 알고 나면 이해가 간다. 불교의 보살들은 지금도 향을 피우고 말 없이 자신의 호흡에 순응하며 그 냄새를 맡음으로써 부처의 말씀을 듣는다.[5]

독특한 문학적 의식인 향도에는 각기 저마다의 규칙을 가진 수백 가지의 게임이 포함되어 있다. 집에서도 간단히 시도해볼 수 있는 게임의 예를 들어보자. 먼저, 진행자는 참가자들에게 필기도구와 종이를 나누어준다. 그다음, 천으로 감싼 네 개의 향 샘플을 주고 참가자들이 그 향의 향기를 기억할 수 있도록 각각의 향의 이름을 알려준다. 우선 진행자가 제시한 향이 계피, 침향, 장뇌, 정향이라고 해두자. 그다음 진행자는 향 샘플을 거둬들인 다음, 다음과 같이 유명한 사행시를 읊는다.

봄날 안개를 둘러쓰고
수도首都를 떠나네
시라카와白川 변경 기차역에는
가을 바람이 부네

그다음 진행자는 네 개의 향을 차례로 태우는데, 그 순서를 참가자들 모르게 시의 각 행을 짝지어둔다. 네 개의 행과 사행시의 각행을 짝을 때 진행자의 기지가 발휘된다. 진행자가 "수도를 떠나네"라는 행과 장뇌를 짝지었다고 하자. 아마도 진행자는 실제로 꽃봉오리 그대로인 정향의 향기를 "봄날 안개를 둘러쓰고"라는 시행과 짝지을 것이고, "떠남"의 쓸쓸한 갈망이 장뇌의 향기와 어울린다고 보았을 것이다. 그리고 시라카와 변경의 기차역으로 표현된 화자의 목적지에 다가가는 향으로는 침향을 골랐을 것이고, "가을 바람이 부네"는 계피 향과 짝지었을 것이다. 그렇다면 올바른 향의 순서는 '계피-침향-장뇌-정향'이 아니라 '정향-장뇌-침향-계피'가 된다. 이제 각각의 향기가 사행시의 각 시행과 어떤 연관이 있을지를 고민해 진행자가 제시한 순서에 맞게 향을 식별하고 배열하는 것은 참가자의 몫이다. 참가자들이 자신이 생각하는 순서를 적어내고, 기록 담당자가 참가자들에게 질문을 한다. 물론 참가자들은 자신이 써낸 답이 모두 정답이기를 바라겠지만, 설령 틀리게 써냈더라도 한 편의 이야기가 만들어진다. 참가자가 네 개의 향기 중에서 겨우 한 개의 향기만 맞혔는데 그 향기가 침향이라면, 그는 여행 자체보다 그 목적지에 닿는 것을 더 좋아한다고 설명할 수 있다. 또 다른 참가자는 계피(가을)와 장뇌(떠남)를 맞혔다면, 진행자는 또 새로운 이야기를 만들어낸다. 화자는 이미 지나가버린 여행을 되새기고 있는가? 혹은 잊힌 도시에서 잃어버린 사랑을 떠올리며 후회하는가?

　향도의 유일한 목표가 있다면 그것은 향기에 대해 알아가는 것이다. 그 진정한 목적은 향기에 대한 지식을 미학적인 놀이, 공기 중에 떠 있는 향기에 대한 사색을 공유하면서 아름답고 기지가 넘치는 놀이로 풀어내는 것이다.

　다시 현대 문명의 세계로 돌아오면, 문명의 영향력은 빠른 속도로 침향을 괴롭히고 있는 중이다. 아퀼라리아속 나무 중에서 어떤 나무가 침향을 만들어내는 곤충에 감염되었는지를 알아보려면 그 안을 보기 위해 도끼로 나무를 찍어내야 하는데, 이런 관행이 여러 종의 아퀼라리아를 멸종 위기에 처하게 만들었기 때문이다. 결국 요즘에는 침향 채취가 엄격하게 제한을 받고 있다. 농장에서 침향을 배양(양식)할 수도 있지만, 그 과정은 참을 수 없을 정도로 느릴 뿐만 아니라 그렇게 해서 얻은 침향의 향기는 실망스럽다. 침향 양식은 더디게 진행되고, 그러는 와중에 천연 침향은 거의 사라지게 되자 희소성이라는 경제의 폭풍이 몰아졌다. 침향의 가격은 이미 터무니없이 높은데도 불구하고 계속 상승하고 있는 중이다.

향수를 만들기 위해 침향으로부터 오일을 추출할 수도 있지만, 아라비아 전통 방식으로 향을 만들어 태우기도 한다. 향로 안에 소량의 숯에 불을 붙인 뒤, 숯을 재 속에 묻어 과도한 열을 차단한다. 숯의 열로 뜨거워진 재 위에 침향 조각을 올려 연기가 나게 한다. 이렇게 간접적인 열로 침향을 태우면 매우 화려한 향을 즐길 수 있다. 침향 향로를 손으로 들고 이리저리 움직이거나 흔들어 옷과 머리카락에 그 향이 배이게 하거나 향로를 다른 사람에게 넘겨줄 수도 있다. 아라비아만에서는 만찬을 시작할 때 주인이 침향을 비롯한 여러 가지 향이 든 향로를 손님들에게 돌려서 손님들이 그 향을 즐길 수 있게 한다. 이미 몸에 향기가 밴 상태로 도착한 손님들도 새로운 향기로 기분을 전환하며 만찬을 시작한다.[6]

내 손목의 냄새를 다시 한번 맡아본다. 개인적으로, 나는 침향의 향기가 별로 마음에 들지 않는다. 하지만 이제는 그 향기를 존중한다. 그 극단적으로 문명적인 향기가 어떻게 그렇게 직설적으로 야생적인 향기에 녹아들었는지 궁금해진다.

장뇌
CAMPHOR

코를 찌르는 듯한 향기가 서리 내린 그물로 내 얼굴 전체를 덮듯이 서늘하게 퍼진다. 그렇게 첫 인상을 남긴 장뇌 향은 이내 세련된 윈터그린 향처럼 편안해진다. 장뇌 향은 의식을 일깨운다. 따뜻한 호수에서 수영을 즐기다가 그 수면 위로 지나가는 서늘한 바람에 머리카락이 주뼛 서는 그런 느낌이다.

천연 장뇌는 동남아시아에서 자라는 녹나무에서 난다. 유향이나 몰약 같이 다른 나무에서 얻는 수지는 가지에 낸 흉터에서 흐르는 향기로운 수액을 모으는 방법으로 수확한다. 천연 장뇌를 수확하려면 나무를 찍어 넘어뜨려야 한다. 통나무를 쪼개 얼음같이 차가운 장뇌의 미세한 결정질 나뭇결을 드러낸다. 녹나무 조각에 증기를 쐰 뒤 그 증기를 응축시키면 거기서 기름기 많고 향기로운 흰색의 왁스가 얻어진다.[1]

장뇌는 고체 상태에서 액체 상태를 거치지 않고 곧바로 기체 상태로 변하는 승화 작용을 통해 향을 퍼뜨리는 희귀한 물질 중 하나다. 장뇌 향은 곤충을 쫓아버리고 금속의 녹을 방지하며 항균 작용을 한다. 장뇌 향은 삼차신경 효과가 강해서 염증과 팔다리의 저림 통증을 감소시키고 코막힘을 제거해주며 기침을 진정시킨다. 중국에서는 장뇌를 '용의 머리에서 나는 향'이라는 뜻의 '용뇌향龍腦香'

이라고 부르기도 한다.[2]

중세 유럽에서는 장뇌의 차갑고 건조한 성질 때문에 향수보다는 약물로서 더 각광을 받았다. 향기 역사가 조너선 레이나르츠*Jonathan Reinarz*는 저서 『지나간 향기*Past Scents*』에서 "사향을 비롯해 여타의 동물성 냄새와는 달리, 장뇌는 성적 흥분을 잠재워버린다"라고 썼다. 산스크리트어로 쓰인 시에서도 장뇌의 얼음같이 차가운 향이 마음을 진정시키고 누그러뜨린다면서 장뇌를 달에 비유했다. 10세기의 시 「사운다리얄라하리*Saundaryalahari*」는 장뇌의 얇은 조각들이 여신 데비*Devi*의 입술로부터 떨어져 흩날리며 내려와 불타고 있는 세 도시의 열기를 식혀주었다고 노래한다.[3]

1908년, 일본의 왕이 천연 장뇌를 독점하려 하자 화학자들이 너도나도 앞다투어 장뇌를 실험실에서 합성하려는 열풍이 일었다. 핀란드의 화학자인 구스타프 콤파*Gustaf Komppa*가 이 경쟁에서 앞서 나갔고, 이윽고 장뇌는 상업적으로 생산되기 시작했다. 콤파는 녹나무가 아닌 다른 나무, 특히 소나무와 로즈마리 등에서 분비되는 향기 나는 화합물인 알파피넨*alpha-pinene*으로부터 장뇌 분자를 합성해냈다.[4]

장뇌의 서늘한 향기는 주의력을 각성시킨다. 장뇌는 영국의 수학자 프랜시스 골턴*Francis Galton*이 '냄새 산수'라고 이름 붙인 한 사고 실험에 포함되기도 했다. 골턴은 1894년에 쓴 기발한 논문에서 "허구의 인물을 상상할 수 있는 것처럼, 상상의 냄새만을 매개로 해서도 산수를 할 수 있다"고 주장했다. 골턴은 삼차신경 효과를 일으키는 아니시드*aniseed*, 암모니아, 장뇌의 냄새를 가지고 냄새 산수를 실험한 뒤, 이런 기록을 남겼다. "나는 페퍼민트 냄새 두 들숨을 장뇌 한 들숨으로, 페퍼민트 세 들숨을 석탄산 한 들숨으로 연상하도록 연습했다.” 골턴은 냄새 곱셈은 시도해보지 못했지만, 냄새 덧셈과 뺄셈은 성공했다고 주장했다.[5]

힌두고, 불교 그리고 자이나교에서는 장뇌 향을 태우면 제3의 눈이 떠지고 기도자의 의지가 고양되며 정신이 정화된다고 말한다.[6] 덧붙이자면 대부분의 언어에서 냄새를 뜻하는 단어(영어에서는 smell)의 어원이 '연기'와 관련 있다는 점이 흥미롭다. 장뇌 향 같은 냄새는 성스러운 장소와 때를 구별하고 깊은 사색의 공간을 정화한다. 눈에 보이지는 않지만 그 공간 안을 떠돌며 침잠한다. 약하면서도 강렬한 장뇌의 향기는 냄새가 어떻게 잠시나마 누군가의 사원 또는 성당이 될 수 있는지를 보여준다.

유향
FRANKINCENSE

황금의 필라멘트처럼 향기가 어른거린다. 이글거리는 숯으로 향을 직접 가열하기 때문에 유향의 연기는 대개 친근하다. 그 향기가 순간적인 영롱함으로 다시 한번 타오르기 전까지는.

유향은 밀도 높은 냄새다. 달콤하지만 금방 질릴 듯하고, 사람보다는 신에게 더 적합한 것 같은 냄새다. 그 향기는 단조로운 일상에 속한 어떤 것과도 절대로 닮지 않았다. 불기운을 받은 유향의 향기는 고집스럽게, 심지어는 화려하게, 인간의 일상을 막아버리고 오직 희소稀少와 기적만이 있는 세계를 이야기한다.

나는 오직 성경(특히 아기 예수에게 바친 동방박사들의 선물)을 통해서 유향을 알게 되었다. 그래서인지 유향은 이 세상의 것이 아닌, 인간이 속속들이 이해할 수 없는 어떤 것으로 느껴진다. 이 장을 쓰기 시작하기 전에 나는 궁금할 수밖에 없었다. 그래서, 유향이 대체 뭐지? 아직도 유향이 있나? 어쩌다가 갓 태어난 신에게 바칠 선물로 황금과 맞먹는 가치를 갖게 된 거지?

유향은 성경 속에서만 남아 있는 게 아니라, 실제로 존재한다. 아마존 사이트에서 10달러면 유향 한 봉지를 살 수 있다. 유향은 아프리카에서 아라비아 반도 남부, 인도 서부까지 덥고 건조한 지역에서 자라는 보스웰리아*Boswellia*속 나무에서 추출한 방향족芳香族 수지다. 보스웰리아 사크라*Boswellia sacra*는 최상품 유향을 생산하는 수종樹種인데, 구글 이미지 검색을 해보면 마치 자신의 왕국을 굽어보는 용맹하고 고귀한 아라비아의 왕자처럼, 모래언덕이나 깎아지른 듯 가파른 절벽 위에 서 있는 가지와 잎이 무성한 관목의 사진을 볼 수 있다.

유향을 채취하려면 나무의 얇은 껍질에 세로로 깊은 상처를 내고 거기서 흘러나오는 연한 황금색의 눈물 같은 수지를 받아 모아야 한다. 사막의 태양 아래서 수지는 천천히 건조되어 딱딱해지고, 그렇게 2주 정도 지나 수확한다.[1] 옛날 상인들은 수지 결정을 자루에 담아 멀고 먼 사막에서 인구가 많은 대도시로 운반했다. 유향은 단봉 낙타처럼 아라비아를 상징하는 물건이기도 하다. 한편 낙

타는 기원전 900년경에 가축화되었는데, 오로지 유향 때문이었다고 할 수는 없지만 유향을 효율적으로 운반하려는 목적도 낙타를 기르기 시작한 이유 중의 하나였다고 한다.[2]

　유향은 향, 또는 향기를 내는 모든 것들을 아우르는 카테고리 전체와 동의어다. 유향을 뜻하는 'frankincense'가 중세 영어에서 '최상품 향'을 뜻하는 단어다. 유향의 또 다른 이름 olibanum은 젖 *milk*을 뜻하는 히브리어 *lĕbōnāh*에서 왔다. 유향을 내는 수지가 막 흘러나와 아직 액체 상태일 때 유백색을 띠기 때문이다.

　문명이 시작되던 무렵, 유향처럼 여러 가지 좋은 향기들의 용도는 오늘날처럼 엄격하고 분명하게 구분되어 있지 않았다. 좋은 향기는 형태와 응용법이 변하곤 했다. 좋은 향은 그 형태와 쓰임이 자주 달라졌다. 처음에는 유향을 피부나 머리카락에 문질러 향을 냈다(초기의 향수는 지금처럼 액체 형태가 아니라 대부분 고체, 주로 왁스와 비슷한 고약 형태였다). 음료에 녹여 섞거나 음식의 향신료로도 썼다. 치료 목적으로 그 향을 흡입하기도 했다. 공기를 쾌적하게 만들거나 신을 경배할 때 또는 사자死者와 소통하고자 할 때는 태워서 연기를 냈다.

수줍은 소년이 깨문 사과 같은, 코리쿠스의 사프란 같은, 첫 열매가 달린 백포도 나무 같은, 양이 뜯고 지나간 풀밭 같은, 도금 양과 아라비아의 부전나비 같은, 잘 연마된 호박琥珀 같은, 동방에서 온 향을 태울 때의 향기롭고 은은한 연기 같은, 여름날 가벼운 비가 내린 뒤의 흙 같은, 감송 향이 방울방울

떨어지는 화관 같은, 이 모든 향기가 디아두메노스 너의 키스에 들어 있다.
네가 아낌없이, 주저 없이 키스를 해준다면 어떤 냄새가 날까.

마르티알리스Martial_로마 시인

하지만 어떻게 사용하든 좋은 냄새는 주로 거룩한 연기로 존재했다. 향수를 뜻하는 영어 단어 perfume은 '연기로 스며든다'는 뜻의 라틴어 *per fūmāre*에서 왔다. 태워서 연기를 피우는 향을 뜻하는 incense는 '태우다'라는 뜻의 라틴어 *incendere*에서 왔다.[3] 좋은 냄새는 종종 태워서 연기를 퍼뜨리거나 스며들게 하는 방법으로 활용되어 왔다. 유향은 그렇게 쓰인 향 중에서도 가장 오래되고 가장 숭앙받는 향이었다.

역사적으로나 종교적 제례에 있어서나 향이 갖는 의미와 활용법을 모두 알아내기는 거의 불가능하다. 그러나 향이 어떻게 인류의 눈에 띄었고(아마도 우연히 발생한 행운의 화재 덕분이었을 것으로 추정한다), 어떻게 종교 의식에서 중요한 자리를 차지하게 되었는지를 상상하기는 어렵지 않다. 향의 연기는 위로 피어오르면서 인간의 일상 세계를 하늘과 연결해준다. 향의 연기는 사람의 감정을 장악하는 초월적인 존재감을 통해 그 공간을 시각적으로 채워간다. 향의 연기는 낮은 목소리로 기도문을 읊조리는 사람들의 호흡기를 통해 사람의 몸 안으로도 들어간다. '영감'이라는 뜻의 영어 단어 inspiration은 바로 향의 연기를 뜻하는 incense로부터 만들어졌다.

유향은 성스럽지만 또 한편으로는 세속적이었다. 고대 이집트의 여인들은 눈 화장에 쓰는 먹을 만들 때 유향의 재를 썼다. 한편 유향을 약으로 섭취하면 항균, 항염증 작용을 한다. 소화불량에도 효과가 있다. 그때나 지금이나 유향을 태워 연기를 피우면 집 안을 상쾌하게 만들 수 있고, 유향 에센스를 머리카락이나 수염, 손과 발에 문질러 향을 내거나 입안에 넣고 씹으면 숨을 쉬거나 말을 할 때 향기로운 향을 낼 수 있다. 유향을 태우면 인센솔 아세테이트 *incensole acetate*라는 분자가 방출되는데, 이 분자는 생쥐의 우울증과 불안감을 완화시킨다고 알려져 있다. 유향은 또한 종교적인 의식 외에서도 사람의 정신을 고양시키고 기분을 북돋운다.[4]

유향의 향기를 맡으면서, 나는 옛날 동방박사 시절과 지금의 현실 사이의 멀고 긴 점선을 찬찬히 더듬어볼 생각이었다. 그러나 그 간극을 메우기에는 너무나 많은 것들이 복잡하게 얽히고설켜 있었다. 나는 아마존 사이트에서 유향은 물론 유향을 태울 수 있는 작은 향로와 아마존 알고리즘이 추천해준 숯(아마도 물담배 파이프용이었을 것이다)까지 구입했다. 온라인 사이트에는 향, 그리고 향을 피우는 데 필요한 각종 도구들만으로도 소규모의 시장이 형성되어 있는 것 같았다.

드디어 내가 직접 산 유향을 실제로 태워 그 연기의 냄새를 맡아보니, 아주 오래된 기억이 분명하게 떠올랐다. 그 냄새는 어린 시절 주일마다 맡곤 했던 '교회 냄새'일지도 모른다는 걸 말이다. 그러나 성인이 되어 내 집에서, 나의 지적 호기심을 만족시키기 위해 직접 유향을 태워 그 연기의 냄새를 맡는 것과 어린 시절 지루한 예배 도중 어쩔 수 없이 맡아야 했던 냄새는 많이 다르다. 그 배경이 중요하다. 아무리 옛날부터 내려오는 냄새라도 그 배경이 냄새를 변하게 한다. 이 나이에 유향 향기를 맡아보니 내가 어린 시절 참석했던, (내 기준에서) 비논리적이었던 종교 의식이 불쑥불쑥 떠오른다. 2월

3일, 성 블라시오의 축일이 되면 아이들은 무릎을 꿇고 사제는 붉은 리본을 감아 열십자로 묶은 양초를 아이의 목 부근에 대고 축복을 내린다.* 향기로운 기름을 바른 양초가 어린 나의 목을 지나가며 귀 밑에 축축한 흔적을 남겼던 기억이 난다.5 완전히 잊고 있었던 초등학교 때의 에피소드 한 가지도 기억났다. 땅거미가 질 무렵에 친구들과 종이로 장식된 촛불을 들고 교회 건물을 돌며 찬송가를 불렀던 날이다. 끈에 달린 묵직한 향로를 들고 앞장 선 신부님을 따라가다 보면 점점 어둠이 내리는 모퉁이와 모퉁이 사이를 걷는 짧은 시간 동안 유향의 향기를 맡을 수 있었다. 앞에서도 여러 번 말했지만, 냄새는 정말 기억을 끄집어내는 가장 좋은 매개체인 것 같다.

어쨌거나 종교와 향의 관계는 숭고하고 고결한 아름다움, 속세의 짧은 언어로는 완전하게 설명하기 어려운 아름다움을 추구한다는 데 있어서 미학의 훈련장이라고 할 만하다. 돌고 돌아, 나의 첫 질문으로 다시 돌아가보자. 동방박사들은 왜 아기 예수에게 황금과 유향과 몰약을 바쳤을까? 간단히 답하자면, 그 세 가지 모두 똑같이 고귀하다. 따라서 그 세 가지는 존경의 마음을 전하기에는 더할 나위 없이 적절한 선물이었다. 길게 답하자면, 그 세 가지는 예수의 일대기를 미리 암시하기 위해 훗날 작가들이 상징적으로 선택한 것이었다. 황금은 예수가 신의 아들임을 상징하며, 유향은 그의 신성을, 몰약(곧 설명할, 쌉쌀한 향기를 내는 수지)은 예수가 사람의 아들임을 상징한다.6

● 성 블라시오가 생선 가시가 목에 걸려 위독해진 아이의 목에 성호를 그으며 기도를 해서 아이의 목숨을 구해주었고, 그 아이의 어머니가 성 블라시오에게 양초를 선물했다는 일화에서 유래된 축성 의례. 인후 축성이라고도 한다.

몰약

MYRRH

몰약 냄새를 처음 맡아보면, 유향과 똑같다. 하지만 잠시만 있으면 그 차이가 드러난다. 몰약은 유향 냄새보다 좀 더 세속적이다. 유향의 톱 노트는 높이 솟아오르는 듯하지만, 몰약은 그런 느낌이 들지 않는다. 톱 노트가 유향과 비슷하다 해도 이내 흩어져버리고 만다. 몰약의 냄새는 소박하고 덜 화려하며 온건하고 약간 무뚝뚝한 느낌이다. 유향이 샴페인이라면 몰약은 버번이나 라이 위스키다. 몰약의 향기가 유향의 향기보다 더 현실적이고 일상의 세계로부터 덜 유리되어 있다고 말하고 싶다. 몰약 향기의 아름다움은 온순하다.

유향의 색깔이 화려하게 빛나며 활력적이고 역동적인 골드 톤이라면, 몰약의 향기는 느릿느릿하고 윤기 없는 갈색에 가깝다. 몰약의 향기를 맡으면 젖은 나무, 이끼 낀 통나무에서 자라는 눅눅한 버섯, 갈색이 되도록 볶은 양파, 브랜디에 적셔 구운 건포도, 절정의 시기를 지나 꽃잎 가장자리가 시들어가는 백합이 떠오른다. 몰약 향의 두터운 미들 노트는 코 안을 기분 좋게 건조시키는 톡 쏘는 향이다.

나는 두 가지 방법으로 몰약의 향기를 맡아보았다. 첫 번째는 향을 만들어(습한 날에는 힘든 작업이었다) 불에 태우는 방법, 그리고 갈색 수지 덩어리를 끓는 물에 녹여 차로 마시는 방법이었다. 몰약차는 마치 커피 찌꺼기가 가라앉은 것 같은 짙은 캐러멜 색 액체였다. 몰약 덩어리가 녹는 동안 황금색의 지방질 거품이 수면을 물들이는 것이 보였다. 몰약과 유향을 비교하기 위해 유향 차도 만들어

보았다. (내가 구입한 두 가지 수지 모두 식용 가능한 등급이었다.) 투명한 황갈색 눈물이 내가 유향의 연기에서 느꼈던 톱 노트를 중화시켜버리는 유백색의 액체 속으로 녹아들어갔다.

몰약은 대개 유향과 함께 언급되곤 한다. 나는 이 두 가지 향이 얼마나 가까이 연관되어 있는지 잘 알지 못했다. 그저 비슷한 것들을 가리킬 때 말하듯이 이 두 가지 향도 사촌 정도로 이해했다. 이 두 향의 역사는 서로 얽혀 있지만, 용도나 품질에 있어서는 서로 많이 다르다. 의인화해서 설명하자면 유향이 쉽게 흥분하고 접근하기 어려울 정도로 완벽한 외향형 친구라면, 몰약은 어둡고 보이지 않는 수면 아래서 소용돌이가 일고 있는, 유향 곁의 지혜롭고 조용한 친구다.

먼저 이 두 가지 향의 비슷한 점과 공통의 뿌리부터 시작해보자. 몰약은 유향이 생산되는 지역과 똑같은 지역에서 자라는, 코미포라Commiphora속의 나무에서 얻어지는 방향성 수지다. 이 나무는 에티오피아, 케냐, 오만, 사우디아라비아 그리고 소말리아의 돌이 많고 지표가 얇은 지역에서 자란다. 유향도 그렇지만, 몰약도 수지가 흘러나오도록 나무껍질에 상처를 내서 그 수지가 결정으로 굳을 때까지 기다린다. 건조된 몰약 수지는 유향 수지보다 더 붉고 진해서 황금빛은 덜하고 더 정제된 듯한 모습이다. 다이아몬드처럼 몰약과 유향의 수지도 투명도와 색으로 품질의 등급을 매긴다.

몰약의 맛은 매우 쓰다. myrrh라는 이름도 히브리어의 *murr*, 즉 '쓰다'는 말에서 왔다. 로마 사람들과 그리스 사람들은 단맛이 강한 포도주에 몰약 수지를 담가 단맛을 제거하고 술맛의 균형을 잡는 데 썼다. 십자가에 매달린 예수에게 해면에 적셔 건넸다는 포도

주도 아마 몰약이 섞인 포도주였을 것이다.

고대 사람들은 몰약의 떫은 맛을 의료 목적으로 사용했을 것이다. 옛 사람들로부터 전해지던 몰약의 약효는 현대에 와서 사실이 아님이 밝혀졌지만, 몰약의 약효가 전혀 근거 없는 것은 아니다. 염증을 완화하고 박테리아를 죽이는 몰약의 효능은 사실일 가능성이 크다.[1] 그리스 병사들은 상처를 입었을 때 소독제로 쓰기 위해 휴대용 배낭 안에 몰약을 소지하고 다녔다.[2] 유향처럼 몰약도 태워서 실내를 훈증하거나, 수지를 물에 녹여 입을 헹구거나 머리카락을 향기 나게 하는 데 쓰거나 수지를 녹여 깨진 항아리를 붙이는 데 쓰기도 했다.

고체인 결정은 태우는 향으로 쓸 수 있다. 그리고 유향과는 달리 몰약은 액체 향수로도 존재한다. 성경의 아가서 중 한 구절을 보자. "내 사랑이 빗장 사이로 손을 내미니, 내 가슴은 그를 위해 두근거리네. 내 사랑을 위해 문을 열려고 일어나니, 빗장에 닿은 내 손에는 몰약의 방울이 떨어지고 내 손가락에는 몰약이 흐르네."[3] 이 시를 쓴 사람이 빗장이라 표현한 것은 어쩌면 상처를 내지 않아도 나무에서 저절로 흘러나오던 몰약의 에센셜 오일, 소합향蘇合香인지도 모른다. 결정화된 몰약 수지를 가열하거나 반고체 상태의 고약을 만들기 위해 발라노스*balanos* 오일과 함께 뜨거운 물에 녹여 소합향을 추출할 수도 있었다.[4]

몰약은 성적인 유혹에도 쓰였지만, 의외로 장례식에도 쓰였다. 하긴, 죽음이 스릴을 부르고 스릴이 죽음을 부를 수도 있지 않은가. 고대 이집트인들은 장례식에서 몰약을 태웠다. 또 매일 저녁 해가 질 때 태양의 신 라*Ra*를 위해서도 몰약을 태우는 것은 헬리오폴리스*Heliopolis*에서 가장 엄격하게 지켜지던 관습이었다. 시신의 방부 처리에는 특히나 몰약이 많이 쓰였다. 호화로운 장례식을 치르기 위해 이집트 사람들은 시신의 장기를 모두 꺼내 몸 안을 완전히 비우고 곱게 빻은 몰약, 카시아 등 여러 향료로 흉강과 복강을 채웠다. 신기한 점은, 장례용 향료에 유향은 절대로 쓰이지 않았다는 것이다.[5]

몰약은 고대 이집트 사람들이 의식용 향으로 사용하던 키피*kyphi*의 핵심적인 재료 중 하나였다. 키피의 레시피는 어떤 역사적 문헌에 따르느냐에 따라서 달라진다. 디오스코리데스의 레시피에는 몰약, 꿀, 포도주, 건포도, 주니퍼*juniper*, 송진, 창포, 골풀(모세의 어머니가 아기 모세를 태워 강물에 띄워 보냈던 바구니의 재료), 이제는 어떤 것인지 알 수 없는 아스팔라투스*aspalathus*라는 식물이 들어 있다. 이집트의 키피 레시피에는 카시아와 계피, 박하, 헤나, 미모사꽃, 유향 나무, 그리고 또 다른 나무의 수지가 들어 있다. 이 재료들을 끓여서 동그랗게 말아 태울 수 있는 형태로 만든다. 어떤 순서로 재료를 준비하느냐에 따라 만들어진 향의 효과가 달라진다. 고대 로마의 철학가이자 저술가 플루타르코스*Plutarchos*가 남긴 기록에 따르면, 기원전 2세기 이집트의 사원에서는 아침에 유향을 태우고 정오에는 몰약을, 저녁에는 키피를 태웠다고 한다.[6] 피라미드 너머로 저물어가는 태양을 위해 키피의 향기를 피워올렸을 것이다. 그러나 지금은 키피가 어떤 향기였는지 알 길이 없다.

그리스 신화에서 스미르나*Smyrna*라는 이름으로도 알려진, 미르라*Myrrha*의 이야기를 읽었을 때 나는 이미 정신적으로 몰약*myrrha*을 사람처럼 여기고 있었다. 오비디우스의 『변신 이야기』는 미르라가 친부와 사랑을 나누고 싶은 비이성적인 충동을 억제하기 위해 무진 애를 쓰고, 그러다가 거의 극단적인 선택을 할 뻔했던 장면을 묘사한다. 결국 미르라는 자신임을 속인 채 친부인 키니라스 왕을 잠자리에 끌어들였고, 함께 며칠 밤을 보낸다. 나중에 잠든 미르라의 얼굴에 등불을 비춰보고 그제야 자신이 친딸과 잠자리를 함께했음을 알게 된 키니라스 왕은 딸을 죽이려 하고, 미르라는 겨우 도망친다. 미르라는 임신한 몸으로 은신처를 찾아 세상을 떠돌며 아홉 달을 채운다. 그 처지를 가엽게 여긴 신들이 그녀를 몰약 나무로 변신시킨다. 미르라가 나무가 된 몸으로 아들을 낳으니, 그 아기가 바로 아도니스 신이다. 미르라의 쓰디쓴 눈물은 이런 신화로 남았다.

미르라의 눈물은 죽음, 섹스, 말로 표현할 수 없는 충동 그리고 상처를 상징하는 강렬한 향으로 남았다. 이집트 사람들은 피라미드 안 깊숙한 곳의 내실에 몰약을 태워 향을 피웠다. 몰약은 달콤한 포도주의 밑바닥에 깔린 쓴맛과도 같다. 달콤한 맛을 거부하며 저항한다. 느슨하게 풀어진 채 단단히 조여지거나 묶이기를 거부한다. 붉은 태양이 이글거리며 가라앉는 동안, 몰약은 키피를 이루는 여러 가지 섬세한 향들과 섞여서 각다귀떼의 구름과 함께 하늘로 올라갔을 것이다. 그렇게 몰약은 슬픔을 태워버리고 향기가 되어 하늘 높이 떠올랐을 것이다.

냄새에만 의지해 방 안을 돌아다녀보자

우선, 불필요한 물건과 위험한 가구를 정리한다. 그다음 친구에게 작은 스폰지 몇 개에 에센셜 오일을 묻혀 방 안 곳곳에 감추어달라고 부탁한다. 이제 안대로 눈을 가리고 냄새를 맡으면서 방 안을 돌아다녀본다.

이제 다른 방에 들어가서 어지럼증이 일어날 정도로 제자리에서 빙글빙글 돌아본 후(여기서도 친구의 도움을 받아 부상의 위험을 줄인다), 다시 에센셜 오일이 숨겨진 방으로 돌아와 후각의 힘만으로 스펀지가 숨겨진 장소를 찾아본다. 이번에도 UC 버클리 냄새 연구 팀의 후각 능력만으로 공간 안에서 방향을 찾는 실험을 재연하는 셈이다.[1]

연습을 할 때는 냄새 맡는 노력의 강약을 조절하며 움직이도록 한다. 양쪽 콧구멍을 모두 사용해 입체적으로 냄새를 맡기 위해 고개를 좌우로 움직여본다.

연습을 반복하되, 이번에는 친구를 냄새 네비게이터로 삼아 진행한다.[2]

쿰쿰한 냄새

FUNKY

살

SKIN

새 차

NEW CAR

대마초

CANNABIS

돈

CASH

휘발유

GASOLINE

사향

MUSK

살
—
SKIN

내 연인의 냄새가 어떤지는 설명할 수 없지만, 그의 체취가 내게 어떻게 각인되어 있는지는 말할 수 있다. 그 냄새는 무엇을 닮았다거나 하는 문제를 떠나서, 간단히 말해 가장 좋은 감정과 비슷하다. 무언가에 둘러싸인, 친근한 기분이 든다. 혈압이 치솟고 스트레스 호르몬은 사라져버리는 것 같은 냄새다. (나의 느낌은 과학적으로도 증명되었다. 아마 독자도 연인의 냄새에 대해서는 같은 느낌일 것이다.[1]) 연인의 살 냄새는 진정제이자 응축된 기운으로 쏟아지는 은총 같다.

살 냄새는 서로 섞여 있는 세 단계로 구성된다. 표피층에서는 살짝 역한 체취와 바디워시 등의 방향성 화장품 냄새가 대립한다. 중간층에서는 문화적인 습관이 작용한다. 먹는 음식, 환경 그리고 사회적 기준이 그런 것들이다.[2] 그보다 깊은 층으로 내려가면 땀, 전날 밤 먹은 음식 냄새 등 그 사람이 가진 냄새의 베이스라인을 만난다. 이 냄새는 사람마다 독특하다. 이 냄새로 그 주인을 추적하는 것도 가능하다. 심지어 그 사람의 건강에 관한 모든 정보를 알아낼 수도 있다.

가장 깊은 층에서부터 시작해 위로 올라가보자. 가장 밑바닥의 기저 체취는 몸 전체에서 나오지만, 가장 두드러진 냄새는 인체의 가장 큰 기관인 피부에서 올라온다. 외부를 향해 공격적으로 내뿜도록 디자인된 합성 향기와는 달리, 이 냄새는 조용하게 체열에 의해서만 증폭된다. 이 냄새를 관찰하려면 누군가의 몸에 가까이 다가가야만 한다. 이 냄새는 한 사람의 어떤 비밀을 털어놓을까?

주조직 적합성 복합체*major histocompatibility complex*라는 것이 있다. 줄여서 MHC라 부르는데, 인체 면역 시스템을 암호화하는 유전자 50개로 이루어진 집단이다. 레이첼 허츠는 자신의 책 『욕망을 부르는 향기』에서 이렇게 썼다. "MHC 유전자는 자연 속에서 볼 수 있는 가장 값진 유전자다. (…) 일란성 쌍둥이를 제외한 누구나 자신만의 특별한 MHC 유전자 세트를 가지고 있다."

나만의 MHC 유전자는 내 면역 시스템의 기초가 되는 유전자형을 형성한다. 표현형*phenotype*, 즉 유전자가 바깥 세상을 향해 자신을 드러내는 방식은 내 몸의 기저 체취로 드러난다. MHC는 공우성*codominant*이기 때문에, 양쪽 부모의 유전자가 후손의 면역 시스템에 자기 몫의 기여를 한다. 우리가 어떤 배우자를 선택하는 이유는 여러 이유들 중에서도 우선 본능적으로 그의 체취가 좋게 느껴지기 때문이다. 부분적으로는 내 것과는 매우 다른 그의 MHC와 그 유전자들이 표현하는 면역 시스템 때문이라고도 볼 수 있다.[3] 따라서 현대 후생유전학은 엘리자베스 시대에 유행하던 '사랑의 사과' 관습을 지지한다. 그 시대의 소녀들은 껍질 벗긴 사과 조각을 겨드랑이에 끼고 밤새 정열적으로 춤을 추고는 그 사과 조각을 꺼내 연인에게 내밀면 연인은 그 사과의 냄새를 맡으면서 먹었다고 한다.[4]

겨드랑이 냄새는 기도의 향기보다 섬세하다.

월트 휘트먼의『풀잎』중에서

물론, 냄새로 짝을 찾는 것은 말처럼 그렇게 단순하지 않다. 우선 경구용 피임약을 복용하면 여성의 냄새 취향이 바뀔 수도 있다. 피임약은 여성의 몸이 임신 상태인 것처럼 화학적인 속임수를 쓰기 때문에, 이 여성들은 MHC 프로파일이 자신과 비슷한 남성의 체취를 선호하게 된다. 즉, 자신과 혈연관계가 있는 남성들과 비슷한 체취를 좋아하게 되는 것이다. 피임약을 끊었는데 동시에 배우자의 체취마저 싫어진 혼란스러운 상황을 상상해보라. 이혼에서 냄새는 얼마나 큰 역할을 하는 걸까?[5]

물론 결혼(또는 짝짓기)이 온전히 생식만의 문제는 아니다. 냄새와 짝짓기의 연관 관계에 대한 연구는 아직 충분치 않지만, 냄새는 동성 간에도 역할을 한다. 자기와 다른 동성애자 또는 이성애자가 입었던 셔츠의 냄새를 맡아보게 하면, 동성애자는 다른 동성애자의 냄새를 구별할 뿐만 아니라 더 선호한다.[6]

이게 바로 페로몬일까? 꼭 그렇지는 않다. 1959년에 최초로 나비의 페로몬을 구별해냈던 두 명의 화학자는 페로몬을 '각 개체가 특정한 상황에 대해 반응할 때 또는 발달 과정에서 체외로 분비하기도 하고 같은 종의 타개체로부터 받아들이기도 하는 물질'이라고 설명했다. 두 동물 개체 사이에서 페로몬은 군대가 주고받는 통신문처럼 기능한다. 무미건조하고 노골적이며 군말 없이 따라야만 하는 불친절한 명령으로 구성된다. 페로몬이 전하는 메시지의 의미는 비행, 전투, 식량 또는 교미다. 곤충의 페로몬 통신문은 자기가 속한 집단의 다른 구성원에게 위험을 경고하거나, 그 집단의 영역을 표시하거나, 새로운 식량이 발견되었다는 반가운 소식을 전하거나, 애벌레가 고치를 만들도록 유도하거나, 하루살이 두 마리 사이에서 격정적인 교미가 시작되게 한다. 언제나 이렇게 자동적인 반응이다. 페로몬의 메시지에는 누구도 함부로 토를 달지 못하며 아무도 제멋대로 해석하지도 않는다. 페로몬은 명령의 사슬을 유지한다.[7] 한편 페로몬은 여러 가지 방법으로 전파되는데, 대부분의 포유동물에게서는 보습코 기관*vomeronasal organ*, 즉 VNO를 통해 전파된다. VNO는 일종의 '평행 코*parallel nose*'처럼 작용한다. 동물의 앞니 뒤쪽 입천장 경구개 안에 들어 있는 두 개의 관이 코의 후각 시스템과 평행으로 연결되어 있는데, 이 관을 통해 페로몬이 후각 신경구로 전달되고 후각 신경구에서 곧바로 편도체와 시상하부로 연결된다. 동물이 공기 중의 페로몬을 감지하면 입으로 공기를 더 많이 빨아들여서 페로몬을 한껏 포착한다. (말이 마치 뭔가를 보고 비웃는 것처럼 입술을 실쭉거리면서 약간 이상한 표정을 짓는 경우가 있다. 이런 행동을 플레멘*flehmen*이라고 하는데, 이때 말은 페로몬을 보습코 안으로 깊숙이 빨아들이고 있는 것이다. 무대 위에서 숫말이 '말을 하게' 만들려면 바로 뒤에 발정기의 암말을 세워두면 된다.[8])

진화생물학자 마이클 스토다트*Michael Stoddart*는 저서 『아담의 코와 인류의 창조*Adam's Nose and the Making of Humankind*』에 이렇게 썼다. "VNO를 가진 영장류를 비롯해 대부분의 포유동물들에게서 VNO는 성감대로 작용한다. VNO로부터 뇌에서 성적 행동을 제어하는 부분으로 직접 신경 자극이 전달된다. 사람에게 기능이 활성화된 VNO가 없다고 해서 인간의 냄새에 반응하지 못하거나 반응하지 않는 것은 아니다. VNO처럼 본능적인 행동 반응을 하지 않을 뿐이다. 인간은 스스로의 반응 행동을 이성적으로 제어하고 있을 뿐이다."9

나와 같은 지문을 가진 사람은 세상에 없듯이, 나의 기저 체취는 남의 체취와 다르다. 지문의 데이터베이스처럼 기저 체취의 데이터베이스가 있다면, 나의 체취를 포집해서 분석한 사람은 기저 체취 데이터베이스를 통해 나의 신원을 특정할 수 있을 것이다. (과거 동독 비밀경찰은 냄새가 지배하는 미래를 꿈꾸었다. 그들은 취조실 의자 시트에서 천 조각을 오려내 반체제 인사들의 체취 데이터베이스를 구축했다.) 훈련받은 개는 도망자의 체취로 사람을 찾고, 공항 검색대의 전자 코도 이론적으로는 그렇게 할 수 있다.10 전체적이고 완전한 냄새의 데이터베이스와 냄새로 사람을 추적할 수 있는 합법적인 권리가 아직 완전하게 갖춰지지 못했을 뿐이다. 내가 체취를 풍기지 않고 싶다고 해서 체취가 발산되는 것을 막을 수는 없다. 안면 인식 기술 때문에 집 밖에 나서기가 두려운 사람이라면, 냄새 인식 기술은 더욱 두려워해야 할 것이다. 정부나 권력기관이 냄새로 사람을 구별하고 찾아낼 수 있다면 우리의 사생활은 어떻게 되겠는가?

한편 기저 체취가 갑자기 변한다면 몸에 이상이 있다는 신호일 수 있다. 피실험자들에게 면역반응을 방해하는 세균독소인 지질

다당류*lipopolysaccharide*를 주사하고 대조군에게는 소금물을 주사해 비교한 실험 연구가 있었다. 네 시간 후, 실험군과 대조군이 입고 있던 셔츠의 겨드랑이 부분을 자른 천을 빈 병에 따로따로 넣은 후 다른 참가자들에게 각각의 천에서 나는 냄새를 맡아보게 했다. 그리고 그 냄새의 호불호의 정도, 냄새의 강도, 건강 상태 등을 등급으로 매기게 했다. 참가자들은 독소 주사를 맞은 참가자들의 땀 냄새가 더 강하고 역겹고 덜 건강한 것 같다고 평가했다.[11]

냄새로 발병의 징후를 알리는 병이 여럿 있다. 의사(또는 개)가 적절한 훈련을 받으면 파킨슨병, 말라리아, 다발성동맥경화증 그리고 흑생종, 유방암, 폐암 등을 냄새로 감지할 수 있게 된다.[12] 중국 전통 의학에서는 의사가 환자의 체취를 맡아보는 것도 진료의 일부다. 예를 들면, 몸에서 시들어가는 꽃처럼 지나치게 단 냄새가 나면 사고와 의지를 관장하는 신체부위인 족태음비경足太陰脾經에 이상이 왔다는 징후일 수 있다.[13]

눈에 보이지는 않지만, 우리 몸 안에서는 여러 가지 과정이 진행되고 있고 그것이 냄새로 공기 중에 누출된다.

이제 살 냄새의 중간층을 들여다보자. 사람의 체취에는 그가 가진 문화적 배경, 그가 속한 사회적 집단들의 상호작용에 대한 정보가 담겨 있다. 사실 우리 인류는 어떤 사람의 체취를 두고 그가 속한 집단에 대해 씌웠던 부당한 편견을 합리화함으로써, 역사상 숱하게 외국인 혐오를 자행하고 동조해왔다.

5세기에 고전 산스크리트어로 시와 희곡을 썼던 작가 칼리다사는 이렇게 말했다. "사람은 같은 냄새가 나는 사람들 사이에서는 자신감을 갖는다." 이 이야기는 냄새를 맡음으로써 서로에게 인사하는 관습이 있는 마오리, 에스키모, 아랍, 인도 등의 문화에서 늘 통하는 이야기다. 사람의 체취는 그의 식습관, 직업, 생활환경, 취미, 그리고 그런 요소에 있어서 상대방과 얼마만큼 다르거나 같은지에 대해 아주 짧은 시간에 많은 것을 말해준다.

조지 오웰도 '하층민 냄새'를 언급한 적이 있었다. 사람들은 자신에게 익숙하지 않은 냄새라면 으레 그렇게 간주하곤 한다는 뜻이었다. "나의 냄새하고 다른 냄새는, 일반적으로 봤을 때 나쁜 냄새다"라는 확신이다. 칼리다사와 비슷한 시대에 로마 지배하의 갈리아 출신 주교로 활동한 아폴리나리우스 시도니우스는 집에 보내는 편지에 여행하는 도중 만났던 외국인들의 고약한 체취에 대해 탄식한 바 있다.

오, 마음의 평정을 유지하기가 힘듭니다. 털북숭이 유랑민들 사이에 던져져 독일어의 억센 말투에 둘러싸인 채 기름에 떡진 머리털에서 역겨운 냄새를 풍기는 부르고뉴 사람들의 노래를 불러야 하다니. 아침마다 열 번씩 마늘과 양파 냄새를 맡아야 할 일이 없는 그대는 눈도, 귀도 코도 행복한 사람입니다.[14]

1830년의 한 영국 작가는 이렇게 적었다. "모든 차별의 악취, 냄새로 한 사람을 차별한다는 것은 그 사람의 실질적인 존재를 거부하는 것이다." 오랜 세월 다수는 늘 냄새로 소수를 차별하고 박해

했다. 중세 이후로 유대인들은 악취를 풍긴다며 손가락질을 받았다. 기독교인들이 악마의 냄새라 여기는 염소 냄새와 비슷한 냄새가 난다는 것이었다. 포에토르 유다이쿠스는 유대인에 대한 멸칭이되었다. 한동안 기독교에서 신도들에게 이 냄새를 없애주고자 세례를 베풀었다. 그러나 그 냄새는 사실 유대인들이 턱없이 좁은 유대인 거주 지역에만 몰려 살다보니 어쩔 수 없이 몸에 밴 냄새일 뿐이었다. 그런 냄새가 거의 유전적인 냄새로 치부되면서 인종적 특징으로 굳어버렸다. 나치는 이 냄새를 하나의 전형으로 고정시켰을 뿐만 아니라 사상적 교의로 격상시켰다. "유대인들의 냄새는 다르다"고, 히틀러는 외쳤다. 그는 자신의 공화국에서 유대인들을 영원한 이방인으로 격하시켰다. 1939년에는 한 대중 연설에서 이렇게 웅변했다. "인종적 본능이 국민을 보호합니다. 인종의 냄새는 비유대인이 유대인과 결혼하는 것을 원하지 않습니다." 후각적 차별은 나치의 유대인 학살에서 작지만 중요한 역할을 했다.

아메리카 대륙의 흑인들 역시 냄새를 이유로 백인들에 의해 오명을 썼다. 역사가 마크 스미스는 후각의 전형화에 대해 다음과 같이 짧은 글을 남겼다. "18세기 무렵, 왜 흑인 노예들에게서는 독특한 냄새가 나는가를 두고 환경적 요인(흑인들은 기후가 더운 지역에서 왔고, 잘 씻지 않으며 먹는 음식도 다르다)과 반半 유전적 요인(흑인의 피부에서는 원래 썩은 냄새가 난다) 사이에서 갑론을박이 이어져왔다." 심지어는 유명한 반노예론자였던 내과의사 벤야민 러시Benjamin Rush조차도 아프리칸 아메리칸은 피부가 검다는 원초적인 이유 때문에 한센병에 걸리기 쉽다고 말하기도 했다. "그들의 피부는 검고, 두껍고, 기름지기 때문에 끊임없이 매우 독특하고 역겨운 냄새를 내뿜는데, 그 냄새는 썩어가는 사지에서 나는 냄새 외에 다른 냄새와는 비교조차 할 수 없다"는 것이다. 역사적으로 악명 높은 '플레시 대 퍼거슨' 판결에서도 체취는 결정적인 역할을 했다. 이 사건은 흑인이었지만 흑인이라기에는 피부가 그다지 검지 않았던 호머 플레시라는 남자가 기차의 백인 전용 객차에 앉았던 데서 시작되었다. 루이지애나주 검사 루이스 H. 퍼거슨은 눈으로 본 시각적 증거가 아닌, 코로 맡은 후각적 증거를 바탕으로 플레시가 흑인이 분명하다고 주장했다. 판결은 검사의 승소였다.[15] 이런 모든 경우에서 인종간 체취의 차이는 차별을 정당화하는 구실이 되었다. 서로 다른 두 인종의 체취를 사이좋게 인정한 경우는 거의 없었다.

이러한 '역사의 악취'는 매우 다양한 형태로 존재해왔지만, 사회윤리적 냄새가 항상 똑같이 불쾌한 것은 아니다. 체취는 종종 사회적 집단 사이의 외교를 촉진하기도 한다. 『스멜 리포트*The Smell Report*』의 저자이며 사회문제연구센터*Social Issues Research Centre*의 연구진인 케이트 폭스*Kate Fox*는 여러 원주민 문화에서 사회 혼합과 결혼을 조율하는 데 냄새가 어떤 역할을 하는지를 설명했다. 아마존 원주민인 데사나*Desana*족은 각 부족마다 고유의 냄새가 있으며, 결혼은 서로 다른 냄새를 가진 부족과 해야 한다고 믿는다. 데사나족 사람들은 새로운 부부가 탄생하면 그 결합을 축하하기 위해 선물을 교환하는데, 주로 고기, 그리고 제각각 다른 냄새가 나는 개미를 건넨다. 말레이반도에 사는 네그리토*Negrito*족 사람들 역시 냄새가 다른 사람과만 혼인할 뿐만 아니라 심지어는 같은 냄새를 갖고 있는 사람과는 너무 가까이 앉는 것조차 금한다. 너무 비슷한 냄새를 가진 사람들끼리 오래 섞이면 질병에 걸릴 수 있다고 생각하는 것이다. 역시 말레이반도에 사는 테미아르*Temiar*족 사람들도 보통 수준을 뛰어넘는 정도로 냄새의 혼합에 유념한다. 그들은 사람마다 냄새의 영혼이 있는데, 이 영혼은 등허리에 있으며 이 냄새는 외부의 자극에 동요하기 쉽다고 믿는다. 만약 누가 어떤 사람의 등 뒤에서 너무 가까이 지나가게 되면, 지나가는 사람이 "냄새, 냄새" 하고 개인의 영역을 침범한 것에 대해 사과하며 지나간다.

냄새의 사회적인 뉘앙스를 가장 잘 활용하는 사람들은 아마도 인도양 안다만 제도에 사는 온지*Ongee*족 사람들일 것이다. 이 사람들은 자신을 일컬을 때 손가락으로 자기 코끝을 가리키며, "*smeller, c'est moi*(저는 냄새 맡는 사람입니다)"라고 말한다. 일상적인 인사말도 "*Konyune onorange-tanka?*(당신의 코는 어떠십니까?)"라고 묻는 것으로 시작한다. 인사를 받은 사람이 "냄새가 묵직해요"라고 대답한다면, 처음에 인사를 건넨 사람은 숨을 들이쉬면서 인사받은 사람이 갖고 있는 잉여의 냄새를 흡수하는 것이 예의다. 반대로, 인사받은 사람이 냄새 에너지가 부족하다고 느끼면, 인사를 건넸던 사람이 숨을 내쉬어서 인사받은 사람 쪽으로 냄새를 보내준다. 온지족 사람들의 세계관에서 체취는 좋다, 나쁘다를 판별할 수 있는 것이 아니다. 체취는 교환하거나 나누어서 균형을 맞추어야 할 에너지일 뿐이다.[16]

인사의 형태는 다양하지만, 대개의 경우 상대방의 체취를 느낄 수 있을 정도로 가까이 다가가야 하는 경우가 많고, 때로는 그게 핵심일 때도 있다. 뺨에 키스하는 인사를 하면서 항상 서로의 체취를 맡을 수는 없지만, 코에 키스하는 경우는 대개 체취를 맡지 않을 수 없다. 걸프 지역과 아랍 일부 지역에서 남자들은 통상적으로 코에 키스를 한다. 사회적 계급이 다른 남자들끼리 인사를 할 때는 더 젊거나 사회적인 지위가 낮은 남자가 연장자 또는 지위가 높은 남자의 코에 키스를 한다. 연령이나 지위가 같은 사람끼리는 코를 서로 살짝 닿게 하거나 문지른다. 아주 가까운 사람, 이를테면 형제나 오랜 친구 사이라면 코를 세게 부딪치면서 즐겁게 인사를 나누기도 한다.[17] 처음에는 조심스럽게 냄새를 맡지만, 차츰 의욕이 커져간다. 코 키스는 코를 수단으로 친교 관계를 확립하는 관습이다.

흑인 커뮤니티에서 시작된 슬랭인 펑키funky라는 단어는 공포나 패닉을 뜻하는 펑크funk에서 온 말이 아니라, 애초부터 강렬한 체취를 의미했다. 흑인들이 쓰던 이 말의 의미는 '나쁜 몸 냄새'를 뜻하는 콩고어 lu-fuki에서 왔고, 프랑스령 루이지애나에서 '음식과 와인 냄새'라는 뜻으로 쓰이던 단어 fumet을 만나 그 뜻이 더 강하게 굳어진 것으로 보인다. 그러나 예술적으로 완벽한 사람, 목표를 달성하기 위해 난관을 극복해 낸 사람을 일컬어 칭송할 때 재즈 애호가들은 funky라는 단어를, 콩고 족 사람들은 lu-fuki라는 단어를 쓰는 것처럼, 콩고어 lu-fuki는 형태나 의미에 있어서 재즈 용어인 funky와 더 가깝다. 콩고족 사람들은 열심히 일하는 연장자, 또는 고참의 냄새는 행운을 가져다준다고 믿는다. 그런 사람들의 체취를 그 사람이 가진 긍정적인 에너지와 동일시하기 때문이다.

로버트 패리스 톰슨Robert Farris Thompson의

『영혼의 섬광Flash of the Spirit: African and Afro-American Art and Philosophy』 중에서

표피층의 살 냄새는 가장 덜 흥미롭지만 가장 의미가 깊다. 이 냄새는 우리가 머릿속에서 바쁘게 돌리고 있는 생각, 그리고 날씨와 분위기로 달아오른 피부를 그대로 노출시킨다.

날씨가 섭씨 38도 이상 오르면 혈관이 확장되어 혈액이 피부 표면 가까이까지 올라온다. 혈장은 에크린땀샘*eccrine glands*에서 분비되는, 냄새 없는 땀이 되면서 피부를 통해 증발한다. 땀이 증발하면 체온이 내려가고, 혈액의 농도는 올라가고 점성이 진해지면서 흐름이 느려진다. 물을 충분히 마시면 혈장이 묽어진다.

고약한 체취가 나게 만드는 땀은 아포크린땀샘*apocrine glands*에서 분비된다. 사춘기에 활성화되는 이 땀샘은 손, 뺨, 유륜, 두피, 겨드랑이, 사타구니 등 체모, 모발이 있는 모든 곳에 모여 있다. 아포크린땀샘은 땀이 피부로부터 쉽게 증발할 수 없는 은밀하고 구석진 곳에서 활동한다. 아포크린땀샘에서는 지방과 단백질이 분비되는데, 이 두 가지에서 그 사람이 먹은 음식의 흔적이 드러난다. 아포크린땀샘이 분비한 지방과 단백질은 피부 세균의 좋은 먹이가 되기 때문에 이 땀샘 부위에 세균이 몰려드는데, 이 세균은 냄새가 고약한 화학적 합성물질을 만들어낸다. 아포크린땀샘은 또한 스트레스가 심한 상황에서 더 활발하게 작용한다. 그래서 단순히 체열을 식히기 위한 땀보다 감정적인 요인 때문에 흐르는 땀의 냄새가 더 고약하다.

데오도란트는 이런 피부 세균을 죽이거나 활성을 빼앗아서 악취를 발생시키지 못하게 막는다. 땀의 분비 자체를 막는 발한억제제는 다르게 작용한다. 발한억제제는 특정 영역의 땀샘을 막아 아예 땀을 분비하지 못하게 한다. 겨드랑이의 땀샘을 막으면 체내의 다른 땀샘을 통해 땀이 분비되는 것뿐이지만, 그렇더라도 재할당된 땀샘이 겨드랑이보다 공기가 잘 통하고 땀이 잘 분비되는 곳이라면 충분히 효과가 있다.[18] 미래의 데오도란트는 최악의 냄새 화합물을 생성하는 피부 세균만을 선택적으로 죽이는 식으로 발달할지도 모른다.[19]

표피층의 냄새는 신체적 움직임이나 날씨에 의한 체온 상승 이상의 정보를 알려준다. 임상실험을 통해 오직 냄새만으로 기쁨, 공포, 절망, 슬픔 등 사람의 여러 가지 감정을 알 수 있음이 밝혀졌다.[20] 낯선 사람의 감정도 냄새로 알 수 있고, 사랑하는 사람이라면 더 정확히 알 수 있다. 사람의 피부는 면역 시스템, 건강이나 식습관, 문화적인 것, 심지어는 그 순간 머릿속에 지나가는 생각 등 길게는 평생 가는 정보에서부터 짧게는 순간적인 정보까지, 많은 정보를 끊임없이 공기 중에 발산한다.

나는 25년 동안 내 연인의 냄새를 맡으며 살아왔다. 진부한 표현이지만, 그의 냄새는 내 성인기의 후각적인 인생 경로라고 말해도 틀림이 없다(물론 나는 그의 후각적인 인생 경로일 것이다). 이미 수백 만 번 그의 어깨쯤에 내 얼굴을 묻어왔지만, 그 행동은 도저히 멈출 수 없다. 의식적이었든 무의식적이었든 우리 두 사람 사이에 주고받은 수없이 많은 포옹에는 그의 냄새가 있었다. 그의 어깨쯤에서, 그 따뜻함 속에서 나는 오늘도 그를 호흡한다. 이 냄새를 어떻게 묘사할까? 그 순간에는 시간이 멈춘다. 깊은 감각만이 흐른다. 넉넉하고, 재치 있으며 가장 깊고, 가장 아름답고 내밀한 무언가다. (이 문장을 쓰려고 20분 동안 그의 티셔츠 냄새를 맡았다. 삶이란 이렇게 어리석은 것이다.) 지난 세월 동안 내가 이 냄새에만 주파수를 맞추었던 걸까, 아니면 나는 지금 그의 냄새로부터 밖을 향해 나 자신을 발산하는 걸까?

새 차

NEW CAR

문을 닫으면 실내는 기밀氣密 상태가 된다. 옆자리에 누가 앉아 있다 해도 프라이버시는 완벽하다. 완벽하게 외부와 차단된 이 공간, 이 공기는 온전히 나만의 것이다.

새 차의 냄새는 화학적으로 휘발성이며 건강에 좋지 않다. 새 차 안은 최신 플라스틱, 가죽, 공산품 카펫, 고무 천지다. 다종다양한 입자들이 떠다니는 공기다 보니, 탁하게 느껴진다. 차 안의 공기는 항상 너무 따뜻한 것처럼 느껴지며, 새 차 냄새는 특히 낯설다. 그 낯선 냄새가 새 차의 매력에 결정적인 역할을 한다. 어떤 사람은 뜨겁게 달구어진 글루건을 바쁘게 놀리며 문 안쪽에 손잡이를 붙이고 차창마다 돌아가며 고무 패킹을 설치하는 로봇 팔을 상상할 수도 있다.

여러분은 새 차 냄새에 관해 어떻게 생각하는가? 새 차 냄새에 대한 반응은 내가 생각했던 것보다 스펙트럼이 훨씬 더 넓다. 새 차 냄새는 우리 시대의 두 초강대국이 가지고 있는 자본주의의 이상만큼이나 차이가 컸다. 그 나라들의 소비자가 가진 환상 역시 확연히 다르다.

미국의 소비자 한 사람과 중국의 소비자 한 사람을 상상해보자. 지구 반대편의 두 사람이 각각 번쩍번쩍 빛나는 자동차 쇼룸에 들어간다. 전시장 안을 둘러보다가 각기 마음에 드는 차를 발견하고 한 바퀴 둘러본 다음 운전석에 앉아본다. 미국의 소비자는 만족스러운 표정을 지으며 새 차 냄새를 한껏 들이마신다. 바닥에 그윽하게 깔려 있는 최신식 공장의 냄새, 그 냄새는 이 차가 최신형임을 말해준다. 산뜻하게 물매진 모서리, 반응형 서스펜션, 최고의 성능을 내도록 최적화된 엔진까지. 이론을 좋아하는 미국인에게 이 냄새는 그의 눈앞에 펼쳐진 최신기술과 미래의 냄새다. 새 차는 그의 신체적 개인성을 확장해주고 그가 가진 힘을 증폭해준다. 이미 TV 광고를 통해 구석구석 알고 있는, 미국의 풍경 속을 고속으로 달릴 수 있다. 바람결에 일렁이는 밀밭, 마른 들판에서 커다란 공처럼 굴러다니는 회전초, 빛바랜 도로변의 벤치, 날카로운 각도로 소나무 숲을 굽이굽이 돌아 나가는 협곡의 도로.

새 차 운전석에 앉은, 평균적인 중국인 소비자는 미국의 소비자와는 전혀 다른 기대를 가지고 숨을 들이쉰다. 그는 완전히, 아무 냄새도 맡을 수 없기를 바란다. 미국인들이 중독성이 강하다고 생각하는 새 차의 냄새는 정말 어느 정도 독성이 있다. 새 플라스틱, 새 가죽, 새 비닐 그리고 크롬 도금은 모두 가스를 내뿜는다. 온도가 올라가면 그 냄새도 짙어지지만, 가스가 방출될 만큼 방출되고 나면 급격하게 줄어든다. 중국의 소비자들은 새 차 냄새에 매우 민감하고, 차를 살 때 차 안이 무취 상태인가를 최우선으로 따진다. 엔진

성능, 연비, 안전성은 그다음 문제다.[1]

　무취에 대한 중국인의 선호는 실제로 매우 강력해서, 그 때문에 중국에는 미국에 없는 직업이 있다. 포드의 중국 현지 연구소에서는 냄새 맡는 사람('황금의 코'라는 별명으로 불린다)을 고용해 새 차 실내의 구석구석을 냄새 맡게 해서 완벽하게 무취 상태임을 확인한다.[2] 최근에 포드는 한 걸음 더 나아가 자동차 냄새 제거 공정에 대한 특허를 신청했다. 아직은 반자율주행 또는 자가운전 자동차에만 적용할 수 있는 이론상의 기술인 이 특허는 새 차의 실내에서 나는 냄새를 '굽는' 기술로 구성되어 있다. 즉 자동차가 조립라인에서 떨어져 나오면, 햇빛이 쨍쨍 내리쬐는 실외로 나가서 창문을 약간 열어놓고 엔진의 시동을 건 다음 히터와 환풍기를 최고단계로 올려놓는다. 이 특허 기술에는 대기의 질을 측정하는 센서도 포함되어 있어서 자동차가 이 과정을 끝내도 될 만큼 실내의 냄새가 제거되었는지를 스스로 판단할 수 있다.

　이 두 나라 소비자들의 취향은 왜 이렇게 다를까? 아마도 두 소비자가 자동차 전시장까지 오는 과정에서 만나는 현실의 차이로 설명할 수 있을 것이다. 아마도 중국의 소비자는 극심한 대기오염, 점점 더 높아지는 도시의 밀도 등 후각이 매우 혹사당하는 환경에서 살고 있을 것이다. 늘어나는 공장으로 도시가 터져나갈 것 같은 나라의 소비자가 이제 막 공장에서 나온 차에 대해 가지고 있는 취향은 미국의 소비자와 취향과 같을 수 없다. 게다가 중국에서 새 차를 산다는 것은 누구나 축하할 만한 대단한 이벤트다. 중국에서는 아직도 차를 소유한 사람이 네 명당 한 명에 불과하다는 통계가 있다. 중국의 한 자동차 전문가는 중국인이 가지고 있는 '럭셔리 카'의 개념은 다층적이라고 말한다. 럭셔리 카를 샀다 해도 아무 꾸밈없이 있는 그대로의 자동차를 짜잔, 하고 한꺼번에 그대로 공개하는 것은 그 차의 품격을 떨어뜨리는 행동이라는 것이다. 새 차의 한 겹한 겹이 모두, 표면 아래의 층까지 '즉시 사용 가능한' 상태로 보여야 한다. 이런 생각을 가지고 있는 소비자에게 공장에서 갓 나온 새 것의 냄새를 풍기는 차는 아직 광을 덜 낸 차로 보이는 것이다.[3]

그러나 이 두 나라 소비자의 차이는 문화적인 차이로만 볼 수 없다. 《뉴 사이언티스트*New Scientist*》에 따르면, 아시아인들 중 상당수의 몸에서는 자동차 실내에서 발생하는 주요 휘발성 유기화합물인 에탄올과 아세트알데하이드*acetaldehyde*를 분해하는 효소가 서양인에 비해 덜 생성된다고 한다. 차 안의 오염된 공기(중국의 규제 기준은 미국의 규제기준의 10분의 1밖에 되지 않는 경우도 있다)에 대한 예민함과 새 차 냄새에 대한 문화적 인식이 결합되어 중국의 소비자들로서는 그 냄새가 더 괴롭다고 느끼는 것이다.

새 차 냄새도 언젠가는 완전히 사라질지도 모른다. 이미 십여 가지의 냄새가 역사 속으로 사라졌다. 지금부터 100년 후에는 전자코를 동원해야만 간신히 새 차 냄새를 감지할 수 있고, 그마저도 열처리를 하면 모두 사라지는 세상이 올 것이다. 새 차 냄새를 좋아하는 서양인들에게는 슬픈 세상일지도 모르겠다. 그러나 그렇게 되어야만 더 순수하고 새로운 후각적 봉인의 형태(차주가 끌고 들어온 냄새까지 없애주는 완전무취의 새 차)를 위한 길이 열릴 것이다.

대마초

CANNABIS

요란하고 유혹적이고 어수선한 냄새다. 진폭이 크고, 여러 가지 정보로 포화 상태다. 지금 내가 냄새를 맡고 있는 대마초는 '꽃'의 형태다. 혹시나 착각할 독자들을 위해 강조해서 말하자면 말 그대로 꽃이다. 대마 식물에서 따내 그대로 말린 온전한 꽃송이다. 대마를 재배하는 사람들은 수분을 한 번도 해보지 않은 암그루를 제일로 친다. 이런 암그루가 더 크고, 수지도 많은 꽃을 피우기 때문이다.

내가 갖고 있는 슈퍼 블루 드림*Super Blue Dream* 품종은 시큼한 냄새에 눈부신 초록빛이다. 달콤한 타르의 어두운 베이스 노트 위로 시원한 박하 냄새와 송진 냄새가 피어오른다. 말린 꽃의 냄새는 마리화나를 태울 때의 냄새와 닮았지만, 꽃향기가 여러 겹으로 구분되어 더 섬세하게 느껴진다. 생기가 느껴지기도 한다. 냄새를 맡을 때마다 약간씩 다른 향의 조합이 느껴진다. 기둥을 타고 오르는 덩굴처럼, 이 냄새는 맹렬하게 움직이면서 갇히기를 거부한다. 입구를 봉한 종이봉투를 다시 밀폐 용기에 넣어 이중으로 봉했지만, 나의 대마초는 어느새 자신의 냄새를 방 안 구석구석 퍼뜨려 놓았다.

대마초 냄새는 양극적이다. 나에게 어느 쪽에 설 것인지를 정하라고 강요한다. 내부자가 될래, 적이 될래? 이 요구에 어떻게 답해야 할지 아직 잘 모르겠다. 나는 아주 가느다란 줄 위에서 줄타기를 하고 있다. 대마초를 부정적으로 보는 편은 아니지만, 사실은 경험이 없다. 복잡하게 얽힌 편견의 실타래는 이 냄새에게 냄새 그 자체를 뛰어넘는 과한 힘을 부여하고 말았다.

대마초 냄새는 아주 오래전부터 여러 카테고리 사이의 회색지대에 머물러왔다. 대마초는 음식이면서 약물이었고, 마약이면서 종교적 제의에 쓰이는 향이었다. 그러면서 지금 우리가 초기 향신료 무역 물품이라고 한꺼번에 묶어버린 다른 소모품들과도 닮아 있다. 많은 유기물질(계피, 장미, 아편, 쪽 등)들도 한때는 음식, 약품, 향수, 심지어는 미술 재료와 염료로 쓰였다. 약제상들은 이 모든 유기물들을 한 점포에서 다양한 용도로 팔았다.

대마초는 지금도 매우 위태로운 회색지대에 놓여 있다. 대마초 반대론자들에게 대마초는 소비자를 약물 중독으로 넘어가게 하는 위험한 징검다리다. 대마초를 합법화하면 엄청난 세수稅收의 원천이 되겠지만, 대마초 냄새 그 자체만큼이나 그 냄새를 맡는 사람들도 회색지대의 함정에 빠지게 된다. 경찰이 내부자와 외부자, 허락받은 사람과 그렇지 않은 사람을 판별하는 데 있어서도 대마초는 강력한 도구로 기능한다. 백인들에게 대마초 냄새는 대개 다소 어색하고 당황스럽더라도 심각한 문제가 되지는 않는다. 경범죄, 일시적인 일탈행위 정도로 끝날 수 있다. 집이나 차에서 대마초 냄새가 나면 창을 열어 환기를 해서 그 냄새를 빼내면 된다. 경찰이 냄새의 흔적만 가지고도 꼬투리를 잡으려 할 수도 있지만, 그건 그리 큰일이 아니다. 그러나 흑인에게서 대마초 냄새가 나면, 비슷한 정도라 하더라도 백인에 비해 훨씬 큰 문제가 생긴다. 인종차별적 성향을 가진 사람이 유색인종에게서 대마초 냄새를 맡으면 범죄로 몰아갈 충분한 구실이 된다. 조사할 정당한 근거가 되고, 거기서부터 출발해 탈탈 털어서 아주 사소한 위반행위까지도 밝혀내 문제를 부풀린다. 대마초 냄새는 멈출 수 없는 과정의 시작을 알리는 신호탄이다. 그 냄새가 꼬리에 꼬리를 물고 문제를 키우고 복잡하게 만들면서 무자비한 투옥의 썩은 냄새로 변한다.[1]

미국에서 대마초 냄새는 급격한 문화적 변혁을 겪고 있다. 내가 사는 일리노이주에서는 2020년 1월부터 오락용 대마를 합법화하면서, 성인에게 대마초를 허용한 15개 주 중의 하나가 되었다. 이 글을 쓰고 있는 지금, 의료용 대마초는 34개 주에서 합법화 되어 있다.[2] 대마초가 합법화되면 마리화나는 더욱 주류가 될 것이 틀림없으며, 시간이 흐름과 함께 그 냄새에 대한 인식도 바뀔 것이다. 또한, 아직은 갈 길이 멀지만[3], 경찰이 흑인과 유색인종을 괴롭힐 구실이 되는 일도 사라져야 한다. 사실, 미국 전역을 놓고 볼 때 흑인과 백인의 대마초 흡연 비율은 서로 비슷한데도 대마초 때문에 흑인이 체포될 확률은 백인에 비해 3.6배나 높다. 이러한 불균형은 대마초의 합법화와 함께 더 심해지고 있다.[4] 이런 이유로, 대마초는 그 자체로나 외부적으로나 매우 복잡한 냄새라고 할 수 있다.

생물학적 방어 시스템으로서, 후각은 신속하고 때로는 비가역적인 판단을 내린다. 그래서 대마초는 또 한번 접하기 힘든 냄새가 되었다. 내가 맡아본 냄새들 중에서 내가 어느 쪽에 마음을 둘지 확실히 정하지 못한 유일한 냄새이기 때문이다. 내 경우, 대마초 냄새에 익숙해질수록 대마초와 친해지겠다는 결심을 하기가 힘들다. 대마초와 친해지려면 우선 대마초를 사야 하고, 피워봐야 하고, 대마초와 관련된 은어나 속어를 알아야 하며 대마초를 잘 피우는 기술도 알아야 한다. 이 상황은 사춘기의 좌충우돌 정신자세나 조용하지만 무분별한 자신감을 요구한다. 그래, 해보는 거야. 코를 벌름거리는 정신 나간 40대 여자가 한 번 돼보자고! 그 여자 약간 모자라기는 해도 배짱은 좋거든.

대마초를 구입하고 몇 주 후, 바싹 마른 내 꽃송이의 냄새는 조금 잠잠해졌다. 밀폐 용기에서도 탈출해 온 방 안을 요란하게 떠돌던 냄새도 밀폐 용기 안으로 퇴각하고 말았다.

대마초도 다른 식물들과 비슷하게 냄새가 난다는 걸 깨닫기까지 꽤 오랜 시간이 걸렸다. 내 꽃은 최근까지도 살아 있던 식물인데 그 냄새는 품종마다 약간씩 다르고 같은 품종의 꽃이라도 시간에 따라 냄새가 변한다. 대마초도 건조해서 보관하면 꽃의 수명이 연장된다. 향신료나 과일, 또는 차를 말려서 저장하는 것과 똑같다.

대마초에서 나는 냄새는 모든 식물에서 생성되는 방향석 화합물인 테르펜*terpene*으로부터 시작한다. 전에는 대마도 품종에 따라 냄새가 크게 다르다는 걸 알지 못했다. 그래서 대마초 애연가들은 냄새의 전문가가 되는 것 같다. 대마초 판매상들은 십여 가지의 서로 다른 브랜드 네임 중에서 자신이 유통하고 있는 대마초가 어떤 품종인지 테르펜으로 구별한다. 『대마초 문화*Cannabis Culture*』라는 책을 쓴 패트릭 매튜스*Patrick Matthews*는 대마초가 합법화되기 이전 시대에 대해 다음과 같이 논리적으로 설명했다. "불법적인 약물을 사용하는 사람들은 대개 애매하게 넘어가려는 공급자들에게 당하지 않기 위해서 가능한 한 많은 정보를 수집함으로써 (불법이라는 딱지가 붙어 있기는 하지만) 최대한 품질을 잘 선별하려고 노력한다."[5]

한때는 감각적으로 경계를 불러일으켰을 만한 것이 요즈음 유기농 열풍처럼 인기를 얻고 있다. 대마초도 커피나 치즈, 와인처럼 각각의 특정한 냄새와 생산 지역이 있다. 커피나 와인처럼 지식을 자랑하듯 논할 수 없다는 것이 다를 뿐이다.

대마의 품종은 몇 가지나 될까? 아마도 내가 아는 것보다는 훨씬 많을 것이다. 대마의 2대 주요 품종은 사티바*sativa*와 인디카 *indica*인데, 이 두 품종에서 가지치기를 하듯 갈라져 나간 변종이 무척 많다. 우선 인디카와 사티바는 외모부터가 다르다. 향정신적 효과는 물론 냄새의 프로필도 다르다. 사티바는 키가 크고 가지가 엉성하며, 각성효과와 창의력을 자극하는 효과가 좋은 것으로 알려져 있다. 사티바가 모이면 과일 향과 후추 냄새, 고양이 오줌으로 비유되는 매캐한 냄새를 풍긴다. 인디카는 사티바보다 키가 작고, 나무의 전체적인 모양이 원뿔형이며 가지가 많다. 인디카는 수면을 촉진하고 불안을 잠재우기에 딱 좋은, 감칠맛 나는 음식같이 구수하고 그윽한 냄새가 난다.[6]

내가 산 대마초인 슈퍼 블루 드림 품종은 사티바에서 갈라져 나온 변종으로, 테르펜 알파 피넨*alpha-pinene*과 베타-피넨*beta-pinene* 이 솔향기와 비슷한 냄새를, 미르센이 흙냄새와 비슷한 냄새를 낸다. 미르센은 여러 대마 품종에서 가장 흔히 발견되는 테르펜인데, 망고, 홉, 타임*Thyme*, 시트로넬라*Citronella* 등의 냄새에 모두 미르센이 들어 있다. 나의 한 친구가 내 꽃과 그녀가 가진 또 다른 사티바 변종인 캔디 랜드*Candy Land*의 꽃 냄새를 비교해볼 수 있게 해주었다. 친구의 대마초는 박하 향이 훨씬 강해서 코밑에서 시원한 느낌이 들었다. 그에 비하면 내 대마초의 냄새는 햇빛을 듬뿍 머금은 시트러스 향에 가까웠다.

테르펜은 마약으로서 대마초의 효능에 간접적으로, 매우 은밀하게 영향을 준다. 테트라히드로칸나비놀*THC, tetrahydrocannabinol*은 가장 잘 알려진 카나비노이드*cannabinoid*다. 카나비노이드 계열의 화학물질은 약물로서의 가능성 때문에 많은 연구자들이 관심을 갖고 있는 물질이다. (카나비디올*cannabidiol* 역시 카나비노이드 계열의 물질 중 하나인데, 건강에 도움을 주면서 중독성은 없는 성분이다.) THC는 대마에 들어 있으며 정신에 작용해 도취 상태로 유도한다. 그 자체로는 아무 냄새도 없다. 역시 대마에 들어 있는 방향 물질인 테르펜은 도취감을 유도하지 않는다. 그러나 THC가 인체에 흡수되는 과정에 영향을 준다. 냄새가 강한 품종의 대마라고 해서 THC가 더 풍부하거나 마약으로서 더 효과가 큰 것은 아니다. 하지만 냄새가 강한 테르펜은 사람이 THC의 정신작용 효과를 어떻게 경험하는가에 영향을 준다.[7]

테르펜이 사람을 도취 상태로 이끌지 않는다 해도, 테르펜 없이 대마초를 즐길 수 있을까? 아마 그렇지 않을 것이다. 암 환자에게 치료 목적으로 처방하는, 테르펜 없이 THC만 들어 있는 마리놀*Marinot*을 재미로 먹은 사람은 역사적으로도 아무도 없다. 아무 냄새도 테르펜도 없는 약인 마리놀은 사람을 순전히 의학적이고 불쾌하기까지 한 도취 상태로 유도한다. 테르펜, 즉 대마초 냄새는 THC의 경험을 순화시키고 사람에게 어울리는 형태로 작용하게 만들어 준다.[8]

대마마다 테르펜의 냄새가 다르고, 저마다의 특별한 효능이 있다. 리모넨은 항우울제, 항균제로 효과가 있는 시트러스 향을 낸다. 로즈마리나 노간주나무에서도 리모넨 냄새가 난다. 달콤한 꽃 향기를 내는 리날로올은 라벤더에도 들어 있다. 리날로올은 경련과 불안 치료제로서의 가능성이 있는데, 과학자들은 리날로올의 효과를 발륨*Valium*(디아제팜*Diazepam*이라고도 한다)주사와 비교하기도 한다.[9] 카리오필렌*Caryophyllene*은 검은 후추, 정향, 목화나무 냄새에 들어 있는데, 자가면역과 위장장애 치료를 돕는다. 오시멘*Ocimene*은 달콤한 허브 향, 나무 향을 내며 감염, 세균, 바이러스를 물리치는 데 도움을 준다. 박하, 파슬리, 난초 등의 향에도 오시멘이 들어 있다.[10] 흙냄새를 내는 미르센은 염증을 치료한다.

대마초를 식품과 약품 사이의 연속선상에 있는 식물이라 간주하고 생각해보면, 한 가지 질문이 떠오른다. 법률적으로 봤을 때, 대마가 왜 아편이나 코카인 같은 중독성 약물과 같은 카테고리에 묶였는지 의아하다. 왜 알코올이나 커피 같은 가벼운 중독성 기호식품으로 분류되지 않았을까? 자, 이제 그 이유를 대마초의 역사에서 한번 짚어보자.

대마초에 대한 가장 이른 언급은 의학적 기록에서 볼 수 있다. 기원전 3000년경, 고대 중국 신화에 나오는 황제 신농이 지었다는 『본초경本草經』에 대마에 대한 언급이 있다. 본초경은 중국 의학의 기본서가 되었다. 마틴 부스*Martin Booth*가 쓴 『대마초의 역사 *Cannabis: A History*』에 따르면 신농은 대마 잎과 꽃으로 만들었을 것으로 보이는 약으로 통풍에서부터 말라리아에 이르기까지 여러 가지 병을 치료하도록 가르쳤다고 한다.[11] 훗날 중국 의사들은 '마麻'라고 부르던, 이 식물의 또 다른 용도를 발견했다. 예를 들어, 대마의 수지를 포도주나 독초의 성분인 아코니트aconite와 섞으면 수술용 진통제가 만들어졌다.

신농제가 대마의 효능을 실험하기 시작할 무렵, 유목민들이 대마를 가지고 인도 아대륙으로 들어갔다. 기원전 1100년경 힌두교의 주요 경전 중 하나인 『베다Veda』에도 대마가 자주 언급되어 있다. 시바Shiva 신은 지금도 결혼식과 축제에서 그를 기리기 위해 마시는 대마 잎차인 방Bhang 덕분에 '방의 제왕'으로 불리게 되었다. 방의 고전적인 레시피에는 장미수, 카다멈, 아니스, 가람 마살라의 냄새가 섞여 있으며 대마초의 눅눅한 냄새는 더 크고 복잡한 냄새들의 밑에 가라앉아 있다.[12] 금욕을 강조하는 힌두의 분파들도 불교 신자들과 마찬가지로 방을 즐겼다. 그들은 대마초를 음식으로, 종교 의례를 도와주는 순한 약으로 생각했다.

아리안Aryan족은 인도 아대륙에서 페르시아, 소아시아, 그리스, 발칸반도, 프랑스 동부 그리고 독일까지 이동했다. 아리안족은 지나가는 곳마다 대마를 남겼다. 대마를 뜻하는 '카나비스cannabis'는 아람어와 히브리어에서 '향기 나는 막대'를 뜻하는 말에서 왔다. 초기 아랍 문헌에서는 이 식물을 행복의 나뭇가지, 희로애락의 나무, 생각의 조각이라고 칭했다.

대마는 말 그대로 잡초처럼 어디에서나 자란다. 아무 데서나 흔히 자라는 식물을 사람들이 알뜰하게 이용해 밧줄도 만들고 종이도 만들고 천을 짜고 차를 우려 마셨다는 것은 어찌 보면 당연하다. 그러나 대마에서 무해한 잎과 줄기, 그리고 씨앗을 이용하는 것과

THC가 풍부한 꽃과 수지를 이용하는 것은 크게 다르다. 수지를 농축하면 수백 년 동안 대마를 이용한 모든 약물 중에서도 가장 짙고 긴 그림자를 드리웠을 만큼 강력한 약물인 해시시*hashish*가 만들어진다.

19세기 유럽과 미국에서는 대마를 불안증, 기침, 둔한 통증 등을 다스리는 약으로 일반 약국에서 팔았다. 알약, 시럽, 팅크제, 코담배 등 여러 가지 형태로 팔았는데, 대부분 냄새가 없었다. 그러나 대마는 산업적으로 생산되는 의약품처럼 효과가 좋지는 않았다. 약효는 저마다 제각각이었고, 심지어는 같은 회사에서 나온 약도 병瓶마다 달랐다. 대마는 효과가 천천히 나타나기 때문에, 환자가 약을 과용하는 경우도 많았다. 특히 대마 팅크제는 여러 층으로 분리되기 때문에 과다복용하기가 더 쉬웠다. 대마 과용으로 사람이 죽지는 않지만, 환각을 일으킬 수 있었다. 고작 두통약의 부작용치고는 심각했다. 대마를 적절히 소비하려면 반드시 지식이 필요했다.

대마의 명성은 외래종이라는 오명으로 흠이 생기기도 했다. 해외의 식민지에서 현지 생활을 해본 유럽인들은 늘 대마 냄새를 맡았다. 유럽인들에게 식민지의 대마 냄새는 생소한 현지의 토착 관습 중 하나였다. 직접 대마를 경험한 유럽인들은 시인, 예술가, 지식인 등 반체제 인사들이 많았다. 조국에서 쫓겨나다시피 타국으로 흘러든 그들 중 상당수는 순하고 연한 형태의 대마는 건너뛰어버리고 해시시의 빠르고 독한 도취경에 빠져들었다. 아편과 해시시를 모두 경험해본 사람들 중 일부는 해시시를 찬양하는 글을 출판했다. 그들의 출판물은 서구의 독자들에게 불티나게 팔려나갔다.

1800년대 후반, 식민지 인도에서 대마초 사용을 금한다는 영국 정부의 결정은 현실을 모르는 결정이었다. 대마는 이미 인도의 종교와 사교 관습뿐만 아니라 음식 문화에도 널리 퍼져 있었다. 무엇이든 대상에 대한 정확한 이해 없는 조치에는 부작용이 따르는 법이다. 서구인들에게 식민지에서 사용하는 대마 냄새는 지독한 저항의 악취로 받아들여졌다. 이는 인도와 남아프리카, 그 외의 여러 식민지에서 대마초를 사용하는 갈색 피부의 식민지 주민들은 게으르고 시간을 관념을 모르는 노동자이므로, 유럽인이 그들을 지배하는 것은 정당하다는 논리의 한 근거가 되었다. 대마초에 씌워진 어둡고 음습한 오명은 그대로 답습되었다.

부스는 "1900년에 이르자 미국 인구의 약 3퍼센트가 의학적인 치료 과정에서 아편이 든 약물에 의존하게 되었으며 심각한 우려가 제기되는 상황에 이르렀다. 간단히 말해 마약은 '반미국적'이었다"라고 적었다. 이러한 우려는 급속하게 외국인 혐오증으로 변질되었고, 흑인뿐만 아니라 중국과 멕시코 출신 이민자까지 그 대상이 되었다. 아편, 코카인, 해시시, 대마초 흡연 등을 불법화하고 척결하는 과정은 인종주의적인 편견으로 얼룩졌다.

미국에서 대마초 흡연뿐만이 아니라 모든 알코올 음료까지 금지하는 금주법이 시행되면서 미국인들은 그 법의 허점을 기꺼이 악용하기 시작했다. 미국인들은 티 패드*tea pad*를 애용했다. 티 패드는 마리화나 사용자들이 감시의 눈을 피해 모이던 아지트 같은 곳이었는데, 흑인 대이동*the Great Migration*의 시기*에 남부에서 북부 대도시로 이주한 흑인들의 커뮤니티이기도 했다. 지하의 재즈 바에 흑

● 1910년대부터 1960년대에 해당한다.

인들, 소수의 백인들이 자유롭게 섞여서 향긋한 연기 구름 속에서 춤을 추었다.

FBI 마약단속국 국장이었던 해리 앤슬링거Harry Anslinger는 대마초를 정조준했고, 대마초와의 전쟁에서 승리했다. 그는 뉴욕 시장과 신문 재벌 등 막강한 조력자를 등에 업고, 1937년에 마약을 금지하는 연방법을 통과시켰다. 앤슬링거가 대마초에 이국적인 발음으로 느껴지는 마리화나marijuana라는 이름을 지어 붙인 것(그는 marihuanna라는 철자로 썼다)은 신의 한 수였다. 대마초가 마치 미국과 전혀 상관없는 외래물인 것처럼 만듦으로써 멕시코, 필리핀, 그리스, 스페인, 터키, 라틴아메리카 출신 이민자, 불법체류자들을 상습 마리화나 사용자로 뭉뚱그려 폭력적이고 변태성욕자로 낙인찍기가 쉬워졌기 때문이다. '그들에게서 대마초 냄새가 난다!' '그들은 백인이 아니다!' 앤슬링거와 그 추종자들의 손에서 그 두 개의 악惡이 하나로 합쳐졌다.

부스에 따르면, 1950년대에 이르자 흑인의 마약이라 불리던 대마초가 헤로인이나 코카인보다 훨씬 위험하다는 인식이 퍼졌다고 한다. 중독의 위험성뿐만 아니라 다인종간 성적 소통의 도구로 쓰일 수 있다는 점 때문이었다. 1960년대에는 백인 히피들이 인디언 페이즐리 무늬가 프린트된 옷을 입은 채 패츌리 향을 태우고, 미친 듯이 '마리화나 담배' 연기를 뿜어내면서 흑인들과 손잡고 인권을 부르짖는 시위에 나서는 것으로 서구 문명, 자본주의, 백인에 대한 불신을 드러냈다. 냄새가 세대차, 정치적 견해의 차이를 구별하는 경계선이 된 것이다.

과거가 현재로 넘어오면서, 대마와 흑인, 유색인종과의 상관관계는 점점 더 견고하게 굳어졌다. 왜일까? 아마도 그 냄새가 당국에게는 유용했기 때문일 것이다. 대마초 냄새는 인종주의를 제도화하고 그들을 지배하는 데 직접적인 도구가 되었다. 외국인 또는 이방인을 구분하는 데 쓰이던 다른 냄새들과 마찬가지로, 대마초 냄새역시 사람들이 너무 쉽게, 아무렇지도 않게 차별적 행동을 정당화했다. (이 주제에 대해서는 '살 냄새'를 보자.)

이제 다시 처음에 시작하려 했던 것, 즉 내 꽃의 냄새를 맡아보고 직접 피워보기를 마무리해야 할 때인 것 같다.

꽃이 든 갈색 종이봉투를 펼쳤다. 대마 꽃이 든 밀폐 용기와 그꽃을 갈아서 가루로 만들어줄 핸드 그라인더, 대마초 흡연용 에메랄드빛 유리 파이프까지 모두 꺼냈다. 나는 대마 꽃이 재가 되도록태우지 않고도 가열할 수 있는 전자담배용 파이프(흡입기)도 샀다.대마용 파이프와 전자담배용 파이프를 쓰는 것이 연기를 들이마시는 것보다 폐에 부담을 덜 준다. 게다가 차별을 부르는 대마초 냄새도 거의 제로까지 감소시킨다. (밀레니얼 세대와 Z세대가 왜 그토록 전자담배로 몰리는지 궁금하다면, 이런 이유도 한번 생각해보자.)

준비하는 동안 다시 살아나는 대마 꽃의 냄새를 내 코가 느끼는 것 같다. 가루로 만드는 동안 대마 냄새가 확 피어올랐고, 대마가루에 불을 붙이자 다시 한번 냄새가 피어올랐다. 그 냄새가 돌아온다. 요란하고 시큼하고, 작열하는 듯 선명한 초록, 박하, 타르 냄새가 고화질 화면처럼 디테일하다.

이제는 대마를 피울 준비가 된 것 같기도 하다. 그러나 이 냄새에 대해 뭘 알게 되었는지는 잘 모르겠다. 인종주의의 역한 냄새와 나 자신이 갖고 있는 특권의 악취를 구분하지 못하겠다. 이런 역설에 대해 속 시원히 설명할 길도 없다. 이 모든 것들이 똑같이 복잡한 냄새 안에 갇혀 있다.

나는 커다랗고 부끄러운 어떤 것에 불이 붙어 연기 속에서 하늘로 뭉게뭉게 피어오르는 장면을 상상한다. 번제燔祭, 또는 역사적 기념물의 냄새처럼, 한 모금 피워보고 잠시 기다린다. 그리고는 나머지는 그대로 타게 둔다.

돈
—
CASH

지폐 냄새는 약간 식물성이면서 곰팡이 냄새 비슷하다. 코가 겨우 기억할까 말까한 냄새다. 지폐 냄새를 깊이 들이마시면서, 나는 에어컨 시설이 없는 도서관 특유의 조용함과 따스함, 그리고 종이로 가득 찬 실내의 탁한 공기를 생각했다. 지폐 냄새를 더 증폭시키기 위해 빳빳한 1달러짜리 지폐에 증기를 쐬어보았다. 지나치게 민감한 우리 집 화재경보기를 꺼놓은 것 외에, 이 실험의 후각적 결과는 너무 보잘것없었다. 따뜻하고 습한 공기에서 밧줄이 마찰을 일으킬 때 나는 냄새처럼, 연기 냄새가 아주 살짝 날뿐이었다.

꾸깃꾸깃하고 지저분한 지폐는 냄새가 더 심하다. 깨끗하지 못한 도서관의 메마른 톱 노트와 거리의 기름 냄새가 나는 미들 노트는 곰팡이 핀 지하실, 라커룸, 길을 잘 낸 가죽 장갑을 떠오르게 한다.

눈을 감고 헌 지폐 냄새를 맡아보면 거의 자동적으로 어떤 장면들이 떠오른다. 이 지폐가 만들어진 후 거쳐 온 수많은 환경들을 상상한다. 인쇄 공장, 강철 갑옷을 두른 트럭, 캄캄한 현금자동지급기 내부, 주머니, 지갑, 금전등록기 서랍, 벽돌 모양으로 깔끔하게 포장된 코카인이 놓인 테이블 위의 돈을 세는 기계, 서류 가방, 생일 카드, 코인 세탁소의 건조기, 돼지 저금통까지. 지폐는 이 모든 여행을 겪으며 흡수한 냄새를 영원히 제 등에 짊어지고 다닌다.

우리가 일상적으로 지폐라 부르는 종이 은행권은 사실 종이가 아니라 섬유로 만들어진다. 면과 마의 혼합물이 가장 선호되는 재료인데, 혼합 비율은 내구성 좋은 면이 더 높다. 정확한 혼합 비율은 통화마다 제각각이다. 신권에는 대개 인쇄에 쓰인 잉크 냄새가 남아 있다. 각 지폐의 인쇄에 쓰이는 잉크 레시피는 그 지폐를 발행하는 중앙은행과 인쇄 파트너만 알 수 있는 비밀이다. 따라서 지폐에 남아 있는 그 희미한 잉크 냄새는 일종의 블랙박스다. 우리가 맡고 있는 그 냄새가 정확히 무슨 냄새인지 우리는 알 수 없다.[1]

그러나 사실 지폐는 사람들에 의해 사용됨으로써 냄새를 얻는다. 사람 손에서 분비되는 지방, 우리 눈에는 보이지 않지만 우리 손에 붙어서 살고 있는 수많은 미생물(세균)이 만들어내는 냄새를 지폐가 흡수한다. 경화硬貨, 즉 금속으로 만든 화폐인 철전鐵錢이나 동전도 마찬가지다. 경화는 차가울 때에는 아무런 냄새도 나지 않는다. 철로 만든 경화에 사람의 손이 닿으면, 철 원자가 피부의 땀으로부터 전자 두 개를 얻어간다. 이 철 원자가 나중에는 피부의 지방과 반응하여 '1-octen-3-one'이라는, 눅눅한 동전 냄새를 내는 휘발성

화합물을 만든다. 동전에서도 똑같은 화학반응이 일어난다. 다시 말해, 돈도 사람처럼 냄새가 난다. 우리가 친한 사람, 싫어하는 사람, 그저 그런 사람과 섞여 살면서 악수도 하고 대화도 하는 사이에 타인의 냄새가 내게도 옮겨오듯이, 돈에도 사람 냄새가 옮겨가는 것이다.[2]

나는 돈에도 다양한 냄새가 있고, 깨끗한 지폐 냄새에서부터 지저분한 지폐 냄새에 이르기까지 그 다양한 냄새들을 쉽게 맡아볼 수 있을 줄 알았다. 하지만 막상 내 지갑을 열어보니 내 지갑 안에 든 지폐는 빳빳한 신권뿐이었다. 남편과 아는 이웃 몇몇 사람에게 신권과 바꿔줄 헌 지폐가 혹시 있는지 물어보았다. 놀랍게도, 하나같이 신권만 갖고 있었다. 이제 내 그물망을 더 넓혀서, 좀 더 멀리 사는 친구와 다른 도시에 사는 지인들에게 똑같이 물어보았다. 결과 역시 똑같았다.

한 친구는, 비록 헌 지폐는 갖고 있지 않지만 왜 내가 헌 지폐를 찾기 힘든지는 알 수 있을 것 같다고 말했다. 그 친구 말에 의하면, 내 이웃, 내 주변 사람들은 헌 지폐를 갖고 있기에는 나름대로 잘사는 사람들이라는 것이었다. 친구는 부유한 동네 사람들일수록 새 지폐를 갖고 다닌다고 말했다. 내 친구가 이런 가설을 갖게 된 데에는 그만한 이유가 있었다. 그 친구는 인생 경험이 많았다. 이민 1세대인 친구의 아버지는 시카고의 빈민가라 할 수 있는 웨스트사이드에서 주로 현금을 다루는 노동으로 생계를 책임졌다. 대규모 도매상점의 계산원을 시작으로, 나중에는 세탁소까지 친구의 아버지는 도시 곳곳의 주민들이 지불하는 현금을 받았다. 금전등록기에 들었던 돈을 계산할 때면, 친구의 아버지는 지폐를 보고 골드코스트나 링컨 파크에서 들어온 돈과, 내 친구 가족들과 그 이웃들이 사는 웨스트 사이드에서 들어온 돈을 구별할 수 있었다. 골드코스트나 링컨 파크에서 들어온 돈은 청자빛 녹색이 선명한 신권인 반면에 웨스트사이드에서 들어온 돈은 구깃구깃하고 지저분한 헌 지폐였다. 친구의 아버지는 가족들에게 부자들과 가난한 사람들은 주머니 속 지폐까지 다르다며 한탄하셨다고 한다. 새 지폐마저도 부자들의 주머니에만 들어간다고.

내 친구는 커서 화가가 되었다. 학창 시절에는 주로 현금을 받는 일이 많은 서비스 직종으로 학비를 벌었는데, 업타운의 한 커피숍에서 바리스타로 일한 적이 있었다. 커피숍 길 건너에는 교도소에서 출소해 사회에 완전히 복귀하기 전까지 머무는 복지시설과 저소득층을 위한 공공주택 단지가 있었다. 친구도 자신의 아버지처럼 길 건너 사는 사람들로부터 들어온 냄새나고 구겨진 돈과 출퇴근 시간대에 상업지역으로 들어가거나 나오는 사람들로부터 받은 빳빳하고 좋은 냄새가 나는 돈을 구별할 수 있게 되었다. 그러나 금전등록기에 들어간 지저분한 돈에는 독특한 인간미가 묻어 있었다. 추운 겨울 따뜻한 커피숍에서 오후 시간을 보내기 위해 꼬깃꼬깃한 1달러짜리 지폐로 커피를 사 마시는 사람들이 있었다. 그 사람들은 내 친구가 화장실 청소를 할 때나 가게 문을 열고 닫을 때 도와주기도 했다. 그들이 내미는 지폐는 지린내 나는 바지 주머니에서 땀내 찌든 손으로 꺼낸, 담뱃재가 그대로 묻어 있는 돈일 때가 많았지만 고달픈 인생사의 한 조각이 담겨 있는 인간적인 돈이었다.

내 친구의 일화는 그저 개인적인 경험담일 뿐, 참이냐 거짓이냐를 판별하거나 증명할 수 있는 이론이 아니다. 그러나 그 이야기는 돈 냄새의 어두운 이면을 들춰 보여준다. 지폐가 사람들 사는 동네로, 현금지급기를 통해 들어가는 것을 상상해본다. 그 지폐들은 그 지역에서 계속 유통된다. 논리적인 이야기다. 돈이 많은 사람은 현금을 잘 쓰지 않는다. 아주 소소한 물건을 살 때만 현금을 쓴다. 현금은 부자 동네에서 가난한 동네로만 흐르는 것 같다. 예를 들면, 소원을 비는 분수에 동전을 던진다든가, 주차미터기에 동전을 넣는 다든가, 길거리 공연가들 앞에 놓인 돈통에 넣는다든가. 하지만 가난한 동네에서 부자 동네로 돈이 흐르는 경우는 거의 없다. 가난한 사람들은 어쩔 수 없는 경우를 제외하고는 웬만해서는 부자 동네에 가서 돈을 쓰지 않는다. 현금, 특히 액면가가 적은 돈은 한 동네에서만 빙글빙글 돌 뿐, 그 동네 밖으로 나가지 않는다.

지금 우리가 사는 이 세상에서, 현금 냄새는 어떤 의미로 작용하고 있을까. 내 것이 아닌 돈통 속에 가득 들어 있는 돈을 셀 때는 돈 냄새가 다르다. 그 돈을 다 세고 나면, 그 돈이 그 돈통에 이르기까지 지나왔던 다양하고 폭넓은 인간 세상의 상호작용과 거기에 든 시간을 모두 세는 것과 다름없다.

휘발유

GASOLINE

휘발유 냄새는 현실적이고 저돌적이며 자극적이다. 강약의 리듬을 가지고 두들기는 듯한 냄새다. 휘발유 냄새는 보이지 않아도 세상을 채우고 있는 자기장처럼 3차원 공간을 꽉 채우며 점령한다. 천연의 것이면서도 합성된 어떤 것, 거의 디지털화된 어떤 것 같은 통합적인 냄새다. 휘발유는 증발하기 쉬운, 깊고 호소력 있는 기체의 파도가 되어 냄새를 퍼뜨린다. 아름답지 않은 장면일 것임을 알면서도 자동차 사고 현장에서 눈을 떼지 못하는 것처럼, 휘발유 냄새로부터 고개를 돌리기는 쉽지 않다.

휘발유 냄새를 맡으면 건강에 해로울까? 한 마디로 말하면, 그렇다. 여러 마디로 말하면, 매우 심각하게 나쁘다. 휘발유 냄새에서 가장 유혹적인 성분은 발암물질로 잘 알려진 벤젠이다. 벤젠은 휘발유 냄새에서 달콤하고 야생화 같은 톱 노트의 주요 성분이다.[1]

휘발유 냄새는 사람의 중추신경계를 억제한다. 사람을 음주 상태로 만드는 것과 바탕은 비슷하지만, 그 영향은 훨씬 나쁘다. 그런 면에서 휘발유 냄새를 맡는 것은 유기용제, 아질산염 또는 캔에 든 에어로졸 중독과 비슷하다. 휘발유 냄새를 많이 맡으면 기분이 좋아지는 것 같고 행복해지는 것 같지만, 동시에 쉽게 짜증이 나는 수도 있다. 신체 협응감각이 떨어지고 말이 꼬이고 늘어지며 머리가 어지럽고 두통이 생기기도 한다. 냄새를 심하게 맡으면 발작을 일으키거나 환각을 일으킬 수도 있으며 그러다가 의식을 잃거나 심하면 죽을 수도 있다.[2] 아직도 잘 모르는 사람들을 위해서 분명히 해두자면, 일부러 휘발유 냄새를 맡는 것은 어리석은 행동이다.

신기한 점은 많은 사람이 이토록 해로운 휘발유 냄새에 빠져들기도 한다는 것이다. 휘발유 냄새 맡기를 좋아하는 것도 일종의 스멜 페티시*smell fetish*라 해도 전혀 이상하지 않다. 휘발유 냄새는 쾌락과 위험의 혼합물이고 중독을 부르는 니치 마켓이 분명하다. 우리가 좋아하는 냄새는 대개 공기뿐만 아니라 욕망을 타고 흐른다.

휘발유 냄새가 유혹적인 진짜 이유는 그 냄새가 여행의 욕망을 포착하고 있기 때문이다. 휘발유 냄새는 자동차를 타고 달렸던 기억, 그러니까 충동적인 이동의 꿈을 자극한다.

휘발유 냄새는 일종의 아이콘 같은 냄새다. 변하지 않거나 아주 천천히 변한다. 그렇다고 휘발유 냄새가 항상, 어디서나 다 똑같지는 않다. 겉으로 보기에는 모두 다 똑같을 것 같지만, 정유되기 전 상태에서부터 최종 상품에 이르기까지 다양한 변종의 냄새가 있다. 원유는 화석화된 식물과 동물의 구성물질로부터 만들어진 천연 물질이다. 원유의 냄새는 화석화된 물질이 수억 년 동안 어떤 식으로 압축되었는가에 따라 달라진다. 황화합물 함유량이 낮은 원유는 '스윗 크루드 오일sweet crude oil', 반대로 황화합물 함유량이 높은 원유는 '사우어 크루드 오일sour crude oil'이라고 부른다. 때로는 원유가 거쳐온 지질학적 과정 때문에, 정유 과정을 거친 휘발유에 든 것보다 원유에 더 많은 분자가 들어 있다. 굳이 표현하자면 '천연 정유 원유' 정도가 되겠다. 그 외의 경우라면 원유는 정말로, 진짜로 거칠고 조악하기 때문에 휘발유로 변신하기 위해서는 변환 공정을 거쳐야만 한다.[3]

미국에서 자동차 연료로 쓰이는 휘발유는 각 주정부와 연방 정부의 가이드라인에 맞추어 20가지 이상의 블렌드로 판매된다. 해외에는 그보다 더 많은 수의 블렌드가 있다. 휘발유 블렌드는 공기 중에 배출되는 휘발성 유기화합물, 즉 VOCs의 배출 수준을 제어하기 위한 것이다. 자동차 배출가스에서 VOCs가 많이 증발할수록 대기 오염이 심해진다. 여름에 텍사스에서 팔리는 휘발유의 냄새는 텍사스보다 환경 규제가 엄격하고 기후도 덜 더운 캘리포니아 베이에리어의 휘발유 냄새와 크게 다르다. 또한 거의 모든 지역에서 겨울 휘발유와 여름 휘발유의 블렌드가 다르다. 환절기에는 주유소마다 새로운 계절에 맞는 블렌드로 바꾸는데, 그 속도가 다 다르기 때문에 주유소마다 다른 블렌드의 휘발유를 파는 무질서한 상황이 된다. 예를 들어 가을에서 겨울로 넘어가는 시기에 한 주유소에서는 이미 겨울 블렌드 휘발유를 파는 반면 길 건너편 주유소에서는 아직도 여름 블렌드 휘발유를 팔기도 한다.[4]

휘발유 냄새를 탐닉하는 사람들도 그렇지만, 다른 종류의 냄새를 탐닉하는 사람들에게도 여러 가지 위험 요소가 뒤따른다. 중독의 위험은 물론, 탐닉하는 냄새가 불러일으키는 노스탤지어 때문에 퇴행적인 행동을 유발하기도 한다. 갓 포장한 아스팔트 역시 석유가 원료이며, 그 냄새도 휘발유와 비슷하게 매력과 건강상의 위험을 동시에 가져다준다. 유성 매직, 매니큐어 리무버, 청소용 세제, 옛날 옛적 학교에서 쓰던 먹지 등에는 모두 유기용제 성분이 들어 있고, 따라서 그 냄새를 흡입하면 어쩐지 들뜬 행복감을 느끼게 된다. 나무가 타는 연기 역시 아름답고 낭만적인 기억을 불러 일으키지만, 발암물질이다.

물론 이런 냄새의 위험성에만 초점을 맞추는 것은 편협하다. 그러다 보면 더 큰 핵심을 놓치게 된다. 냄새는 일시적이고 순식간이다. 시작도 끝도 순간적이다. 어떤 사람들은 선물이나 배달되어 온 소포를 풀어볼 때 그 상자에서 나는 냄새나 기대에 가득 차 머리를 염색하려고 준비할 때 풍기는 염색약의 냄새를 좋아할지도 모른다. 냄새는 언제나 자기 자신을 강렬하게 표현하기 때문이다.

사향

MUSK

사향은 따뜻하고 생생하고 미묘한 향이다. 조용한 활기로 맥동하는 것 같다. 사향은 맡기 전에는 온갖 장식과 무늬로 가득한 화려하고 웅장한 향일 거라고 기대했지만, 내가 맡은 사향은 전혀 그렇지 않았다. 사향은 깊고 미묘하다. 마치 누군가의 살 냄새를 증폭해놓은 것 같다. 어떤 사람은 사향은 행복하고 즐겁고 완전히 느긋한 한 인간에게서 풍기는 천연의 향과 같다고 말할지도 모르겠다. 이 향기는 그 이면에 아찔한 고요를 품은 긴장을 숨기고 있다.

내가 뿌린 식물성 사향 향수 엠버&머스크 _Embers&Musk_ 의 사향 향기는 마치 배경에 쳐놓은 벨벳 스크린처럼 내 주변에 머물러 있다. 먼저 느껴지는 향은 파인 타르 _pine tar_ *, 매운 핑크 페퍼, 가벼운 꽃향기와 유자 향이 든 과이어콜 _guaiacol_ (위스키의 성분 중 하나)이다. 사향을 이루고 있는 여러 향기들을 하나씩 구별해내기는 어렵지만, 사향이 내 향수의 여러 향기를 묶어주는 요소임은 분명하다.

사향은 피겨 스케이터의 의상을 떠올리게 한다. 온갖 반짝이와 깃털로 장식되어 있고 복잡한 곡선을 완벽하게 따라 흐르는 의상에서 스케이터를 감싼 얇은 망사 안감은 거의 보이지 않는다. 놀랍도록 강하고 아름다운 것은 화려한 의상이 아닌 스케이터의 몸이다. 사향은 스케이터의 몸을 감고 있는 망사처럼, 내 향수가 뿜어내는 향기의 중심점으로 느껴진다.

●   소나무를 건류하여 얻는 타르.

우리가 오리지널로 알고 있는 사향, 즉 동물성 사향은 히말라야 사향사슴의 분비선에서 떼어낸 붉은색 젤리로부터 나온다. 발정기의 수컷 사향사슴에게서 약 30그램 정도의 사향이 나오는데, 사람들은 사향을 채취하기 위해 굳이 사슴을 죽이지 않아도 되지만 대개 사슴을 그냥 죽인다.[1] 사향사슴처럼 사향과 비슷한 향기 물질을 가진 동물이 또 있다. 에티오피아, 인도네시아 등에 서식하는 사향고양이는 항문에서 꿀과 비슷한 액체, 즉 시빗 *civet*이라는 사향액을 분비한다. 그리고 캐나다와 러시아에 서식하는 해리의 복강낭에서는 해리향을 추출한다. 이 향기들은 고농도 상태에서는 오히려 불쾌한 냄새를 풍기기 때문에 희석해야만 향기로 활용할 수 있다. 이들 모두 향의 지속기간이 놀라울 정도로 길기 때문에 아주 오래전부터 향수로 쓰였다. 이 향기들을 채취하기 위해 야생동물을 사냥하는 것은 이제 모두 불법이기 때문에 지금은 실험실에서 합성된 향을 쓴다.[2]

사향을 주원료로 한 향수는 근대 이전부터 큰 인기가 있었다. 사향이나 사향과 비슷한 향은 지방 성분의 아름다운 베이스 노트를 갖고 있었고, 그 당시에 주로 쓰이던 향수의 향기가 오래 남아 있도록 해주었다. 유럽에서 꽃향기를 베이스로 한 향수가 사향 향수의 자리를 차지하게 된 것은 18세기에 이르러서였다. 체취를 연상시키는 모든 냄새를 포함해 동물성 냄새를 불쾌한 것으로 만들어버리는 사회적 기준이 생겼기 때문이었다.[3]

특히 이슬람 문화는 사향을 온갖 고귀하고 선한 것, 즉 찬양, 순결, 계급과 부, 진정한 사랑의 냄새와 비유하면서 그 향기의 아름다움을 극찬했다. 비밀 또는 논쟁할 여지가 없는 진실처럼, 아무리 감추고 밀봉을 해도 사향의 향기는 새어 나간다는 것이다. 페르시아의 옛 문헌에도 다음과 같이 쓰여져 있다. "아무리 여러 겹 꼬투리 속에 숨겨도 사향은 세상에 자신을 드러낸다."[4]

사향사슴으로부터 채취한 진짜 사향은 인류에게 야생에 존재하는 동물성 향기로 통하는 창문을 열어주었다. 인간에게 동물성 향기란, 지켜볼 수 있을 뿐 낱낱이 분석할 수는 없는 냄새 신호의 숲이었다. 동물 사이의 냄새는 각 동물들이 갖고 있는 정보와 그 정보를 서로 교환할 수 있는 소통의 수단으로 이루어져 있다. 말하자면, 동물들의 문화라고 말할 수 있다. 수컷 여우원숭이는 '냄새 경쟁'으로 우위를 가린다. 수컷들끼리 짝짓기를 위해 암컷을 유혹할 때 내는 냄새를 계속 뿜어내다가 그 냄새가 소진된 수컷이 물러나는 것이다. 더는 냄새를 낼 수 없는 수컷은 슬그머니 자리를 피한다. 냄새 물질이 다시 채워질 때까지 일시적이기는 하지만, 신체적으로나 지위상으로나 거세 상태에 놓인다.[5] 새들도 짝을 정해 짝짓기를 하기 전에 서로의 체취를 맡아본다. 사실 이때 냄새를 맡는 이유는 서로의 몸에 있는 미생물군을 평가하기 위함이다.[6](사람도 나름의 방식으로 이런 행동을 한다. '살 냄새'를 참고하라.) 수달은 항문의 분비샘에서 나는 냄새를 통해 친한 개체와 낯선 개체를 구분하고 이 냄새를 통해 서로 소식을 주고받는다. 이 신호는 매우 정밀해서, 수달의 세계에는 지역에 따른 '냄새 방언'이 존재해 낯선 개체의 냄새를 속속들이 분석할 수 없는 경우도 있다.[7] 많은 종류의 새들(생쥐, 칠성장어, 연어도 마찬가지지만)은 주로 냄새에 의존하면서 지극히 먼 거리까지 이동한다. 긴 여정에서 맡는 모든 냄새의 차이를 구분해 기억하고 돌아올 때는 그 냄새 패턴을 역순으로 더듬어 떠났던 자리를 찾아온다. 후각과 기억력의 콜라보인 셈이다.[8] 코끼리는 심지어 냄새로 물체를 셀 수도 있다. 말하자면, 냄새의 차이로 먹이의 양을 구분하는 것이다. 그것도 놀라울 정도로 정확하게 센다.[9] 동물이 세상에 대해 알아내는 정보 중에서 대다수가 냄새를 통해 얻은 것들이다. 그 냄새와 다른 감각으로부터 얻은 증거들을 함께 합성함으로써 통일성 있는 세계관을 형성하는 것이다.

내가 지금 뿌리고 있는 사향 향수는 불법을 저지르지 않고는 얻을 수 없는 동물성 향수처럼 보이지만, 사실은 그렇지 않다. 나의 사향 향수는 동물성이 아니라 식물로부터 얻어진 것이다. 특히 암브레트 시드*ambrette seed*는 식물성 사향의 주원료다. 합성 사향은 실험실에서도 만들어져서, 사향과 사촌관계인 향까지 무수히 많다.

다시 손목의 냄새를 맡아본다. 원숙하고 만족스러운 냄새다. 내 손목에서 뿜어져 나오는 냄새가 공기 속에 뒤섞여 반짝반짝 빛나고 있는 것만 같다.

불쾌한 냄새에 더 많은 호기심을 가지자

커피콩이 담긴 통이나 베이포-럽*Vapo-Rup*®을 한 통 준비한다. 불쾌한 냄새를 가라앉히려면, 재빨리 커피콩 냄새를 맡거나 베이포-럽을 입술 위에 발라준다. 이런 물건을 미리 준비할 수 없다면 팔꿈치 안쪽을 냄새 지우개로 이용하는 것도 한 방법이다. 자신의 살 냄새를 맡으면 후각 수용기를 원상태로 돌려놓고 후각을 리셋하는 데 도움이 된다.

다음에 또 진짜 불쾌한 냄새와 마주치면, 고개를 돌리고 싶은 충동을 누르고 몇 박자만 더 참으면서 그 냄새를 관찰해보자. 물론 불쾌하고 역하겠지만, 잠깐 맡는다고 해서 그 냄새가 당신의 건강에 큰 해를 입히지는 않을 것이다. 역겹다는 것 외에 그 냄새로부터 느껴지는 다른 것은 없는가? 숨을 들이쉬고, 내쉬고, 관찰해보자. 그다음에는 커피콩 냄새를 맡아 코를 리셋해보자.

● 목의 통증과 기침을 완화시켜주는 연고로, 바셀린이 들어 있다. 가슴과 목 부분에 발라준다.

얼얼하게 톡 쏘는 향

SHARP & PUNGENT

오렌지
ORANGES

라벤더
LAVENDER

스컹크
SKUNK

맥주
BEER

먹지
DITTO SHEETS

오렌지

ORANGES

오렌지 향기는 톡톡 터지는 듯 상큼하고 깨끗하며, 말 그대로 군침이 돌게 한다. 상큼한 산성 향기로 후각을 일깨우는 한편, 가벼운 달콤함으로 균형이 잡혀 있다. 친근하고 정감 있는 냄새다.

오렌지는 자르거나 껍질을 까기 전부터 냄새를 맡을 수 있다. 싱싱한 오렌지를 손바닥 위에 올려놓고 있으면, 마치 태양의 후광처럼 그 향기가 오렌지를 싸고 돈다. 껍질을 까기 시작하면 그 향기가 퍼져나가는 것을 눈으로도 볼 수 있다. 에센셜 오일이 껍질의 세포로부터 탈출하며 공기 중으로 퍼지기 때문이다. 오렌지 향기는 바로 이 첫 순간이 절정이다. 그 향기는 상큼한 과즙과 신선함, 겨울 속의 햇살, 여름이 다시 돌아올 거라는 희망의 빛을 한꺼번에 선사한다. 싱싱한 오렌지 향기는 온전하고 충만한 행복감을 가져다준다.

오렌지 향기는 생각보다 멀리까지 퍼져나간다. 오렌지 나무가 실제로 있는 곳으로부터 2킬로미터나 떨어진 곳까지 짙은 시트러스 향기를 풍긴다. 인류가 항공기로 자유로이 여행을 할 수 있게 되기 전에는 추운 지역에 사는 방문객들은 마치 진귀한 향기를 음미하듯이 오렌지 냄새를 맡았다. 하지만 지금도 그 매력은 크게 다르지 않다. 천국의 향기, 멀고 먼 이국적인 나라의 매력, 그런 것들이 향긋한 오렌지 껍질에 그대로 남아 있다.

오렌지는 세계를 품을 수 있다는 것이 내가 제일 좋아하는 책, 존 맥피*John McPhee*가 쓴 『오렌지*Oranges*』의 중심 테마다. 나는 오렌지 냄새를 깊이 들이마실 때마다, 그 향기에 대해 쓸 때마다 이 아름답고 작은 책을 떠올리지 않을 수 없다. 맥피의 책을 읽으면서 오렌지는 정말 신기한 식물이라는 것을 알게 되었다. 오렌지, 레몬, 금귤, 라임, 자몽은 모두 한 그루의 나무에서 기를 수 있다니, 얼마나 신기한가! 위에서 열거한 과일의 나무에 돋아난 눈을 한 나무에 접붙이기만 하면 된다.

오렌지는 차가운 공기에 충분히 노출되어야 초록색을 벗고 우리가 아는 그 오렌지색이 된다. 차가운 공기가 초록색 오렌지 껍질 속의 엽록소를 분해해서 오렌지색인 카로티노이드가 전면에 등장할 수 있게 되는 것이다.[1] 다른 과일들처럼, 오렌지도 공기 중에 놓아두면 스스로 숨을 쉰다. 서로 다른 여러 종류의 과일을 한 바구니에 담아 내놓으면, 과일들의 호흡이 서로 섞이면서 익거나 썩는 속도가 달라진다.[2] 오렌지 향기를 맡을 때는 아직 살아 있는 무언가가 내쉰 날숨의 냄새를 맡는 것이다.

오렌지에 대한 또 한 가지 기이한 점이 있다. 가장 잘 팔리는 변종이자 조향사들이 좋아하는 변종은 대부분 먹기 거북하다는 것이다. 세비야 오렌지를 예로 들어보자. 세비야 오렌지는 신 오렌지 또는 시트루스 아우란티움*Citrus aurantium*이라고도 알려져 있다. 이탈리아에 가장 먼저 들어온 시트러스 계열 식물이며 나중에 유럽 전역으로 퍼져나갔는데, 중세 유럽에서는 연회에 쓸 고기를 쓴맛이 강한 이 오렌지의 과즙에 재워서 고기의 지방을 제거했다고 한다. 세비야 오렌지는 너무 시어서 그대로는 먹을 수 없고, 설탕과 졸이거나 마말레이드로 만들어야 먹을 수 있다.

세비야 오렌지 나무의 꽃을 증류하면 매우 고가의 에센셜 오일인 네롤리*neroli* 오일을 얻을 수 있다. 네롤리 오일은 오늘날 향수 제조사에서 가장 인기 있는 에센셜 오일 중 하나다. 아주 작은 병에 담긴 네롤리 오일은 경쾌하고 강렬한 꽃향기와 함께 희미한 과일향이 난다. '네롤리'라는 이름은 이 오일의 열렬한 팬이었다고 알려져 있는, 17세기 유럽의 막강한 정치 권력자이자 이탈리아 네롤라의 공주였던 안나 마리아 데 라 트레모야*Anna Maria de la Trémoille*로부터 유래되었다.[3] 네롤리의 인기가 높아 같은 식물에서 사촌격 향기를 추출하기도 했다. 페티그레인*Petigrain* 오일은 세비야 오렌지 나무에서 아직 덜 익은 초록색 열매와 잔가지, 잎으로부터 추출한다.[4]

조향사들이 좋아하는 또 한 가지 오렌지 변종은 베르가못*bergamot*인데, 그 열매는 귀엽게 생겼지만 맛은 아주 쓰다. 베르가못이라는 이름은 '왕자의 배*pear*'라는 뜻을 가진 터키어 '*beg-armudi*'로부터 왔다. 이 과일의 옅은 초록색 껍질과 배를 닮은 모양 때문인 듯하다.[5] 이 과일은 스폰지로 껍질 표면을 문지른 다음 그 스폰지를 짜기만 하면 에센셜 오일을 얻을 수 있을 정도로 껍질의 에센셜 오일 농도가 매우 높다.

오늘날 우리는 오 드 콜로뉴*eau de cologne*라는 이름을 일종의 일반 명칭(오 드 퍼퓸*eau de perfume*이나 오 드 트왈렛*eau de toilette*과는 달리

오 드 콜로뉴에는 향수가 5퍼센트밖에 함유되어 있지 않다.6)처럼 부르지만, 한때 아주 특별한 향수였으며 값싼 베르가못이 주원료였다. 이탈리아의 조향사인 죠반니 마리아 파리나*Giovanni Maria Farina*는 독일 쾰른*köln*에 살던 1708년에 고국을 생각하며 향수를 만들었다. 파리나는 동생에게 쓴 편지에서, "이 향수에 이탈리아의 봄날 아침, 수선화, 비 그친 뒤 감귤꽃의 향기를 담았다"라고 썼다. 이 향수에는 레몬, 네롤리, 라벤더와 로즈마리 향기가 담겼지만, 베르가못의 초록 향기가 핵심이었다. 오 드 콜로뉴에는 말 그대로 이탈리아의 아름다움이 담겼고 18세기 유럽 전역에서 블록버스터급 향수가 되었다. 프랑스의 루이 15세, 나폴레옹, 모짜르트가 모두 오 드 콜로뉴를 애용했다. 괴테는 이 향수를 적신 손수건을 한 상자씩 책상 옆에 놓아두고 그 향기를 맡아가며 글을 썼다고 한다.

파리나는 천연 재료가 생산되지 않는 곳에서도 오 드 콜로뉴의 향기는 일정하게 유지하기를 바랐다. 산업시대 이전에는 꿈도 꿀 수 없는 바람이었지만, 파리나는 해냈다. 그는 쾰른에서 싱싱한 베르가못 오렌지를 수입해 직접 에센셜 오일을 추출했다. 쾰른에서 아이를 기르는 어머니들은 아이들을 파리나의 증류소로 데려가 열린 창문 아래서 아이를 들어 올려 증류소에서 새어나오는, 건강을 가져다준다는 싱싱한 오렌지 향기를 들이마시게 했다.7

베르가못 에센셜 오일의 냄새는 네롤리와는 분명히 다르고 싱싱한 오렌지 향기와도 확실히 다르다. 허브 향도 있고 약간은 떫은 듯하면서 기분을 가라앉게 하는 향기다. 어디선가 느껴봤던 향기지만 그게 어디였는지는 베르가못이 얼그레이 티의 주요 향기라는 걸 알기 전에는 콕 짚어낼 수 없다.

이탈리아 사보나의 키노토Chinotto 역시 매우 떫고 쓰지만 향기는 매우 좋은 오렌지다. 키노토 나무는 보기에는 그닥 아름답지 않으나 꽃이 피면 향기가 뛰어나다.[8] 사보나 출신의 이탈리아 선원들은 키노토에 괴혈병을 막아주는 효과가 있다는 걸 알고 긴 항해를 나갈 때면 키노토를 준비했다. 키노토를 반으로 잘라 바닷물이 든 통 속에 띄워두면 살짝 발효되면서 몇 달이고 상하지 않았다. 바닷물의 짠맛이 키노토의 껍질을 부드럽게 해주었으며, 특별히 맛있는 과일로 변신시켜주지는 못해도 어느 정도 쓴맛을 우려내주었다. 아직 초록색인 상태의 키노토를 설탕에 졸여서 마라스키노 리큐어 maraschino liqueur에 띄워 먹으면 무척 맛있다. 사보나의 여러 술집에서는 전통 복장의 중국인이 그려진 아르누보 스타일의 유리 항아리를 쉽게 볼 수 있다. 그 항아리 안에는 키노토가 띄워져 있는데, 추운 겨울날 오후에 이 키노토를 건져서 에스프레소를 마신 뒤에 쓴 입맛을 다스릴 때 썼다.[9] 키노토 시럽은 파시스트가 이탈리아를 지배하던 당시 코카 콜라에 맞설 탄산음료로 내세운 산 펠레그리노 키노토의 베이스이기도 하다.[10] 키노토 설탕 절임은 맛보지 못했으나 키노토 탄산음료는 나도 마셔보았다. 진하게 달콤쌉싸름하고 허브 향이 느껴지는, 칵테일에 섞는 발포성 아마로amaro*와 비슷했다.

유자는 중국 남서부가 원산지이고 껍질이 딱딱한 인창귤Citrus ichangensis과 만다린 오렌지의 교배종이다. 날것으로 먹거나 익혀 먹을 수도 있는데, 일본 사람들은 유자 향을 매우 좋아해서 동짓날에

---

* amaro는 이탈리아어로 '쓰다'는 뜻으로, 허브를 주재료로 만드는 이탈리안 리큐르 중 하나다. 주로 저녁에 식후주로 마신다.

유자를 잘게 썰어 넣은 뜨거운 목욕물인 유즈유ゆずゆ에 목욕을 하며 건강을 기원하는 풍습이 있다. 유자를 통째로 뜨거운 물에 넣으면 동동 뜨면서 향긋한 수증기가 피어오른다. 우툴두툴한 유자 껍질을 피부에 문지르면 각질이 제거되면서 피부도 향긋하게 해준다. 유자 에센셜 오일의 향기를 맡는 것만으로도 그런 행복한 장면이 상상된다. 네롤리에서 달콤함을 뺀 꽃향기 같은 유자 향은 정신을 맑고 깨끗하게 일깨워준다.[11]

이렇게 제각각 다른 오렌지 냄새를 맡다보니 맥피의 책이 다시 생각난다. 『오렌지』는 오렌지를 여러 각도에서 들여다보지만, 그 향기에 대해서는 사실 그다지 깊게 다루지 않았다. 그런데도 나는 왜 오렌지 향기에 이토록 빠져드는 걸까? 이 냄새의 정체는 뭘까?

그것은 바로 글쓰기, 그리고 책이 가져다줄 수 있는 조용한 행복감이다. 『오렌지』는 1960년대 미국에서 인기가 높아지고 있던 냉동 오렌지주스라는 현실적인 토픽에 대해 《뉴요커New Yorker》지에 기고한 글에서 출발했다. 그러나 맥피는 이러한 세속적인 일상 속에서 숭고함을 발견하고 거기에 집착한다. 오렌지에 대한 그의 집요한 관심은 그 책을 완성시킨 원동력이다. 표면적으로는 오렌지에 대한 모든 것을 담고 있는 책이지만, 자세히 들여다보면 깊은 호기심에 대한 책이기도 하다. 연상을 통해 사실들을 연결해나가면서 이야기는 거대한 공기의 흐름을 타고 향기처럼 떠오른다. 흩어져서 완전한 무無로 소멸되기 전까지 얼마나 멀리 흘러갈 수 있을까? 우리는 깜짝 놀란 채 어리둥절해하면서 마치 블러드하운드처럼 열심히 냄새를 맡는다.

나는 이 책을 이미 여러 번 읽었지만, 다시 읽을 때마다 내 감각이 용량 이상으로 충전되는 느낌이 든다. 나에게 『오렌지』는 글로 쓴 증류의 기적과도 같다.

라벤더

LAVENDER

첫인상은 꽃잎처럼 하늘하늘, 금방 사라질 듯 가냘프고 성급하다. 그러나 이윽고 근육질이 드러난다.

라벤더 향기는 강인함을 감추고 있다. 비록 라벤더밭 안에는 독사가 또아리를 틀고 있다는 믿음에서 비롯된 구체적인 두려움 때문이기는 했지만, 향을 집중해서 맡아보면 고대 로마인들에게 라벤더가 의혹의 상징이었다는 게 전혀 이상하지 않다.[1]

라벤더 향기는 아주 차갑고 매몰차게, 단단히 뭉친 눈덩이를 콧속에 욱여넣는 것처럼 밀려든다. 그러나 눈 결정은 금방 녹아버리고 희미한 꽃향기가 피어난다. 어이없을 정도로 달디 단 액체가 되어버린다. 그 향기가 더 멀리 날아가는 동안, 그 향기와는 아주 다른 종류의 날카로운 향이 포문을 연다. 라벤더 향기의 중심에는 톡 쏘는 약초 냄새, 햇살의 끝자락에 끈질기게 매달려 있는 한기寒氣가 뭉쳐 있다. 그러나 손목 위에서 차츰 말라가는 동안 그 향기는 점점 따뜻해지고 진해진다.

라벤더 향기는 라벤더만의 분위기를 만들어낼 정도로 강하다. 그 분위기로 공기 전체를 압도한다. 누구나 손목에 라벤더 오일을 살짝 찍어두면 그다음부터는 다른 생각을 할 수가 없다. 라벤더 향기는 꽃향기 대 발삼 향, 뜨거움 대 차가움이 서로 격렬하게 부딪치면서 불완전하게 섞여 묘한 대조를 이루며 후각을 자극한다. 사촌 격인 향기들이 유칼립투스와 장뇌 향을 내는 것처럼, 라벤더 향기는 강렬하고 시원하다. 그러나 향기에 비해 훨씬 가녀린 라벤더 꽃은 그 향기를 다른 향기보다 작고 귀엽게 느껴지도록 만든다.

라벤더 냄새는 마음을 어루만져준다. 산만함과 즐거움, 지배력을 극단적일 정도로 결합시키기 때문이다. 굴복을 강요함으로써 라벤더는 우리를 다른 불안으로부터 깨끗하게 구제해준다. 라벤더 향기에는 부드러운 것과 거친 것이 동등한 비율로 아주 잘 결합되어 있다.

식물로서 라벤더는 생명력이 질기고 장소를 가리지 않고 잘 자라며, 기르는 데 돈도 많이 들지 않으면서도 어디서나 아름답다는 칭송을 듣는다. 라벤더 꽃은 어느 모로 보나 아름답고 향기도 훌륭하다. 라벤더의 꽃과 향을 좋아하지 않는 사람은 거의 없다. 대부분의 사람이 라벤더 꽃을 알아볼 수 있고, 마음속에 그려볼 수도 있다는 사실 덕분에 그 인기가 더욱 높아지는 측면도 있다. 라벤더 향기는 우리 모두가 머릿속에 그 꽃까지 그려볼 수 있게 하는 향기다.

이 식물의 라틴어 이름 'Lavandula vera'는 '씻다'라는 뜻의 라틴어 'lavere'와 닮았다. 아마 어원이 같은 것으로 추측된다. 이 두 단어가 어원학적으로 서로 연관이 있다는 확증은 없지만, 오래전부터 목욕물에 향을 내거나 세탁물을 향기롭게 하는 데 라벤더를 써왔다는 것을 생각하면 이 두 단어가 서로 얽혀 있으리라는 생각을 지울 수가 없다.[2] 실제로 막 세탁한 옷과 말린 라벤더 꽃을 함께 보관하면 깨끗함과 향긋함을 보존할 수 있다. 옥스포드 영어 사전에 따르면, '라벤더에 머물다to lay up in lavender'는 문자적인 의미에서부터 비유적인 의미까지, 여러 가지 의미를 갖고 있다. 미래에 소용될 것을 대비해 어떤 것을 소중하게 보관한다는 뜻도 있고, 값나가는 물건을 전당 잡히다는 뜻도 있으며, 해를 끼치고 싶은 유혹으로부터 누군가를 단호하게 제외한다는 뜻도 있다.

이부자리 속에 라벤더 잔가지를 넣어놓으면 좋은 향기가 난다. 실제로 여러 향수 시장에서는 베개 등 침구류에 뿌리는 라벤더 미스트를 팔기도 한다. 이렇게 하는 것이 사람의 마음을 편하게 하고 숙면을 취하는 데 도움이 될까? 민간요법, 아로마테라피, 그리고 현대 의학까지도 이렇게 대답한다. "그렇다!" 사실 라벤더는 아로마테라피라는 분야가 태어나게 만든 가장 근본적인 향이다. 라벤더의 치료 효과는 현대 과학도 여러 차례 증명했다.

아로마테리피의 시작은 우연이었다. 라벤더는 뜻하지 않게 영웅적인 향기가 되었다. 20세기 초, 화장품 화학자 르네-모리스 가트포세René-Maurice Gattefossé가 새 향수를 만들기 위해 화학물질들을 혼합하다가 그만 화상을 입고 말았다. 그는 급한 마음에 가장 가까이에 있는 차가운 액체에 얼른 화상 부위를 담갔다. 그 액체가 바로 라벤더 오일이었다. 그런데 신기하게도 화상의 통증이 거의 즉시 사라졌고, 회복도 빨랐다. 그는 그것이 라벤더 오일 덕분이라고 생각했다. 그 후 50년 동안 가트포세는 에센셜 오일의 치료 효과를 연구했다. 그가 1928년에 출판한 『아로마테라피Aromatherapie』에 처음으로 '아로마테라피'라는 용어가 등장했고, 그때부터 아로마테라피는 하나의 문화적 현상이 되었다.[3]

라벤더는 불안한 마음을 진정시키고 긴장을 완화시키며 숙면을 유도한다고 여겨진다. 현대를 사는 우리에게 특히 도움이 되는 작용들이다.[4] 아로마에 대한 과학적인 연구의 규모는 수적으로는 점점 늘어가고 있다. 라벤다가 정말 슈퍼 파워를 가지고 있는 것일까? 라벤더 오일은 불안 장애 환자에게 플라시보 효과를 가볍게 뛰어넘는 효과를 보였다는 연구 결과도 있다. 환자가 잠도 더 잘 자고 덜 불안해했으며 기분도 좋아졌다는 것이다. 다른 실험에서는 라벤더가 고위험군 산모 집단에서 불안과 우울증을 가라앉히는 데 도움을 주었다고 밝혀졌다. 또한 치과 병원 대기실에서 고통을 수반할지도 모를 치료를 기다리며 불안해하는 환자들의 두려움을 가라앉혀주기도 했다. 불안을 유발하는 동영상을 본 직후 약간의 불안감을 느끼기 시작한 사람들의 마음을 진정시키도 했다. 안정에 관한 라벤더의 효과를 연구한 여러 실험 중에서 가장 설득력 있는 것은 불안장애로 고통받던 환자가 라벤다 오일을 복용했더니 잘 알려진 항우울제 로라제팜lorazepam(Ativan) 0.5그램을 주사한 것과 같은 수준의 효과를 나타냈다는 결과일 것이다.[5]

직접 라벤더 냄새를 맡아보고서, 동물을 대상으로 했던 한 연구가 떠올랐다. 생쥐의 리날로올linalool 흡입 실험이었다. 라벤더 향기의 주요 성분인 리날로올을 흡입한 생쥐는 발륨 주사를 맞은 것과 비슷하게 진정 효과를 보였지만, 발륨 주사에 따라오는 부작용은 보이지 않았다. 더 흥미로운 것은, 생쥐에게 리날로올을 직접 주사해서는 진정 효과가 전혀 나타나지 않았고, 라벤더 향기를 흡입하게 했을 때에만 효과가 있었다는 점이다.

아로마테라피의 가치는 너무나 간단하다. 장미 또는 라벤더 냄새 맡기를 중단하고 그 휴지기를 심각하게 받아들여보자. 어떻게 보면, 냄새는 명상을 할 때 외우는 만트라와 크게 다르지 않다. 냄새는 흐트러진 주의를 집중시킨다. 냄새를 맡으려면 먼저 숨을 들이쉬어야 한다. 그다음에는 천천히 내뱉으면서 이런 호흡이 나의 몸과 마음에 미치는 효과를 경험하고, 그러는 동안 평소에는 주의깊게 보지 않았지만 아름다운 어떤 것을 보게 된다. 그러나 명상을 하는 동안 무한 반복할 수 있는 만트라와는 달리, 냄새는 떠돌다가 사라진다. 내 코가 피로해져서 더는 냄새를 감각할 수 없게 되기 전까지 몇 번만 냄새를 맡고 깊이 생각해볼 수 있다. 명상도 비슷하다. 끼어드는 생각을 쫓아버리고 방황하다가도 다시 돌아오는, 집중과 이완이 함께 요구되는 수행이다.

여기, 라벤더가 있다. 깨끗하고, 말이 없고, 마음을 정리해주고, 대장처럼 나서지만 어머니같은 손길로 다독여주는. 그 아름다움 밑에는 강인함이 숨어 있다. 내 손목의 냄새를 다시 맡아보니 라벤더가 은은하게 다가온다. 당당하지만 따뜻한 향기다. 오늘 나는 이 향 덕분에 깊고 달콤한 잠에 빠져들 수 있을 것 같다.

스컹크
SKUNK

거의 칼날처럼 날카롭고 독하다. 아주 깊고 지독하게 너울거리는 썩은 계란 같은 황 냄새에 기름진 광택을 입힌 것처럼 느껴진다. 스컹크 냄새는 불쾌함과 복잡함과 날카로움이 균일하게 섞여 있다.

스컹크 냄새는 대부분의 냄새보다 요란하고 농도가 짙고 더 물질적이다. 너무나 진하게 농축되어 있어서 거의 인광燐光을 발하는 듯하다. 스컹크 냄새를 생각하면, 만화가가 그리는 방귀 냄새가 떠오른다. 병균이 득실거릴 것 같은 푸르죽죽한 연기가 등장인물의 콧구멍으로 밀려 들어가는 것이다. 아주 코믹하게.

스컹크 냄새는 독하기도 독할 뿐더러 아주 멀리까지 퍼져나간다. 고속도로를 달리던 운전자가 어떤 냄새를 느낀 순간 그 냄새를 피하려고 시속 120킬로미터로 쌩하고 달릴 만한 악취가 이 냄새 말고 또 있을까 싶다. 스컹크 냄새는 왜 그렇게 독하고 강하고 오래가는 걸까? 스컹크 자신은 스컹크 냄새를 좋아할까? 그리고, 그럼에도 이 냄새를 좋아하는 사람이 있다는 건 또 어떻게 설명할 수 있을까?

다른 야행성 동물들처럼, 스컹크도 빛을 빼앗긴 세상에서 냄새에 주로 의존하며 살아간다. 의사소통, 추적, 이동까지 이 모든 것들을 대개 후각에 의존한다. 스컹크가 천적에 대적하기 위해 타고난 무기는 단 하나지만, 열 무기 부럽지 않을 만큼 강력하다. 그것은 바로 목표물을 정확하게 명중하는 유해물질 분사기다. 스컹크는 항문 좌우로 한 개씩, 두 개의 분사기를 가지고 있는데, 정확도를 높이기 위해 독립적으로 돌아가며 유해물질을 분사할 수 있다. 스컹크가 분사하는 물질은 최루탄과 비슷한 효과가 있어서 이 물질에 노출된 상대방은 호흡곤란을 느끼며 심하게 기침을 하고, 눈도 엄청 따가우며 거기서 그치지 않고 일시적으로 실명을 겪는다. 피부에 닿으면 화학적 화상을 입을 수 있고 구토까지 하게 된다. 아주 드문 경우기는 하지만, 사람을 죽일 수도 있다. 이렇게 심한 증상은 겪지 않는다 해도, 스컹크 냄새는 삼차신경 효과가 매우 강해서 안면 피부에 물리적 접촉이 있었던 것과 같은 충격을 준다. 이러한 불쾌한 성질들 때문에 스컹크 냄새가 강력한 무기로 불리는 것이다.[1]

스컹크 냄새는 독한 황 냄새를 내는 티올*thiol*이 주성분이다. 티올에는 아무런 냄새가 없는 천연가스가 누출되었을 때 알아볼 수 있도록 천연가스에 첨가하는 화합물이 들어 있다. 티올은 마취제, 경련진정제 등에도 쓰이는데, 아마도 스컹크가 이 냄새로 천적을 무력화하는 것과 무관하지 않은 것 같다. 스컹크의 분사기는 농축된 오일에 최적화되어 있어서, 분사된 물질이 아주 멀리까지 날아가고 그 흔적이 오래 남는다. 스컹크 냄새의 목적은 공격자를 퇴치하는 것뿐만 아니라 주변 반경 수 킬로미터 안에 있는 다른 스컹크들에게도 경고의 메시지를 보내는 것도 있다. 다른 스컹크들이 천적에게 낭패를 당하지 않도록 알리는 것이다.

스컹크가 냄새나는 물질을 모두 분사하고 나면 분비샘이 다시 채워지기까지는 열흘 정도가 걸린다. 그러므로 그 기간 동안에는 매우 취약한 상태가 된다. 그래서 스컹크는 소중한 냄새 물질을 마지막 순간까지 아껴둔다. 몸에 난 구불구불한 줄무늬가 천적에게 위협이 되지 않으면 요란하게 발을 구른다. 그것도 효과가 없으면 물구나무를 서듯이 꽁무니를 쳐들고 꼬리를 바짝 치켜세우면서 항문의 분비샘을 보란 듯이 흔들어대며 겁을 준다. 그래도 천적이 물러갈 기미가 보이지 않으면 결국 비장의 버튼을 눌러 지독한 냄새 물질을 분사한다.[2]

스컹크의 짝짓기 냄새는 어떨까? 만약 스컹크가 짝짓기를 위한 냄새를 따로 갖고 있다면, 아마 이 냄새보다는 좋은 냄새가 아닐까 생각해 보았다. 사람의 눈물도 몸이 아파 흘리는 눈물과 마음이 아파 흘리는 눈물의 성분이 각기 다르다고 하지 않는가. 그러나 스컹크의 경우에는 그렇지 않다. 스컹크 냄새를 좋아하는 생명체는 전혀 없다. 심지어는 발정기의 스컹크조차도 좋아하지 않는다. 암컷 스컹크는 자신이 원치 않는데도 짝짓기를 하겠다고 덤비는 수컷을 쫓아버릴 때 이 냄새를 뿌리기도 한다.[3] 스컹크가 짝짓기를 할 때 풍기는 냄새는 공격으로부터 자신을 방어하려 할 때 풍기는 냄새와 똑같은 냄새다. 스컹크 냄새는 로맨틱하지 않지만, 명확한 자기 주장이라고 해두고 싶다.

어떤 사람들은 스컹크 냄새를 즐긴다. 왜일까? 몇 가지 이유가 있다. 첫째, 이 냄새가 품고 있는 역한 냄새를 아무나 경험할 수 있는 게 아니라는 점이다. 어떤 냄새를 맡는다고 해도 모든 뉘앙스를 똑같이 느껴볼 수 있는 것은 아니다.

스컹크의 공격을 정면에서 받는 경험을 좋아할 사람은 아마 없을 것이다. 스컹크 냄새를 좋아하는 사람이라고 해도 비스듬히 옆으로 스쳐가는 냄새를 좋아할 뿐이다. 만약 누군가 스컹크 냄새를 좋아한다면 아마도 겨울철 숲에서 스쳐 지나가는 냄새를 어렴풋이 맡았던 사람일 것이다. 기르던 개가 사냥을 하다가 돌아왔을 때,

잠깐 야생으로 돌아갔던 흔적을 묻히고 돌아왔음을 눈치채는 것이다. 그 냄새는 바깥 세상에 왕국이 있음을 알리는 신호, 스컹크가 자신의 영역을 굳건히 지키고 있음을 알리는 신호다. 자연 속에 사는 동물들 사이에서 벌어지는, 인간이라는 청중 따위는 안중에 없는 현재진행형의 쇼를 암시한다. 전적으로 비문명적이며 아름답지도 않지만, 약간의 애교는 있다. 코를 찌르는 역한 냄새 속에서 아름다움을 찾기란 변태적이지만 매우 인간적인 쾌락일지도 모른다.

맥주
———
BEER

투명하고 햇살 가득한, 좀 더 나아간다면 천장 높고 서늘한 저장고 냄새다. 내 앞에는 기둥 없는 와인 잔에 따라놓은 보리맥주가 있다. 그 옆에 놓인 맥주 캔 표면에는 벌써 주변 수분이 응결되어 송글송글 땀방울처럼 맺혔다. 그러나 내 마음은 이 냄새를 더는 분석하고 싶어 하지 않는다. 분석하기에는 너무나 완벽하고, 너무나 완전하기 때문이다.

　　이 냄새는 지금까지 내가 수백 번이나 마주했던 한 장면으로 곧바로 데려다 놓는다. 서로 얽히며 내 머리 위로 늘어진 나뭇가지와 바람에 한들거릴 때마다 다른 각도로 햇살을 걸러주는 나뭇잎들. 즐거움에 비명을 지르는 아이들의 목소리와 그 아이들이 자잘한 자갈을 밟으며 내는 소리가 아주 구체적인 음향이 되어 멀리서 들려온다. 흐릿한 웅얼거림으로 독일어를 따뜻하게 들려주는 어렴풋한 말소리들. 나무판이 휘어져버린 피크닉 테이블 위에 간신히 평평한 자리를 찾아 맥주잔을 내려놓은 순간의 흐뭇함. 늦여름에만 느껴볼 수 있는, 시간이 멈춘 듯한 순간. 나에게 이 장면은 언제나 행복으로 충만하다.

15년 동안 거의 매년 여름, 남편과 나는 베를린의 어느 곳에선가 이와 똑같은 장면을 매주 한 번, 때로는 그 이상 되풀이했다. 술잔 속에서 점점 온도가 올라가고 있는 이 고급 맥주의 냄새에는 느긋하게 맥주를 즐기던 수많은 과거의 순간들이 푹 잠겨 있다. 황금빛 햇살이 넘실대던 늦은 오후의 시간은 어두운 저녁까지 이어졌다. 삼삼오오 모여 맥주잔을 기울이는 것은 완벽한 사교적 의례다. 독일인들은 건배에 매우 까다롭다. 넘치도록 채운 맥주잔이 모두에게 한 잔씩 돌아가고, 아직 아무도 술잔에 입을 대기 전에 테이블에 둘러앉은 모두가 돌아가며 잔을 부딪친다. 그리고 항상 상대방과 눈을 마주친다. 그렇게 건배가 끝나면 모두 자리에 앉아 적어도 한두 순배가 돌아가는 동안은 함께 시간을 즐긴다. 마치 마법의 종이접기가 펼쳐지는 것처럼, 이런 장면들이 지금 내 술잔의 공기 방울이 터질 때마다 펼쳐진다.

2020년 팬데믹의 여름은 사뭇 다르다. 오전 11시 30분에 시카고 매그니피센트 마일Magnificent Mile*의 오피스 타워 안에 앉아 이 맥주 냄새를 맡고 있다. 여기까지 오기 위해 판자를 둘러 댄 상점들의 진열대를 지나, 인도의 깨진 유리 조각을 피해 걸어왔다. 사무실

---

* '환상의 1마일'이라는 이름에 걸맞는 시카고의 대표적인 쇼핑가. 뉴욕의 5번가, 파리의 상젤리제 거리와 비교되기도 한다.

에 들어와 문을 닫은 후에야 일회용 장갑을 벗고 맥주를 한 모금 마시고 냄새를 맡을 수 있다. 지금 여기도 하나의 현실이지만, 맥주는 또 다른 현실을 강력하게 펼쳐놓는다.

맥주가 우리에게 거는 주문은 일시적이다. 맥주의 냄새를 분석하면 거의 금방 풀린다. 맥주가 억지로 나를 과거의 시간과 장소로 순간 이동을 시킨다면, 그 냄새가 양조 과정으로 향하는 나의 시간 여행을 도와줄 수 있을 것이다. 전문가들은 맥주의 냄새와 몇 가지의 다른 감각 단서를 가지고 그 맥주의 양조 과정을 역설계할 수 있다. 그런 전문가 중 한 명을 이메일로 섭외해 보았다. 마르츠 커뮤니티 브루잉*Marz Community Brewing*의 헤드 브루어 미키 배닝*Mickey Manning*이었다. 지금 나는 그가 만든 수제 보리맥주, 오렌지 벨루어 벨지언*Orange Velour Belgian*을 마시고 있다.

맥주는 네 가지 원료로 네 단계의 고전적인 과정을 거쳐 양조된다. 첫 번째 단계는 당화 과정이다. 부분 발아된 낟알이나 엿기름을 섞은 보리에 뜨거운 물을 붓는다. 이렇게 하면 엿기름으로부터 당분이 나오면서 맥아즙이라 부르는 현탁액이 만들어진다. 보리맥주가 만들어지는 과정은 엿기름 섞인 보리나 밀의 현탁액으로부터 시작된다. 바로 이 엿기름물로부터 맥주 특유의 색깔과 맛, 향이 만들어진다. 내가 마시는 보리맥주는 특유의 맑은 꿀 색깔에 어울리는 깨끗하고 시원하면서도 달큰한 냄새가 난다. 만약 약간 더 볶은 듯한 캐러멜 또는 초콜릿 향이 느껴졌다면, 흑맥주라는 것을 눈 감고도 알 수 있었을 것이다.

두 번째 단계는 끓이기다. 맥아즙의 농도를 높이고 멸균을 하기 위한 과정이다. 맥주의 쓴맛과 향미, 향기를 조절하기 위해서 대개 이 단계에서 홉을 첨가한다. 홉을 첨가하는 데에는 타이밍뿐만 아니라 어떤 홉을 선택하느냐 하는 복잡한 문제도 따른다. 먼저 타이밍에 대해서 알아보자. 맥주의 쓴맛을 더하기 위해 홉을 첨가한다면, 끓이기 단계에서 첨가하는 것이 적당하다. 하지만 향미와 향기를 더하기 위한 목적이라면 홉의 휘발성 오일이 날아가지 않도록 끓이기 단계보다 나중 단계에서 첨가한다. 홉은 맥주가 아주 다양한 냄새를 낼 수 있게 해준다. 복숭아, 레몬, 오렌지, 멜론, 망고를 비롯한 열대 과일 향부터 갓 깎은 잔디, 꽃, 레몬그라스 등 허브 향까지 수많은 향을 더해준다. 내가 마시는 보리맥주에서는 상큼한 귤 껍질과 고수풀 냄새가 난다. 아마도 끓이기 과정의 후반에서 홉을 첨가한 것 같다.[1]

　세 번째 단계는 발효, 즉 끓여낸 맥아즙을 식힌 뒤 효모를 넣는 과정이다. 효모는 맥아즙의 당분을 알코올로 변환시키면서 부산물로 이산화탄소를 생성한다. 달리 말하자면 효모의 노골적인 탕아 기질, 취기와 발포성이 드러나는 것이다. 혐기성 곰팡이인 효모는 원래 흙냄새가 나지만, 발효 단계를 거치면서 여러 가지 향기를 낸다. 최종 산물을 맛보면, 직접적으로 효모의 냄새를 느낄 수 없게 된다. 그러나 잔에 따르면 윗부분을 채우는 조밀한 거품과 바나나와 정향이 느껴지는 톱 노트에서 효모의 영향력이 분명하게 드러난다. 맥주를 만들 줄은 알았지만 효모의 화학적 중요성을 알지 못했던 바이킹족 사람들은 맥아즙을 젓는 막대를 중요하게 생각해 대대손손 물려 썼으며, 진실을 주장할 때에는 그 막대에 대고 맹세를 하기도 했다. 하지만 사실 한 가문의 독특한 맥주 맛은 그 집안에서 쓰는 독특한 효모 덕분이었다.[2] 이런 의미에서 맥주 양조는 동굴이나 나무 숟가락에 침투한 착한 미생물과 사람들이 모르는 사이에 그들이 행한 마술이 빚어낸, 치즈 만들기와 비슷하다.

　마지막으로 네 번째 단계는 맥주를 저장하는 단계다. 경우에 따라서는 맥주를 병에 담고 2차 발효를 위해 약간의 설탕이나 효모를 첨가하기도 한다. 아니면 나무통에 담에 숙성시켰다가 나중에 병에 옮겨 담는다. 내가 마시고 있는 보리맥주는 캔에 담겨 있는데, 이 맥주의 냄새는 이른 단계에서 생성된 냄새다. 그러나 통에서 숙성된 맥주라면 나무통 자체의 냄새를 흡수하기도 한다. 맥주를 오크 통이나 셰리주 통, 위스키 통 등에 저장하기도 하기 때문이다. 과일 같은 신맛과 향은 저장 단계에서 첨가되는 과일의 색깔, 산도, 향기에 따라서 달라지기도 한다.[3]

　양조 과정에서 퀴퀴한 냄새가 나기 시작하는 것도 드물지 않다. 산화 때문이다. 효모는 맥주 속에서 여러 가지 맛과 향의 화합물을 만들어낼 수 있는데, 그중 하나가 케톤 화합물인 디아세틸*diacetyl*이다. 디아세틸은 스카치 에일, 스타우트 맥주와 바디감이 무거운 페일 에일에 고소한 버터 향을 내주지만, 디아세틸 자체가 불안정한 분자라 분해가 빠르기 때문에 라이트 라거 맥주에서는 퀴퀴하고 역한 잡새가 나게 만들기도 한다. 케틀 사워링*kettle souring*이라는 과정은 맥아즙에 락토바실루스*lactobacillus* 배양균을 주입해서 맥주의 산도를 높이는 과정이다. 결과적으로 맥주 맛이 시어진다. 이 섬세한 과정에서 맥아즙이 산소에 노출되면, 맥주에서 부티르산*butyric*의 퀴퀴한 냄새(젖먹이의 토사물 또는 블루치즈와 유사하다)가 난다.

　맥주에 퀴퀴한 냄새가 스며들지 못하도록 하기 위해, 양조 장인들은 청결에 거의 광적으로 집착한다. '클린 스타일' 맥주인 라거나 페일 에일의 경우에는 특히 더 그렇다. 이스트마다 생성시키는 화합물이 다르기 때문에 이스트를 선택하는 데도 신중을 기한다. 그럼에도 공기 중에 보이지 않게 떠돌던, 정제되지 않은 '야생의' 효모가 섞여드는 경우가 가끔씩 발생한다. 환경 속에 존재하는 천연 효모가 필요한 맥주는 전통적으로 쿨스힙*Koelschip*이라는 뚜껑을 덮지 않은 통에서 겨울철 난방을 하지 않는 헛간이나 방에서 창문을 열어놓고 양조한다. 공기 중에 떠돌던 천연 효모가 통 속의 액체 표면에 둥둥 떠 있는데, 양조 장인들은 가끔씩 효모균이나 하우스 박테리아 배양균을 첨가해주기도 한다.

내가 보기에는, 맥주의 진짜 개성은 실온에서 드러난다. 한 잔의 맥주로부터 가장 좋은 맛을 즐길 수 있는 시간은 길지 않지만, 술집에서 시간을 즐기다 보면 정신이 흐트러진다. 시간은 가고 맥주는 햇살을 받으며 온도가 올라간다. 맥주를 계속 마시지 않는 동안에는 코스터를 덮어두면 장수말벌(베를린에서 8월은 장수말벌이 출몰하는 시기다)로부터 맥주를 보호할 수 있다.

팬데믹에 갇혀 있는 시카고의 현실로 다시 돌아와, 걸려오는 몇 건의 컨퍼런스 콜 때문에 맥주 마시기가 자주 끊겼다. 한 시간쯤 후 나의 오렌지 벨루어로 돌아와 맥주잔을 들고 살짝 휘돌려보았지만, 거품이 일지 않았다. 그러나 한 모금 들이켜보니 미세한 거품이 혀 위에서 터지며 뒤늦은 불꽃놀이가 나를 놀라게 했다. 쉬지 않고 흘러가면서도, 가끔 시간은 우리에게 관대하다.

먹지

DITTO SHEETS

이 냄새는 이제 추억 속에서가 아니고서는 쉽사리 맡아보기 힘들다. 그러므로 우리는 먼저 과거로, 어린 시절과 학창 시절로 기억을 되돌려봐야 한다.

교실 문 가까이 앉아 있는 학생들에게 한 묶음의 종이가 도착한다. 손가락에 닿는 느낌이 아직 따뜻하고 가볍다. 각자 자기 몫의 종이를 챙기고 뒤로 넘긴 뒤 그 종이를 뺨에 바싹 갖다 대고 냄새를 맡는다. 먹지 냄새는 마치 향기 나는 새가 팔랑팔랑 날아다니는 것처럼 교실 안으로 금방 퍼져나간다. 하지만 그 냄새는 순식간에 사라져버린다.

그 냄새는 베껴 쓴 종이의 내용과 오싹할 정도로 점점 하나가 된다. 아마도 먹지의 냄새가 사라진 뒤에도 학생에게 남는 것은 그 종이뿐이기 때문일 것이다. 직사각형 종이, 중심에서 빗겨나 살짝 뭉개진 희미한 보라색 글씨들. 그 종이는 자신의 생성 과정의 기록을 모두 보존한다. 우리는 바싹 마른 현재 먹지의 모습에서 축축한 과거를 알아볼 수 있었다.

먹지에 쓰는 것은 곧 복사를 하는 것과 마찬가지다. 먹지의 영문명인 'ditto sheet'에서 'ditto'는 라틴어 동사 *dīcere*의 과거분사로 '이미 해버린 말'이라는 뜻의 *dictus*에서 온 말이다.[1] 원본 종이에 타자기의 글쇠가 더 세게 찍힌 자리 또는 손 글씨로 썼을 경우 고르지 못한 연필의 압력이 먹지에 고스란히 드러난다. 묶음 속의 복사본 중 일부는 짙은 보라색 잉크가 선명하게 찍혀 있다. 종이 위에서 글자들이 헤엄을 치는 것 같다. 놀라울 정도로 선명하고 또렷하다. 다른 복사본들은 글자 색이 훨씬 연해져서 마치 생각의 문을 열지도 않고 그 문짝을 관통해 귀신처럼 스르르 빠져나가는 것 같다. 먹지의 힘이 다 쇠잔해버린, 마지막 복사본들이다.

내가 보기에 먹지는 흥미롭지만 아우라aura라는 개념을 엉망으로 만든다. 철학자 발터 벤야민은 오리지널 예술품만이 아우라를 가질 수 있으며 복사본은 아우라를 가질 수 없다고 규정했다. 그는 아우라를 "시간과 공간으로 짜여진 이상한 직물, 아무리 가까이 있어도 거리감이 느껴지는 환영"이라고 정의했다.[2]

먹지는 결코 자신이 예술 작품의 복사본이라고 주장하지 않는다. 우리는 학습지, 체험 신청서, 가정통신문, 쪽지 시험 등을 먹지로 복사할 수 있다. 그러나 학교와 교회의 창고에 쌓여 있는, 예술과는 전혀 상관이 없는 값싼 먹지들은 그 불완전함으로 자신의 아우라를 구체화한다. 어린 시절에도 먹지는 아무리 세속적인 메시지를 담는다 해도 한층 고결하게 느껴졌다. 나의 복사본과 원본 사이에는 커튼 또는 베일 같은 것이 가리고 있는 것 같았다. 종이 맨 윗부분에 이름을 쓰고, 그 아래로 만들어져 있는 빈칸을 채우기 시작한다. 손 글씨는 유령 같은 보라색 견본체 위를 쓱쓱 미끄러져간다. 거기서 또 하나의 베일이 거리감을 만든다. 기억의 안개가 이 베일의 세 번째 겹을 이룬다.

벤야민은 자연 속에서 아우라의 예를 들었다. "여름날 오후의 한가한 시간에 지평선 위의 산봉우리 또는 자신에게 그림자를 드리우는 나뭇가지를 눈으로 따라가는 일은 그 산, 그 나뭇가지의 아우라를 들숨으로 들이마시는 것과 같다."[3] 성급하고 순식간에 사라지는 먹지 냄새는 그 거리 안에 둥둥 떠 있는 것 같다.

복사기는 '스피릿 복사기*spirit duplicator*'라고 알려진 기술을 통해 복사를 한다는 이야기를 처음 들었을 때, 나는 재미있기도 하면서 한편으로는 섬뜩하다고 생각했다. 복사기의 '스피릿'이란 알코올 베이스의 용제인 메탄올*methanol*과 이소프로판올*isopropanol*인데, 복사기 냄새의 주요 성분이다. 원본의 복사본을 만들려면 두 장의 종이를 대고 쓰거나 그리거나 타이핑을 해야 한다. 그 두 장의 종이 중 한 장은 보통 종이, 나머지 한 장은 일반적으로 아닐린 모브*aniline mauve*라는 착색제가 왁스와 함께 코팅된 종이다. 첫 번째 종이에 가해진 필압이 두 번째 종이의 컬러 왁스를 첫 번째 종이의 뒷면에 옮겨지게 해서 거울 이미지를 만들어낸다. 그런 다음, 손으로 크랭크를 돌려 종이를 프린터에 통과시킨다. 프린터 안에서는 용제가 든 심지가 인쇄기로 들어오는 종이 한 장 한 장에 코를 찌르는 듯한 냄새가 나는 용제를 뿌린다. 빈 종이가 컬러 왁스가 묻은 원본과 닿으면, 뒷면에 묻었던 염료가 옮겨지면서 이미지가 찍힌다. 원본 한 장에 대략 50장까지 복사가 가능하다.[4]

먹지 냄새의 추억은 현실이 얼마나 놀라운가를 새삼 느끼게 해주었다. 교실 냄새는 지난 30년간 조용히 변화해왔다. 알러지를 일으키는 분필 가루는 마커 펜의 잉크 냄새로 대체되었다. 이런 냄새가 사라진 교실에서 따뜻한 보라색 먹지 냄새는 가장 잔인하게 보인다. 이 냄새는 교실에서 사라져버린, 더 오래된 냄새들과 이미 한 배를 탔다. 이 말이 사실일까 의심스럽기는 하지만, 60년대 초등학생들 중에는 학교에서 쓰는 물건들을 시가 상자에 담아오기도 했다는 글을 읽은 기억이 있다. 상상해보자. 하루의 일과를 시작하기 위해 학용품이 든 상자 뚜껑을 열자마자 훅 풍기는 오래 묵은 담배 냄새. 그들에게는 이 냄새가 바로 어린 시절의 냄새일 것이다.

1980년대, 나의 초등학교 시절에 먹지는 아주 중요한 물품이었지만, 고등학교 시절에 이르러서는 점차 내 기억에서 사라졌고 대학에 입학한 후로는 한 번도 먹지를 본 적이 없다. 묘하게도 나의 초등학교 시절은 수십 년간 롱런해왔던 스피릿 복사기의 종말과 겹쳤다. 1923년에 발명된 스피릿 복사기는 1980년대 제록스 복사기 같은, 기계식 복사기에 밀려났다. 스피릿 복사기는 워낙 튼튼하게 제작되어서 용제 공급이 중단되기 전까지는 계속 사용되긴 했지만, 용제 자체도 무취 무해의 신제품으로 대체되었다.[5] 기술은 발전되고 중첩되면서 구세대의 아우라를 더 멀리 미래까지 끌고 간다.

나이가 들면서 이제는 하루하루가 먹지처럼, 복사본처럼 흐릿해진다. 하지만 즐겁게 그리고 대부분 비슷하게 흘러간다. 졸업이나 출산 같은 인생의 특별한 한 단계를 마주하기 전에는 말이다. 그 단계가 끝나면 잉크도 고갈된다. 그때는 새로운 원본이 필요해진다.

먹지처럼, 잃어버린 날들의 향기는 마지막 순간에 가장 분명해진다. 사라지는 순간에 가장 진해진다.

양쪽 콧구멍으로 번갈아가며 냄새를 맡아본다

새로운 냄새를 만나면, 처음에는 한쪽 콧구멍으로, 그다음에는 다른 쪽 콧구멍으로, 그리고 나서 두 콧구멍을 모두 열어 냄새를 맡아본다. 『개가 되기 *Being a Dog: Following the Dog Into a World of Smell*』의 저자 알렉산드라 호로위츠 *Alexandra Horowitz*는 "한쪽 콧구멍은 다른 콧구멍에 비해 냄새 맡는 능력이 조금 떨어진다. 그렇다고 그것이 꼭 나쁜 것은 아니다. 다만 시간이 더 걸리고 에너지가 더 필요할 뿐이다"라고 말했다.[1] 이 책에 따르면, 버나드칼리지의 개 인지 연구소 *Dog Cognition Lab* 수석 연구원은 개가 세상을 만나는 방법, 즉 냄새를 먼저 맡는 방법으로 개의 머릿속으로 들어가보려는 시도를 해보았다.

개는 아주 조심스럽게, 오른쪽 콧구멍부터 먼저 냄새에 접근한다. 만약 그 냄새가 중립적이거나 좋은 냄새라면, 왼쪽 콧구멍으로 바꾸어 냄새를 맡는다. (계속 오른쪽 콧구멍으로만 냄새를 맡는다면, 그 개는 그 냄새에 대해 뭔가 의심스러워하고 있다는 증거다.[2]) 개는 이런 방법으로 냄새에 대한 입체적인 인상을 구축한다. 우리가 두 개의 눈으로 받아들인 이미지를 3차원 입체 이미지로 구축하는 것과 같다.

만약 냄새 맡고 있는 물체를 손에 들고 있다면, 한쪽 콧구멍에 가까이 댔다가 다음에는 약간 각도를 틀어 다른 쪽 콧구멍에 가까이 대보자. 향기의 노트가 얼마나 달라지는지 관찰할 수 있을 것이다. 이 냄새로 3차원 구조물을 구축한다고 상상해보자. 어떤 향기 노트가 그 냄새의 기반이 될까? 어떤 향기가 미들 노트가 되고, 어떤 향기가 톱 노트가 될까?

짭짤하고 고소한 냄새

SALTY & NUTTY

바다
OCEAN

용연향
AMBERGRIS

플레이도우
PLAY-DOH

젖은 울
WET WOOL

피넛버터
PEANUT BUTTER

바다
OCEAN

바다 냄새는 짭쪼름하다. 또 싱싱한 것과 썩어가는 것의 냄새, 그리고 밀려오는 파도 냄새가 섞여 있다. 바다 공기는 언제나 우리를 둘러싸고 움직인다. 그 냄새는 우리 마음을 어루만지고, 자장가처럼 편한 잠을 이끌고, 허기를 느끼게 하고, 내 마음을 바꾸도록 설득한다. 바다 냄새는 그 영향력 안에 들어가면 더는 '냄새'라고 부를 수 없을 만큼 거대하다. 바다가 바꿔놓은 공기는 스스로 거대한 대기가 된다.

바다가 가까운 곳을 지나가다 보면, 모든 감각이 곧 눈앞에 바다가 나타나리라는 것을 알아챈다. 그 느낌과 인상을 가장 먼저 알아내는 것은 바로 냄새의 감각이다. 80킬로미터 밖에서도 바다 냄새는 자신의 존재를 알린다. 냄새는 가장 본능적이고 확실하게 바다를 알리는, 가장 빠른 전조다.

바다 냄새는 동질적이지만 요동치면서 수면 아래 깊은 곳에 감춰진 움직임들을 암암리에 드러낸다. 디메틸설파이드*dimethyl sulfide*는 바다 냄새 중에서 가장 역한 성분이다. 달큰한 크림 냄새와 소금 냄새가 살짝 가미된, 끈적하고 푸르죽죽한 황 냄새다. 뭔가가 썩어가는 듯한 이 냄새는 식물성 플랑크톤이 대량으로 죽어갈 때 더 고조된다. 이 냄새는 박테리아와 물고기, 그리고 바닷새들을 불러모아 성찬을 즐기게 한다. 해조류의 생식 활동이 일어나는 곳에서는 조류 페로몬(해조류 냄새의 시그니처 노트)의 농도가 높아진다. 거대한 바다 위에서 부유하는 해조류의 난자는 이 냄새를 뿜어내 해조류 정자가 그 냄새를 따라 찾아와서 수정을 이뤄주기를 기다린다. 냄새는 공기 중에서와 마찬가지로 수중에서도 멀리멀리 퍼져나간다.

자연산 어류를 특징짓는 소금기는 브로모페놀*bromophenol*에서 비롯된 것인데, 브로모페놀 역시 바다 냄새의 주요한 성분 중 하나다. 해양 곤충, 조류, 물고기가 먹이로 삼는 해저 생물 등은 종합적으로 우리가 먹는 생선의 향미를 만들어낸다. 물고기가 먹고 냄새 맡았던 것들을 우리가 먹고 냄새 맡는 것이다. 양피지에 썼던 기록은 지워져도 그 흔적은 남아 있듯이[1], 우리는 물고기가 먹었던 것들의 흔적을 따라가는 것이다. 수억 년 전, 인간의 조상들이 바다로부터 나왔다는 사실을 다시 상기하게 된다. 바다는 두려우면서도 푸근한 곳이라는 게 전혀 이상하지 않다. 아주 오랜만에 돌아와 고향의 환대를 받는 느낌이랄까.

바다 냄새를 병에 담으려는 조향사들의 노력은 실패하기도 했고 어느 정도 성공하기도 했다. 나는 조개껍질을 주요 성분으로 만든 나감향*Onycha* 팅크제를 샀다. 여러 번 코를 킁킁거리며 냄새를 맡아보았지만, 바다 냄새는 전혀 느낄 수 없다. 팅크제에 쓰인 알코올 냄새만 날 뿐이었다. 팅크제 보틀을 흔들면 불그스름한 침전물이 뽀얀 구름처럼 일어난다. 풍자향楓子香, 소합향蘇合香과 나감향의 조합은 아마도 솔로몬 왕의 사원에서 태웠던 케토레트*ketoret*라는 향의 주성분이었을 것이다. 나감향은 가죽 냄새 비슷한 동물성 냄새로, 하늘에 바치는 향기에 훌륭한 베이스 노트였을 것이다.[2] 현대로 넘어오면서 새로운 항불안 약물을 합성하려는 화학자들의 노력은 목표를 이루지 못했다. 그러나 그들이 만든 실패작들도 향기는 매우 훌륭했다. 바다 향기, 멜론 향기에 아니스와 약한 금속성 냄새 그리고 우윳빛 굴의 향기가 어우러진 이 향에는 나중에 캘론*Calone*이라는 상표가 붙여졌다. 이 합성 분자는 지금도 향수, 샤워 젤, 세제 등에 바다 냄새를 입힐 때 많이 쓰이고 있다.[3] (합성 향기에 대한 더 자세한 내용은 '신비로운 냄새' 부분을 참조하라.)

우리가 알 수 있는 바다는 아주 얕은 깊이까지 뿐이다. 그러나 바다 냄새는 그 크고 깊은 신비를 물 밖으로 끌어낸다. 바다 향기 속에서 우리는 아주 잠깐이지만 깊은 바닷속을 들여다볼 수 있고, 미약한 우리의 허파에 바다 위의 공기를 가득 채울 수 있다.

용연향
AMBERGRIS

농담이 각기 다른 회색의 조약돌 네 개가 내 앞에 놓여 있다. 이중 세 개는 작은 주머니에 담긴 채 뉴질랜드에서 출발해 우리 집 우편함까지 배달되었다. 각각 티슈페이퍼로 감싸져 있고 1, 2, 3이라고 번호가 매겨져 있다. 네 번째 조약돌은 캐나다의 수집상으로부터 구한 것이다. 알루미늄 호일로 감싼 뒤 마닐라 봉투에 담긴 채 배송

되었다.

　나의 조약돌들은 다른 세상 냄새가 난다. 모두 주머니에서 나오자마자 짭쪼름한 소금 냄새를 풍긴다. 처음에는 소금 냄새 같은 톱 노트만 느껴지다가, 곧이어 게의 내장, 썩어가는 해초, 젖은 모래 그리고 타르 냄새가 난다. 우울한 날의 바닷가, 궂은 날씨에 몰아치는 폭풍우 같은 냄새다. 눈을 한 번 감았다 뜨고 다시 냄새를 맡아보면, 어떤 헛간으로 순간이동한다. 흐트러진 건초, 땀이 번질거리는 동물들과 그들의 배설물이 떠오른다. 뉴질랜드에서 온 조약돌 트리오에는 제각각 등급이 매겨져 있다. 3번 조약돌은 짙은 회색이며 가장 공격적이고 풍부한 냄새를 풍긴다. 1번 조약돌은 금빛이 도는 연한 회색빛인데, 파도에 밀려오는 소금 냄새, 금방 껍데기를 까놓은 굴, 화병에 꽂인 채 시들어가는 꽃 냄새가 섞여 있다. 2번 조약돌은 나머지 두 조약돌의 중간에 놓여 있다.

　용연향이 무엇인지를 제대로 알려준 것은 금박지에 싸인 채 캐나다에서 온 네 번째 조약돌이다. 표면에 얼룩덜룩한 반점이 있는 이 조약돌은 언뜻 보기에 뭔가 불길한 징조가 느껴지고, 최상품 용연향은 아닌 것처럼 보인다. 하지만 코를 가까이 대고 냄새를 맡아보면 예상 밖으로 특이하고 세련된 향기가 느껴진다. 용연향 냄새는 가끔 최상급 연초, 오래된 교회의 목재 구조물, 음지에서 무리지어 자라는 양치류, 바이올렛 꽃다발에서 나는 냄새에 비유되곤 한다. 모두 맞는 말이지만 완전한 표현은 아니다. 용연향 전문가의 조언에 따라서 캐나다에서 온 조약돌에 '뜨거운 바늘 테스트'를 해보기로 했다. 날카로운 바늘 끝에 성냥불을 갖다 대고 벌겋게 달구어서 조약돌에 푹 꽂았다. 바늘이 닿자마자 용연향에서 치지직 하는 소리와 함께 연기가 피어올랐다. 그 연기에서 강한 향기가 뿜어져 나왔다. 그 향기가 순식간에 방을 채웠고, 공기가 조금 전과 완전히 달라졌다. 마치 프레스코화가 그려진 교회 천장을 올려다보며 빙글빙글 도는 것처럼 어지러웠다. 온갖 색깔과 꽃무늬가 마구 섞이며 돌아가는 기분이었다. 이 향기는 다른 세상으로부터 이 세상에 침입한, 불가항력의 미향美香이었다.

용연향은 상상을 초월할 정도로 값비싼 향수 원료로, 언제나 같은 무게의 금값을 뛰어넘는다. 그렇다면 천연 용연향은 어떻게 만들어졌을까? 이는 '돌멩이가 금덩이로 변했다' 수준의 완벽한 미스터리에 가깝다.

『모비 딕』 92장에서는 용연향의 기원을 "배웠습네 하는 자들의 영원한 골칫거리"라고 표현하면서, 아마도 고래의 '소화불량증'과 관계가 있을 거라고 설명한다.[1] 이 말도 완전히 틀린 말은 아니지만, 1850년대까지도 사람들은 용연향에 대해 더 많은 것을 알지도, 더 정확히 알아내지도 못했다. 지금까지 우리가 알고 있는 것은 이렇다. 오늘날 약 35만 마리의 향유고래가 살아 있는데, 바다 속 너무 깊은 곳에서 활동하기 때문에 과학자들이 가까이 가서 관찰하기가 어렵다. 향유고래는 바다 속을 유영하면서 오징어나 갑오징어를 매일 1톤 가까이 먹어 치운다. 이 동물들의 뼈가 고래의 소화관에 걸리면 그 주변에 고래의 똥이 모여 달라붙어서 신장 결석처럼 굳어진다.[2]

직접 목격한 사람이 없기 때문에 아무도 제대로 이해하지 못하는 과정을 통해, 고래의 소화관을 막은 돌덩이가 고래의 몸으로부터 튀어나와(이때 고래가 고통을 느끼는지 안 느끼는지, 이 때문에 고래가 죽을 수도 있는지 아닌지도 알지 못한다) 바다 위를 떠다닌다. 이 돌덩이는 바다를 떠다니면서 천천히 용연향으로 변하고, 마침내 해변으로 밀려 올라온다.[3]

용연향은 여러 언어권에서 그 기원의 신비를 반영하는 이름으로 불린다. 약 700년경부터 무슬림과 페르시아 상인들 사이에 알려지기 시작했고, 유럽의 선원들에게 처음 알려진 것은 15세기 스페인과 포르투갈 탐험대가 아프리카 해안을 출발해 태평양을 향해 동진하던 무렵이었다.[4]

프랑스 사람들은 발트해 연안의 화석화된 나무 수지인 호박을 닮았다 해서 회색 호박*gray amber*이라는 의미로 ambergris라고 불렀고, 유럽인들은 프랑스식 이름을 그대로 받아들였다. 용연향이라는 이름은 16세기에 중국 사람들이 '용이 뱉어놓은 침'이라는 뜻으로 붙인 이름이었다. 중국 사람들은 용이 뱉은 침이 바다에 떨어져 굳은 것이 용연향이라고 믿었다. 페르시아 사람들은 바다소라고도 불리는 매너티*manatee*를 ambergris cow라고 불렀다. 용연향이 매너티에게서 나온다고 잘못 알았던 탓이다. 일본 사람들은 고래의 똥이라는 의미의 단어를 붙였는데, 일본 사람만이 용연향의 기원을 제대로 추측했던 것으로 보인다.[5]

용연향은 얼마나 비싼 대접을 받았는지는 설명하기조차 힘들 정도다. 용연향은 호화로움과 사치의 상징이었고 최음 효과까지 있어 많은 각광을 받았다. 『코란』에는 천국에 사는 순결한 신녀들의 몸은 사향과 장뇌, 사프란과 용연향으로 이루어져 있다고 적혀 있다.[6] 마리 앙트와네트의 호화판 파티에서는 의례적으로 정적政敵의 모습을 닮은 인형을 가져다가 목을 치는 퍼포먼스를 했는데, 이 인형의 목을 치면 용연향의 향기가 나는 액체가 뿜어져 나왔기 때문에 파티에 참석한 귀부인들이 앞다투어 달려가 손수건에 그 액체를 묻혀가곤 했다는 이야기도 있다.[7] 영국에서는 1626년부터 모든 새로운 왕들의 대관식 때 대관식을 진행하는 최고 성직자가 용연향 기름으로 축복을 내렸다.

용연향의 색깔은 처음에는 검은색이며, 배설물 냄새와 소금 냄새가 진하다. 상품일수록 부석과 닮은 모양이고 냄새는 조개껍데기와 비슷하면서 꽃잎 같은 섬세한 광채가 난다. 내게 조언을 해준 한 용연향 판매자는 용연향은 실제로 고래의 똥에 섞여서 나오기도 한다고 말했다. 때로는 이미 반쯤 변성된 상태, 즉 품질이 더 좋아진 상태로 고래의 몸에서 나오기도 한다는 것이다. 왜 그런지는 아무도 알 수 없는 일이다.

용연향이 처음의 상태로부터 변성을 일으키는 데 도움이 되는 일정한 조건이 있는 것으로 보인다. 우선 수온이 너무 낮지 않은 바다를 떠도는 것도 도움이 되는 것 같다. 용연향은 늘 수면 가까이에서 떠다니는데, 그래서 햇빛에 자주 노출되고 출렁이는 바닷물에 흔들리거나 뒤집히기도 할 것이다. 용연향의 변성 과정은 오랜 시간에 걸쳐서 일어나며 그 끝이 결정되어 있지 않은 과정이다. 용연향은 원하는 만큼 시간을 보낸다. 용연향 덩어리는 몇 주에서 심지어는 몇 년을 떠다니기도 한다.

육지에 닿았다 해도 보통 사람의 눈으로 용연향을 구분하기는 거의 불가능하다. 용연향의 겉모습은 파도에 밀려와 해변에 쌓이는 쓰레기, 즉 동물의 사체, 개똥, 썩어가는 갈매기 뼈다귀, 산업 폐기물, 고래 몸에서 나온 지방 덩어리, 그저 그런 돌멩이 등과 다를 바가 없다. 진짜 용연향은 육지로 올라와 며칠 물기가 마르면 소금 냄새가 사라진다. 오징어 부리가 삐죽이 드러나 있기도 하고 줄무늬가 있는 것도 있다. 물 위에 떠 있는 것은 마치 화석화된 껌처럼 촉감이 끈적끈적하다.[8]

용연향은 양식을 할 수도 배양을 할 수도 없다. 과거에는 향유고래를 죽여서 얻었으나 향유고래가 멸종위기에 처한 지금은 향유고래 사냥이 법으로 금지되었다. 숙성되지 않은 용연향 덩어리를 소금물이 담긴 통에 넣어 놓고 햇살과 바람이 해결해주리라 믿고 기다려서는 아무 것도 얻어지지 않는다. 선반 위에 올려놓고 건조시키면서 숙성되기를 기다릴 수도 있겠지만, 변성의 화학작용은 멈추고 부패가 시작될 뿐이다. 숙성된 용연향의 향기는 매우 오랜 기간 유지되기 때문에, 조향사들은 전통적으로 용연향을 고정제로 쓴다(요즘의 향수 회사에서는 합성 용연향을 쓴다). 천연 용연향은 그 향기를 300년까지 유지할 수 있다.[9]

지금도 해변에서 표류물을 주워 생활하는 사람들이나 몽상가들 중에는 용연향을 찾는 사람들이 있다. 그런 사람들이 모인 온라인 커뮤니티에는 누가 얼마만한 크기의 용연향을 발견했다, 누가 얼마짜리 용연향을 발견했다, 어느 해변이 명당이다, 용연향을 잘 찾아내는 비법은 이런 것이다 하는 등의 이야기들로 북적거린다.

용연향의 매력은 단순하면서도 바다만큼 거대하다. 바다가 낳은 알이자, 알려지지 않은 기원으로부터 점선의 궤적을 그리며 지구의 어느 바다에서나 떠돌고 있는 조약돌이다. 며칠, 몇 달, 몇 년, 몇십 년 동안 숙성되다가 발견될 수도 있다. 그 아름다움은 침묵으로 더 고조된다. 우리는 용연향을 이해하지 못한다. 어쩌면 영원히 이해하지 못할 수도 있다.

플레이도우

PLAY-DOH

유혹적이고 세련된 냄새다. 처음 느껴지는 냄새는 햇빛을 받아 따뜻해진, 살짝 축축한 소금기가 밴 밀가루 반죽이다. 그 느낌을 노스탤지어로 이어주는 것이 바로 그 소금기다. 눈을 감고 밤 시간에 바닷가에 도착하는 장면을 그려본다. 사방은 어둡고 조용하다. 바다 냄새가 밀려온다. 곧이어 콕콕 누르고 주무르고 싶은 충동이 인다.

메인 노트가 가벼운 톱 노트들을 감싼다. 그다지 까다롭지 않은 바닐라, 사향 냄새가 나고 로즈 워터나 체리 사탕처럼 먹을 수 있을 것 같은 보통의 꽃향기가 풍긴다. 플레이도우의 냄새는 쾌활하지만, 한편으로 공업 생산품의 느낌이 난다. 천연 물질에서 상업적인 물질로의 즐거운 변화를 냄새로 맡는다. 그 냄새는 상표로써 보호를 받을 정도로 우상화되었다.

플레이도우는 1956년에 태어났다. 아니, 정확하게 말하면 다시 태어났다. 플레이도우의 원래 제조사였던 큐톨 프로덕트*Kutol Products*는 거대한 구식 공장이었다. 큐톨 프로덕트가 플레이도우의 원조격이었던 상품을 생산하던 때는 1900년대 초기로, 그 당시의 난방 원료는 석탄이 대부분이었다. 때문에 집 안의 벽에 숯검정이나 그을음이 많이 묻었고, 그 검댕과 그을음 자국을 지우는 퍼티가 큐톨 프로덕트의 주요 상품이었다. 그러나 세월이 흘러 난방 원료가 천연가스나 전기로 바뀌자 더는 벽지의 숯검정을 지울 필요가 없게 되었다. 큐톨을 경영하던 CEO의 친척은 유치원에서 찰흙 대신 이 퍼티로 아이들이 만들기 놀이를 하면 좋겠다고 생각했다. 이후 벽지 청소용 퍼티에 몇 가지 변화를 주자, 놀이 도구로 큰 인기를 끌게 되었다. 큐톨은 레인보우 크래프트 컴퍼니*Rainbow Crafts Company*라는 별도의 회사를 설립하고 이 퍼티에 플레이도우라는 이름을 붙였다. 플레이도우는 흰색이었던 원래의 퍼티에서 벗어나 여러 가지 밝은 색상으로 생산되기 시작했고, 여기에 시그니처 향기까지 첨가했다.

여기서 내가 '첨가'했다고 쓴 것은 아주 조심스럽게 고른 단어다. 상업적 목적으로 어떤 냄새를 배타적으로 소유한다는 것은, 이어서 설명할 플레이도우의 경우에서도 볼 수 있듯이 법적으로 매우 까다로운 절차를 거쳐야 한다.

큐톨은 1960년에 플레이도우에 대한 특허를 신청했고, 1965년에야 특허등록을 할 수 있었다. 그리고 같은 해, 제너럴 밀스*General Mills*사가 레인보우 크래프트를 사들였다. 플레이도우의 현재 제조사인 해스브로*Hasbro*는 1991년에 이 플레이도우 브랜드와 이 브랜드에 따르는 특허권을 인수했다.[1] 2018년 5월, 해스브로는 가는 곳마다 특허 전문 변호사, 특허 관련 언론사들과 입에 거품을 물고 논쟁을 벌인 끝에 결국 플레이도우의 냄새를 상표로 등록하는 데 성공했다. 그 과정에는 냄새와 법이 아주 희한한 방식으로 얽히고설켜 있었다. 어떤 발명품의 특허등록에는 해당 상품의 기능성이 중요하다. 특정 목적의 상품을 발명했다고 하자. 소비자가 돈을 지불하고 그 상품을 사는 이유는 그 상품의 기능성 때문이다. 따라서 그 상품의 특허를 출원하는 목적은 그 상품에 기대되는 수입을 보호하기 위한 것이다. 그러나 상표는 상품의 기능성을 넘어서서 그 상품의 상징적 품질을 함께 나타내는 브랜드의 무형적 속성과 관련이 있다. 상표는 소비자가 자신이 구매하는 상품이 자기가 원하는 상품이며, 경쟁사가 내놓은 비슷한 형태의 제품이 아니라 신뢰할 수 있는 회사의 제품임을 인식하는 데 도움을 주는 감각적 단서(시각 디자인, 다른 것과 구별되는 소리, 색깔, 냄새)들을 모두 포함한다.

만약 공기청정제, 데오드란트, 구취제거제 등 어떤 상품의 기능에 냄새가 핵심적인 역할을 한다면, 냄새도 특허를 낼 수 있다. 큐톨은 플레이도우를 새롭게 창안된 기능성을 가진 새로운 물질의 혼합으로서 특허를 얻는 데 성공했다.[2] 그러나 냄새를 상표로 등록하는 것은 지독하게 어려웠다. 샤넬 No.5 크리스탈 보틀을 예로 들어 보면, 패키징, 브랜드 네임, 시향지 등의 모든 브랜드 요소들은 상표로 등록되어 철저하게 보호받고 있다. 이런 요소들이 모여 소비자에게 진짜 샤넬 No.5임을 증명할 수 있는 구체적인 증거가 됨으로써 일종의 아이콘과도 같은 브랜드를 구축한다.

실제 향수는 특허출원이 되지 않지만, 이론적으로는 출원이 가능하다. 향수에는 기능이 있다. 각 향수마다 특정한 방식으로 그 향수를 사용하는 소비자에게서 좋은 냄새가 날 수 있게 해준다. 샤넬은 No.5의 성분 조합에 특허를 낼 수 있다. 그러나 그러려면 특허출원서에 그 전설적인 향수의 성분과 조합비를 정확하게 공개해야만 한다. 향수 업계에서는 향수의 성분과 조합비에 대해서는 모두 극도의 보안을 유지한다. 요즈음에는 분석 기술이 발달하여 향수를 분석하고 역설계해서 분자 구성을 알아내는 것이 아주 간단한데도, 어떤 향수 회사든 정확한 원료와 성분비는 공개하기를 꺼려한다. 결론적으로 샤넬 No.5는 특허 등록이 되어 있지 않으며 그 향기 자체 역시 상표로 보호받지 않는다. 향수는 지적재산권법의 구멍인 셈이다.[3]

이처럼 상표로 등록된 냄새는 매우 드물다. 현재 상표로 등록되어 있는 냄새는 13가지에 불과한데, 그 리스트를 보면 매우 특이하다. 플레이도우 외에 유일하게 냄새를 상표로 등록한 미국의 냄새 브랜드는 버라이즌*Verizon*이 유일한데, 이 브랜드는 상업 공간에서 고객에게 쾌적한 환경을 유지하는 데 도움을 주는 꽃향기 같은 사향을 상표로 등록했다. 그 외에 냄새를 상표로 등록한 상품에는 과일 향 모터 윤활유, 풍선껌 냄새가 나는 젤리 샌들, 코코넛 향 플립-플랍 점포, 피냐 콜라다 냄새가 나는 우쿨렐레, 딸기 향이 나는 칫솔 등이 있다.[4] 미국이나 그 외의 나라에서 상표 등록이 거부된 냄새(시트러스 향이 든 수압 파쇄용액, 맥주 냄새가 나는 다트용 화살, 갓 깎은 잔디 냄새가 든 테니스 공 등)들도 특이하긴 마찬가지다.

플레이도우는 완구 분야에서 독보적이다. 플레이도우의 냄새는 등록된 상표로서 완벽하게 보호받는, 가장 성공적인 케이스다. 상표등록 서류에는 플레이도우의 냄새를 "달콤한 향기에 약간의 흙냄새와 바닐라 향이 섞여 있으며, 천연소금이 든 일반적인 밀가루 반죽에 약간 강한 체리 향이 들어 있는 조합"이라고 설명하고 있다.[5] 플레이도우의 냄새는 이 설명과 정확하게 맞아떨어진다. 무독성 향기가 솔솔 풍겨나오는 소금이 든 밀가루 반죽. 그러나 이 간단한 향기가 플레이도우라는 브랜드를 마술처럼 키워주었다. 그 비결은 그 냄새 자체에 있지 않다. 어린 시절을 보내온, 바로 우리 안에 있다.

젖은 울

WET WOOL

물리적인 거리를 좁혀버리는 눅눅한 곰팡내. 웬일인지 울의 냄새는 늘 가깝게, 때로는 불편할 정도로 가깝게 다가온다. 심지어 다른 방에 있어도 그 냄새를 맡을 수 있다. 두 개의 벽마저도 가깝게 끌어다 붙이는 것 같은 기분이다.

내 집처럼 익숙하면서도, 안과 밖 사이, 밖에서 축축하게 젖은 무언가와 따뜻한 난롯가 사이를 경계 짓는 것 같은 냄새다. 이 냄새를 맡고 있자면, 외로운 느낌과 환대받는 느낌 사이의 어딘가에 있는 듯하다.

울이란 무엇이고 그 냄새는 왜 이런 걸까? 분류를 짓자면, 울은 여러 종류의 동물에게서 깎아낸 털로 만든 직물이다. 염소, 털이 많은 가축, 낙타, 사향소, 들소 그리고 양의 털이 모두 울의 원료다. 울의 재료로 쓰이는 털은 곱슬곱슬하고 탄성력이 있어서 잡아 늘여도 곧 제자리로 돌아간다는 점에서 다른 동물들의 털과는 구분된다. 이를 가리켜 축융성縮絨性이라고 한다. 울의 단단한 꼬임 안에 공기가 갇히는데, 그 덕분에 단열성이 뛰어나다. 축융성 덕분에 실로 자아내기도 좋지만, 방적하지 않고 가압하고 가열하면서 섬유를 문질러 얽히게 하면 펠트가 만들어진다.

울과 물의 관계는 정말 신기하다. 울은 엄청난 양의 물을 흡수한다. 자기 무게의 3분의 1까지 흡수할 수 있다. 그런데 물은 울의 섬유 자체로 들어가는 게 아니라 섬유 사이의 에어 포켓 안에 갇힌다.[1] 울은 자기만의 내부 세계를 만든다. 그리고 그 안에 많은 양의 물을 저장한다. 울의 내부는 소리도 흡수할 수 있을 정도로 깊다.

울에서 양과 그 양이 살았던 환경의 냄새가 나는 건 하나도 놀랍지 않다. 그 냄새는 직물로 만들어진 후 마지막 공업적 세척 단계에서도 끈질기게 남아 있다. 양에게서 깎아낸 털은 세탁 과정을 통해 라놀린*lanolin*만 남겨두고 먼지와 풀잎, 배설물, 땀과 소금기 등을 제거한다. 양의 지방샘에서 분비되는 라놀린은 양이 비를 맞아도 빗물이 털에 스며들지 않도록 방수 기능을 하는 기름 성분이다(양은 자기 등에 직접 비옷을 '기르는' 것이고 우리는 그 비옷을 빌려다가 우리 몸에 맞게 재가공하는 셈이다). 목양업자들은 양털에서 최대한 라놀린을 추출해 미용 상품을 비롯한 여러 가지 상품으로 활용한다. 새로 만든 야구 미트를 부드럽게 만들 때나 항공기 바퀴의 윤활유에도 라놀린이 쓰인다. 가공이 끝난 울에도 어느 정도의 라놀린은 남아 있다. 라놀린에서는 바셀린처럼 약간 약 냄새가 난다. 바셀린 냄새에서 플라스틱 같은 인공적인 냄새만 빼면 딱 라놀린 냄새다. 라놀린은 바셀린보다 더 부드럽고 정서적이다.

젖은 울의 냄새를 맡아보면, 그 냄새는 정말 시간과 공간을 모두 품고 있는 4차원 그림 같다. 첫인상은 비 오는 날(또는 눈 오는 날)의 도보 여행이다. 울 아우터는 천천히, 그러나 가차없이 물을 흡수한다. 어느 순간 갑자기 불편해지기 전까지는 쾌적한 느낌이다. 드디어 실내로 들어와 벗은 울 아우터를 난로나 라디에이터에 널어 말린다. 울 냄새가 분명하게, 정직하고 완벽하게 올라오는 것은 바로 그 순간이다. 열과 눅눅해진 기름기 때문에 냄새는 더욱 디테일해진다. 넓은 스펙트럼의 냄새와 순간적인 시간의 흔적이 드러난다. 울과 라놀린 냄새를 맡고 있지만, 마지막 세탁한 이후로 울의 에어 포켓에 갇힌 냄새들도 느껴진다. 그 냄새에는 그 옷을 입은 이가 다닌 여행의 흔적이 기록되어 있다. 도서관, 펍, 생선가게…. 울은 모든 종류의 냄새를 동시에 발산한다. 마치 교회의 웅장한 파이프오르간 같다.

어떤 사람들은 울 냄새를 맡으면 영국을 떠올린다. 울 냄새가 그 나라의 역사적 정체성과 묘하게 얽혀 있는 것은 부인할 수 없다. 『마지막 늑대: 영국의 감춰진 봄*The Last Wolf: The Hidden Springs of Englishness*』을 쓴 작가 로버트 와인더*Robert Winder*는 영국에 따뜻한 비를 몰고 오는 멕시코 만류로부터 시작하여 영국을 형성한 여러 힘들을 탐색했다. 비는 밀을 키우고, 밀은 영국의 아이콘과도 같은 술, 에일이 된다. 비와 밀은 영국의 많은 양을 키우고, 양에게서 울이 만들어진다. 그렇게 해서 젖은 울은 '영국이 영국이 되는 데' 결정적인 역할을 한다. 늑대 쫓아내기(그보다는 좀 유하긴 했지만 유대인 고리대금업자도 쫓아냈다)는 영국의 인클로저 정책을 위한 길을 닦았다. 이 정책은 목양을 위한 막대한 토지를 조성했고 영국은 세계적인 양모 산업국이 되었으며, 양모 산업은 훗날 영국이 대제국으로 성장하는 데 경제적인 발판이 되었다. 이에 관해 역사학자 도미닉 그린*Domonic Green*은 이렇게 비판하기도 했다. "석탄과 와인더를 더하면 영국스러움*Englishness*을 '웃기는 방정식; $E = cw4$(영국스러움 = 석탄*coal* × (울*wool*, 밀*wheat*, 습한 날씨*wet weather*)'으로 바꿀 수 있다."[2] 이렇게 젖은 울의 냄새는 전혀 다른 눅눅함, 다시 말해 질척거리며 사라지지 않는 제국의 악취로 다가온다.

젖은 울 냄새는 여러 공공장소에도 스며 있다. 울은 버스나 기차, 항공기 등의 좌석 시트나 카펫에 많이 쓰인다. 거기에는 그만한 이유가 있다. 울이 타는 온도는 면이나 합성섬유보다 훨씬 높고, 불이 붙어도 그 표면에서 연기가 잘 퍼지지 않는다. 방오성과 내구성도 뛰어나다. 그러나 간이역 같은 곳의 젖은 울 냄새는 집에서의 울 냄새와 사뭇 다르다. 대중교통 수단 내부에서는 비를 피할 수 있지만, 모자람 없이 편한 것은 아니기 때문이다. 여전히 편안하고 아늑한 내 방에 도착하지 못했고, 아직은 젖은 옷을 갈아입을 수는 없다는 사실이 더 분명하게 상기될 뿐이다. 대중교통에서 맡는 울 냄새는 언제나 내가 집으로부터 얼마나 멀리 떨어져 있는지를 가늠하게 해준다.

피넛버터

PEANUT BUTTER

풍부하고 깊으면서도, 한편으로는 스모키한 냄새. 이 냄새는 분명하게 구별되는 여러 층으로 나뉜다. 꿀 같이 달콤한 톱 노트, 육중하게 휘몰아치는 오일 향의 베이스 노트, 그리고 그 맛과 똑같은, 실제 땅콩 냄새의 미들 노트.

미국에서 자란 중년층이라면 이 냄새는 어린 시절의 추억에 녹아들어 있을 것이다. 그보다 젊은 층의 미국인들이라면 중년층 세대보다는 피넛버터를 잘 알지 못한다. 최근 세대의 많은 사람이 땅콩 알러지를 갖고 있기 때문이다. 그 이유는 과학자들도 완벽하게 이해하지 못하고 있다. 내 아들도 땅콩 알러지가 있어서 피넛버터 대신 콩기름으로 만든 대체품인 와우버터*WowButter*를 사주곤 했었는데, 얼마 못 가 손도 대지 않게 되었다. 와우버터가 피넛버터만큼 사랑받지 못하는 이유를 내 나름대로 분석하자면, 와우버터는 피넛버터의 언캐니밸리*uncanny valley*●이기 때문이다. 피넛버터를 만들 때와 똑같은 방법으로 콩을 볶아 만들었기 때문에 그 맛도 거의 완벽하게 비슷하지만, 그 유사성이 오히려 반감을 일으킨다. 그러나 솔직히 말하면 내 아들에게는 피넛버터에 얽힌 추억이 없기 때문에, 내 아들이 와우버터를 거부하는 유일한 이유는 다음의 사실 때문일 거라고 생각한다.

미국인이 아닌 사람들의 피넛버터에 대한 호불호는 극단적으로 갈린다. 어려서 피넛버터를 접해보지 않았기 때문에 거부하거나, 혹은 수입 식품이 가진 새로운 맛이기 때문에 좋아한다. 그러나 해외에서 미국 식품의 영향력이 줄어들면서 피넛버터의 인기도 함께 내리막길을 걷는지도 모른다. 그래도 지금으로서는 호불호와 관계없이 대부분의 사람에게 이 냄새는 거의 일상적이라고 할 수 있다. 내 집 주방의 수납장에서부터 저 멀리 우주선 안까지 뻗어 있다.

한편 피넛버터의 냄새와 맛을 지나치게 좋아하는 사람들은 일부 영양소가 결핍된 상태일 수 있다. 저지방 저탄수화물 식단을 실천하는 사람들이 피넛버터를 좋아하는 데는 그만한 이유가 있다. 피넛버터는 영양이 풍부한 탄수화물 못지않게 고급 지방과도 화합이 썩 잘된다. 또한 베타시토스테롤*betasitosterol*이라는 특정 화합물을 포함하고 있는데, 이 화합물은 사람의 몸이 스트레스와 싸우는

● 불쾌한 골짜기. 사람과 거의 비슷한 모습과 행동을 보이는 로봇을 접할 때 사람이 거부감을 느끼는 감정 영역을 말한다.

것을 도와준다. 여러 연구 결과에 따르면, 베타시토스테롤은 스트레스를 받을 때 치솟는 코르티솔 레벨을 정상으로 낮춰주고 불안감을 잠재워준다.[1]

피넛버터 냄새는 알츠하이머의 전조를 포착해내는 데도 도움이 될 수 있다. 한 연구에서, 고연령층인 실험 대상자들을 네 집단으로 나누어 각각 한 숟가락씩 떠낸 피넛버터의 냄새를 맡아보게 했다. 첫 번째 집단에는 알츠하이머 환자일 가능성이 있는 사람들이 포함되어 있었다. 두 번째 집단은 약한 정도의 인지장애를 가진 사람들이었고, 세 번째 집단도 인지기능에 문제를 가진 사람들이었다. 네 번째 집단인 대조군만 정상적인 인지능력을 가진 사람들이었다. 놀라운 점은 이들 중에서 알츠하이머일 가능성이 있는 사람들만 피넛버터 냄새를 인식하는 데 문제가 있었다는 것이다. 그런데 이들이 알츠하이머의 전조를 드러내는 방식이 매우 특이했다. 그들은 왼쪽 콧구멍으로는 피넛버터 냄새를 전혀 맡지 못하거나 잘 인식하지 못했다. 오른쪽 콧구멍으로는 비교적 먼 거리에서도 피넛버터 냄새를 잘 감지했다. 냄새 감각의 불균형은 알츠하이머 진단의 한 지표가 될 수도 있을지 모른다.[2]

피넛버터 냄새는 팬데믹과의 전쟁에도 도움이 될 수 있다. 미각과 후각의 갑작스러운 상실은 무증상 코로나19 환자를 판별하는 데 매우 정확한 지표이기 때문이다. 체온 측정보다 훨씬 더 정확할지도 모른다.[3] 이 글을 쓰고 있는 현재, 진단 키트가 부족할 경우 집이나 직장 또는 학교에서 초기에 실시해볼 수 있는 냄새 테스트 방법을 개발하려고 과학자들과 의료기기 회사들이 진력을 다하고 있는 중이다. 예일대학교의 과학자들은 특히 북미 사람들을 위한 피넛버터 냄새 테스트를 개발하는 데 열중하고 있다. 피넛버터는 어느 가정에나 한 통쯤 있을 뿐만 아니라, 순수 취기제臭氣劑로도 알려져 있기 때문이다. 삼차신경 반응은 후각 상실을 빨리 알아채지 못하게 하는데, 사람들은 냄새 맡는 능력이 점점 흐려지고 있다는 것을 지각하는 데 더디다. 기대했던 후각 반응을 느끼고 실제 냄새를 대입하는 식이다. 피넛버터 냄새는 삼차신경을 전혀 자극하지 않는다.

예일대학교 과학자들이 제안한 테스트는 피넛버터 냄새를 맡아서 후각을 테스트한 다음 식초 냄새를 맡거나 알코올을 문질러 비도를 자극하는 것이다. 알코올의 자극은 느낄 수 있으면서 피넛버터 냄새를 분명하게 지각하지 못한다면 의사를 찾아가야 한다.[4] 학교나 직장에서는 건물에 입장하기 전에 테스트를 통해 사지선다형으로 냄새를 구별하게 해볼 수 있다.[5]

아침 바람이 신선한 냄새를 멀리 퍼뜨린다. 일어나 그 냄새를, 우리를 살아있게 하는 그 바람을 맞아들여야 한다. 그 바람이 잦아들기 전에 숨을 들이쉬자.

루미Rumi_시인이자 법학자

피넛버터 냄새 맡기로 질병을 진단한다니, 놀라울 뿐이다. 그런데 여기서 한 가지 의문점이 떠오를 것이다. 혹시 알러지가 있는 사람들에게 냄새를 맡게 하면 어떻게 될까? 냄새가 알러지를 유발해서 실제로 사람을 아프게 할 수도 있을까? 짧게 답하자면 대부분의 사람에게는 그렇지 않다. 알러지를 일으키는 것은 땅콩에 든 단백질인데, 땅콩 단백질이 공중에 날아다닐 확률은 사실 거의 없다.[6] 그러나 아주 심각하게 알러지를 갖고 있는 사람의 경우에는 전문 식품매장이나 특수매장 같은 곳에 갔다가 햇땅콩을 갈아주는 코너에서 공중에 떠다니는 먼지 같은 땅콩 가루 때문에 문제를 겪을 수도 있다.

이제 땅콩 냄새에 대한 진짜 이상한 이야기를 뒤져볼 차례다. 1969년 호주에 머치슨Murchison 운석이 떨어졌다. 이 우주 물질 덩어리의 나이가 몇 살이나 되었을지 알아보기 위해 과학자들은 이 운석이 몇 가지의 원소로 이루어졌는지를 판별해 보았다. 운석이 우주 공간을 날아오는 동안, 우주 물질이 고에너지 우주선宇宙線과 상호작용을 한다. 우주 공간 속에서 보낸 시간이 길면 길수록 우주선과의 상호작용이 더 많아지고, 따라서 더 많은 원소가 운석 안에서 형성된다. 네온 동위원소 테스트를 해보면, 진짜 오래된 우주 물질이라면 굉장히 많은 종류의 원소가 발견된다. 시카고 필드 박물관과 시카고대학교 연구진은 머치슨 운석이 굉장히 오래된 것이며 어쩌면 태양 이전의 물질, 즉 태양이 생성된 46억년 전보다 더 앞서는 우주먼지를 포함하고 있을지도 모른다고 생각했다.

과학자들이 이 이론을 테스트하려면 먼저 운석의 일부를 빻아 가루로 만들어야 한다. 이 과정에서 피넛버터 냄새가 너무 강해 고약하게 느껴지기까지 하는 반죽 같은 것이 만들어진다. 이 반죽을 산에 용해시키면 순수한 우주먼지만 남는다. 그리고 이 운석의 우주먼지는 우리가 상상했던 것보다 나이가 훨씬 많다는 사실이 밝혀

졌다. 그 나이는 75억 살로, 지금까지 지구상에 떨어진 어떤 물질보다도 나이가 많다.[7]

　내가 쓴 첫 번째 책에는 장난삼아 우주의 평균 색깔을 계산해보려고 했던 천문학자 집단에 대한 이야기가 있다. 그들은 우주는 베이지 색깔이라고 결론짓고, '우주 라테*Cosmic Latte*'라고 색깔 이름을 지었다. 그리고 지금 우리는 또 하나의 기묘한 질문에 과학적으로 대답할 수 있다. 가장 오래된 우주 물질은 어떤 냄새가 날까? 그 답은 고약한 피넛버터 냄새다.

다양한 방법으로 코를 킁킁거려보자

우리는 그냥 숨을 쉬다가도 의도치 않게 냄새를 맡을 수 있다. 그러나 의도적으로 냄새를 맡으려면 숨을 쉬는 것만으로는 부족하다.

　　현대 실험심리학의 선구자 에른스트 하인리히 베버*Ernst Heinrich Weber*는 냄새를 감지하는 데 코를 킁킁거리는 것이 얼마나 중요한지 냄새 테스트를 해보기로 했다. 먼저 바닥에 등을 대고 반듯이 누운 뒤, 연구실 조교를 시켜 자신의 코에 물과 향수를 섞은 용액을 들이붓게 했다. 그는 실험이 끝난 뒤 강렬한 냄새를 수동적으로 코에 흡입시키는 것은 냄새 지각에 충분치 않다는 결론을 내렸다. 다시 말해, 냄새를 지각하려면 코를 킁킁거려야 한다는 것이다. 훗날 과학자들은 다양한 냄새를 풀어놓되 피실험자들은 코를 킁킁거릴 수 없게 한 상황에서 냄새 지각 실험을 함으로써, 코를 킁킁거리는 것이 얼마나 중요한지를 확인했다. 한 과학자는 입으로 숨을 크게 내쉬고 있는 사람 앞에서 강한 냄새를 피웠다. 또 다른 과학자는 피실험자가 잠든 상태에서 호흡과 호흡 사이, 즉 무호흡 상태에서 정맥주사로 냄새를 주입했다.[1] 이런 실험들의 결과는 한결같았다. 코를 킁킁거릴 수 없으면 어떤 냄새도 지각하기 불가능할 정도로 어려웠다. 그러므로 냄새를 잘 맡으려면 더 자주 킁킁거리고, 더 다양한 방법으로 킁킁거려야 한다. 단지 크게 킁킁거린다고 항상 더 강하고 분명하게 냄새를 맡을 수 있는 것은 아니다.

상큼하게 설레는 향

TINGLING & FRESH

눈
SNOW

생강
GINGER

로즈마리
ROSEMARY

소나무
PINE

눈
SNOW

대기를 무겁게 내리누르는 듯한 하얀 하늘 아래서 차가운 공기를 들이마시고 잠시 숨을 멈춘다. 들숨과 날숨 사이, 이 멈춤 안에 그 냄새가 생각처럼 명징하게 떠오른다. 창백하지만 강렬하다. 다른 건 몰라도 한 가지만은 분명하다. '곧, 눈이 올 것 같아!'

우리는 어떻게 냄새로 그걸 알 수 있는 걸까? 겨울 공기 속 눈 냄새는 마치 몸이 아는 것처럼 각인된다. 사실, 이는 정말 몸이 알기 때문이다. 코는 세 가지 힌트로 곧 눈이 온다는 걸 안다. 그 세 가지 힌트가 동시에 나타나면, 알아볼 수 있는 시그니처가 형성된다. 우선 우리의 코는 차갑고, 농도 짙고, 움직임이 둔한 공기의 냄새를 맡는다. 기온이 떨어지면 공기 분자의 움직임이 둔해진다. 추운 바깥에서는 휘발성 분자도 움직이지 않아서, 공기 중에 냄새로 퍼지지 않는다. 추운 날씨에는 지각할 수 있는 냄새가 눈에 띄게 줄어든다. 사람의 코는 냄새 없음, 즉 완벽한 냄새의 부재도 기억한다.

이런 냄새의 부재 속에서 사람의 코는 두 번째 힌트를 감지한다. 바로 습도의 증가다. 하늘에서 떨어지는 모든 것들이 그러하듯이, 눈도 습기로 포화 상태가 된 공기가 드디어 그 무게를 견디지 못하고 떨어지는 것이다. 우리 몸의 냄새 맡는 기관들은 따뜻하고 습기가 많은 상태에서 가장 잘 작동한다. 날씨가 좋을 때는 그때 두드러지는 냄새들 때문에 습도가 올라가는 것이 가려지기도 한다. 그러나 차갑고 건조한 날씨에는 갑작스럽게 떨어진 습도가 코의 냄새 맡는 능력을 돌이켜 놓는다. 황량한 무채색의 벌판에서 눈길을 확 끄는 한 줄기 선명한 원색의 빛줄기처럼 분명하게 각인시킨다.

눈 냄새의 세 번째 힌트는 냄새가 아니라 신체적 감각과 관련이 있다. 차갑고 습윤한 공기는 얼굴과 코의 삼차신경을 자극한다. 코로 냄새를 맡기보다 얼굴 안에서 느껴지는 감각으로 눈을 예감하는 것이다.[1]

눈이 실제로 내리기 시작하면, 눈 냄새는 다시 냄새의 부재로 돌아가고 명상을 하는 듯한 공허함으로 다가온다. 이제 막 눈이 덮인 길에 첫 발자국을 찍으며 냄새를 맡아본 적이 있는가? 다른 냄새는 모두 지워지고 새롭게 나타난 냄새는 너무나 날카롭다. 숨을 내쉴 때마다 스카프에 김이 서리고 어디선가 떨어져 바싹 마른 소나무의 바늘잎이 송진 냄새를 뿌리며 흩어지고, 멀리서 흘러온 장작불 타는 냄새가 느껴진다.

눈 냄새는 생생하다. 이제 막 내려 쌓인 눈의 고요함도 그렇다. 눈송이 사이사이에 갇힌 공기는 소리를 흡수해서 주변의 음향을 바꿔놓는다. 아주 잠깐 동안, 눈 덮인 풍경은 한가롭지만 세밀하고 아름다운 감각의 왜곡으로 포장된 채 모든 것이 정지된 느낌을 준다. 미세한 바람만 불어도 눈송이 사이에 갇혔던 공기는 풀려나고, 소리는 평소의 음량으로 되돌아온다.[2]

눈은 잠자는 듯 보일 수도 있지만, 하얀 담요 아래서도 생명의 바퀴는 돌아간다. 녹은 눈에는 60여 종의 조류가 들어 있는데, 그 중 어디서나 볼 수 있는 것이 클라미도모나스 나발니스*Chlamydomonas nivalis*다. 광합성을 하는 이 미생물은 여름철 북극의 눈더미에서 번성해 눈을 선명한 분홍색 또는 붉은색으로 물들인다. 봄에 눈이 녹으면서 생겨난 C. 나발니스의 접합체는 겨울에 새로 눈이 내려 쌓인 뒤에 다시 활성을 얻어 성장을 계속할 수 있을 때까지 여름철을 견뎌내야 한다. C. 나발니스는 태양열과 함께 자외선을 흡수함으로써 눈을 분홍색으로 변하게 만드는, 아스타잔틴*astazanthin*이라는 생화학 반응으로 햇빛을 가린다. 햇빛으로부터 자기 자신을 보호하는 것이다. 또한 그 눈에서 수박처럼 약간 달콤하면서 싱그러운 냄새가 나게 만든다. 그래서 이런 눈을 '수박 눈*watermelon snow*'이라고 부르기도 한다.[3]

다가올 여름에는 시원한 수박을 쪼개 한 조각 들고 냄새를 맡아보자. 녹을 때 분홍색 무늬가 생기는 북극의 눈에서도 바로 그런 냄새가 난다.

생강
GINGER

따뜻하고 포근하다. 하지만 한편으로는 원기가 왕성하다. 생강 냄새는 나를 부드럽게 맞아주면서도 동시에 정신이 번쩍 들게 하기도 한다. 생강 냄새에는 깊고 넓게 퍼지는 계피 향과 밝고 화사하게 터지는 듯한 시트러스 향이 섞여 있다. 태양과 열대, 그리고 그 태양이 내려쬐는 해변에서 몸과 마음이 끌릴 때만 억지로 움직이는 나른함의 냄새가 난다.

생강은 관능적인 본성을 숨기지 않는다. 갓 캐낸, 아직 껍질을 벗기지 않은 생강에서는 아무 냄새도 나지 않는다. 하지만 껍질을 벗기면 촉촉하고 향기로운 냄새가 훅 올라온다. 껍질을 벗겨서 그대로 두면 가느다란 섬유질 표면은 금방 말라버리지만, 칼로 자르거나 표면을 깎아내면 금방 다시 그 신비의 액체가 차오른다. 표면을 깎아낼 때마다 새롭게, 싱싱한 생강 냄새가 풍긴다.

생강은 생명력이 질긴 구근이라 바다 건너 멀리까지도 운반이 가능하다. 기후가 따뜻한 지역이라면 어디서든 잘 자라기 때문에 지금은 어느 나라 어떤 음식의 재료에서도 쉽게 발견할 수 있다. 어디서나 쉽게 만날 수 있는 식물임에도 생강은 늘 이국적인 느낌, 아주 특별한 재료인 듯한 느낌을 준다. 식민지 개척 시절 초기, 서구 사람들에게 생강 냄새는 매우 신비롭고 천국을 연상케 하는 냄새였다. 생강 냄새는 헤테로토피아*heterotopia*•, 일상 속에 스며 있는 숭고한 쾌락의 한 조각과 같았다.

생강은 내재된 흥분성, 특히 성적인 측면을 의미하기도 한다. 영어 '진저*ginger*'는 서구권에서 생강을 가리키는 동시에 빨강머리를 뜻하기도 한다. 빨강머리에서 진짜 생강 냄새가 나는 것은 아니지만, 생강의 독특한 관능성이나 야성과 연관지어 언급되기도 한다. 베네치아에는 빨강머리 또는 생강의 이러한 기질을 가리키는

• 미셸 푸코가 유토피아와 대비하여 제시한 개념으로, 유토피아는 현실에 없는 개념이지만 헤테로토피아는 현실 속에 존재하면서 유토피아와 같은 기능을 하는 공간을 뜻한다.

속담이 있다. *Rosso de pelo, cento diavoli per cavelo*, '빨강머리, 머리카락 한 올에 백 개의 악마'라는 뜻이다.

여러 문화권에서 생강은 침실에서의 어떤 불만도 잠재울 수 있는 만능 최음제로 알려져 있다. 로마 시대의 의학자이자 해부학자인 갈레노스가 주장했던 체액이론에 따르면, 생강은 뜨거운 동시에 축축하다. 생강의 열은 성욕을 부추기고 성 기능을 끌어올리며, 축축한 성질은 정자 수를 증가시켜 생식력을 키워준다. 생강이 지닌 축축함은 정향, 계피와 다르다. 건조한 열기가 발기부전과 조루증을 치료하고 정력을 개선시키지만, 정자 수의 증가에는 관련이 없는 후추와도 다르다. 물론 체액이론은 모호한 균형의 게임이다. 성욕이 지나친 사람은 그만큼 정력의 소모도 크기 때문에 머리카락이 희끗해지거나 아예 빠져버린다.[1] 성적 욕망이 이미 끓어넘쳐 잠재우고 싶거나 체액이 이미 균형 잡혀 있다면, 생강을 너무 많이 먹는다거나 성적 욕망을 자극하는 향신료를 과하게 섭취하는 것은 과유불급이다.

여기서 중세의 성 과학자, 베네딕트회 수도사였던 콘스탄티누스를 떠올려보자. 기억나는가? '시나몬'에서 처음 언급한 적이 있는 사람이다. 그는 아랍 세계의 의학 서적을 번역하여 페르시아의 철학자이자 의사였던 이븐 시나*Ibn Sina*와 튀니지의 의사 이븐 알 잣자르 *Ibn al-Jazzār* 등이 쓴 글을 유럽에 전파한 것으로 유명하다.[2] 콘스탄티누스가 12세기에 쓴 『성적 결합에 대하여』에는 성적 치유를 위해 생강을 이용한 여러 레시피가 들어 있다.[3] 콘스탄티누스는 점심으로 우유에 정향을 우려낸 부드러운 음료를 권했고, 잠자리에 들기 전에는 생강, 후추, 큰장대, 스페인청가뢰, 설탕, 도마뱀 등을 넣어

만든 강력한 음료를 마실 것을 권했다.[4]

생강은 콘스탄티누스가 꼽은 최음제 성분 중에서 첫 번째 자리를 차지했다. 그가 꼽은 최음제 재료에는 생강 외에도 병아리콩, 솔방울, 달걀노른자, 따뜻한 육류, 식용 동물의 뇌, 아르굴라 그리고 수탉에서 수소까지 여러 동물의 고환, 포도, 멜론 그리고 음경의 모양을 닮은 바나나 등이 있다.[5] 이런 음식에 향신료가 잔뜩 든 포도주를 함께 마시면 서로 상보적인 작용을 했다. 포도주는 여러 종류의 모임과 의식에서 성적 촉진제로 쓰였지만, 특히 결혼식에서는 더욱 중요했다. 결혼식에는 와인이나 각종 최음성 음식이 동원되었는데, 성적으로 미숙한 신혼부부에게 경험 많은 하객들의 가르침을 준다는 생각에서였다. 로마 시대부터 중세까지 유럽의 부유층들 사이에서 성행했던 이런 관습은 『코란』의 76장에 나오는 무슬림의 천국에 대한 묘사와도 비슷하다. 그 문헌에는 아름다운 후리*houri** *들이 "셀사빌*Selsabil*** *의 성수반에 생강 향이 나는 포도주가 가득 든 잔을 받쳐들고 순교자를 맞이한다"고 쓰여 있다.[6]

현대의 최음제로서 생강은 지하로, 구석으로 숨어버렸다. 보다 극단적인 페티시이자 BDSM의 한 형태인 피깅*figging*은 껍질 벗긴 생강을 마개 모양으로 깎아서 항문에 넣는 행위를 뜻한다. 이렇게 하면 거의 참을 수 없는 통증이 유발되는데, 여기서 극단적인 쾌감을 느끼는 사람도 있다.

15세기 프랑스 시인 프랑스와즈 비용*Francois Villon*이 쓴 시를

●   이슬람교에서 칭하는 천국의 미녀를 말한다.

●●   『코란』에 등장하는 낙원의 샘.

보자. 변태적 성행위를 비롯한 여러 가지 기행으로 감옥을 들락거
린 그는 자신에게 성적 쾌감을 주었던 상대(기록에 따르면 목세공인
*woodworker*이었다고 한다)에게 보상으로 생강을 남겼다. 다소 자극적
인 이 글귀를 끝으로, 생강 이야기는 여기서 마무리 짓도록 하겠다.

> 나의 목세공인에게
> 줄기와 뿌리까지 모두 달린
> 사라센 생강 100포기를 남긴다.
> 그대와의 성관계에 대한 보상이 아니라
> 변변치 않았던 이불 속의 물건을 일으켜 세우고
> 소시지를 단단히 붙들어 매서
> 젖은 젖꼭지로
> 피는 고환으로 달려가게 해준 보상이다.[7]

로즈마리

ROSEMARY

코를 찌를 듯이 날카롭고 쾌활한 냄새가 난다. 숲속 멀리까지 채울
듯한 냄새다. 로즈마리 잎을 직접 씹어보면 그 맛과 냄새가 마치 박
하처럼 톡 쏘는 듯 얼얼하고 시원하다. 사실 생김새만 봐서는 먹을
수 있는 식물처럼 보이지 않는다. 모양이나 냄새나 꼭 소나무의 바
늘잎을 닮은 식물을 씹는 듯한 야릇한 느낌을 준다(사실 소나무와 로
즈마리는 계통상 사촌지간이다). 서양의 고대 요리법에서는 로즈마리

를 식재료로 쓰지 않았다(하지만 고대 메소포타미아인들은 로즈마리를 식재료로 이용했다).[1] 그저 그 향기를 상징적 용도로 이용했다.

로즈마리 냄새는 개인이 지닌 기억과 추억의 상자를 휘저어놓고 로즈마리 자신이 지나온 역사를 펼쳐 보인다. 고대 로마인들은 값비싼 향을 사는 대신 값싼 로즈마리 가지를 태웠다.[2] 로즈마리는 또한 사이프러스에서 발굴된 4000년 된 향수의 재료였다. 이 향수에는 라벤더, 월계수, 솔잎, 고수와 로즈마리가 블렌딩되어 있었다.[3]

세계에서 가장 오래된 향수 헝가리 워터*Hungary Water*의 역사는 14세기까지 거슬러 올라가는데, 역시 로즈마리가 주요 성분이다. 향수 역사가들이 헝가리 워터의 레시피를 재구성한 결과, 지금은 파리에 있는 오스모테크*Osmothèque* 냄새 저장소에서 재구성된 그 향기를 감상해볼 수 있다. 오래된 향수들의 레시피는 지역이나 장소에 따라 다르지만, 페니로열*pennyroyal*, 마조람*majoram*과 더불어 로즈마리 꽃은 빠지지 않는 원료다. 나중에는 시트론, 라벤더, 세이지, 흰붓꽃 같은 상쾌한 향들이 첨가되었다.[4]

로즈마리는 제빵의 역사에서도 상징적인 역할을 했다. 로즈마리는 중세 프랑스에 있었던, 제빵사의 전신이라 할 수 있는 탈르믈리에*talemelier*●의 길드가 치르던 비밀스러운 의식에서도 핵심 요소였다. 도제 훈련의 기간을 채우고 제빵 장인의 계급에 오르기를 희망하는 제빵사는 화분에 심어 기른 로즈마리를 길드 지도자의 집으로 가져갔다. 길드 지도자는 이러한 의식을 위해 따로 특별히 마련

●　제분기(방아)로 거칠게 빻은 밀가루를 체로 거르는 사람 또는 그러한 직업. 후에 pâtissier(제과사) 또는 boulanger(제빵사)로 분화되었다.

된 방으로 제빵 도제를 데리고 들어가 로즈마리의 형태, 향기, 뿌리뿐만 아니라 로즈마리에 장식된 것들(그들이 가져간 로즈마리 가지에는 사탕, 깍지콩, 오렌지 등이 걸려 있었다)까지 꼼꼼하게 검사했다. 이런 모든 것들은 장인이 되기 원하는 도제가 그만한 지위에 오를 가치가 있는 기술을 터득했다는 상징적인 증거의 역할을 했다.[5]

로즈마리 향기에는 또한 섹스와 로맨스, 그리고 죽음이 섞여 있다. 고대 로마의 장례식에서 화관을 만드는 재료로 쓰였던 반면, 아주 오랫동안 로맨스와도 연관되어왔다. 약수와 섞은 로즈마리는 중세의 결혼식에서 중요하게 쓰였다. 그러나 1603년, 그리고 1609년과 1625년 흑사병이 창궐했을 때 로즈마리가 널리 쓰이면서 다시금 죽음과 연관되었다. 전염병을 물리치고자 하는 사람들이 로즈마리 향기로 무장했기 때문이다. 그들은 로즈마리가 든 향갑을 목에 걸고, 흑사병이 휩쓸고 간 골목마다 순찰을 돌며 연기로 소독을 하기 위해 화톳불을 피워 로즈마리를 태웠다. 로즈마리 향기가 이렇게 쓰이자, 이 향은 적어도 한 세대 동안은 로맨스보다는 죽음의 암시와 더 가까웠다.[6] 그렇다고 해서 로즈마리가 완전히 죽음만을 의미하게 된 것은 아니다. 이 향은 아직도 로맨스나 성적인 의미를 담고 있다. 영국에서는 지금도 성 마리아 막달레나 축일 전야에 어린 소녀들이 예지몽을 꾸기 위해 럼주와 와인, 진과 식초, 그리고 물을 섞은 액체에 로즈마리를 담갔다가 가슴에 꽂고 자는 풍습이 있다.[7] 이와 비슷하게, 빅토리아 시대 영국의 신부들은 결혼식 날 사랑의 추억에 새 생명을 불어넣는다는 의미로 로즈마리를 몸에 지녔다.[8]

소나무

PINE

상쾌하고 활기찬 냄새다. 톡 쏘는 듯한 온기가 코끝에 스며들면 허리를 곧추세우게 된다. 장뇌 또는 라벤더와 비슷한 삼차신경 반응을 일으킨다. 그러나 솔향기의 생기는 그보다 약간 더 부드럽다. 솔향기는 더 따뜻하고 나무 향도 더 진하며 장뇌나 라벤더보다 훨씬 더 많은 것을 품고 있다. 솔향기는 정신을 일깨우면서도 또한 속도를 늦추게 한다. 온몸과 마음에 안도감이 흐르게 한다.

솔향기는 개방된 공간에서 공기를 타고 빠르게 퍼져나가지만, 반쯤 닫힌 공간에서는 황홀한 친근감으로 공기를 채운다. 이 냄새는 거대한 소나무가 제 안에 품고 있는, 공기로 지어진 아주 작은 성당을 가득 채운다. 둥글게 휘어진 가지, 이파리 사이의 빽빽한 숲, 사람과 동물들의 발로 다져진 마른 솔잎들이 숲의 바닥을 담요처럼 덮고 있다. 깊은 곳에 감춰진 안전한 휴양지 같은 편안한 냄새가 난다.

그러나 그 거대함에도 불구하고 이 냄새는 수줍음을 탄다. 솔향기를 모아볼 생각에 밖으로 나가 서성여보면, 처음에는 실망하게 된다. 그 향기는 일부러 찾지 않을 때는 어디에나 있는 것 같다가도, 막상 찾으려 들면 교묘히 나를 피한다.

나는 솔향기를 제대로 느끼기 위해 미시간 북부의 강변에 있는 오두막 주변에서 소나무 가지를 주워 모으다가, 소나무 특유의 톡 쏘는 듯한 냄새가 느껴지지 않아 당황했다. 그 수수께끼를 풀어보려고 더글러스 전나무 아래 서서 희미한 소나무 향기가 배어 있는 공기를 잔뜩 들이마셨다. 그러다가 노다지를 발견했다. 투명한 노란색 송진 방울이 내 눈앞에 있는 나무의 껍질 밖으로 스며나와 눈물처럼 맺혀 있었다. 나는 젖은 종이 타올로 그 눈물을 닦아 냄새를 맡아보았다. 그 냄새는 감당할 수 없을 정도로 진했다. 따스하면서 동시에 시원했고, 상쾌한 초록 냄새와 쨍한 햇살이 섞여 있었다.

소나무 향이 건네는 따스함과 시원함의 결합은 놀랍고 신기하다. 한여름 강변길에 그림자를 드리우는 소나무에 따스한 햇살이 내리쬐고 있을 때조차 소나무 향기는 자신이 힘든 겨울의 나날 또한 지나왔다는 것을 말해주는 듯하다. 그리고 우리가 상상할 수 있는 것보다 훨씬 빨리, 소나무 숲에는 또다시 두터운 눈 담요가 덮일 것이다. 주변 풍경은 계절따라 순식간에 바뀌겠지만, 소나무는 그 모습 그대로일 것이다.

앞에서 언급했듯, 눈 냄새는 아주 잠시 눈 내린 후의 고요함을 말해준다. 소나무 향기는 근본적으로 눈과는 다른 시간척도로 돌아간다. 소나무는 지구상에 살아 있는 가장 나이 많은 식물이며 수백 번의 계절이 지나가도 변하지 않는 상록수다. 소나무가 말하는 시간은 영겁이다.

대나무, 매화나무와 함께 소나무는 중국 고전에서 세한삼우歲寒三友로 불린다. 이 세 식물은 높은 지조와 절개, 회복력의 상징이다. 소나무를 뜻하는 일본어 마츠まつ는 '기다리다待つ'는 뜻의 동사와 동음이다.[1] 19세기 중국 시인 백거이白居易는 자기 집 뒷마당의 소나무 고목을 두고 다음과 같은 아름다운 시를 짓기도 했다. "나에게 유용한 벗, 현자와의 대화를 바라는 나의 소원을 채워주네."[2]

나는 항상 향수를 바꾼다. 한 가지 향수를 3개월 쓴 다음에는 그 향수가 아무리 좋아도 바꾼다. 그래서 나중에 그 향수를 다시 맡아보면 언제나 그 지난 3개월이 떠오른다. 썼던 향수를 다시 쓰는 일은 없다. 그 향수는 나의 영구적인 냄새 컬렉션의 일부가 된다.

앤디 워홀의 『앤디 워홀의 철학』 중에서

송진에서 솔향기의 대부분을 차지하는 성분이 테르펜이다. 피넨은 솔향기에 청량감과 자극 효과를, 리모넨은 밝고 명랑한 시트러스 향을 더해준다. 대마초 또는 소나무의 사촌인 시더cedar처럼, 소나무는 벌레를 쫓아버리는 수지를 만들어낸다. 소나무, 전나무, 가문비나무 등이 속해 있는 침엽수는 뜨거운 여름날에 테르펜을 더 많이 뿜어낸다. 테르펜 분자에는 수증기가 더 잘 달라붙기 때문에, 햇빛을 차단해서 숲을 시원하게 만들어준다. 다시 말하자면 소나무 숲에 들어가면 마치 딴 세상에 들어선 듯한 느낌이 드는 것도 다 그만한 이유가 있었던 것이다. 소나무는 자신들만의 미세기후를 만들어내면서 그림자를 드리워놓고 우리로 하여금 명상에 빠지게 하며, 소나무 숲 바깥세상과는 뚜렷이 다른 세계를 펼쳐놓는다.[3]

솔향기를 들이마시다 보면 콕 집어 말하기 힘들지만 생기가 살아나는 기분이 든다. 현대의 과학자들은 숲속을 산책하면 천연 아로마테라피의 효과가 있다는 사실을 밝혀냈다. 식물이 발산하는 향기물질 중에서 피톤치드는 질병과 싸우는 백혈구의 생성을 촉진한다. 따라서 나무나 풀이 무성해서 피톤치드가 충분히 발산되는 환경 속을 걷다 보면 면역시스템을 강화할 수 있다.[4] 몇몇 언어권에서는 '삼림욕'이라는 용어가 있다는 것만 봐도 알 수 있다. 어떤 나무의 숲이든 비슷하겠지만, 그중에서도 소나무 숲이 가장 조용하고 향기로운 것 같다. 고층 빌딩처럼 하늘을 가려 주변을 어둡게 하면서도 그의 우뚝 선 몸통과 쭉쭉 뻗은 가지들은 우리의 문명과는 다른 또 하나의 문명을 암시하는 듯하다.

소나무는 실제로 건강을 회복시켜주는 효능이 있다. 송유는 울혈과 두통 감기를 치료하고 통증을 풀어준다. 소나무 껍질과 솔잎에는 다량의 비타민 C가 함유되어 있다. 500년 전, 프랑스의 탐험가 자크 카르티에*Jacques Cartier*가 이끌던 탐험대의 대원 한 사람이 퀘벡 외곽에서 괴혈병으로 거의 죽어가고 있었다. 이때 인근에 살던 이로쿼이*Iroquois*족 인디언 도마가이아*Domagaia*라는 사람이 이로쿼이말로 안네다*Annedda*라 부르던 소나무로 끓인 차로 환자를 살려냈다. 소나무 차의 효과는 기적적이라 할 정도로 빨랐다. 소나무 차를 두세 번 마시고, 차 찌꺼기를 상처에 붙이자 환자의 피부가 깨끗이 아물었고, 퉁퉁 부었던 다리는 근력을 되찾았다. 잇몸의 출혈은 멈추었고, 흔들리던 이도 튼튼하게 회복되었다. 그 인디언도 그 무렵에 똑같은 증상을 소나무 차로 치료한 경험이 있었다.[5]

실제로 그 당시의 길고 혹독한 겨울의 고난은 장기 항해의 고난과 비슷했다. 언제 끝날지 알 수 없는 막막함, 물질적으로나 심리적으로 아무리 단단히 준비해도 언제 위험이 닥칠지 알 수 없는 아슬아슬함은 크나큰 압박이었다. 이로쿼이족은 숙면을 유도하고 활기를 주는 상록수인 소나무가 겨울을 나고 봄까지 버틸 수 있게 해준다는 것을 알고 있었다.

훈련용 키트를 준비하자

무후각증 등 후각장애로 고생하는 사람들도 종종 냄새 훈련 키트를 이용하면 후각을 되찾는다. 원리는 간단하다. 매일 몇 가지의 에센셜 오일의 냄새를 맡으면서 각각의 냄새를 관찰하고 그 차이를 기억한다. 매일매일 기억의 강도가 점점 강해지는 것을 느낄 수 있다면 이상적이다. 이 연습은 자연 속에서 그 냄새와 마주쳤을 때 그 냄새를 관찰하는 데도 도움이 된다.

심각한 후각장애를 가진 사람이라면 천천히, 하루에 두세 가지 정도의 냄새만으로 시작하는 것이 좋다. 그러나 누구든 후각을 더 예민하게 훈련시킬 수는 있다. 조향사들도 이와 똑같이 단순한 원리로 훈련을 한다. 그들은 여러 그룹으로 나뉜 냄새를 가지고 체계적으로 냄새 맡는 연습을 한다. 한 그룹 안에서 냄새의 차이를 점점 미세하게 조정하면서 감각을 연마한다. 조향사들은 구체적인 냄새 분자를 기억하는 반면, 보통 사람들은 그냥 냄새를 기억한다는 것이 중요한 차이일 것이다.

신비로운 냄새

OTHERWORLDLY

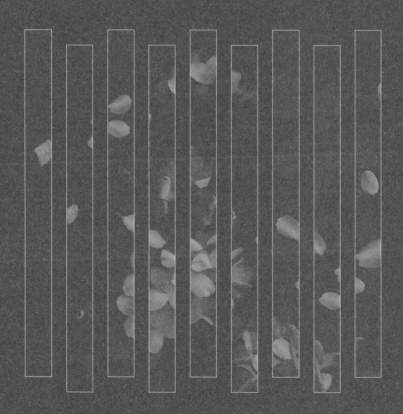

갓난아기

NEW BABY

갓난아기 냄새에 대한 내 기억은 8년 전, 내 아들 레브가 태어났을 때로 거슬러 올라간다.

아이는 작고 따뜻한, 조그만 소리로 통통거리며 돌아가는 소심한 엔진 같은 냄새가 났다. 그 냄새는 아이의 몸이 얼마나 작은지를 강조해주면서, 한편으로는 후광처럼 아이의 물리적 존재감을 더욱 크게 느끼게 했다. 숨을 크게 한 번만 들이쉬어도 아이의 고물거리는 발가락부터 짙은 적갈색 고수머리가 난 정수리까지 온몸의 냄새를 한꺼번에 맡을 수 있었다. 아기에게서 풍기는 신선한 우유, 가루가 날리는 듯한 건조함, 아이 피부에 발라준 크림과 연고, 아직 젖거나 오염되지 않은 보들보들한 옷의 냄새는 돌림노래의 후렴구처럼 끊임없이 반복되었다. 한 작은 인간을 편안히 살아 있게 하는 노래이자 애정 어린 보살핌의 냄새였다. 갓난아기의 냄새는 오직 갓난아기에게서만 맡을 수 있는, 놀라움과 만족스러움이 혼합된 냄새다.

갓난아기 냄새는 쉽게 잊히지 않는다. 꾸밈없고 충만한 시간들, 즉 탄생의 순간, 수면부족이 불러오는 몽롱하고 불안한 기분,

아기는 꼼짝 않고 누워만 있는데도 난장판이 되어가는 아기의 주변, 그리고 조용한 행복감으로 이루어져 있기 때문이다. 그 냄새는 갓난아기 바로 그 자신으로부터 발산되어 그 아기의 주변을 싸고 돈다. 그 냄새를 크게, 깊이 들이마셔본다. 그 냄새가 나를 지탱해준다.

이런 생각이 순전히 몽상적이기만 한 것은 아니다. 엄마인 여성과 엄마가 아닌 여성이 포함된 피실험자를 대상으로 작은 연구가 진행되었다. 피실험자들에게 정체가 무엇인지 알려주지 않고 여러 가지 냄새를 맡게 했다. 그중에서 갓난아기 냄새(세탁하지 않은 아기 옷에서 추출한)를 맡게 했을 때, 모든 피실험자들의 도파민 경로에 불이 들어왔다. 갓난아기 냄새에 대해 아버지를 대상으로 한 연구는 여성을 대상으로 한 연구보다 훨씬 적지만, 아기를 얻은 지 얼마 안 된 모든 부모라면 누구나 갓난아기 냄새가 에너지를 크게 고양시키고 행복을 가져다준다는 것을 잘 안다.[1]

부모와 아기는 처음부터 냄새로 서로를 알아본다. 갓난아기는 동물적인 감각으로 오직 냄새의 안내를 받으며 엄마의 젖가슴을 찾아간다.[2] 압도적인 정확도로 산모는 출산 직후 한 시간 이내에 냄새만으로 자기 아기를 찾아낼 수 있다.[3] 갓난아기 냄새는 생후 6주면 모두 날아가 사라진다. 어떤 사람들은 아기가 태어날 때 아기의 몸을 감싸고 있는 치즈 같은 흰색 물질인 태지胎脂의 소실과 함께 갓난아기 냄새도 사라진다고 추측한다. 또는 양수 속에 떠 있는 상태로 있다가 세상에 나와 땅 위의 생활에 적응하는 동안 그 물기가 마르고, 그와 함께 양수 냄새가 사라지기 때문일 수도 있다. 한 소규모 연구에서 엄마와 아빠들에게 병에 든 양수 냄새를 맡아보게 하고 어떤 것이 자기 아이의 양수인지를 고르게 했다. 거의 모든 아빠, 그리고 모든 엄마가 정확하게 찾아냈다.[4]

우리 몸의 냄새는 나이와 함께 변한다. 2020년의 한 연구에서 아기 때는 그토록 좋았던 몸 냄새가 왜 자라면서 점점 불쾌한 냄새로 변하는지를 규명했다. 연구에서 밝혀낸 증거에 따르면, 엄마들은 아이의 체취에 따라 아이의 성장단계와 엄마와 아이간 관계의 변화를 감지할 수 있다. 행복감을 부르는 달콤한 아기와 어린아이의 체취는 엄마들에게 자녀가 가장 연약한 단계일 때 최선을 다해 아이를 보살피도록 독려한다. 아이가 자라 10대가 되고 사춘기가 오면 체취가 변해 점점 좋지 않은 냄새가 나면서 아이가 엄마로부터 떨어져 독립할 때가 되었음을 알려준다.[5]

우리 몸의 체취는 그 뒤에도 계속 나이와 함께 변한다. 흔히 '노인 냄새'라고 여겨지는, 노인들에게서 나는 비릿하고 느끼한 냄새를 생각해보라. 일본 사람들은 이런 냄새를 가령취加齡臭라고 부른다. 이 냄새는 노인의 피부에서 2-노넨알nonenal이라는 고농도의 합성물질로부터 나온다. 이런 변화는 노화와 함께 일어나는 체내 대사작용의 변화 때문이거나 우리 몸에서 방출되는 전반적인 화학물질의 요동 때문인 것으로 보인다. 2-노넨알의 수준은 나이가 들면 들수록 점점 올라가지만, 노인 냄새는 대개 75세 이전에는 잘 느껴지지 않는다.[6]

진화론적으로 보았을 때, 사람은 어떻게 냄새로 연령대를 알 수 있을까? 한 가지 가능한 설명은, 냄새가 짝을 선택할 때 정보를 제공할 수도 있다는 것이다. 물론 젊은 짝을 선택하는 것이 언제나 좋은 선택이라고 말할 수는 없다. 어떤 동물은 자신보다 나이가 많은 개체를 짝짓기 상대로 선택한다. 그 상대는 이미 장수의 기질을 증명했기 때문이다. 장수의 기질은 후손에게 전달될 유전적인 장점이다. 다시 말해, 중년에게 매력을 느끼는 사람들의 이야기가 완전히 터무니없지는 않다는 것이다.

시간은 아주 나이가 많은 사람, 갓난아기, 그리고 그 두 그룹을 보살피는 사람에게 서로 다르게 흘러간다. 그리고 그 이상한 시간은 냄새에 각인되어 있다. 나는 아들 레브의 영유아기에 일기를 썼었는데, 일기를 쓸 때마다 마음이 급해져서 쓰는 시늉만 하곤 했다. 어떤 날의 일기를 보면 문장도 제대로 갖추지 않고 대충 메모처럼 흘려 써놓은 것도 있다. 그렇게 그 당시에 나만 알던 내용들을 암호처럼 드문드문 적어놓고 어떻게 나중에 그걸 다시 보면 이해할 수 있을 거라고 생각했을까? 하지만 그렇게 짧은 문장들일지라도, 그 일기장을 펼치면 사라졌던 그때의 분위기, 그때의 기분이 돌아온다. 그 일기장은 갓난아기의 냄새와 존재감으로 꽉 차 있는 타임캡슐이다.

부모 노릇에 대한 옛 속담이 떠오른다. "하루는 길고 일 년은 짧다." 맞는 말이다. 아기 냄새를 맡으려고 잠시 멈출 때마다 그 순간은 정지한다. 그 고요한 오아시스는 펼쳐지는 듯했다가 이내 사라지지만, 예기치 못한 순간 마치 공기 중에 녹아 사라지기 직전의 신기루처럼 되풀이해서 나타난다. 조용한 순간에 펼쳐지는, 아기를 기르면서 때때로 느끼는 모든 모순적인 감정들. 그 모든 것들이 냄새로 구체화된다. 지루하지만 스릴 있고, 피곤하지만 설레며, 화가 날 때도 있지만 반짝반짝 빛나기도 하는 순간들. 그리고 우리는 그 찰나성과 덧없음을 뒤늦게야 깨닫는다. 시간이 빨리 갔으면, 시간이 천천히 갔으면 하는 바람은 부질없다. 시간은 그저 계속될 뿐이다. 아기의 냄새는 찰나에 불과한 순간에 향수를 뿌리고 종지점을 찍는다.

이제 여덟 살이 된 아들은 가끔씩 내 무릎 위로 올라 앉는다. 그리고 내가 자신의 머리카락과 목덜미에서 깊이 냄새를 들이마실 수 있을 만큼만 나를 안아주다가 가버린다. 우리는 아주 잠깐 동안 봄날 양지에서 햇볕을 쬐듯 서로의 냄새를 맡아본다. 나는 생각한다. 사라진 줄 알았던 그 아기가 아직 여기 있구나. 너와 나의 연결은 아직도 이렇게 계속되고 있구나. 그리고 아이는 다시 제 활동으로 돌아간다. 다시금 나에게서 벗어나서.

멸종된 꽃들

EXTINCT FLOWERS

나는 이 장의 소재로 쓸 두 종의 멸종된 꽃 냄새를 맡아보기 위해 세계 여행을 계획했었다. 그러나 글로벌 팬데믹 덕분에 그 계획은 없던 일이 되어버렸다. 그 두 꽃 중 하나인 오르벡실룸 스티풀라툼*Orbexilum stipulatum*(오하이오폭포 스커피*Falls-of-the-Ohio Scurfpea*라고 부른다)는 필라델피아 미술 박물관에서 냄새를 맡아볼 계획이었다. 나머지 하나, 히비스카델푸스 윌데리아누스 록*Hibiscadelphus wilderianus Rock*(마우이 하우 쿠아히위*Maui hau kuahiwi*라고 부른다. 이는 마운틴 히비스커스를 부르는 하와이어다)은 내가 처음 여행 계획을 세웠을 때 런던에서 장기 전시 중이었다.[1]

멸종된 꽃향기를 맡는 것이 어떻게 가능할까? 과학은 거의 기적과도 같은 일을 해냈다. 미국 기업 깅코 바이오웍스*Ginkgo Bioworks*의 합성 생물학자들은 어마어마한 양의 꽃과 초본류 식물의 압화를 소장하고 있는 하버드대학교 식물표본실에 가서 몇 종의 식물표본들을 각각 새끼손가락 크기만큼 잘라왔다. 그리고 표본을 가루로 빻아 세스키테르펜 신타세스*SQS, sesquiterpene synthases*라는 효소를 생산하는 유전자를 찾았다. SQS는 여러 종류의 꽃 냄새를 만들어내는 주인공이다. 유전자를 발견했지만, 조각난 시퀀스들을 1700자 길이의 긴 가닥으로 이으려면 바느질이 필요했다. 연구진은 비슷한 식물종의 살아 있는 DNA를 참고하여 그 빈칸들을 메워갔다. 그들의 추측이 멸종되어버린 식물 물질로부터 제대로 기능하는 유전자를 재구성할 수 있기를 바랄 뿐이었다. 식물학적인 추측을 바탕으로, 그들은 2000개 이상의 이러한 유전자들을 모아들인 뒤 DNA 프린터를 이용하여 완전히 새로운 DNA를 합성했다. 그다음에는 새롭게 재구성된 SQS 유전자가 살아 있는 숙주 안에서 활성화되어 냄새를 내는 분자를 만들어주기를 바라면서, 이 유전자를 시험관 속의 살아 있는 효모 세포에 주입했다. 살아 있는 효모 세포에 주입한 수천 개의 합성 SQS 유전자에서 세 종의 멸종된 꽃 유전자들이 다시 살아나 옛날의 냄새 분자들을 아주 희미하게나마 되살려냈다.[2]

이 방법은 대량으로 냄새 분자를 살려내기에는 비용이 너무 많이 든다. 그래서 냄새 과학자이자 화가인 시슬 톨라스*Sissel Tolaas*는 각 식물에서 생산된 분자의 리스트를 받아 이를 출발점으로 삼고, 세계적인 향수 향료회사인 인터내셔널 플레이버 앤 프래그런스

*IFF*가 소장하고 있는 식물 냄새 분자 중 똑같거나 비슷한 냄새 분자를 이용해 다양한 식물 냄새들을 재창조했다. 이렇게 재구성된 냄새들은 박물관에 전시된 디오라마에 주입되었다. 아티스트 알렉산드리아 데이지 긴스버그*Alexandra Daisy Ginsberg*에 의해 설치된 각 전시물은 꽃의 냄새만 재창조한 것이 아니라 그 식물을 둘러싸는 데 쓰인 표석, 디지털 사운드스케이프, 그 식물이 멸종되던 시기의 풍경을 재구성한 영상까지 갖추어져 있다.[3]

　여기까지는 방법에 대한 설명이다. 그렇다면 이 일을 하는 이유를 설명해보자. 기술 관련 전문가라면 이렇게 대답할 것이다. 고대 DNA는 지금 우리는 잃어버린 유용한 코드를 갖고 있을지도 모른다고. 그럴 듯하지만, 이런 주장은 매우 추상적이다. 그보다 확실한 이유는 이렇다. 잃어버린 냄새를 재창조하는 것은 멸종을 더욱 실감나게 한다는 것이다. 우리 가슴에 비수를 꽂는 것 같다. 멸종된 종 수는 가늠하기 불가능할 만큼 셀 수 없이 많고, 지금과 같은 대량 멸종의 시대에 하나의 종이 사라질 때마다 슬퍼만 하고 있을 수는 없겠지만, 한 종이 사라진다는 것은 그 종과 공생관계에 있던 종들까지 사라진다는 의미다. 멸종되었던 꽃 한송이의 냄새를 지금 다시 맡는 것은 잃어버린 세계를 통째로 불러내는 것이다.

　키 크고 가녀린 흰색의 꽃, 오르벡실룸 스티풀라툼이 마지막으로 목격된 것은 1881년 켄터키주 루이스빌 근처의 록 아일랜드에서였다. 그곳이 지구상에서 이 꽃이 자라던 유일한 장소였던 것으로 보인다. 데본기 석회암질이 풍부한 이 섬은 오하이오강의 급류가 흐르는 곳에 있다. 1920년, 루이스빌에서 U.S. 댐 No.41과 수력 발전소를 지으면서 이 식물의 유일한 서식지인 록 아일랜드를 수몰시켜버렸다. 그와 함께 오르벡실룸 스티풀라툼의 모든 흔적도 물에 잠겨버렸다.[4] 《사이언티픽 아메리칸*Scientific American*》은 이 꽃의 향기를 나무 냄새, 후추 냄새, 발삼 향이 섞인 향이라고 묘사하고 있다. U.S. 댐 No.41이 완공되었을 때 나의 양가 조부모 중 세 분은 그 댐이 지어진 오하이오강 근처에서 사셨다.

히비스카델푸스 윌더리아누스는 오르벡실룸 스티풀라툼보다 더 세련된 냄새를 풍긴다. 이 꽃은 마우이 화산 근처의 건조하고 물이 잘 빠지는 용암층에서만 자란다. 1912년, 살아 있는 마지막 한 그루가 마우이섬 할레아칼라 산기슭에서 화분에 심어졌다. 키가 4.5미터에 이르고 꽃이 히비스커스를 닮은 이 식물은 자신에게 최고의 꽃가루 매개자인 마우이벌새를 유혹해 꽃가루받이를 했었지만, 19세기에 이미 마우이벌새가 멸종되어 버렸다. 식물학자 게릿 와일더*Gerrit Wilder*(이 꽃의 이름이 그의 이름을 따 명명되었다)가 남긴 당시 상황에 관한 묘사를 살펴보면 그 장면이 충분히 상상되고도 남는다. 막막할 정도로 펼쳐진 용암밭에 유럽인들이 정착하며 들여온 가축들로 넘쳐난다. 소는 마운틴 히비스커스의 나무껍질에 몸을 비벼대고 쥐는 남아 있는 씨앗을 먹어치웠다. 와일더는 마지막 살아 있는 한 그루를 발견해 정성껏 돌보았다. 갸륵한 정성이 결실을 보는 듯싶었지만, 그 성공은 오래가지 못했다. 《사이언티픽 아메리칸》은 시트러스의 향이 살짝 풍기는 소나무나 주니퍼베리 같은 나무 향에, 그 나무가 자라는 배경의 유황이 섞인 스모키한 냄새가 섞여 있다고 그 나무의 향을 묘사했다.

너무나 많은 아이러니가 이 냄새들 주변을 둘러싸고 있는 것 같다. 이 냄새들은 완전히 상상과 호기심으로부터 출발해 실험까지

거쳤지만, 내가 그 냄새를 직접 맡아보려고 항공권을 예약할 즈음
에는 다른 어떤 냄새보다도 현실적인 냄새가 되어 있었다. 그러나
코로나19가 온 세상을 뒤덮자 나의 모든 계획은 물거품이 되어버렸
고 그 냄새들은 다시 상상의 세계로 돌아가버렸다. 그럼에도 비록
나의 머릿속에서일망정, 그 향기들은 더욱 더 생생하게 살아나는
것 같았다. 언젠가는 직접 그 향기를 맡아볼 수 있기를 소망한다.

만들어진 냄새

AN INVENTED SMELL

스프레이 용기에 든 향수를 뿌리자 비현실적인 은빛의 아크*arc*가 그
려지고, '디지털'이라는 단어가 떠오르는 향기가 느껴진다. 물론 나
의 상상력이 나에게 장난을 치는 것이겠지만. 내 손목에 닿은 그 향
기는 따뜻한 온기를 머금자 더 부드럽게 변하면서 '아날로그'가 된
다. 우거진 수풀 냄새, 후추 냄새와 함께 골드톤의 호박색으로 반짝
거린다. 꽃향기 같이 부드러운 바디에 투명하고 탄력이 느껴진다.
은밀하지만 수줍어하지 않는 냄새다. 나를 더욱 가까이 끌어당겨
놓고는 갑자기 어디론가 숨어버리는, 매력을 잘 드러내지 않는 향
기다.

　　이 냄새는 아이소 E 슈퍼*Iso E Super*로, 화학 실험실에서 탄생한
유명한 향기다. 이 향기를 만들어내는 데 가장 큰 공을 세운 두 사
람은 바로 존 B. 홀*John B. Hall*과 제임스 M. 샌더스*James M. Sanders*
다. 이 둘은 인터내셔널 플레이버스 앤 프래그런스 소속 화학자였

다. 아이소시클레몬 E*Isocyclemone E*라고도 부르는 아이소 E 슈퍼는 1973년에 특허가 등록된 후 유명 향수 회사의 제품에 점점 더 자주 쓰이기 시작했다. 나는 지금 이 향기 분자에 대한 열광의 종착점인 몰레큘 01*Molecule 01*의 냄새를 맡아보고 있다. 몰레큘 01은 100퍼센트 아이소 E 슈퍼로 만들어진 향수로, 조향사 게자 쇤*Geza Schön*의 작품이다.[1]

아이소 E 슈퍼는 이미 존재하던 냄새를 복제하거나 합성한 것이 아니다. 이 분자는 그 자신을 제외하고는 실제 세계의 어디에도 존재하지 않는다. 이 분자를 발명하기 전에는 자연에 존재하지 않았다는 뜻이다. 아이소 E 슈퍼와 그 냄새는 우리가 인식하지 못했던 아주 기묘한 사실을 분명히 확인시켜준다. 세상에 없던 색깔을 만들어내는 것은 불가능해도, 세상에 없던 냄새는 만들어낼 수 있다는 것이다.[2]

사람이 구분할 수 있는 냄새가 몇 가지나 될지 그 최대치는 아직 정확히 알려져 있지 않다. 논쟁이 완전히 끝나지는 않았지만 최대로 추산했을 때 거의 1조 가지라는 말이 있을 뿐이다.[3] 사람의 코는 우리가 아직 접해보지 못한 냄새, 또는 아직 존재하지도 않는 냄새까지 포함해 수없이 많은 냄새를 맡을 수 있게 만들어져 있다.

냄새를 발명하는 산업은 자연에서 냄새를 포획하고자 하는 욕망으로부터 시작되었다. 이런 욕망이 냉침법, 증류법, 용매법 등 전통적인 에센셜 오일 압착 기술을 발전시켰다.

냄새를 포획하려는 노력은 결국 실험실에서 냄새를 합성하는 방법까지 고안해냈다. 계피의 지배적인 향기 노트인 시나몬알데히드가 바로 1834년에 최초로 합성된 냄새 분자다.[4] 애초의 목적은 단순하게 자연의 냄새를 복제하는 것이었다. 그러나 복제는 곧 그 냄새를 완벽하게 만들고자 하는 충동을 불러왔다. 증류법은 원래의 향기를 왜곡시키기 때문에 그 향기를 완벽하게 담을 수 없다. 증류법은 꽃을 가열하는 것이기 때문에, 향기를 변질시킬 뿐만 아니라 완전히 파괴할 수도 있다. 그래서 은방울꽃이나 재스민의 에센셜 오일을 증류법으로 추출하지 못하는 것이다. 이 두 꽃은 증류하기에는 너무나 예민하기 때문이다.

합성 향기는 그러한 왜곡을 없앨 수 있고, 원래의 향기에 들어 있던 불쾌한 잡 향을 없애고 원하는 향기 분자의 배경으로 만들 수도 있다. 합성 향기는 천연 향기와 분자구조는 동일하면서도 훨씬 저렴하게 얻어낼 수 있다. 합성 향기는 또한 환경친화적이기도 하다. 향기를 채취하기 위한 남획과 멸종의 위기로부터 천연 향기를 보호해줄 수도 있다. 물론 합성이라는 과정 자체에 단점도 있지만, 여러 가지 측면에서 천연 유래 성분의 약점을 보완해줄 수 있다. 향기의 수명을 연장해주고 그 성분이 든 향수를 뿌렸을 때 더 아름답게 발향시킬 수 있다.[5]

이미 어딘가에 존재하는 냄새든 완전히 새롭게 만들어진 냄새든, 냄새를 찾기 위한 탐색은 가차 없이 진행된다. 지금 이 순간에도 연구진들은 머나먼 정글 속에 뛰어들어 포획할 가치가 있거나 합성해서 향수로 쓸 이국적인 향기를 찾고 있다. 냄새를 포획하기 위해 살아 있는 식물을 죽일 필요는 없다. 헤드스페이스 테크놀로지 *Headspace technology*는 유리로 만든 구球를 꽃에 24시간 씌워서 그 꽃이 발산하는 여러 가지 향기로 구 내부를 천천히 채우는 방법이다. 그다음 향기가 가득 찬 구를 곧장 실험실로 가져가 가스 크로마토

그래피-질량분석기 *GC-MS*를 이용해 그 향기를 역설계한다. 글로벌 향수 기업들의 자금 지원을 받는 향기 화학자들은 대량 멸종을 부추기는 관행과 자신들의 또 다른 경쟁자들과 경쟁하며 새로운 냄새를 찾아 뛰고 있다.[6]

다시 아이소 E 슈퍼로 돌아가보자. 발명된 합성 향이 내 손목에서 천천히 피어난다. 이 향기는 미르센(자연에서 발견되는 테르펜의 한 종류다)과 3-메틸펜트-3엔-2-원 *3-methylpent-3-en-2-one* 사이의 화학반응으로부터 나온다. 이 향 이름의 '슈퍼'는 IFF의 화학자들이 원본 화합물의 향기 성질을 개선하기 위해 약간의 수정을 가한 후에 붙여진 것이다. 그 후로도 이 향기는 여러 번의 개선을 거쳤다. 한때는 IFF만이 향수 제조에 쓸 수 있는 배타적인 특허권으로 보호를 받았다(냄새의 특허에 대해서는 '플레이도우'를 참조하라). 아이소 E 슈퍼의 역사는 발명된 냄새 분자의 냄새가 상업적으로 성공하기까지의 과정을 객관적으로 잘 보여준다.

아이소 E 슈퍼는 세제나 청소 용품에 쓰이는 기능성 향수에 자주 쓰이다가, 드디어 1975년부터는 고급 향수 시장에도 데뷔했다. 이 향수 성분 중에서 극히 일부분을 차지할 뿐이지만, 더 많은 향수에 쓰이는 발판을 닦는 역할을 했다. 그중 많은 향수가 세계적인 히트를 기록했으며 각 향수에서 아이소 E 슈퍼의 농도는 점점 더 진해졌다. 아이소 E 슈퍼가 쓰인 향수의 목록에는 크리스찬 디올 *Christian Dior*의 파렌하이트 *Fahrenheit*(1988년, 아이소 E 슈퍼 25퍼센트), 랑콤 *Lancôme*의 트레솔 *Trésor*(1990년, 18퍼센트가 쓰였다), 페미니데 뒤 브와 *Féminité du Bois*(애초에는 시세이도 *Shisheido* 제품이었으나 1992년부터는 세르주 루텐 *Serge Lutens*에서 생산. 43퍼센트가 쓰였다) 등이 있다. 1995년에 아이소 E 슈퍼의 특허가 소멸될 때까지 IFF는 이 분자에 대한 독점적인 권리를 갖고 크리스챤 디올, 랑콤 등 세계적인 향수 회사에 대해 경쟁의 우위에 있었다. IFF, 피르메니히, 지보단 *Givaudan*, 타카사고*Takasago*, 심라이즈*Symrise* 등은 향수 회사들로부터 주문을 받아 실질적으로 유명 향수를 생산하는 화학계의 마술사들이다. 향수 회사들은 이들로부터 향수를 납품받아 소비자에게 판매한다.

1995년에 드디어 수문이 열렸다. IFF 외의 향수 제조사들도 오리지널 아이소 E 슈퍼 분자를 마음껏 쓸 수 있을 뿐만 아니라 변화시키는 것도 가능해졌다. 1950년대 중반, 지보단의 분석가가 이미 아이소 E 슈퍼 분자의 성질을 연구하기 위해 이 분자를 역설계한 적이 있었다(이러한 관행은 그 향기를 발명한 쪽에서는 분노할 일이지만, 향기 화학자들 사이에서는 흔한 일이고 완벽하게 합법적인 행위다). 놀랍게도 지보단의 분석가들은 순수한 아이소 E 슈퍼는 거의 아무 냄새도 나지 않는다는 것을 발견했다. 그 분자가 가진 냄새의 특성은 제품에서 고작 2~5퍼센트 밖에 차지하지 않지만 강력한 효과를 가진 요소 때문이다. 지보단의 팀은 이 미분자를 분리하여 아이소 E 슈퍼 플러스라고 이름 짓고 이 분자의 특허를 출원했다. 2005년, 게자 쇤은 몰레큘 01을 런칭했는데, 이 분자가 바로 지금 내가 뿌린 향수다. 새로운 냄새 분자를 찾기 위한 사냥이 계속되는 한, 아이소 E 슈퍼의 변형과 파생 분자는 계속 태어날 것이다.

냄새를 발명하다니, 스릴은 있지만 비현실적이라고 들릴지도 모른다. 초기 시절에는 사실 그랬다. 그러나 현실에는 언제나 예기치 못한 불행도, 상상하지 못한 행운도 있는 법. 화학자들은 여러 측면에서 아이소 E 슈퍼 플러스 분자를 두고 포위망을 좁혀가며 고농도 향기를 설계했다. 그러나 대중적인 시장에 내놓을 향수를 만들기에는 비용이 너무 많이 들었다. 향기 분자 발명에는 넘어야 할 장애물이 많다. 일단 일반적인 소비자들이 사용할 수 있을 만한 가격이어야 하고, 보건과 안전을 위한 테스트를 통과해야 할 뿐만 아니라 알러지 반응을 일으킬 위험도 없어야 한다. 게다가 생분해성이어야 하고 환경친화적이어야 한다. 국제적으로 향수에 쓸 수 있도록 허락된 성분으로부터 분자를 만들어내려는 노력은 지금도 계속되고 있다. 그러므로 향수 마니아들이 이전에 없던 새로운 냄새를 추구하는 것도 망상은 아니다. 아주 현실적인 희망이다.[7]

　다시 한번 나의 아이소 E 슈퍼의 냄새를 맡아보니, 친밀감과 함께 펼쳐지는 이 향기만의 개성이 놀랍다. 일부러 냄새를 맡아보려고 코를 들이대지 않아도, 시간과 함께 천천히 피어오르면서 차츰 옅어진다. 랑콤 트레졸에 대해서 읽었던 내용이 떠오른다. 트레졸은 아이소 E 슈퍼와 헤디온_Hedione_(실험실에서 발명된 또 하나의 유명한 분자다), 그리고 갈락솔라이드_galaxolide_와 α-메틸 이오논_α-methylionone_이 결합된 향이다. 트레졸을 만든 조향사는 이 향수에 '허그 미_Hug Me_'라는 가제를 붙였다. 네 가지 향기 노트의 결합(어코드라고 부른다)을 지금은 '허그 미 어코드' 또는 조향사의 이름을 따 '그로즈먼 어코드'라고 부른다.

　몰레큘 01은 연인을 포옹하며 그의 목짬에 얼굴을 파묻었을 때 느껴지는 바로 그런 냄새다. (살 냄새에 대해서는 앞부분을 참조하라.) 무심한듯 섹시하다. 이 분자는 유기화학, 산업적 제조 가능성, 규제 테스트 등의 관문을 모두 통과하고 살아남았다. 그리고 마치 항상 알고 있었던 향기인 것처럼 우리 피부에 깃든다.

새로운 냄새는 모든 연령대의 모든 이들을 기다린다. 약간만 모험을 감수한다면, 아무리 나이가 많은 사람이라도 이제까지 맡아 보지 못한 새로운 냄새를 만날 수 있다. 이렇게 완벽하게 하얗고 넓은 공간을 허락하는 감각이 또 무엇이 있겠는가?

심령체

ECTOPLASM

심령체를 내 손으로 만들어보기 위해 달걀흰자와 접착제, 비누를 깎아낸 대팻밥을 섞어 반죽처럼 만든 다음, 면포로 감싸서 물에 적셨다. 실온 정도로 따뜻해지자 그 냄새가 아주 희미하게 올라왔다. 축축하고 싱그러운, 음식 냄새와 비슷하지만 마치 날씨가 바뀔 때의 대기처럼 거의 느껴지지 않는 냄새였다. 이 냄새가 오존 냄새에 비유되는 것도 틀린 비유는 아닌 것 같다.

심령체란 무엇이며 그 냄새에 대한 역사적인 의미는 무엇일까? 심령체는 1870년부터 20세기 초까지 유행했던 심령주의 운동과 함께 등장했다(어떤 이들은 미친 짓이라고 하겠지만). 죽은 사람의 혼을 불러 산 사람과 소통하게 한다는 교령회交靈會 또는 강령회降靈會에서 주로 심령체가 등장한다. 영매는 베일을 쓰거나 안대로 눈을 가리기도 하고 때로는 부분적으로 탈의를 하거나 아니면 완전히 나체로 의식을 주도한다. 그는 강령실의 조도를 낮춰 어둡게 해놓고 교령회 참석자들을 위해 혼을 부른다. 신이 들리기 시작하면 신음 소리를 내는데, 이때 입, 귀, 눈, 배꼽, 항문처럼 영매의 몸에 난 구멍에서 심령체가 흘러나오기 시작한다. 이 현상을 물질화*materialization*라고 하며, 산 사람의 몸에 죽은 자의 혼이 들어왔다는 증거라고 간주한다.[1]

심령주의를 믿는 사람들은 심령체를 준생명체로 생각한다. 영매들은 심령체가 처음 나타날 때의 모습을 광채가 도는 수증기로 묘사한다. 때로는 피부 모공에서 빠져나오는 가느다란 실 같다고도 한다.[2] 완전히 모습을 드러낸 심령체는 대개 혼령이 스스로 가시적인 형태를 이룰 수 있는, 흰색의 점액질 물체가 된다. 영매들은 그것이 살아 있는 것처럼 손으로 만져지기도 하고, 만지면 차가운 감촉이며 은은한 광택이 돌면서 특유의 오존 냄새가 난다고 말한다. 수분을 잔뜩 머금은 금속성의, 폭풍이 다가오는 전조 같은 냄새라는 것이다. 1920년대에 심령체에 대해 연구했던 프랑스의 한 의사는 심령체가 스스로 기어 다닌다고 설명했다. 그는 다음과 같이 설명했다. "이 물질은 운동성을 갖고 있다. 천천히 생겨나서 올라갔다, 내려갔다 하면서 영매 주변을 돌아다닌다. 영매의 어깨, 가슴, 무릎으로 마치 도마뱀을 연상시키는 동작으로 기어 다닌다." 이와 덧붙여, 심령체의 냄새는 여러 사람들이 심령체의 존재 증거로 강조하고 있다.

심령체를 다시 정의해보자. 우선 이는 교령회에 불려온 혼령이 스스로의 존재를 물리적으로 증거하기 위해 이용하는 유연한 물질이다. 때로는 혼령이 심령체를 통해 팔다리나 거미줄 같은, 무정형의 무언가로 변해 그것이 이승에 돌아왔음을 암시한다. 또는 심령체가 혼령의 몸 또는 손이나 발로 변해서 마치 천 조각처럼 공중에 날아다닌다. 또는 투명한 베일처럼 변해서 마치 사람의 얼굴에 덮어씌운듯, 혼령의 얼굴을 윤곽으로 보여주기도 한다. 마치 데드마스크같은 이런 심령체를, 사람들은 이데오플라스트*ideoplast*라고 부른다.

　지금까지의 이야기들이 모두 어이없고 황당하게 들릴 수도 있고, 사실이 그렇기도 하다. 그러나 심령주의자들이 말하는 물질화는 심령주의가 유행하던 당시 모든 과학자의 관심사였다. 심령체가 그 당시에 벌어지던 몇몇 과학적 연구에 꼭 들어맞았기 때문이다. 거의 100년에 가까운 세월 동안 생물학자들은 원형질의 비밀에 대해 의문을 갖고 있었다. 원형질은 식물과 동물 세포 안에서 모든 생명의 기초를 형성한다고 생각되는 젤라틴 같은 물질이었다. 당시 과학자들은, 심령체가 원형질의 사촌이 아닐까 하고 생각했다.[3] 1870년대의 저명한 화학자이자 심령주의 지지자였던 윌리엄 크룩스*William Crookes* 경은 마이클 패러데이*Michael Faraday*와 함께 그들이 방사물질*radiant matter*이라 이름 붙인, 새로운 형태의 물질을 연구하고 있었다. 상대성이론의 탄생을 이끈, 무선전신을 연구한 선구적인 물리학자 올리버 롯지*Oliver Lodge* 경은 1925년에 쓴 자신의 책에서 에테르*ether*의 성질을 자신 있게 설명했다. 그는 에테르의 e를 대문자로 써서, "Ether가 곧 이승의 정신을 저승의 혼령과 연결해주는 일종의 초물질이다"라고 설명했다. 롯지에 따르면 에테르는 한 물질의 진동을 다른 물질로 전달해준다. 그는 일상적인 물질에서 일어나는 진동의 주파수는 그것과 다르기 때문에, 에테르의 진동이 순간적으로 심령체를 물질화시켜줄 수 있는 것이라고 주장했다.

1882년, 몇몇 과학자와 학자들이 심령연구협회를 설립했다. 협회가 설립되고 10년쯤 후, 협회 회원들 중 상당수가 노벨상을 수상한 과학자인 샤를 리셰*Charles Richet* 박사의 집에 모였다. 이날 모임의 목적은 한 영매의 강령술을 가까이서 관찰하기 위해서였다. 참가자들의 기록에 따르면, 여러 대의 기타가 공중에 붕붕 떠다니면서 스스로 연주를 했고, 여러 개의 종이 동시에 저절로 울렸으며, 비어 있던 꽃병에 갑자기 활짝 핀 노란색 수선화가 꽂히고, 마치 꿈속의 일인 양 모든 이들의 얼굴에서 심령체가 흘러나왔다고 한다.

심령체는 눈에 보이는 물질이기 때문에 거부할 수가 없다. 각종 목격담에 의하면 아주 잠시지만 심령체는 분명 존재했고, 그 존재를 사진으로 찍거나 질감, 움직임, 온도, 냄새를 파악할 수도 있었다. 심령체는 미지의 어떤 것을 감추고 있는 베일처럼 펄럭거리고, 그러면서 실제로 우리가 맡을 수 있는 향기가 언뜻언뜻 새어나온다. 심령체 자체는 사라져도 그 향기는 오랫동안 떠나지 않는다.

심령체는 실제로 무엇이었으며 냄새는 어떠했을까? 내가 만든 간이 심령체는 부족한 부분이 많았다. 기본적인 레시피는 모두 따랐지만, 어쩐지 허술했다. 원래는 헛간과 방목장 냄새가 스며들게 하기 위해 말발굽의 젤라틴을 사용하는데, 나는 그런 구식 젤라틴을 구할 수가 없어서 구연산 펙틴*pectin*으로 만족해야 했다. 펙틴을 첨가하자 나의 심령체에서는 달걀의 황 냄새가 났다.

심령체의 냄새를 더 강하게 맡아보려면 원래 그것이 나타나는 자리에서 냄새를 맡아봐야 할 거라는 생각이 들었다. 영매들은 어떻게 심령체를 불러오는 걸까? 교령회가 시작되기 전에, 영매는 자기 몸에 난 구멍에 미리 자신이 만든 심령체를 숨겨두거나 여러 겹으로 겹쳐 입은 옷 사이에 숨겨둘 수도 있다. 나중에 조수가 적절한 때를 보아서 영매의 몸에서 심령체가 흘러나오는 것처럼 보이게 하면 되는 것이다. 두꺼운 베일을 쓴 경우에만 심령체를 흘리는 것으로 알려진 영매도 있었다. 그러면 그녀의 입이나 귀에서 흘러나온 심령체가 베일에 스며 나왔다.[4] 어쩌면 심령체는 영매의 몸에서 나는 냄새가 배어 있을지도 모른다. 영매의 땀, 타액이나 다른 체액을 통해 냄새가 밸 수 있다. 현실적으로 우리가 심령체 냄새를 맡아보려면 상상력의 도약이 필요하다. 나에게는 심령체의 연금술을 빚어내는 여러 단계의 과정 중에서 몇 가지가 부족하다. 영매의 따스한 살결, 흘러내리는 촛농, 목을 길게 빼고 간절한 기도를 올리는 심령주의 신봉자들의 땀방울. 그것이 심령체를 보고자 하는 모인 이들의 기억 속에 남은 냄새가 아닐까.

성자의 향기
THE ODOR OF SANCTITY

성자의 향기는 달콤하고 경이롭다. 그 냄새 자체는 빵 굽는 냄새, 향불의 연기, 방금 꺾어 온 꽃송이처럼 특이할 것 없이 평범한 냄새일 수도 있지만, 전혀 향수를 뿌리지 않은 몸에서 그 냄새가 난다면 그것은 단순한 사실로 설명되기 힘들다. 그 냄새는 논리적으로 설명할 수 없다. 성자의 향기를 맡으면 살짝 머리가 어지러워진다. 천국의 향기가 현실 세계를 사는 우리의 코를 통해 들어오는 것이니까.

성자의 향기란 가톨릭 성인들의 생전에나 사후에 그들을 감싸고 있는 향기를 뜻한다. 이 향기의 역사는 순교자들로부터 시작되었다. 몇몇 기록에 따르면 신앙을 위한 죽음을 받아들이고 화형대를 향해 걸어가는 기독교인들에게서 아름다운 냄새가 났다고 전해진다. 순교자들은 죽음 앞에서도 태연했고, 이교도들은 (적어도 처음에는) 그들의 기개에 기가 눌려 그들을 죽일 수 없었다. 결국 그들이 숨을 거두자 말할 수 없이 아름다운 향기가 그 주변을 채웠다. 순교자들을 천국으로 인도하기 위해 신이 강림하셨다는 신호였다.[1]

아름다운 성자의 향기는 성인의 일화에서 종종 행동으로도 바뀐다. 예를 들어 성 폴리카르포스*St. Polycarp*는 초기 기독교 시대에 믿음을 버리기를 거부하고 죽음을 택해 고대 스미르나*Smyrna*에서 로마인들에 의해 화형을 당했다. 한 문헌에 성 폴리카르포스가 죽을 때 그 주변에서 피어오르던 향기를 묘사한 부분이 있다.

마치 바람을 잔뜩 받은 범선의 돛처럼, 장작불이 커다란 아치를 그리며 활활 타올랐고, 성인의 몸은 곧 불길에 휩싸였다. 불길 안에서 그는 타들어가는 육신처럼 보이지 않았다. 열기에 구워지고 있는 빵 혹은 가마 속에서 녹고 있는 금이나 은 같았다. 그리고 유향과 같은 값비싼 향료들의 냄새가 났다.[2]

여러 형태의 신비주의들이 으레 그러하듯 성인의 향기는 세월과 함께 변해갔다. 처음에는 순교자에게서 이 향기가 났지만, 나중에는 순교하지 않은 성인들에게서도 이 향기가 났다. 이러한 변화는 그 향기의 의미도 달라지게 했다. 현대의 사람들은 살아 있는 성인(이 땅에 잠시 머물고 있지만 이미 천국에 봉헌된 사람)에게서도 향기가 난다고 믿는다. 성인에게서는 말 그대로 초세속적인 향기가 나고, 때로는 사후에 그 향기가 더 강해지고 오래도록 사라지지 않는다.

아빌라의 성녀 테레사*Teresa of Avila*는 아마도 이런 사례 중에서 가장 잘 알려진 성인일 것이다. 임종의 순간 성녀 테레사의 몸에서 강한 백합 향과 재스민 향이 뿜어져 나오더니 방 안을 가득 채웠고, 죽은 지 몇 달이 지나도록 그 향기가 사라지지 않았다고 한다. 그녀의 향기로운 시신은 다시금 후각의 기적을 행했다. 후각상실증을 겪고 있는 순례자들이 성녀 테레사의 부패하지 않는 시신 냄새를 맡거나 성녀의 발에 입을 맞추면 후각상실증 증세가 사라졌다.[3]

어떤 성인들은 그 시신이나 시신 주변의 쉬파리에게서 향유가 나왔다. 순례자들은 그 쉬파리에게서 나는 향유에 치유의 효과가 있다고 믿어 작은 병에 모았다. 이렇게 모은 향유를 마이로블리시아*myroblysia*라 부르고, 이런 향유를 내는 성인을 마이로블리트*myroblyte*라고 부른다. 마이로블리트라 여겨지는 성인들의 목록에는 우리가 아는 성인들도 여럿 포함되어 있다. 복음전도사 성 요한*St. John the Evangelist*, 요크 대주교 성 윌리엄*St. William*, 그리고 이들보다는 덜 알려져 있지만 성녀 발부르가*St. Walpurga*, 성 메나스*St. Menas*, 성 후밀리타스*St. Humilitas* 등이다.

성자에게서 악취가 난 경우도 있다. 주상 고행자 시므온*Simeon*이 바로 그 주인공이다. 5세기의 수도사였던 시므온은 극단적인 자기학대로 자신의 죄를 참회했다. 피가 날 정도로 허리에 밧줄을 꽁꽁 동여맨 채 1년 동안 풀지 않고 두기도 했다. 찢어지고 갈라진 상

처의 살점이 썩어 악취가 진동하자 수도원에서조차 그를 내쫓을 정
도였다.

시므온이 그다음으로 택한 고행의 방법은 높은 기둥 위에서
사는 것이었다. 그래서 그에게 '주상柱上 고행자'라는 별칭이 붙게
된 것이다. 기둥 위에서 그는 갖가지 고통을 겪으며 자그마치 37년
을 지냈다.[4] 전설에 따르면, 37년이 다 되어갈 즈음에 국왕이 찾아
와 시므온의 고행과 참회를 직접 목격했다. 그때 시므온의 썩은 발
가락에서 꼬물대던 구더기가 떨어졌는데, 이 구더기가 땅에 닿자
이내 진주로 변했다.[5] 죽을 때까지 고행을 멈추지 않은 시므온의 몸
에서는 점점 더 심한 악취가 진동했는데, 숨이 끊어지자 그 악취가
향기로 변해 장례를 치를 때까지 향기가 맴돌았다. 이 일화의 도덕
적 의미는 아주 분명하다. 시므온의 이승의 몸에서는 타락한 인간
의 악취가 풍겼지만 죽은 후의 향기는 신의 은총으로 보속을 받았
다는 증거였다.

15세기가 시작될 무렵의 네덜란드에서 살던 성녀 리드윈St.
Lydwine은 악취와 향기가 섞여 있는 또 한 사람의 성인이었다. 어려
서부터 심하게 병약했던 성녀 리드윈은 끊임없이 생겨나는 종기와
잦은 구토, 출혈로 고통받았다. 이런 만성질병에도 불구하고 그녀
의 몸과 그녀가 머물던 방에서는 항상 은은한 향기가 감돌았다. 또
때에 따라 그 향기가 변하기도 했다. 처음에는 방에서 빵을 구울 때
쓰는 생강, 정향, 계피 등의 냄새가 났다가 나중에는 장미, 바이올
렛, 백합 등의 꽃향기가 났다. 성녀 리드윈의 향기에는 종교적인 힘
도 있었다. 그 향기는 방문객의 양심을 꿰뚫어 보았으며, 악귀를 쫓
아내기도 했다.[6]

향기 나는 육신은 천사에게 둘러싸여 있다.

아랍 속담

가톨릭 외의 다른 종교들도 좋은 냄새는 선, 나쁜 냄새는 악과 동등하게 간주한다. 불교에서는 부처가 중생들에게 설법을 하면, 말을 할 때마다 공기 중에 향기가 퍼졌다고 전해진다. 오늘날에도 불자들은 부처의 설법을 상징하는 향을 피우고 그 향과 함께 염불에 집중한다(향도와 향의 의식에 대해서는 '수지 향'을 참조하라).

시아파 이슬람의 이야기에는 사과 냄새가 반복적으로 등장한다. 그중 한 이야기를 보자. 대천사 가브리엘이 선지자 무함마드에게 천국에서 딴 사과를 주었다. 무함마드가 그 사과를 베어 물자 그 과즙이 그의 아내 하디자를 임신시켰고, 딸 파티마가 태어났다. 무함마드는 자신의 딸에게서 천국의 향기가 난다고 믿었다. (종종 성모 마리아에 비유되는) 파티마는 알리와 혼인하여 두 아들, 하산과 후세인을 낳았다. 7세기에 이르러 후세인은 압제자 우마이야드에게 반기를 들었다가 카르발라에서 순교했다. 시아파 무슬림들은 그를 3대 이맘이자 영웅으로 숭배한다.[7]

하산과 후세인이 아직 어렸을 때, 그들도 대천사 가브리엘로부터 사과 한 알과 석류 하나 그리고 모과 하나를 받았다. 이 과일들은 마법의 과일이어서, 한 입 베어 먹으면 즉시 그 자리가 다시 채워졌다. 하산과 파티마가 죽자 모과와 석류는 사라졌고, 이즈음 사과의 신비한 힘도 점점 약해지고 있었다. 후세인은 이제 무한의 마법을 잃어버린 그 사과를 소중히 간직한 채 카르발라에서 벌어진 마지막 전투에 나섰고, 죽기 전 갈증을 해소하기 위해 사과를 한 입 베어물었다. 후세인이 죽자 사과는 사라졌지만, 사과의 향기는 후세인의 무덤에서 향긋하게 퍼졌다. 이후 16세기의 콰지 누룰라Qazi Nuru'llah 같은 시아파의 몇몇 순교자들이 사망한 후에도 후세인이 죽었을 때처럼 사과 향기가 났다고 전해진다.8 이런 모든 이야기 속에서 사과는 신이 내려준 시아파 주요 혈통과 순수함을 연결시킨다.

성자의 향기가 단지 사람들을 현혹시키기 위해 꾸며낸 이야기일까? 엄격하게 말한다면, 아마도 그럴 확률이 높다. 과학은 이런 향기에 대해 여러 측면에서 합리적인 설명을 내놓았다. 기독교 성인들 중 상당수는 금식으로 고행을 했기 때문에, 몸에서 달콤한 냄새가 났을 가능성이 크다. 금식 중에는 케톤증이 생기기 때문이다. 마이로블리트 오일이라고 축성받은 오일이 순전히 식물성 오일로 판명되기도 했다.9

그러나 순교자의 일화는 너무 터무니없지 않는 선에서는, 냉소주의자들의 입을 다물게 한다. 냄새는 언제나 반박할 수 없는 힘으로 현실을 뒷받침하기 때문이다. 홀연히 등장한 아름다운 냄새는 언제나 사람들로 하여금 향기가 나는 쪽으로 고개를 돌리게 만든다. 그 냄새는 그 순간을 강조하고 더 큰 존재감을 암시한다. 과학으로 증명할 수 없는 무언가가 존재하며 인간의 세상보다 훨씬 큰 세상이 있다는 힌트를 준다. 그 세상이 우리에게 성자를 통해 그 세상의 냄새를 맡아보게 하는 것일지도 모른다.

오래된 책

OLD BOOKS

바싹 마르고 케케묵은 종이들 사이에서, 이 냄새는 아주 먼 거리를 품고 있다. 물론 책은 그 자체만으로도 우리를 시간 여행으로 안내하기도 한다. 어쨌거나 오래된 책 냄새를 맡고 있으면, 정말로 그 책이 지나온 지리적인 거리의 냄새까지 느껴진다. 누군가가 자신의 방을 가득 채운 책들을 상자에 차곡차곡 담아, 트럭에 싣고 새로운 곳으로 옮기는 장면을 상상해보자. 그렇게 이곳에서 저곳으로 주인의 마음에 따라 이동하는 동안 책은 나이를 먹어간다.

아주 오래된 책에서는 분해와 마술의 냄새가 걸러져 나온다. 냄새처럼 유령도 입자로 이루어진다. 주변 공기보다 약간 더 밀도가 높게 형성된 구름으로 공중에 떠 있다. 죽은 사람의 몸으로부터든, 살아 있으나 몸에서 이탈한 영혼이든 육체에서 벗어난 영혼은 그렇게 제 몸을 만든다.

책 냄새와 닮은 냄새에는 많은 것이 들어 있다. 완벽한 고요와 독서로 보낸 행복한 시간을 암시하는, 잘 길들여진 목재 가구와 가죽 책갈피, 방금 개봉한 연초 상자, 바닐라와 함께 볶은 아몬드, 차, 누름꽃, 쉬쉬쉬쉬 소리를 내는 라디에이터, 촛불, 타고 남은 성냥, 두껍게 쌓인 먼지 냄새 같은 것들이다.

당신의 책장에 오랫동안 꽂혀 있는 책들이 있다면, 한 권 집어 책장을 후루룩 넘기면서 일어나는 작은 바람에 코를 대고 냄새를 맡아보자. 이 냄새는 중고 서점이나 도서관에서도 맡아볼 수 있다. 도서관처럼 큰 공간에서 풍기는 오래된 책의 냄새는 마치 잘 가꾸어진 숲 냄새 같다. 책 하나하나가 내쉬는 숨만으로 그들만이 가진 고유의 분위기가 형성된다.

오래된 책 냄새는 천천히 진행되는 화학적인 분해과정에서 시작된다. 책은 거의 대부분이 종이로 이루어져 있고, 종이는 대개 식물에서 유래한다. 그러나 책을 제작하는 재료는 그동안 큰 변화를 겪었고, 그 변화는 결과적으로 책에서 나는 냄새에도 영향을 주었다. 1845년 이전에는 책을 면직물과 마직물로 만들었다. 면과 마에는 식물을 뻣뻣하게 만드는 중합체인 섬유소 함유량이 높다. 섬유소는 사촌인 리그닌과는 달리 오랜 세월에도 종이 안에서 안정적으로 존재한다. 리그닌 역시 종이에서 자주 발견되는 중합체다.

1840년에는 우드펄프 섬유로 종이를 생산하는 방법이 발명되었다. 이렇게 생산된 종이는 면이나 마를 재료로 생산한 종이보다는 내구성이 떨어지지만, 대량으로 생산되기 때문에 가격이 저렴했다. 우드펄프 종이는 일부러 리그닌을 제거하지 않는 한 리그닌 함유량이 높다. 품질이 좋은 종이는 대개 리그닌을 제거해 그 함유량이 낮다. 리그닌은 나무의 섬유질의 결합을 유지시킴으로써 나무가 단단하게 서 있게 하는 데 도움을 주는 요소다. 이런 성질은 책에서도 고스란히 작용해 제본의 내구성을 높여준다. 그러나 우드펄프 종이로 책을 만들면 시간이 갈수록 문제점이 드러난다. 리그닌은 식물이 살아 있는 동안에는 강하고 질기지만, 식물이 죽으면 금방 분해되기 시작한다. 산소와 결합한 리그닌은 종이의 섬유소를 분해해 종이의 색이 누렇게 변색된다. 이 분해 과정에서 휘발성 유기화합물인 VOCs가 방출되는데, 이 화합물이 오래된 책에서 독특한 냄새 나게 만든다. 1970년 무렵 리그닌이 대부분 제거된 중성지가 출판에 도입되면서 요즈음 출간되는 책들은 옛날에 비해 분해되고 변색되는 속도가 훨씬 느려졌다. 그러나 리그닌이 없어도 섬유질은 언젠가는 분해되고 냄새가 나기 시작한다.[1]

책 냄새는 방의 냄새, 그 방에서 책을 읽는 사람의 냄새와 섞인다. 책 냄새는 그 책이 있었던 공간을 말해준다. 그 방이 다른 공간보다 특히 더 습했거나 자주 연기가 찼거나 해가 잘 들었거나 온도 변화가 급격했다면 그 모든 것이 책 냄새에 다 드러난다. 만약 그 공간이 런던 세인트폴 대성당 같이 유명한 장소였다면, 그 책 냄새 자체가 그 장소의 실질적인 유산의 일부라고 볼 수도 있다. 책에서 나는 냄새의 휘발성 유기화합물을 분석하면 그 책이 어떤 원료로 만들어졌는지, 언제 만들어졌는지, 그 책을 보존하거나 복원하기 위해 중단 또는 예방해야 할 위험 요소는 어떤 것이 있는지도 알아낼 수 있다.[2]

헌 책만큼은 아니지만, 새 책에서도 특유의 냄새가 난다. 요즘의 제지공정에서는 PH수치를 낮추고 펄프의 섬유를 부풀리기 위해 수산화나트륨(가성 소다) 같은 화학물질을 사용한다. 또 과산화수소를 써서 섬유를 표백한 다음, 잉크나 물감이 스며들거나 번지지 않게 하기 위해 알킬 케텐 다이머*alkyl ketene dimer*가 든 물과 섞는다. 이런 다양한 화학물질은 제각각 다른 속도로 분해되면서 나름의 냄새를 낸다. 책을 찍고 제본하는 데 쓰이는 여러 가지 잉크와 접착제도 마찬가지다. 책이든 무엇이든, 모든 물건은 만들어지는 순간 스스로 붕괴되기 시작한다. 그것이 바로 우리가 냄새로 지각하는 화학적 과정이다.

냄새를 언어로 표현해보자

어색하든 적절하든, 냄새로 지각한 것을 언어로 표현해보자. 냄새
를 말로 표현하는 것만으로도 후각 능력을 끌어올릴 수 있다.

코 안에서 냄새 분자에 자신의 단백질을 결합시키는 후각 수
용기는 4~8주마다 재생되면서 새롭게 마주치는 냄새마다 다르게
반응한다. 새로운 냄새를 맡았을 때 그 냄새를 말로 표현하면 비슷
한 냄새라도 그 차이를 식별하는 방법을 배울 수 있다. 간단히 말해
서 냄새의 지각 능력을 연습하는 일은 특히 나이 많은 성인일수록
뇌의 근육을 키우는 일종의 브레인빌딩이 된다.[1]

냄새를 퍼즐이나 십자말풀이처럼 생각하고 뒤섞인 단어들 사
이에서 적절한 알파벳을 찾아 단어를 만들고 빈칸을 채우듯이 연습
해보자. 냄새에 대한 글을 많이 썼던 한 학자는 이렇게 멋지게 표현
하기도 했다. "냄새를 조사하는 것은 다른 모든 것을 조사하는 것과
같다."

나가며
더 많은 냄새를 알 수 있다면

중고 서점 안의 좋은 냄새가 나는 헌 책들을 떠올려보자. 그 책들 안에 든 단어를 모두 합하면 수십억 단어가 넘을 것이다. 하지만 영어에는 그 많은 단어 중에서도 냄새를 구체적으로 묘사하는 단어가 거의 없다. 우리는 대개 어떤 냄새를 표현할 때 그 냄새가 나는 물건이나 음식에 비유한다. 설탕 냄새, 연기 냄새, 하는 식이다. 심리학자들은 냄새를 적당한 언어로 표현하지 못하는 현상을 후각과 언어의 간극이라고 부른다. 그들은 이런 현상을 냄새를 지각할 수는 있지만 그 냄새의 이름을 분명하게 찾아내지 못하는, '코끝*tip of the nose*현상'이라고 말하기도 한다. 이 현상은 대부분의 사람들에게 공통적으로 나타나지만, 우리가 인식하는 것보다 문화적인 영향을 훨씬 많이 받는 듯하다. 냄새에 무감각할 뿐만 아니라 냄새의 이름을 짓고 그 냄새를 정확히 묘사하려는 노력이 거의 사라진 현대 산업사회의 산물이기도 하기 때문이다.

이 책의 각 장을 쓸 때마다 나는 무언가의 냄새를 맡았고, 그 냄새를 정확한 말로 표현하려고 집중했다. 하지만 아무리 노력해도 적당한 말이 떠오르지 않았다. "이건, 그러니까… 계피 같은 냄새야"라고 말하고 싶은 마음이 굴뚝같았다. 더 오래 앉아서 냄새를 지각하는 데 집중해야 했으며, 색다른 각도에서 그 냄새를 생각하고 은유를 연습하며 다른 지각을 동원하는 방식을 배워야 했다. 음식의 냄새를 표현하는 일은 특히 고무적이었다. 내가 맛본 것을 표현하는 것은 어렵지 않았다. 맛이 냄새로 향하는 비밀스러운 뒷문이라는 것을 배우자 후각과 언어의 간극도 극복할 수 있다는 믿음이 생겼다. 같은 냄새라고 여겨지는 두 개의 냄새를 비교하여, 그 두 냄새의 미세한 차이를 관찰하는 방법도 배웠다. 각각의 냄새가 어떤 느낌인지, 그 냄새가 어떤 기억을 상기시키는지, 그래서 새롭게 알게 된 사실들이 향기에 대한 나의 생각을 어떻게 바꿔놓았는지를 깊이 생각해보았다.[1]

이 책을 쓰면서 자꾸만 비트겐슈타인이 남긴 "언어의 한계가 곧 내 세계의 한계다"라는 명언이 생각났다. 냄새에 대해 배우면서 나는 내 세계를 넓혀나갔다. 이 문장을 쓰고 있는 지금, 이 책은 내 컴퓨터 안에 디지털 파일의 형태로 존재한다. 내가 만드는 것은 '말'이지, 실재하지는 않기 때문에 아무 냄새도 나지 않는다. 나의 글과 말에는 냄새가 없다. 나중에 인쇄가 끝난 뒤에야 이 글은 물리적인 형태를 갖게 될 것이다. 그때 이 책에서 어떤 냄새가 날지 궁금하다.

모든 언어가 영어처럼 냄새 표현에 빈곤하거나 모든 사람이 영어 사용자처럼 냄새 표현에 둔한 것은 아니다. 여기서 짚어볼 만한 사례가 말레이 반도의 자하이*Jahai*족과 세막 베리*Semaq Beri*족 사람들이다. 언어심리학자들도 이 두 부족 사람들에게 큰 관심을 가지고 있다. 이들은 사냥과 채집을 위주로 살아가는 소규모의 부족

인데, 자하이 부족 인구는 이제 고작 1000여 명, 그리고 세막 베리 부족 사람들은 그 두 배 정도의 인원이 남아 있다. 두 부족 모두 열대우림에서 자신들이 매일 지나다니는 주변 환경의 수많은 냄새를 구분하는 후각 능력에 의존해 사냥을 하며 살아간다. 자하이 부족은 사회적 상호작용을 정립하고 세상의 질서를 지키는 데도 냄새를 이용한다. 특정 동물의 고기는 다른 동물의 고기를 구웠던 불에 이어서 굽지 않는다. 서로 다른 두 냄새가 섞일 것을 우려해서다. 마찬가지로 한 집안의 남매라 하더라도 너무 가까이 앉는 것을 금한다. 공기 중에서 남매의 냄새가 섞이는 것마저도 근친상간으로 규정하기 때문이다. 자하이 부족은 자기 주변의 냄새를 늘 관찰하면서 적극적으로 관리한다. 그러므로 후각이 받아들이는 것들의 미묘한 차이를 구분하도록 언어가 발달한 것도 당연하다. 영어로는 옮길 수 없는 자하이 부족의 냄새 표현 단어들을 알아보면, 그들의 세계를 이해하는 데 도움이 될 듯하다.

예를 들어, haʔɛt(허-어드와 비슷한 발음이 난다)는 호랑이, 새우 반죽, 고무나무 수액, 썩은 고기, 배설물, 사슴의 사향샘, 멧돼지, 탄 머리카락, 쉰 땀, 라이터 가스 등의 역한 냄새를 말할 때 쓰는 단어다. 이와는 별도로 cŋɛs(쭝-에스)는 석유, 연기, 박쥐 똥 등의 시큼하고 코를 찌를 듯한 냄새를 가리킬 때 쓰는 말이다. pʔus(뿌-우스)는 낡은 집, 특정 종류의 버섯, 삶은 양배추, 묵은 음식의 곰팡내 등과 관련이 있는 말이다.[2]

영어에는 냄새를 특정하는 단어가 많지 않지만, 있는 단어들 중에는 폭넓게 쓸 수 있는 것들이 있다. Pungent*, Fragrant**,

Musty●●●, Redolent●●●●, Aromatic●●●●●, Malodorous●●●●●●가
그 예다. 자하이 부족이 사용하는 언어에 대해 좀 더 조사해보니, 아무래도 부족하다는 생각이 든다. 영어 사용자들은 더 많은 단어를 만들어내야 한다. 냄새를 배울수록 세계를 더욱 다양하게 감각할 수 있다는 것을, 많은 사람이 알았으면 하는 바람이다.

●   매운, 얼얼한, 자극극적인.

●●   냄새가 좋은, 향기로운, 방향성이 있는.

●●●   곰팡이가 핀, 곰팡내 나는, 케케묵은.

●●●●   ~의 냄새가 강한, ~을 생각나게 하는.

●●●●●   향기가 높은, 향기로운.

●●●●●●   악취가 나는.

자주 묻는 질문

그리고 이 책에서 그 답을 찾을 수 있는 곳

노인의 몸에서는 왜 특이한 냄새가 날까?

갓난아기

모두가 사랑하는 냄새가 있을까?

바닐라

누구나 싫어할 만한 냄새는?

두리안

향수는 어떻게 만들어지나?

재스민, 만들어진 냄새

갑자기 변한 체취로 알 수 있는 건강의 적신호는?

살 냄새

페로몬과 냄새의 차이는?

살 냄새

세계에서 가장 오래된 향수의 냄새는?

로즈마리

동물은 어떻게 냄새로 방향이나 시간을 알까?

사향

데오드란트는 어떻게 효과를 낼까?

살 냄새

냄새도 상표등록을 할 수 있을까?

플레이도우

완전히 새로운 냄새를 발명할 수 있을까?

만들어진 냄새

멸종된 꽃의 냄새를 맡는 것도 가능할까?

멸종된 꽃들

다른 언어에는 영어에 없는 냄새 표현 단어가 있을까?

나가며

사람의 감정을 냄새로 알 수 있을까?

살 냄새

주

들어가며

1   Daniel Engbar, "Does Poison Gas Smell Good?" *Slate*, August 22, 2006, https://slate.com/news-and-politics/2006/08/what-does-poison-gas-smell-like.html.

2   Tony Phillips, "The Mysterious Smell of Moondust," *NASA Science*, January 30, 2006, https://science.nasa.gov/science-news/science-at-nasa/2006/30jan_smellofmoondust/.

3   David Leonard, "What Does Mars Smell Like?" *Space.com*, June 9, 2016, https://www.space.com/33115-what-does-mars-smell-like.html.

4   Victor Tangermann, "Breaking: Researchers Discover Signs of Life on Venus," *Futurism*, September 14, 2020, https://futurism.com/signs-of-life-venus-phosphine.

5   Alastair Gunn, "What Do the Other Planets Smell Like?" *BBC Science Focus*, https://www.sciencefocus.com/space/what-do-the-other-planets-smell-like/.

6   Diane Ackerman, *A Natural History of the Senses* (New York: Vintage

Books, 1990), 54. Lyall Watson, *Jacobson's Organ: And the Remarkable Nature of Smell* (Harmondsworth: Penguin, 1999), 114. (다이앤 애커먼, 『감각의 박물학』, 작가정신, 2004.), Rachel Herz, *The Scent of Desire: Discovering Our Enigmatic Sense of Smell* (New York: Harper Perennial, 2007), 135, 212, 219. (레이첼 허즈, 『욕망을 부르는 향기』, 뮤진트리, 2013.)

7   Alex Stone, "Smell Turns Up in Unexpected Places," *New York Times*, October 13, 2014, https://www.nytimes.com/2014/10/14/science/smell-turns-up-in-unexpected-places.html.

8   Herz, *The Scent of Desire*, 18, and Jasper H. B. de Groot, et al., "The Knowing Nose: Chemosignals Communicate Human Emotions," *Association for Psychological Science*, November 5, 2012, https://www.psychologicalscience.org/news/releases/the-knowing-nose-chemosignals-communicate-human-emotions.html.

9   "Phantom Smells May Be a Sign of Trouble," *NBC News*, July 10, 2018, https://www.nbcnews.com/health/health-news/phantom-smells-may-be-sign-trouble-n890271.

10   Fiona Macrae, "People who can no longer smell peppermint, fish, rose or leather 'may have only five years left to live,'" *Daily Mail UK*, October 1, 2014, https://www.dailymail.co.uk/health/article-2776651/People-no-longer-smell-peppermint-fish-rose-leather-five-years-left-live. html, and Elizabeth Palermo, "Your Sense of Smell Could Predict When You'll Die," *LiveScience*, October 1, 2014, https://www.livescience.com/48101-loss-of-smell-predicts-mortality.html.

11   Jonathan Reinarz, *Past Scents: Historical Perspectives on Smell* (Urbana, Chicago, and Springfield: University of Illinois Press, 2014), 94-95. See also Miriam Kresh, "Jews and Garlic: Love, Hate, and Confit," Forward, May 1, 2012, https://forward.com/food/155580/jews-and-garlic-love-hate-and-confit/.

12   William Brink and Louis Harris, *The Nego Revolution in America* (New York: Simon and Schuster, 1969), 14.

13   2000세대 전에 일어난 ABCC11 유전자의 돌연변이에서 인종집단 간 체취의 차이가 발생했다. 대부분의 동아시아인들과 한국인들의 겨드랑이에는 강한 체취를 유발하는 화학물질이 적다. 이들의 귀지도 코커서스인종이나 아프리카인들에 비해 더 건조하고 연한 색이며 냄새도 덜하다. Erika Engelhaupt, "What your ear-wax says about your ancestry," ScienceNews, February 14, 2014. https:// www.sciencenews.org /blog/gory-details/what-your-earwax-says-about-your-ancestry. See also Bettina Beer, "Geruch und Differenz: Körpergeruch als Kennzeichnen Konstruierter 'Rassischer'Grenzen" ["Smell and Difference: Bodily Odor as an Indicator of Constructed 'Racial'Boundaries]," *Paideuma: Mitteilungen zur Kulturkunde* 46 (2000), 207-30.

14   Abdullah Hamidaddin, "Nose kiss, anyone? How the Gulf Arab greeting has evolved," *Al Arabiya News*, May 4, 2014, http://english. alarabiya.net/en/perspective/features/2014/05/04/Nose-kiss -anyone-How-the-Gulf-Arab-greeting-has-evolved.html.

15   Ackerman, *A Natural History of the Senses*, 23.

16   Kate Fox and Social Issues Research Centre (SIRC), "*The Smell Report: An Overview of Facts and Findings*," http://www.sirc.org/publik/ smell_culture.html.

17   Herz, *The Scent of Desire*, 14-17.

18   Herz, *The Scent of Desire*, 20-21, and Michael Stoddart, *Adam's Nose, and the Making of Human-kind* (London: Imperial College Press, 2015), 36-37.

19   Paolo Pelosi, *On the Scent: A Journey Through the Science of Smell*. (Oxford: Oxford University Press, 2016), 59.

20   Herz, *The Scent of Desire*, 234.

21 Herz, *The Scent of Desire*, 210-11.

22 Nicola Twilley, "Will Smell Ever Come to Smartphones?" *New Yorker*, April 27, 2016, https://www .newyorker.com/tech/annals-of-technology/is-digital-smell-doomed.

23 As described on http://smeller.net/.

24 Scott Meslow, "'Spy Kids 4'Joins Hollywood's Spotty Tradition of Smelly Cinema," *The Atlantic*, August 18, 2011, http://www. theatlantic.com/entertainment/archive/2011/08/spy-kids-4-joins -hollywoods-spotty-tradition-of-smelly-cinema/243825/, and John Brownlee, "A Brief History of Smell-O-Vision," *Wired*, December 7, 2006, https://www.wired.com/2006/12/a-brief-history-2-2/.

25 Jessica Love, "Why So Few English Words for Odors?" *The American Scholar*, January 16, 2014, https://theamericanscholar.org/why-so-few-english-words-for-odors/#.XXEyoZNKjOR.

26 Farhad Manjoo, "We Have Reached Peak Screen. Now Revolution Is in the Air," *New York Times*, June 17, 2018, https://www.nytimes. com/2018/06/27/technology/peak-screen-revolution.html.

27 Lewis Thomas, *Late Night Thoughts on Listening to Mahler's Ninth Symphony* (New York: Random House Publishing Group, 1984), 42.

이 책을 읽는 방법

1 Chris Weller, "10 Different Smells Are Detectable By Your Nose: How Did Popcorn Make The List?," *Medical Daily*, September 20, 2013, https://www.medicaldaily.com/10-different-smells-are-detectable-your-nose-how-did-popcorn-make-list-257395.

1 Stoddart, *Adam's Nose*, 25. Piet Vroon with Anton van Amerangen and Hans De Vries, *Smell: The Secret Seducer*, trans. Paul Vincent (New York: Farrar, Straus and Giroux, 1997), 18. Avery Gilbert, What the Nose Knows: *The Science of Scent in Everyday Life* (Fort Collins, CO: Synesthetics, Inc., 2014), 43-44. Pelosi, *On the Scent*, 49-67.

2 Gilbert, *What the Nose Knows*, 78-85.

3 레이첼 허즈, 『욕망을 부르는 향기』, 20-21과 스토다트의 『아담의 코*Adam's Nose*』, 36-37. 생화학자이자 향수전문가인 루카 튜린*Luca Turin*은 냄새의 '형태'이론을 강력하게 반박하며 자신의 '진동'이론을 내세웠다. 그는 취기분자도 음파처럼 특정 진동을 발산하고, 후각 수용기는 신호를 발신함으로써 이 진동에 반응한다는 주장을 내놓았다. 챈들러 버*Chandler Burr*도 저서 『향기에 취한 과학자』에서 이 이론에 대해 매우 자세하게 다루었다. 그러나 내가 조언을 구했던 후각 과학자들은 튜린의 이론이 대부분 믿을 수 없는 내용이라고 주장한다.

4 Sarah C. P. Williams, "Human Nose Can Detect a Trillion Smells," *AAAS Science*, March 20, 2014, https://www.sciencemag.org/news/2014/03/human-nose-can-detect-trillion-smells, and C. Bush-did, et al, "Humans can discriminate more than 1 trillion olfactory stimuli," *Science* 343, no. 6177 (2014): 1370-72, doi:10.1126/science.1249168. 내가 이야기를 나누었던 후각 전문가는 1조라는 숫자가 오해를 부르기 쉽다는 점을 강조했다. 『아담의 코』 저자인 마이클 스토다드 교수는 이메일을 통해 다음과 같이 설명해주었다. "이론적으로는 1조라는 수치도 가능하지만, 이 수치는 실험을 통해서 얻어진 것이 아니라 지금까지 알려진 후각 시스템 안의 신경들의 순열과 조합으로 계산된 숫자입니다. 만약 누가 작가님에게 알고 있는 단어의 수가 몇 개나 되느냐고 묻는다면, 작가님은 아마도 고등교육을 받은 사람으로서 50만 개(만약 프랑스 사람이거나 독일, 또는 스페인 사람이라면 25만 개)

정도의 영어 단어를 사용할 수 있다고 말할 겁니다. 아마 작가님은 이 숫자를 최대치라고 보겠지요. 그러나 만약 작가님이 여러 언어를 구사할 수 있다면, 그 수치는 백만, 또는 150만까지도 가능할 겁니다. 냄새도 마찬가지라고 생각합니다. 우리는 누구나 수만 가지의 냄새를 구별하도록 감각을 훈련할 수 있습니다. 만약 조향사로서 훈련을 받고 현업에 종사 중인 사람이라면, 예를 들어 건축현장에서 일하는 사람보다는 훨씬 더 많은 냄새를 기억하고 구분할 수 있을 겁니다. 중요한 것은 사람이 구별할 수 있는 냄새의 가짓수에 대한 이론적인 최대치가 있다기보다는 적절한 훈련을 받으면 그 수치에 한계가 없다는 사실입니다."

5   Stoddard, *Adam's Nose*, 32-33.

6   Piet Vroon with Anton van Amerangen and Hans De Vries, *Smell: The Secret Seducer*. Translated by Paul Vincent (New York: Farrar, Straus and Giroux, 1997), 28-29, 31. Stoddard, *Adam's Nose*, 77-79.

7   Weizmann Institute of Science, "An exception to the rule: An intact sense of smell without a crucial olfactory brain structure," *ScienceDaily*, www.sciencedaily.com/releases/2019/11/191111104957. htm, accessed December 30, 2020.

8   Jennifer Pluznick, "You smell with your body, not just your nose," filmed November 2016 at TEDMED, Palm Springs, CA, https://www. ted.com/talks/jennifer_pluznick_you_smell_with_your_body_not_just_ your_nose#t-412793. Alex Stone, "Smell Turns Up in Unexpected Places," *New York Times*, October 13, 2014, https://www.nytimes. com/2014/10/14/science/smell-turns-up-in-unexpected-places. html. Veronique Greenwood, "How Bacteria Help Regulate Blood Pressure," *Quanta*, November 30, 2017, https://www.quantamagazine. org/how-bacteria-help-regulate-blood-pressure-20171130/. Patrick Caughill, "Our Sense of Smell Provides a New Way to Battle Spinal Cord Injuries," December 11, 2017, https://futurism.com/ neoscope/sense-smell-provides-new-way-battle-spinal-cord-

injuries.

9   Robert Muchembled, *Smells: A Cultural History of Odours in Early Modern Times*, trans. Susan Pickford (Cambridge, UK, and Medford, Massachusetts: Polity, 2020), 8, and Herz, *The Scent of Desire*, 33.

10 Vroon, *Smell*, 21-22, and Herz, *The Scent of Desire*, 33-35.

11 Herz, *The Scent of Desire*, 33-34.

12 Christopher Bergland, "How Do Nostalgic Scents Get Woven Into Long-Term Memories?" *Psychology Today*, December 25, 2017, https://www.psychologytoday.com/us/blog/the-athletes-way/201712/ how-do-nostalgic-scents-get-woven-long-term-memories.

13 Johan Willander and Maria Larsson, "Smell your way back to childhood: autobiographical odor memory," *Psychonomic Bulletin & Review* 13, no. 2 (2006): 240-44, doi:10.3758/bf03193837, https:// pubmed.ncbi.nlm.nih.gov/16892988/.

14 Philip Perry, "Think you have only 5 senses? You've actually got about 14 to 20," *BigThink*, May 2, 2018, https://bigthink.com/philip-perry/think-you-have-only-5-senses-its-actually-a-lot-more-than-that.

15 Constance Classen, *Worlds of Sense: Exploring the Senses in History and Across Cultures* (London and New York: Routledge, 1993), 5.

16 Lynne Peeples. "Making Scents of Sounds," *Scientific American* 302 (April 2020): 28-29.

17 Pelosi, *On the Scent*, 14-15, Gilbert, *What the Nose Knows*, 92-93.

18 Herz, *The Scent of Desire*, 47.

19 Classen, *Worlds of Sense*, 2.

20 Reinarz, *Past Scents*, 8-15, and Classen, *Worlds of Sense*, 2-7.

21 20퍼센트와 80퍼센트: Reinarz, *Past Scents*, 80. 향미와 향기 시장의 규모는 2024년이면 366억 달러에 이를 것으로 보인다.: Flavor and Fragrance Market Report: Trends, Forecast and Competitive

Analysis (May 2019): https://www.researchandmarkets.com/ reports/4790918/flavor-and-fragrance-market-report-trends?utm_ source=CI&utm_medium=PressRelease&utm_code=tq4w85&utm_ campaign=1271847+-+Global+Flavor+%26+Fragrance+Market+t o+Reach+%2436.6+Billion+by+2024&utm_exec=joca220prd.

22 Classen, *Worlds of Sense*, 59.

23 Mark Bradley, ed., *Smell and the Ancient Senses* (London and New York: Routledge, 2015), 3.

24 Robert G. Walker, "A Sign of the Satirist's Wit: The Nose in Tristram Shandy," *Ball State University Forum* 19, no. 2 (January 1978): 52-54.

25 Eddy Portnoy, "The Nose Knows: George Jabet's Nasology," interview in "Beach Bodies: A History of American Physique," *BackStory*, July 13, 2015, audio, 1:58: https://americanarchive.org/ catalog/cpb-aacip_532-kk94748554, and show notes: https://www. backstoryradio.org/blog/the-nose-knows.

26 Anthony Kingston, "The Fundamentals of Chinese Face-Reading," *Professional Beauty*, no. Mar/Apr 2017 (April 1, 2017): 66-68.

27 Annick Le Guéerer, *Scent: The Essential and Mysterious Powers of Smell*, trans. Richard Miller (New York: Kodansha America, 1994), 11.

28 "Justinian II: Byzantine Emperor," Encyclopedia Britannica, last updated November 27, 2020, https://www.britannica.com/ biography/Justinian-II.

29 G. Sperati, "Amputation of the Nose throughout History," *Acta Otorhinolaryngologica Italica (Testo Stampato)* 29, no. 1 (Jan. 2009): 44-50, https://www.ncbi.nlm.nih.gov/pmc/articles/PMC2689568/.

30 Cathy Newman, with photography by Robb Kendrick, *Perfume: The Art and Science of Scent* (Washington, DC: National Geographic Society, 1998), 85-95, 100. Gilbert, *What the Nose Knows*, 26-28, 37.

31 Rinni Bhansali, "Stanford grads'startup Aromyx aims to quantify

taste and smell," *The Stanford Daily*, October 11, 2019, https://www. stanforddaily.com/2019/10/11/stanford-grads-startup-aromyx- aims-to-quantify-taste-and-smell/.

32 Charlotte Ouwerkerk, "Dutch robots help make cheese, 'smell'the roses," *The Jakarta Post* (via Agence-France Presse), January 26, 2018, https://www.thejakartapost.com/life/2018/01/25/dutch-robots-help- make-cheese-smell-the-roses.html.

33 Greg Nichols, "Robots will soon be able to taste and smell your bad cooking," ZDNet, December 15, 2017, https://www.zdnet.com/ article/robots-will-soon-be-able-to-taste-and-smell-your-bad- cooking/, and American Chemical Society, "Bioelectronic 'nose'can detect food spoilage by sensing the smell of death," *ScienceDaily*, www.sciencedaily.com/releases/2017/12/171206122457.htm, accessed December 30, 2020.

34 Nanoscent Labs is piloting breathalyzer-style tests to detect COVID-19 within minutes: https://youtu.be/eoL_DQh9L98. This is effectively an electronic version of COVID-sniffing dogs in airports. Elian Peltier, "The Nose Needed for This Coronavirus Test Isn't Yours. It's a Dog's," *New York Times*, September 23, 2020, https:// www.nytimes.com/2020/09/23/world/europe/finland-dogs-airport- coronavirus.html.

35 Vanessa Zainzinger, "Rosa Biotech gets biosensors on the nose," *Chemistry World*, September 14, 2020, https://www.chemistryworld. com/news/rosa-biotech-gets-biosensors-on-the-nose/4012417. article.

36 Ed Yong, "Scientists Stink at Reverse-Engineering Smells," *The Atlantic*, November 14, 2016, https://www.theatlantic.com/science/ archive/2016/11/how-to-reverse-engineer-smells/507608/.

37 Salk Institute, "What's that smell? Scientists find a new way to

understand odors: A mathematical model reveals a map for odors from the natural environment," *ScienceDaily*, August 29, 2018, www.sciencedaily.com/releases/2018/08/180829143816.htm, accessed December 29, 2020.

꽃과 허브 향

마른 땅의 비 냄새 » PETRICHOR

1   Cynthia Barnett, "Making Perfume From the Rain," *The Atlantic*, April 22, 2015, https://www.theatlantic.com/international/archive/2015/04/making-perfume-from-the-rain/391011/.

2   American Chemical Society, "Video: Petrichor, the smell of rain," Phys.org, April 3, 2018, video: https://phys.org/news/2018-04-video-petrichor.html.

3   Jennifer Chu, "Rainfall can release aerosols, study finds," *MIT News*, January 14, 2015, https://news.mit.edu/2015/rainfall-can-release-aerosols-0114.

4   Daisy Yuhas, "Storm Scents: It's True, You Can Smell Oncoming Summer Rain," July 18, 2012, https://www.scientificamerican.com/article/storm-scents-smell-rain/.

5   Simon Cotton, "Geosmin: The Smell of the Countryside," *Molecule of the Month*, August 2009, http://www.chm.bris.ac.uk/motm/geosmin/geosminh.htm, and Paul Simons, "Camels act on a hump," *The Guardian*, March 5, 2003, https://www.theguardian.com/science/2003/mar/06/science.research.

장미 » ROSE

1   Classen, *Worlds of Sense*, 17-18, Jennifer Potter, *The Rose: A True*

History (London: Atlantic Books, 2010), 50. 작가 제니퍼 포터는 이 이 야기가 가장 널리 전해지고 있기는 하지만, 원전에서는 장미가 아니라 '바이올렛과 다른 꽃들'이 쏟아졌다고 쓰여 있음을 지적한다.

2   Frederick E. Brenk, *Clothed in Purple Light: Studies in Vergil and in Latin Literature* (Stuttgart: Franz Steiner, 1999), 88.

3   Potter, *The Rose*, 244.

4   Potter, *The Rose*, 260.

5   Peter Bernhardt, *The Rose's Kiss: A Natural History of Flowers* (Washington, DC, and Covelo, CA: Island Press and Shearwater Books, 1999), 120.

6   Potter, *The Rose*, 248-250. 포터는 19세기에 페르시아를 여행하고 이 이야기를 전한 작가 비타 색빌-웨스트*Vita Sackville-West*를 인용하고 있다.

7   Ackerman, *A Natural History of the Senses*, 34.

8   Ackerman, *A Natural History of the Senses*, 60.

9   Classen, *Worlds of Sense*, 24.

10   Mandy Aftel, *Essence & Alchemy: A Book of Perfume* (Layton, UT: Gibbs Smith, 2008), 110.

11   Steve Connor, "왜 어떤 장미는 다른 장미보다 달콤하며, 그 향을 개선 하기 위해서는 어떻게 해야 하는지에 대해 과학자들이 연구하고 있다." *Independent UK*, July 2, 2015, https://www.independent.co.uk/news/ science/scientists-discover-why-some-roses-smell-sweeter-than- others-and-how-to-improve-the-scent-10362519.html.
향기 없는 장미는 현대에 들어서 절화시장을 위해 개발된 것임을 주목 하자. 데이비드 오스틴*David Austen* 같은 장미 재배가는 이 효소가 발견 되기 전부터 오랫동안 향기를 가진 장미를 재배할 것을 강조해왔다. 그 의 연구는 성공을 거두기도 했다.

재스민 » JASMINE

1 Mandy Aftel, *Fragrant: The Secret Life of Scent* (New York: Riverhead Books, 2014), 205-207.

2 Nigel Groom, *The Perfume Handbook* (London: Chapman & Hall, 1992), 97.

3 Groom, *The Perfume Handbook*, 69.

4 Newman, *Perfume*, 67.

5 Newman, *Perfume*, 76-77. Aftel, *Fragrant*, 208-209. Marie-Christine Grasse, *Jasmine: Flower of Grasse* (Parkstone Publishers & Muséee Internationale de la Perfume, 1996), 46-50.

6 Newman, *Perfume*, 72.

7 Aftel, *Essence & Alchemy*, 111.

8 Grasse, *Jasmine*, 85-87.

9 Newman, *Perfume*, 35.

금방 깎은 잔디 » FRESH-CUT GRASS

1 Melissa Breyer, "What Fresh Cut Grass Is Saying With Its Scent," *Treehugger*, May 17, 2019, https://www.treehugger.com/what-fresh-cut-grass-saying-its-scent-4855746.

2 Melissa Breyer, "How Trees Talk to Each Other and Share Gifts," *Treehugger*, October 11, 2018, https://www.treehugger.com/how-trees-talk-each-other-and-share-gifts-4856994.

빨랫줄에 널어 말린 빨래 » LINE-DRIED LAUNDRY

1 Cara Giaimo, "How Line-Dried Laundry Gets That Fresh Smell," *New York Times*, May 29, 2020, https://www.nytimes.com/2020/05/29/science/laundry-smell-line.html.

2 Katharine Wroth, "A surprising sneak peek at the clothesline revolution," *Grist*, November 13, 2009, https://grist.org/article/2009-

11-12-alex-lee-clothesline-revolution/.

달콤한 향

바닐라 » VANILLA

1   Nigel Groom, *The Perfume Handbook* (London: Chapman & Hall, 1992), 244-45. Patricia Rain, *Vanilla: The Cultural History of the World's Favorite Flavor and Fragrance* (New York: Jeremy P. Tarcher, 2004), 5.

2   Rain, *Vanilla*, 5. Tim Ecott, *Vanilla: Travels in Search of the Ice Cream Orchid* (New York: Grove Press, 2004), 20. 팩트 체크 과정에서 패트리샤 레인은 타히티언 바닐라의 기원에 대한 또 다른 이론의 증거를 나에게 이메일로 보내주었다. 레인의 이메일에 따르면, "바닐라 타히텐시스는 바닐라 플라니폴리아와 바닐라 오도라타*Vanilla odorata* 사이의 교배종으로, 멕시코에서 재배되는 여러 실베스트레 바닐라 품종 중의 하나다. 이 바닐라는 필리핀으로 배출되기 전에 이미 멕시코에서 교배종이 된 후였다. 타히티에 도착한 이후, 타히티 사람들에 의해 변화가 더 일어 났을 뿐이다."

3   Rain, *Vanilla*, 19-37. Ecott, *Vanilla*, 6-10.

4   Ecott, *Vanilla*, 22-23.

5   Rain, *Vanilla*, 7-10. Ecott, *Vanilla*, 62-64.

6   Rain, *Vanilla*, 9.

7   Robert Krulwich, "The Little Boy Who Should've Vanished, but Didn't," *National Geographic*, June 16, 2015, https://www.nationalgeographic.com/science/phenomena/2015/06/16/the-little-boy-who-shouldve-vanished-but-didnt/. The original source of this research is Ecott, *Vanilla*, 123-135.

8   Ecott, *Vanilla*, 122-25.

9   Ecott, *Vanilla*, 131-48.

10   Anna Diamond, "Make Thomas Jefferson's Recipe for Ice Cream," Smithsonian Magazine, July/August 2020, https://www.smithsonianmag.com/history/thomas-jefferson-ice-cream-recipe-180975200/. See also Rain, *Vanilla*, 63–69.

11   Amanda Fortini, "The White Stuff: How Vanilla Became Shorthand for Bland," *Slate*, August 10, 2005, https://slate.com/human-interest/2005/08/how-vanilla-became-shorthand-for-bland.html.

12   Rain, *Vanilla*, 132-56.

13   Herz, *The Scent of Desire*, 40.

14   "Scent of vanilla helps to ease pain: Japanese researchers," *Kyodo News*, July 13, 2019, https://english.kyodonews.net/news/2019/07/50384c5dcce4-scent-of-vanilla-helps-to-ease-pain-japanese-researchers.html.

15   W. H. Redd et al., "Fragrance administration to reduce anxiety during MR imaging," *Journal of Magnetic Resonance Imaging* 4, no. 4 (1994): 623-26, doi:10.1002/jmri.1880040419, https://pubmed.ncbi.nlm.nih.gov/7949692/.

16   Karen Eisenbraun, "Vanilla Aromatherapy Benefits," *OurEverydayLife*, August 14, 2017, https://oureverydaylife.com/149191-vanilla-aromatherapy-benefits.html.

17   Kat Chow, "When Vanilla Was Brown And How We Came To See It As White," *Code Switch* on NPR, March 2, 2014, https://www.npr.org/sections/codeswitch/2014/03/23/291525991/when-vanilla-was-brown-and-how-we-came-to-see-it-as-white.

스위트 우드러프 » SWEET WOODRUFF

1   Peter Wagner, "Deutschland ist Waldmeister!" *Der Spiegel*, May 9, 2010, https://www.spiegel.de/consent-a-Fmaibowle-deutschland-ist-waldmeister-a-693215.html (in German).

2   "Maibowle," ChefKoch, January 15, 2007, https://www.chefkoch.de/rezepte/668471168850775/Maibowle.html (in German).

비터 아몬드 » BITTER ALMONDS

1   Diana Lutz, "Beware the smell of bitter almonds," The Source (Washington University in St. Louis), July 20, 2010, https://source.wustl.edu/2010/07/beware-the-smell-of-bitter-almonds/.

2   Lutz, "Beware the smell of bitter almonds."

3   Peggy Trowbridge Filippone, "What are Bitter or Lethal Almonds?" *The Spruce Eats*, October 13, 2019, https://www.thespruceeats.com/what-are-bitter-almonds-1806996.

4   Daniel Engbar, "Does Poison Gas Smell Good?"

5   Sarah Mohr, "Datura," University of Wisconsin-Madison Master Gardener's Program, February 11, 2019, https://mastergardener.extension.wisc.edu/article/datura/#:~:text=The%20flowers%20exude%20a%20pleasant,honey%20bees%20and%20other%20insects.

6   John Rogers, "VEGGIE FRIGHT: Deadly plant hemlock which can kill a human with ONE bite found on beach in the UK," *The Sun UK*, March 10, 2018, https://www.thesun.co.uk/news/5774916/hemlock-uk-deadly-plant-dogs-cornwall-storm-emma/, and Eliza Strickland, "Plant That Produced Ritual Death-Smiles May've Given Homer a Neat Phrase," *Discover Magazine*, June 3, 2009, https://www.discovermagazine.com/health/plant-that-produced-ritual-death-smiles-mayve-given-homer-a-neat-phrase.

7   "Belladonna," Encyclopedia.com, updated December 22, 2020, https://www.encyclopedia.com/medicine/drugs/pharmacology/belladonna.

시나몬 » CINNAMON

1 Jack Turner, *Spice: The History of a Temptation* (New York: Knopf, 2004), 148. (잭 터너, 『스파이스』, 따비, 2012.)

2 Aftel, *Fragrant*, 39.

3 Aftel, *Fragrant*, 35°36.

4 Turner, *Spice*, 232.

5 "Cinnamaldehyde," Encyclopedia.com, updated December 22, 2020, https://www.encyclopedia.com/science/academic-and-educational-journals/cinnamaldehyde.

6 Turner, *Spice*, 206.

7 Turner, *Spice*, 149-50.

8 Stephanie Butler, "The Medieval History of the Christmas Cookie," History.com, December 18, 2013 (updated August 31, 2018), https://www.history.com/news/the-medieval-history-of-the-christmas-cookie.

9 Peggy Trowbridge Filippone, "What is Cassia? All About Cinnamon's Cousin," *The Spruce Eats*, updated February 8, 2019, https://www.thespruceeats.com/what-is-cassia-1807003.

10 Turner, *Spice*, 203, 208-209, 217.

11 Turner, *Spice*, 185-86.

12 Turner, *Spice*, 222.

13 Turner, *Spice*, 188.

핫 초콜릿 » HOT CHOCOLATE

1 American Chemical Society, "The smell of dark chocolate, demystified," *AAAS EurekaAlert!*, May 8, 2019, https://www.eurekalert.org/pub_releases/2019-05/acs-tso050319.php.

2 Carrie Arnold, "The Sweet Smell of Chocolate: Sweat, Cabbage and Beef," *Scientific American*, October 31, 2011, https://www.

scientificamerican.com/article/sensomics-chocolate-smell/.

3   Sarah Moss and Alexander Badenoch, *Chocolate: A Global History* (London: Reaktion Books, 2009), 12. (사라 모스 · 알렉산더 바데녹, 『초콜릿의 지구사』, 휴머니스트, 2012.)

4   Moss and Badenoch, *Chocolate*, 13.

5   Moss and Badenoch, *Chocolate*, 18.

6   Moss and Badenoch, *Chocolate*, 22.

7   Moss and Badenoch, *Chocolate*, 24-25.

8   Moss and Badenoch, *Chocolate*, 31.

9   Moss and Badenoch, *Chocolate*, 33.

10 Moss and Badenoch, *Chocolate*, 40.

11 Moss and Badenoch, *Chocolate*, 57, 62-63.

12 "Child Labor and Slavery in the Chocolate Industry," Food Empowerment Project, https://foodispower.org/human-labor-slavery/slavery-chocolate/.

13 Melissa Clark, "Everything You Don't Know About Chocolate," *The New York Times*, February 11, 2020, https://www.nytimes.com/2020/02/11/dining/chocolate-bar.html?referringSource=articleShare.

감칠맛의 냄새

베이컨 » BACON

1   Gareth May, "Why do we love the smell of bacon so?" *The Telegraph UK*, March 16, 2015, https://www.telegraph.co.uk/foodanddrink/11470099/Why-do-we-love-the-smell-of-bacon-so.html.

2   "Wake N Bacon: Bacon Cooking Alarm Clock," Shark Tank

Products, June 6, 2011, https://allsharktankproducts.com/shark-tank-products-food-and-drink/wake-n-bacon-bacon-cooking-alarm-clock/.

3 Russ Parsons, "Why does bacon smell so good? It's all in the chemistry," *Los Angeles Times*, April 17, 2014, https://www.latimes.com/food/dailydish/la-dd-calcook-why-does-bacon-smell-so-good-its-all-in-the-chemistry-20140417-story.html.

4 Maria Godoy, "Does Bacon Really Make Everything Better? Here's The Math," *The Salt* on NPR, October 25, 2013, https://www.npr.org/sections/thesalt/2013/10/25/240556687/does-bacon-really-make-everything-better-here-s-the-math.

두리안 » DURIAN

1 Jia-Xiao Li, Peter Schieberle, and Martin Steinhaus, "Characterization of the Major Odor-Active Compounds in Thai Durian (Durio zibethinus L. 'Monthong') by Aroma Extract Dilution Analysis and Headspace Gas Chromatography-Olfactometry," *Journal of Agricultural and Food Chemistry* 60, no. 45 (2012): 11253-62, doi: 10.1021/jf303881k, https://pubs.acs.org/doi/abs/10.1021/jf303881k?prevSearch=durian&searchHistoryKey=#.

2 Joseph Stromberg, "Why Does the Durian Fruit Smell So Terrible?," *Smithsonian Magazine*, November 30, 2012, https://www.smithsonianmag.com/science-nature/why-does-the-durian-fruit-smell-so-terrible-149205532/.

3 Randall Munroe, "What's the world's worst smell?" *Chicago Tribune* (via *The New York Times*), February 17, 2020, https://www.chicagotribune.com/featured/sns-nyt-worst-smell-in-the-world-20200217-xywylvisqfddnpx2cbbkvw2wwa-story.html.

4 Jia-Xiao Li, Peter Schieberle, and Martin Steinhaus, "Insights into

the Key Compounds of Durian (Durio zibethinus L. 'Monthong') Pulp Odor by Odorant Quantitation and Aroma Simulation Experiments," *Journal of Agricultural and Food Chemistry* 65, no. 3 (2017): 639-47, doi:10.1021/acs.jafc.6b05299, https://pubs.acs.org/doi/full/10.1021/acs.jafc.6b05299?hootPostID=3ac35a02cbe0d7326 73c81d34f813bac.

5   Munroe, "What's the world's worst smell?"

6   Alfred Russel Wallace, *The Malay Archipelago: The Land of the Orang-utan and the Bird of Paradise*; a Narrative of Travel, with Studies of Man and Nature (London and New York: Macmillan and Co., 1894), 57. (앨프리드 러셀 월리스, 『말레이 제도』, 지오북, 2017.)

고린내 나는 치즈 » STINKY CHEESE

1   "World's 'Smelliest'Cheese Named," *The Telegraph* UK, November 25, 2004, https://www.telegraph.co.uk/news/1477473/Worlds-smelliest-cheese-named.html.

2   Richard Sutton, "What Makes Stinky Cheese Stinky?" *Culture Magazine*, January 19, 2015, https://culturecheesemag.com/ask-the-monger/makes-stinky-cheese-stinky/.

3   Andrew Dalby, Cheese: A Global History (London: Reaktion Books, 2009), 89. (앤드류 댈비, 『치즈의 지구사』, 휴머니스트, 2011)

4   Bronwen Percival and Francis Percival, *Reinventing the Wheel: Milk, Microbes and the Fight for Real Cheese* (Oakland: University of California Press, 2017), 30-41. Also Dalby, *Cheese*, 33.

5   Dalby, *Cheese*, 37.

6   Dalby, *Cheese*, 82-83.

7   Dalby, *Cheese*, 15-16.

8   Matt Colangelo, "A Desperate Search for Casu Marzu, Sardinia's Illegal Maggot Cheese," *Food & Wine*, updated October 14, 2015,

https://www.foodandwine.com/news/desperate-search-casu-marzu-sardinias-illegal-maggot-cheese. Marc Frauenfelder, *The World's Worst: A Guide to the Most Disgusting, Hideous, Inept, and Dangerous People, Places, and Things on Earth* (San Francisco: Chronicle Books, 2005), 22, https://books.google.com/books?id=iUQ5GNNOFAEC&printsec=frontcover&dq=isbn:9780811846066&hl=en&newbks=1&newbks_redir=0&sa=X&ved=2ahUKEwivv8qky-rnAhUEa60KHaPbDW4Q6AEwAHoECAAQAg#v=onepage&q=casu&f=false. Dalby, *Cheese*, 85.

9   Brian Handwerk, "What Stinky Cheese Tells Us About the Science of Disgust," *Smithsonian Magazine*, October 3, 2017, https://www.smithsonianmag.com/science-nature/what-stinky-cheese-tells-us-about-disgust-180965017/.

10   "Food—Delicious Science: Backward Smelling," PBS, posted online May 15, 2017, video: https://www.youtube.com/watch?v=ylmdlaSHQ2I&feature=emb_logo&ab_channel=PBS.

아위 » ASAFOETIDA

1   "Asafetida (*Ferula assa-foetida* L.)," Gernot Katzer's Spice Pages, http://gernot-katzers-spice-pages.com/engl/Feru_ass.html.

2   Chip Rossetti, "'Devil's Dung': The World's Smelliest Spice," *Aramco World*, July/August 2009, https://archive.aramcoworld.com/issue/200904/devil.s.dung-the.world.s.smelliest.spice.htm.

담배 » TOBACCO

1   Andrew Wike, "Know Your Pipe Tobacco: Blending Components," SmokingPipes.com, December 23, 2016, https://www.smokingpipes.com/smokingpipesblog/single.cfm/post/know-your-pipe-tobacco-blending-components.

2 "Black Frigate" product page, https://www.smokingpipes.com/pipe-tobacco/cornell-diehl/Black-Frigate-2oz/product_id/225.

3 "War Horse" product page, https://www.smokingpipes.com/pipe-tobacco/war-horse/Bar-1.75oz/product_id/220589.

4 "Sun Bear" product page, https://www.smokingpipes.com/pipe-tobacco/cornell-diehl/Sun-Bear-2oz/product_id/336163. For more on casing versus aromatic tobaccos, see Chuck Stanion, "A Closer Look At Aromatic Pipe Tobacco," *SmokingPipes.com*, August 7, 2020, https://www.smokingpipes.com/smokingpipesblog/single.cfm/post/closer-look-aromatic-pipe-tobacco.

5 "How to Pack & Light A Pipe," SmokingPipes.com, https://www.smokingpipes.com/information/howto/packing.cfm.

6 Iain Gately, *Tobacco: A Cultural History of How an Exotic Plant Seduced Civilization* (New York: Grove Press, 2001), 2-3, 19, 23, 28. 마야 이후 아즈텍 제국의 사람들은 자신들이 정복한 모든 곳에 담배를 전파했다. 기원전 2500년 무렵에 이르자 담배는 아메리카 대륙의 최북단까지 퍼졌다.

흙 내음

트러플 » TRUFFLES

1 Ryan Jacobs, *The Truffle Underground: A Tale of Mystery, Mayhem and Manipulation in the Shadowy Market of the World's Most Expensive Fungus* (New York: Clarkson Potter, 2019), 69.

2 Jacobs, *The Truffle Underground*, 71-77.

3 Jacobs, *The Truffle Underground*, 51-58.

4 Jacobs, *The Truffle Underground*, 89.

5 Jacobs, *The Truffle Underground*, 236.

와인 » WINE

이 장에서 별도로 주석이 붙어 있지 않은 와인에 대한 모든 평은 소믈리에 알렉스 링*Alex Ring*과의 인터뷰에서 인용한 것이다.

1 Bianca Bosker, *Cork Dork: A Wine-Fueled Adventure Among the Obsessive Sommeliers, Big Bottle Hunters and Rogue Scientists Who Taught Me to Live for Taste* (New York: Penguin Books, 2017), 46-49.

2 From conversations with Howard Spiegelman, wine instructor.

3 Bosker, *Cork Dork*, 186-87. See also "Wine for the Confused" hosted by John Cleese, The Food Network, video: https://www.youtube.com/watch?v=sHnz6KoYw_A&ab_channel=RockBandito.

4 Madeline Puckett, "Brunello di Montalcino: Well Worth The Wait," *Wine Folly*, August 12, 2016 (updated March 27, 2020), https://winefolly.com/deep-dive/brunello-di-montalcino-its-worth-the-wait/.

포연 » CANNON FIRE

1 Benjamin Sobieck, "What's that Smell? Cordite vs. Gunpowder vs. Propellant," *The Writer's Guide to Weapons: A Practical Reference for Using Firearms and Knives in Fiction* (Cincinnati, OH: F+W Media, 2014), https://crimefictionbook.com/2015/04/30/whats-the-smell-cordite-vs-gunpowder-vs-propellant/.

2 Smith, *The Smell of Battle*, 48-49, 73-75, 78-79. The modern-day Institute for Creative Tech(ICT) uses virtual reality smells of war to train soldiers and inoculate them against smells'emotionally triggering effects—see Herz, *The Scent of Desire*, 232.

3 Vroon, *Smell*, 6-7, 10. Miasma theory dates as far back as Seneca according to Annick Le Guéer, *Scent: The Essential and Mysterious Powers of Smell*, Translated by Richard Miller (New York: Kodansha

America, 1994), 41.

4   Vroon, *Smell*, 9. See also Le Guéer, *Scent*, 66, 74-75.

5   Le Guéer, *Scent*, 66-74. See also Melanie A. Kiechle, *Smell Detectives: An Olfactory History of Nineteenth-Century Urban America* (Seattle: University of Washington Press, 2017), 54, and Classen, *Worlds of Sense*, 21.

6   Alain Corbin, *The Foul and the Fragrant: Odor and the French Social Imagination* (Cambridge: Harvard University Press, 1986), 64.

7   Le Guéer, *Scent*, 80-83.

8   Le Guéer, *Scent*, 78.

9   Rodolphe el-Khoury, "Polish and Deodorize: Paving the City in Late Eighteenth-Century France," in *The Smell Culture Reader*, ed. Jim Drobnick (New York: Berg, 2006), 18-27.

녹고 있는 영구동토층 » MELTING PERMAFROST

1   "What does thawed permafrost smell like?" PolarTREC, June 14, 2019, https://www.youtube.com/watch?v=a3jv6OaxM24&ab_channel=PolarTREC.

2   Brian Resnick, "Scientists feared unstoppable emissions from melting permafrost. They may have already started," *Vox*, December 12, 2019, https://www.vox.com/energy-and-environment/2019/12/12/21011445/permafrost-melting-arctic-report-card-noaa.

3   University of Copenhagen, "A new permafrost gas mysterium," Phys.org, August 27, 2018, https://phys.org/news/2018-08-permafrost-gas-mysterium.html.

차 » TEA

1   Helen Saberi, *Tea: A Global History* (London: Reaktion Books, 2010), 8.

(헬렌 세이버리, 『차의 지구사』, 휴머니스트, 2015.) 세이버리는 이메일에서 "폴란드에서는 차를 전혀 다른 이름인 'herbata'로 불렀다"고 밝혔다. herbata는 'tea herb'를 뜻하는 라틴어 'herba thea'에서 온 말이다.

2   Saberi, *Tea*, 10.

3   Saberi, *Tea*, 13, 15, 18.

4   Saberi, *Tea*, 27.

5   Saberi, *Tea*, 29.

6   Saberi, *Tea*, 42, 46.

7   Saberi, *Tea*, 58-60.

8   Saberi, *Tea*, 66-67, 71.

9   Saberi, *Tea*, 76-77.

10 Saberi, *Tea*, 81.

11 Saberi, *Tea*, 87, 93.

12 Saberi, *Tea*, 102-103.

13 Saberi, *Tea*, 123.

Exercise • 5

1   Erika Check, "People track scents in same way as dogs," *Nature*, December 17, 2006, doi:10.1038/news061211-18, https://www. nature.com/news/2006/061211/full/061211-18.html/.

수지 향

금방 깎은 연필 » FRESHLY SHARPENED PENCILS

1   Walter Benjamin, Berliner Chronik (Berlin: Karl-Maria Guth, 2016), 61. Translation is mine. (발터 벤야민, 『1900년경 베를린의 유년시절 / 베를린 연대기』, 길, 2007.)

2   Henry Petroski, *The Pencil: A History of Design and Circumstance*

(London and Boston: Faber and Faber, 2003), 201-206. (헨리 페트로스키,
『연필』, 서해문집, 2020.)

3   Petroski, *The Pencil*, 34, 47, 61. Caroline Weaver, *The Pencil Perfect: The Untold Story of a Cultural Icon* (Berlin: Gestalten, 2017), 7-10, 13.

4   Weaver, *The Pencil Perfect*, 22.

5   Petroski, *The Pencil*, 117.

6   Heather Schwedel, "Why Do Erasers Suck at Erasing?" *The Atlantic*, October 2, 2014, https://www.theatlantic.com/technology/archive/2014/10/why-do-erasers-suck-at-erasing/381025/.

침향 » OUD

1   "Ranjatai—The Most Famous piece of Aloeswood," KyaraZen.com, February 8, 2013, https://www.kyarazen.com/ranjatai-the-most-famous-piece-of-aloeswood/, and Kiyoko Morita, *The Book of Incense: Enjoying the Traditional Art of Japanese Scents* (Tokyo and New York: Kodansha International, 1992), 34.

2   Ali Mohamed Al-Woozain, "Scent From Heaven: On the Trail of Oud," Al Jazeera, March 19, 2016, documentary film: https://interactive.aljazeera.com/aje/2016/oud-agarwood-scent-from-heaven/scent-from-heaven-watch.html.

3   Armina Ligaya, "For a Coveted Resin, the Scent of Rarity Takes Hold," *The New York Times*, April 28, 2011, https://www.nytimes.com/2011/04/28/world/middleeast/28iht-M28C-PERFUME.html.

4   Kiyoko Morita, *The Book of Incense: Enjoying the Traditional Art of Japanese Scents* (Tokyo and New York: Kodansha International, 1992), 40. See also Aileen Gatten, "A Wisp of Smoke: Scent and Character *in The Tale of Genji,*" in *The Smell Culture Reader*, ed. Jim Drobnick (New York: Berg, 2006), 331.

5   Morita, *The Book of Incense*, 42-43.

6   Françise Aubaile-Sallenave, "Bodies, Odors & Perfumes in Arab-Muslim Societies," in *The Smell Culture Reader*, ed. Jim Drobnick (New York: Berg, 2006), 391.

장뇌 » CAMPHOR

1   Reinarz, Past Scents, 62-63. "Camphor," Encyclopedia Britannica, https://www.britannica.com/science/camphor. R. A. Donkin, *Dragon's Brain Perfume: An Historical Geography of Camphor* (Leiden and Boston: Brill, 1999). 돈킨은 178쪽에서 장뇌 채취자들이 녹나무에서 장뇌를 얻어내기 위해 마치 전쟁터에 나가는 것처럼 장비와 도구를 갖추는 모습을 묘사했다.

2   Sarah Wisseman, "Preserved for the afterlife," *Nature* 413 (October 23, 2001): 783-84. https://doi.org/10.1038/35101673, and Donkin, *Dragon's Brain Perfume*, 85.

3   Donkin, *Dragon's Brain Perfume*, 99.

4   Robert Kennedy Duncan, *Some Chemical Problems of Today* (New York and London: Harper & Brothers Publishers, 1911), 128.

5   Francis Galton, "Arithmetic by Smell," Psychological Review 1 (1894), http://www.galton.org/essays/1890-1899/galton-1894-smell.pdf.

6   Donkin, *Dragon's Brain Perfume*, 102-103.

유향 » FRANKINCENSE

1   Clint Pumphrey, "What are Frankincense and Myrrh?" *How Stuff Works*, updated October 16, 2018, https://science.howstuffworks.com/life/botany/question283.htm.

2   Aftel, *Fragrant*, 138.

3   Aftel, *Fragrant*, 133. Classen, *Worlds of Sense*, 52.

4   "Frankincense—much more than a fragrant smell," University of Birmingham School of Chemistry, December 21, 2017, https://www.

birmingham.ac.uk/schools/chemistry/news/2017/frankincense-much-more-than-fragrant-smell.aspx. Carmen Drahl, "What are frankincense and myrrh and why is their smell so mystical?" *Chemical & Engineering News* 86, no. 51 (December 22, 2008), https://cen.acs.org/articles/86/i51/Frankincense-Myrrh.html.

5 "St. Blaise," *Encyclopedia Britannica*, https://www.britannica.com/biography/Saint-Blaise.

6 Alfred Eldersheim, "Why Gold, Frankincense and Myrrh?" Christianity.com, May 26, 2010, https://www.christianity.com/jesus/birth-of-jesus/star-and-magi/why-gold-frankincense-and-myrrh.html.

몰약 » MYRRH

1 Marsha McCulloch, MS, RD, "11 Surprising Benefits and Uses for Myrrh Oil," *Healthline,* January 4, 2019, https://www.healthline.com/nutrition/myrrh-oil#TOC_TITLE_HDR_5.

2 Kathleen Martin, *The Book of Symbols*, ed. Ami Ronnberg (Germany: Taschen, 2010), 726.

3 Song of Songs 5:4-5, New International Version of the Bible, https://biblehub.com/songs/5-5.htm.

4 Nigel Groom, *Frankincense and Myrrh: A Study of the Arabian Spice Trade* (Harlow, Essex, UK, and Beirut: Longman Group and Librairie du Liban, 1981), 122.

5 Groom, *Frankincense and Myrrh*, 20.

6 Reinarz, *Past Scents*, 55-56.

Exercise • 6

1 Ethan Walker, "UC Berkeley research shows that smell plays part in human navigation," *The Daily Californian,* June 26, 2015, https://www.

dailycal.org/2015/06/26/uc-berkeley-research -shows-that-smell-plays-part-in-human-navigation/.

2 이 연습은 후각 예술가 마키 우에다*Maki Ueda*가 〈후각의 미로*Olfactory Labyrinths*〉에서 처음 진행했다. 이 시리즈의 Work #2에서는 참가자들이 향기 나는 나무로 만들어진 미로 안을 걸어간다. 처음부터 끝까지 연결되어 있는 하나의 냄새를 잘 쫓아가면 미로 밖으로 나올 수 있다.

쿰쿰한 냄새

살 » SKIN

1 F. Bryant Furlow, "The Smell of Love," *Psychology Today*, March 1, 1996 (updated June 9, 2016), https://www.psychologytoday.com/us/articles/199603/the-smell-love.

2 Herz, *The Scent of Desire*, 164.

3 Herz, *The Scent of Desire*, 126, 128.

4 Herz, *The Scent of Desire*, 119.

5 Herz, *The Scent of Desire*, 129, 139.

6 Herz, *The Scent of Desire*, 132.

7 Stoddart, *Adam's Nose*, 52-53.

8 "Alan Young on how 'Mister Ed'really talked," EmmyTVLegends.org, video, https://www.youtube.com/watch?v=STTdvkwppBY&ab_channel=FoundationINTERVIEWS. 배우 알란 영과의 인터뷰에 따르면, 사실 '말하는 말'이 등장하는 시트콤 〈미스터 에드*Mr.Ed*〉의 타이틀 롤인 미스터 에드가 말하는듯 보이는 장면은 말의 이빨 사이에 나일론 실을 끼워넣었다가 필요한 장면에서 그 실을 잡아당기면 알이 그 실을 빼내려고 입을 실룩거리는 모양이 마치 말을 하는 것처럼 보이는 것이었다고 한다.

9 Stoddart, *Adam's Nose*, 19-20 and 84-90. 스토다트는 이 책의

110~114쪽에서 인간의 VNO가 지금도 기능한다는 이론을 반박했다. 또한 ADAM이라는 별명으로 불린 초기 호미니드에게서 결정적인 돌연변이가 일어나 호미니드의 뇌와 VNO의 연결이 끊어졌다고 설명하고 있다. 스토다트는 이 돌연변이를 "인간의 후각 진화에서 결정적인 순간이었다"고 주장하며, 그래서 이 책의 제목도 '아담의 코'로 지었다고 한다. 개인적인 서신에서 그는 리처드 도터의 책 『위대한 페로몬 신화*The Great Pheromone Myth*』(Baltimore: Johns Hopkins University Press, 2010)를 추천해주었다. 그는 이 책이 "인간 페로몬의 존재를 긍정하는 증거, 부정하는 증거를 법의학적으로 디테일하게 제시하고 있으며 결론적으로 인간은 페로몬으로 소통하지 않는다고 주장하고 있다"고 말했다.

10 Herz, *The Scent of Desire*, 214.

11 Rachael Rettner, "Body's Response to Disease Has a Smell, Study Suggest," *LiveScience*, January 24, 2014, https://www.livescience.com/42836-smell-sickness-immune-system.html.

12 Herz, *The Scent of Desire*, 135, 212, 219. See also Ackerman, A Natural History of the Senses, 54. Susan Scutti, "Experimental technology can 'smell' disease on your breath," CNN Health, November 7, 2017, https://edition.cnn.com/2017/11/07/health/na-nose-disease-smell-technology/index.html. Bukola Adebayo, "Dogs can sniff out malaria parasites on your clothes," CNN Health, October 29, 2018, https://www.cnn.com/2018/10/29/health/malaria-sniffing-dogs-study-africa/index.html. Megan Molteni, "The Science of the Sniff: Why Dogs Are Great Disease Detectors," Wired, October 30, 2018, https://www.wired.com/story/the-science-of-the-sniff-why-dogs-are-great-disease-detectors/.

13 Carina Wolff, "7 Unexpected Things Your Body Odor Is Trying to Tell You, According to Chinese Medicine," Bustle, April 4, 2018, https://www.bustle.com/p/7-unexpected-things-your-body-odor-

is-trying-to-tell-you-according-to-chinese-medicine-8649494.

14   Le Guéer, *Scent*, 23.

15   Mark R. Smith, "Transcending, othering, detecting: Smell, premodernity, modernity." *Postmedieval: A Journal of Medieval Cultural Studies* 3 (2012), 380-90. 나는 이 장에 쓰여진 대부분의 정보를 이 문헌에서 찾았다.

16   Kate Fox and Social Issues Research Centre (SIRC), "*The Smell Report: An Overview of Facts and Findings*," http://www.sirc.org/publik/smell_culture.html.

17   Hamidaddin, "Nose kiss, anyone?"

18   Shaunacy Ferro, "How Does Deodorant Work?" *Mental Floss*, September 24, 2015, https://www.mentalfloss.com/article/68960/how-does-deodorant-work.

19   Luke Dormiehl, "A new discovery could make next-gen deodorants way more effective," *Digital Trends*, July 23, 2018. https://www.digitaltrends.com/cool-tech/next-gen-deodorant-more-effective/.

20   Herz, *The Scent of Desire*, 18. See also Marta Zaraska, "The Sense of Smell in Humans is More Powerful Than We Think," *Discover Magazine*, October 11, 2017, and Tori Rodriguez, "Partners Can Smell Each Other's Emotions," *Scientific American*, January 1, 2012, https://www.scientificamerican.com/article/you-smell-angry/.

새 차 » NEW CAR

1   https://www.freep.com/story/money/cars/ford/2018/11/19/ford-new-car-smell-patent/2027822002/.

2   "They hate 'new car smell'in China," Quartz, January 27, 2018, video: https://www.youtube.com/watch?v=XgsZcnahVK8&feature=youtu.be&ab_channel=Quartz.

3   https://www.freep.com/story/money/cars/ford/2018/11/19/ford-new-

car-smell-patent/2027822002/.

대마초 » CANNABIS

1　Benjamin Mueller, Robert Gebeloff, and Sahil Chinoy, "Surest Way to Face Marijuana Charges in New York: Be Black or Hispanic," *The New York Times*, May 13, 2018, https://www.nytimes.com/2018/05/13/nyregion/marijuana-arrests-nyc-race.html.

2　Jiachuan Wu and Daniella Silva, "MAP: See the states where marijuana is legal," *NBC News*, updated November 4, 2020, https://www.nbcnews.com/news/us-news/map-see-if-marijuana-legal-your-state-n938426. 이 책을 쓰고 있는 현재 미국내 15개 주와 워싱턴 D.C 그리고 자치령 두 곳에서 오락용으로, 34개 주와 자치령 두 곳에서 의료용으로 대마초가 합법화되어 있다.

3　Michael Rubinkam, "In era of legal pot, can police still search cars based on odor?" PBS News Hour (via Associated Press), September 13, 2019, https://www.pbs.org/newshour/nation/in-era-of-legal-pot-can-police-still-search-cars-based-on-odor.

4　"A Tale of Two Countries: Racially Targeted Arrests in the Era of Marijuana Reform," ACLU, April 17, 2020, https://www.aclu.org/news/criminal-law-reform/a-tale-of-two-countries-racially-targeted-arrests-in-the-era-of-marijuana-reform/.

5　Patrick Matthews, *Cannabis Culture: A Journey Through Disputed Territory* (United Kingdom: Bloomsbury, 2000), 2.

6　Dipak Hemraj, "Cannabis Sativa, Indica and Ruderalis," *Leafwell*, November 27, 2017, https://leafwell.co/blog/cannabis-sativa-indica-and-ruderalis/. 대마의 세 번째 종류는 러더랄리스*ruderalis*(라틴어로 밧줄을 뜻하는 단어에서 기원한 이름)인데, THC와 CBD의 농도가 낮기 때문에 의료용으로는 거의 쓰이지 않는다. 그러나 다른 품종과의 교배용으로 유용하게 쓰인다.

7   Martin Booth, *Cannabis: A History* (New York: Picador, 2003), 7, 11. See also Avery N. Gilbert and Joseph A. DiVerdi, "Consumer perceptions of strain differences in Cannabis aroma," PLoS ONE 13, no. 2 (2018): e0192247, https://doi.org/10.1371/journal.pone.0192247.

8   Martin A. Lee, "What are Terpenes?," Project CBD, March 1, 2014, https://www.projectcbd.org/science/terpenes/terpenes-smell-mystery.

9   Aisha Hassan, "*Quartz* Obsession: Lavender," Quartz, November 7, 2018, https://qz.com/emails/quartz-obsession/1453721/. JoAnna Klein, "Lavender's Soothing Scent Could Be More Than Just Folk Medicine," The New York Times, October 23, 2018, https://www.nytimes.com/2018/10/23/science/lavender-scent-anxiety.html?smid=tw-nytimes&smtyp=cu.

10   Seth Matlins and Eve Epstein, with illustrations by Ann Pickard, *The Scratch & Sniff Book of Weed* (New York: Abrams Image, 2017), 5-6, and Bailey Rahn, "What are cannabis terpenes and what do they do?" Leafly, February 12, 2014, updated October 1, 2019, https://www.leafly.com/news/cannabis-101/terpenes-the-flavors-of-cannabis-aromatherapy.

11   This entire mini-history comes courtesy of Booth, Cannabis, 2, 22-26, 48, 108, 114-19, 137-39, 154-57, 196-202, 207-209, 229-30.

12   Lisa Rough, "What is Bhang? A History Lesson and a Recipe," Leafly, March 21, 2017, https://www.leafly.com/news/lifestyle/what-is-bhang-history-and-recipes.

돈 » CASH

1   Kelly Crow, "What Gives Money Its Distinctive Smell? One Chemist Tried to Find Out," T*he Wall Street Journal*, updated January 18, 2017,

https://www.wsj.com/articles/a-chemist-has-captured-the-worlds-most-elusive-fragrancethe-smell-of-dollar-bills-1484754108. 오스트레일리아, 영국, 캐나다 등 일부 국가에서는 지폐를 '플라스틱' 화폐로 바꾸었다. 이런 지폐는 물에 적신 천으로 깨끗하게 닦아낼 수 있다. 그러므로 아마 이런 지폐에서는 냄새가 안 날 수도 있다. See Neil Savage, "Here Comes the Plastic Money," MIT Technology Review, March 23, 2012, https://www.technologyreview.com/s/427308/here-comes-the-plastic-money/. CCL, maker of Guardian polymers for world currencies, explains their benefits in this product video: https://www.cclsecure.com/why-guardian/.

2   Matt Soniak, "Why Do Coins Make Your Hands Smell Funny?" *Mental Floss*, July 19, 2010, https://www.mentalfloss.com/article/25226/why-do-coins-make-your-hands-smell-funny.

휘발유 » GASOLINE

1   "Benzene and Cancer Risk," American Cancer Society, Cancer.org, updated January 5, 2016, https://www.cancer.org/cancer/cancer-causes/benzene.html.

2   https://www.drugabuse.gov/publications/drugfacts/inhalants, and "Toxic Substances Portal—Gasoline, Automotive," Agency for Toxic Substances & Disease Registry, updated October 21, 2014.

3   Jason Fernando, "Sweet Crude," Investopedia.com, updated October 5, 2020, https://www.investopedia.com/terms/s/sweetcrude.asp.

4   Michael Frank, "Summer-Blend vs Winter-Blend Gasoline: What's the Difference?" *Popular Mechanics*, October 15, 2012, https://www.popularmechanics.com/cars/a3180/summer-blend-vs-winter-blend-gasoline-whats-the-difference-13747431/.

1   Groom, *The Perfume Handbook*, 151-52. Constance Classen, David Howes, and Anthony Synnott, eds., *Aroma: The Cultural History of Smell* (London and New York: Routledge, 1994), 71-72. (콘스탄트 클라센·데이비드 하위즈·앤소니 시노트, 『아로마-냄새의 문화사』, 현실문화, 2002.), Muchembled, *Smells*, 118.

2   Groom, *The Perfume Handbook*, 45, 54. See also Mallory Locklear, *Discover Magazine*, "5 Icky Animal Odors That Are Prized By Perfumers," October 12, 2014, https://www.discovermagazine.com/mind/5-icky-animal-odors-that-are-prized-by-perfumers.

3   Muchembled, *Smells*, 4.

4   Anya H. King, *Scent from the Garden of Paradise: Musk and the Medieval Islamic World* (Leiden and Boston: Brill, 2017), 333.

5   Le Guéer, *Scent*, 9.

6   Veronique Greenwood, "The Bacterial Surprise in This Bird's Smell," *The New York Times*, November 10, 2019, https://www.nytimes.com/2019/11/10/science/birds-smell-bacteria.html.

7   Natasha Frost, "The Regional Scent Dialects That Help Otters Tell Friends From Strangers," *Atlas Obscura*, December 13, 2017, https://www.atlasobscura.com/articles/otters-odor-dialects-dialects.

8   David Barrie, "Birds might follow their noses home," *Popular Science*, May 28, 2019, https://www.popsci.com/bird-navigation-smell/. This is an excerpt from David Barrie, *Super Navigators: Exploring the Wonders of How Animals Find Their Way* (New York: The Experiment, 2019), a book-length exploration of how animals navigate great distances.

9   Veronique Greenwood, "Elephants May Sniff Out Quantities With Their Noses," *The New York Times*, June 9, 2019, https://www.nytimes.com/2019/06/04/science/elephants-smell-quantity.html.

얼얼하게 톡 쏘는 향

오렌지 » ORANGES

1 John McPhee, *Oranges* (New York: Farrar, Straus and Giroux, 1983), 10.

2 McPhee, Oranges, 113.

3 Groom, *The Perfume Handbook*, 159. Helena Attlee, *The Land Where Lemons Grow: The Story of Italy and Its Citrus Fruit* (Woodstock, VT: The Countryman Press, 2015), 127-29.

4 Attlee, *The Land Where Lemons Grow*, 128. Groom, The Perfume Handbook, 192.

5 Groom, *The Perfume Handbook*, 28.

6 Newman, *Perfume*, 10.

7 Attlee, *The Land Where Lemons Grow*, 159-61. See also Sarah Bouasse, "Bergamot, the prized Calabrian scent," *Nez* 5 (Spring/Summer 2018), 54-59, and Reinarz, Past Scents, 76.

8 John Irving, "It's the real thing: Italy's relationship with chinotto has been a bittersweet affair . . . ," *Gourmet Traveler*, February 16, 2014, https://www.gourmettraveller.com.au/news/drinks-news/chinotto-6552.

9 Attlee, *The Land Where Lemons Grow*, 111-12.

10 Attlee, *The Land Where Lemons Grow*, 114 .

11 David Karp, "The Secrets Behind Many Chefs'Not-So-Secret Ingredient," *The New York Times*, December 3, 2003, https://www.nytimes.com/2003/12/03/dining/the-secrets-behind-many-chefs-not-so-secret-ingredient.html, and http://slowsoak.com/japanese-yuzu-bath-complete-guide/.

라벤더 » LAVENDER

1 Roberta Wilson, *The Essential Guide to Essential Oils*: The Secret to

Vibrant Health and Beauty (New York: Avery, 2002), 87-88. 빅토리아 시대의 잉글랜드에서 라벤더는 불신을 상징하기도 했다. Gretchen Scoble and Ann Field, *The Meaning of Flowers: Myth, Language and Lore* (San Francisco: Chronicle Books, 1998), 56.

2   "Lavender," *Oxford English Dictionary* (OED), accessed December 30, 2020, https://www-oed-com.proxy.uchicago.edu/view/Entry/106369.

3   Reinarz, *Past Scents*, 81-82. 넷플릭스 다큐멘터리 시리즈 〈언웰*(Un) Well*〉 시리즈1, 에피소드1 '에센셜 오일'에서는 아로마테라피의 의학적 효과뿐만 아니라 그 효과의 한계에 대해서도 자세히 다루었다.

4   Steven Kurutz, "Why Does Everything Smell, So Peacefully, of Lavender?" *The New York Times*, September 14, 2019, https://www.nytimes.com/2019/09/14/style/lavender.html.

5   Koulivand, Peir Hossein, et al., "Lavender and the nervous system," *Evidence-based complementary and alternative medicine* (2013): 681304, doi:10.1155/2013/681304, https://www.ncbi.nlm.nih .gov/pmc/articles/PMC3612440/.

스컹크 » SKUNK

1   이 장의 사실들은 대부분 다음의 두 문헌을 참고했다.
Mollie Bloudoff-Indelicato, "Why Skunks Evolved Their Smelly Spray," *National Geographic*, March 11, 2014, https://blog.nationalgeographic.org/2014/03/11/why-skunks-evolved-their-smelly-spray/, and Alicia Ault, "Ask Smithsonian: What Makes Skunk Spray Smell So Terrible?" *Smithsonian Magazine*, June 11, 2015, https://www.smithsonianmag.com/smithsonian-institution/ask-smithsonian-what-makes-skunk-spray-smell-so-terrible-180955553/.

2   You can watch this skunk dance here: "Spotted skunk handstand," *Weird Science, BBC Wildlife*, video: https://www.

youtube.com/watch?v=WTQc-WEb5h8#aid=P-KPn-m0_AA&ab_
channel=BBCStudios.

3   "The Mating Habits of Skunks," Wildlife Animal Control, http://
wildlifeanimalcontrol.com/skunkmate.html.

맥주 » BEER

1   이 장의 중요한 정보 대부분은 맥주 양조업자 마이키 매닝*Mikey
Manning*과의 인터뷰에서 따왔다.

See also John Palmer, *How to Brew: Ingredients, Methods, Recipes and
Equipment for Brewing Beer at Home* (Boulder, CO: Brewers Publications,
2006), (존 J. 파머, 『HOW TO BREW 하우 투 브루』, 라의눈, 2019.) http://
howtobrew.com/book/section-1/a-crash-course-in-brewing/brew-
day.

2   Palmer, *How to Brew*, http://howtobrew.com/book/section-1/yeast/
what-is-it.

3   From email interviews with Mikey Manning. See also Palmer, *How
to Brew*, http://howtobrew.com/book/section-1/a-crash-course-in-
brewing/fermentation. This chapter also benefited by watching
Brooklyn Brewery brewmaster Garrett Oliver in "Beer Expert
Guesses Which Beer is More Expensive," *Price Points* season 1,
episode 13, Epicurious.com, December 13, 2018, https://www.
epicurious.com/video/watch/cheap-vs-expensive-beer-expert-
guesses-which-beer-is-more-expensive.

먹지 » DITTO SHEETS

1   "Ditto," Dictionary.com, https://www.dictionary.com/browse/
ditto?s=t.

2   Walter Benjamin, *The Work of Art in the Age of Its Technological
Reproducibility, and Other Writings on Media*, ed. Michael W. Jennings,

Brigid Doherty, and Thomas Y. Levin (Cambridge, MA: Belknap Press, 2008), 23.

3   Benjamin, *The Work of Art in the Age of Its Technological Reproducibility*, 23.

4   "Antique Copying Machines," OfficeMuseum.com, https://www.officemuseum.com/copy_machines.htm. "Dead Medium: Spirit Duplicators," DeadMedia.org, http://www.deadmedia.org/notes/40/408.html.

5   Eric Zorn, "That ditto high is harder and harder to duplicate," *Chicago Tribune*, January 16, 2007, https://blogs.chicagotribune.com/news_columnists_ezorn/2007/01/ditto_machines_.html.

Exercise • 8

1   Horowitz, *Being a Dog*, 118.
2   Horowitz, *Being a Dog*, 36.

짭짤하고 고소한 냄새

바다 » OCEAN

1   Benjamin Wolfe, "Why Does The Sea Smell Like The Sea?" *Popular Science*, August 19, 2014, https://www.popsci.com/seasmells/.

2   Aftel, *Fragrant*, 188-90. See also https://www.aftelier.com/Onycha-Tincture-p/bot-eo-onycha.htm.

3   Olivier R.P. David, "Calone," *Nez* 5 (Spring/Summer 2018): 18-19.

용연향 » AMBERGRIS

1   Melville, Herman, *Moby-Dick; or, The Whale* (London: Constable & Co., 1922; Bartleby.com, 2013), (허먼 멜빌, 『모비 딕』, 열린책들, 2013.), https://

www.bartleby.com/91/92.html. Accessed December 31, 2020.

2   성분을 정확히 따지자면, 용연향은 똥은 아니다. 용연향은 고래의 소화관에서 만들어진, 지방과 콜레스테롤이 풍부한 물질이다. 용연향을 '고래의 토사물'이라고 잘못 말하는 사람들도 있다. *Floating Gold: A Natural (& Unnatural) History of Ambergris* (Chicago and London: The University of Chicago Press, 2012)의 저자 크리스토퍼 켐프*Christopher Kemp*는 이메일을 통해 이렇게 말했다. "용연향이 토사물이 아닌 것은 확실합니다. 배설물도 아니지만, 배설물과 같은 경로를 거친 물질인 것은 맞습니다. 병리학적으로는 배설물과 비슷합니다. 고래의 몸에서 갓 나온 검은색의 용연향은 진짜 배설물 냄새가 나기도 하기 때문에, 아무런 가치도 없는 배설물과 비슷한 점도 많습니다."

3   Kemp, *Floating Gold*, 11-15. See also this New York Times article about how scientists are extracting sperm-whale DNA from ambergris to study it: Joshua Sokol, "New Origin Story for Gross Blobs That Wash Up on Beaches," *The New York Times*, February 4, 2020, https://www.nytimes.com/2020/02/04/science/ambergris-sperm-whales-dna.html?referringSource=articleShare.

4   Holly Dugan, *The Ephemeral History of Perfume: Scent and Sense in Early Modern England* (Baltimore: Johns Hopkins University Press, 2011), 130.

5   Kemp, *Floating Gold*, 24-25.

6   Potter, *The Rose*, 244.

7   Kemp, *Floating Gold*, 76.

8   Kemp, *Floating Gold*, 61-66.

9   Kemp, *Floating Gold*, 79.

플레이도우 » PLAY-DOH

1   David Kindy, "The Accidental Invention of Play-Doh," Smithsonian Magazine, November 12, 2019, https://www.smithsonianmag.com/

innovation/accidental-invention-play-doh-180973527/.

2   Patent #US3167440A, "Plastic modeling composition of a soft, pliable working consistency," https://patents.google.com/patent/US3167440A/en. Thanks to Peter DiCola, Professor of Law at Northwestern University, for providing this link and fact-checking my grasp of IP law.

3   Shelley Morgan, "Why Can't I Patent a Fragrance?," LegalBeagle. com, https://legalbeagle.com/6162020-cant-patent-fragrance-. html. See also Rachel Siegel, "Remember how Play-Doh smells? U.S. trademark officials get it," *The Washington Post*, May 24, 2018, https://www.washingtonpost.com/news/business/wp/2018/05/24/remember-how-play-doh-smells-u-s-trademark-officials-get-it/, https://www.ipwatchdog.com/2017/12/21/scent-trademarks-complexities/id=91071/. Burr, The Perfect Scent, explores this illogic to fascinating effect—see pages 126-38. As the scent critic for T: *The New York Times Style Magazine*, he's certainly enough of an industry insider to know whereof he writes.

4   Nick Greene, "The 10 Current Scent Trademarks Currently Recognized by the U.S. Patent Office," *Mental Floss*, October 13, 2015, https://www.mentalfloss.com/article/69760/10-scent-trademarks-currently-recognized-us-patent-office.

5   Jaburg Wilk Attorneys at Law, "Hasbro Just Successfully Trademarked the Smell of Play-Doh," *JDSupra.com*, May 25, 2018, https://www.jdsupra.com/legalnews/hasbro-just-successfully-trademarked-62406/.

젖은 울 » WET WOOL

1   Aussie Sheep and Wool Products, http://www.aussiesheepandwool.com.au/webcontent5.htm.

2   Dominic Greene, "Wool, wheat and wet weather," review of *The Last Wolf: The Hidden Springs of Englishness*, by Robert Winder, *The Spectator* (UK), August 12, 2017, https://www.spectator.co.uk/article/wool-wheat-and-wet-weather.

피넛버터 » PEANUT BUTTER

1   Corey Whelan, "Why Am I Always Craving Peanut Butter?" *Healthline*, updated May 23, 2018, https://www.healthline.com/health/craving-peanut-butter.

2   "How a Peanut Butter Test May Detect Alzheimer's," Cleveland Clinic, December 15, 2020, https://health.clevelandclinic.org/peanut-butter-test-may-detect-alzheimers/. 이 연구의 후속연구에서 다른 환자군에서도 같은 효과가 반복되는지를 확인할 필요가 있다는 점에 주목하자.

3   Sharon Begley, "Fever checks are a flawed way to flag Covid-19 cases. Experts say smell tests might help," STAT, July 2, 2020, https://www.statnews.com/2020/07/02/smell-tests-temperature-checks-covid19/.

4   Glacier Media, "Sniff test: How peanut butter could help identify COVID-19 carriers," *St. Albert Today*, April 25, 2020, https://www.stalberttoday.ca/beyond-local/sniff-test-how-peanut-butter-could-help-identify-covid-19-carriers-2282914.

5   Lynne Peeples, "Smell Tests for COVID-19 Are Coming to a College Near You," *Daily Beast*, August 16, 2020, https://www.thedailybeast.com/smell-tests-for-covid-19-are-coming-to-a-college-near-you.

6   Victoria Groce, "Can Smelling Peanuts Cause an Allergic Reaction?" Verywell Health, November 17, 2019, https://www.verywellhealth.com/peanut-allergy-smell-1324378, and Luis Villazon, "Can you be allergic to a smell?" *BBC ScienceFocus*, https://www.sciencefocus.com/

the-human-body/can-you-be-allergic-to-a-smell/.

7   Paul Rincon, "Oldest material on Earth discovered," *BBC News*, January 13, 2020, https://www.bbc.com/news/science-environment-51099609.

Exercise • 9

1   Horowitz, *Being a Dog*, 38.

상큼하게 설레는 향

눈 » SNOW

1   Anne Helmenstine, "Can You Smell Snow?" Science Notes, November 13, 2019, (updated January 19, 2020), https://sciencenotes.org/can-you-smell-snow/.

2   "Acoustical Properties of Snow," ActforLibraries.org, http://www.actforlibraries.org/acoustic-properties-of-snow/, and W. Maysenhöder et al., "Microstructure and Sound Absorption of Snow," *Cold Regions Science and Technology* 83-84 (December 2012), 3-12, EBSCOhost, doi:10.1016/j.coldregions.2012.05.001.

3   Jennifer Frazer, "Wonderful Things: Don't Eat the Pink Snow," *Scientific American*, July 9, 2013, https://blogs.scientificamerican.com/artful-amoeba/wonderful-things-dont-eat-the-pink-snow/, and Joyce Gellhorn, *Song of the Alpine: The Rocky Mountain Tundra Through the Seasons* (Boulder, CO: Big Earth Publishing, 2002), 48, https://books.google.com/books?id=0PpLg9mBJ8AC&lpg=PA48&ots=c4fvxg8q7s&dq=watermelon%20snow%20laxative&pg=PA48#v=onepage&q=watermelon%20snow%20laxative&f=false.

생강 » GINGER

1   Turner, *Spice*, 193.

2   Turner, *Spice*, 195.

3   Turner, *Spice*, 185.

4   Turner, *Spice*, 192.

5   Turner, *Spice*, 192, 199.

6   Turner, *Spice*, 192.

7   Turner, *Spice*, 189.

로즈마리 » ROSEMARY

1   Gary Allen, *Herbs: A Global History* (London: Reaktion Books, 2012), 20.

2   Marina Heilmeyer, *Ancient Herbs* (Los Angeles: Getty Publications, 2007), 86.

3   Malcolm Moore, "Eau de BC: the oldest perfume in the world," *The Telegraph* (UK), March 21, 2007, https://www.telegraph.co.uk/news/worldnews/1546277/Eau-de-BC-the-oldest-perfume-in-the-world.html.

4   Groom, *The Perfume Handbook*, 107. See also Newman, *Perfume*, 38.

5   Lucienne A. Roubin, "Fragrant Signals and Festive Spaces in Eurasia," in *The Smell Culture Reader*, ed. Jim Drobnick (New York: Berg, 2006), 130-31.

6   Dugan, *The Ephemeral History of Perfume*, 101.

7   Gretched Scoble and Ann Field, *The Meaning of Flowers: Myth, Language and Lore* (San Francisco: Chronicle Books, 1998), 21.

8   Mandy Kirkby, *A Victorian Flower Dictionary* (New York: Ballantine Books), 133-34.

소나무 » PINE

1   Mary M. Dusenbury and the Spencer Museum of Art, *Flowers, Dragons & Pine Trees: Asian Textiles in the Spencer Museum of Art* (New York and Manchester: Hudson Hills, 2004), 248.

2   Wolfram Eberhard, *A Dictionary of Chinese Symbols: Hidden Symbols in Chinese Life and Thought*, trans. G. L. Campbell (New York and London: Routledge & Kegan Paul Ltd, 2015), 292.

3   Deanna Conners, "Why pine trees smell so good," EarthSky, December 22, 2016, https://earthsky.org/earth/why-conifer-christmas-trees-pine-spruce-fir-smell-terpenes.

4   Alexandra Sifferlin, "Why Spring Is the Perfect Time to Take Your Workout Outdoors," *Time*, March 30, 2017, https://time.com/4718318/spring-exercise-workout-outside/.

5   Don J. Durzan, "Arginine, scurvy and Cartier's "tree of life,"" *Journal of ethnobiology and ethnomedicine* 5, no. 5 (February 2, 2009), doi:10.1186/1746-4269-5-5, https://www.ncbi.nlm.nih.gov/pmc/articles/PMC2647905/.

신비로운 냄새

갓난아기 » NEW BABY

1   Douglas Quenqua, "Ah, There's Nothing Like New Baby Smell," *The New York Times*, October 2, 2013, https://well.blogs.nytimes.com/2013/10/02/ah-theres-nothing-like-new-baby-smell/?mtrref=undefined&gwh=185E0424B4A3663C8553E219D9506E8A&gwt=pay&assetType=REGIWALL.

2   H. Varendi and R H Porter, "Breast odour as the only maternal stimulus elicits crawling towards the odour source," *Acta*

Paediatrica 90, no. 4 (2001): 372-75, https://pubmed.ncbi.nlm.nih. gov/11332925.

3   M. Kaitz et al, "Mothers'recognition of their newborns by olfactory cues." *Developmental Psychobiology* 20, no. 6 (1987): 587-91, doi:10.1002/dev.420200604, https://pubmed.ncbi.nlm.nih. gov/3691966/.

4   Quenqua, "New Baby Smell."

5   Frontiers, "Mother nose best: Child body odor provides olfactory clues to developmental stages," *Medical Xpress*, March 4, 2020, https://medicalxpress.com/news/2020-03-mother-nose-child-body-odor.html.

6   Laurie L. Dove, "What causes 'old person'smell?" *How Stuff Works*, https://health.howstuffworks.com/mental-health/human-nature/perception/old-person-smell.htm.

멸종된 꽃들 » EXTINCT FLOWERS

1   See "Resurrecting the Sublime" exhibit's About page, https://www. resurrectingthesublime.com/about.

2   Rowan Jacobsen, "Fragrant Genes of Extinct Flowers Have Been Brought Back to Life," *Scientific American*, February 2019, https:// www.scientificamerican.com/article/fragrant-genes-of-extinct-flowers-have-been-brought-back-to-life/.

3   알렉산드리아 데이지 긴스버그는 이 과정에 쏟아부은 과학자들의 열정에도 불구하고, 그 결과는 아직도 완결판은 아니라는 것을 강조한다. 그녀가 나에게 보낸 이메일에서도 언급했듯이, "이 냄새가 진짜 냄새인지는 우리도 확신할 수 없다. 이 냄새 분자가 꽃에서 난 것인지, 이 식물의 다른 부분에서 생성된 것인지, 얼마나 생성되는 것인지 심지어는 그 유전자가 돌연변이 유전자는 아닌지조차 확신할 수 없다. 꽃에서 어떻게 꽃 냄새가 나는지 우리는 확실하게 알지 못한다. 히비스커스속

의 꽃들은 실제로는 냄새가 나지 않는다. 히비스커스는 곤충에게 수분을 맡기는 충매화가 아니라 새에게 수분을 맡기는 조매화이기 때문이다. DNA가 우리에게 들려주는 이야기는 전체의 일부일 뿐, 전체가 아니다." 시슬 톨라스도 같은 주제에 대해 쓴 이메일에서 이렇게 말했다. "핵심 분자는 매우 특징적이고 독특한 냄새가 난다. 따라서 핵심분자는 식물의 냄새 신분증으로서 결정적인 역할을 할 수 있다. 물론 나머지 분자의 정확한 결합까지 세세히 알기는 힘들다. 내가 다양한 방법과 다양한 조합으로 냄새 분자들을 보여주려고 한 것도 그 때문이다. 그러나 핵심 분자는 언제나 금방 알아볼 수 있다.

4 Carol Ann McCormick, "The Heartbreak of Psoralea," *North Carolina Botanic Garden (NCBG) Newsletter*, September-October 2007, http://www.herbarium.unc.edu/9-10-07.pdf.

만들어진 냄새 » AN INVENTED SMELL

1 몰레큘 01에 대해 더 자세히 알고 싶다면, https://us.escentric.com/collections/escentric-molecules-01을 읽어보기를 권한다. 이론적으로 말하면, 몰레큘 01은 100퍼센트 아이소 감마로 이루어져 있다. 아이소 감마는 오리지널 아이소 E 슈퍼의 농도가 더 짙은 변형이다. 아이소 E 슈퍼는 냄새 성분을 발명해서 분리시키면서 여러 번의 이성질체 변환을 겪음으로써 고도로 농축되었기 때문이다. Nicolas Armanino et al., "What's Hot, What's Not: The Trends of the Past 20 Years in the Chemistry of Odorants," *Angewandte Chemie 59*, no. 38 (September 14, 2020): 16310-44, https://doi.org/10.1002/anie.202005719과, Cornelius Nussbaumer, Georg Fráter, and Philip Kraft, "(±)-1-[(1R*,2R*,8aS*)-1,2,3,5,6,7,8,8a-Octahydro-1,2,8,8-tetramethylnaphthalen-2-yl] ethan-1-one: Isolation and Stereoselective Synthesis of a Powerful Minor Constituent of the Perfumery Synthetic Iso E Super®,"*Helvetica Chimica Acta 82*, no. 7 (July 7, 1999), 1016-24, https://doi.org/10.1002/(SICI)1522-

2675(19990707)82:7<1016::AID-HLCA1016>3.0.CO;2-Y.

2   별도의 언급이 없는 한, 이 장의 정보들은 다음의 두 문헌에서 비롯된
     다. Bettina Weber, "Erfindung der Düte"["Invention of Smells"],
     Bolero, October 2003, 70-71 (in German), and Matvey Yudov,
     "The History of Iso E Super in Perfumery,"*Fragrantica*, https://
     www.fragrantica.com/news/The-History-of-Iso-E-Super-in-
     Perfumery-7729.html#:~:text=Among%20other%20synthetic%20
     perfumery%20ingredients,Super%20stands%20out%20a%20
     little.&text=The%20history%20of%20Iso%20E%20Super%20b-
     egan%20in%20the%201960s,In%201973%2C%20John%20B.

3   Williams, "Human nose can detect a trillion smells,"https://www.
     sciencemag.org/news/2014/03/human-nose-can-detect-trillion-
     smells, as well as Güther Ohloff, Wilhelm Pickenhagen, and Philip
     Kraft, *Scent and Chemistry: The Molecular World of Odors* (Germany:
     Verlag Helvetica Chimica Acta and Wiley-VCH, 2012), 27.

4   Cengage, "Cinnamaldehyde," Encyclopedia.com, https://www.
     encyclopedia.com/science/academic-and-educational-journals/
     cinnamaldehyde.

5   Newman, *Perfume*, 82. See also Chandler Burr, *The Perfect Scent: A
     Year Inside the Perfume Industry in Paris and New York* (New York: Henry
     Holt and Company, 2007), *The Perfect Scent*, 117-26.

6   Newman, Perfume, 85-95, 100. Gilbert, *What the Nose Knows*, 26-28,
     37.

7   향수를 만드는 기술, 향수와 관련된 현대 산업에 대해서 깊이 알고 싶
     다면, 챈들러 버*Chandler Burr*의 『완벽한 향The Perfect Scent』를 참고하
     기 바란다. 이 장의 내용은 대부분 그의 책을 참고했다.

심령체 » ECTOPLASM

1   Marina Warner, "Ethereal Body: The Quest for Ectoplasm,"*Cabinet*

Magazine, Fall/Winter 2003, http://www.cabinetmagazine.org/
issues/12/warner.php. 이 장에서 언급하는 사실의 대부분은 이 기사를
참고했다.

2   https://encyclopedia2.thefreedictionary.com/Ectoplasma.

3   Daniel Engber, "What's the Deal with Paranormal Ectoplasm?"
    Popular Science, August 5, 2015, https://www.popsci.com/whats-deal-
    paranormal-ectoplasm/.

4   "Ectoplasm,"The Free Dictionary, https://encyclopedia2.
    thefreedictionary.com/Ectoplasma. See also Kate Kershner,
    "What is ectoplasm?"*How Stuff Works*, April 7, 2015, https://science.
    howstuffworks.com/science-vs-myth/unexplained-phenomena/
    ectoplasm.htm.

성자의 향기 » THE ODOR OF SANCTITY

1   Ben Gazur, "The Smell of Saintliness," Wellcome Collection Stories,
    November 12, 2019, https://wellcomecollection.org/articles/
    XamCsxAAACAAqWIm.

2   "Module #103: Polycarp's Martyrdom," Christian History Institute's
    Early Church online studies series, https://christianhistoryinstitute.
    org/study/module/polycarp.

3   Constance Classen, "The Breath of God: Sacred Histories of Scent,"
    in *The Smell Culture Reader*, ed. Jim Drobnick (New York: Berg, 2006),
    376-79. See also Le Guéer, Scent, 122-23.

4   "St. Simeon Stylites," *Encyclopedia Britannica*, https://www.britannica.
    com/biography/Saint-Simeon-Stylites.

5   Stephen Beale, "What does sanctity smell like?" *Catholic Exchange*,
    August 11, 2014, https://catholicexchange.com/sanctity-smell-like.

6   Suzanne Evans, "The Scent of a Martyr," *Numen* 49, no. 2 (2002):
    201-202. 에반스는 19세기 프랑스의 퇴폐주의 작가 조리스-카를 위스

망스가 쓴 성녀 리드윈의 이야기를 인용하고 있다.

7 "Al-Ḥusayn ibn ʿAlī" *Encyclopedia Britannica*, https://www.britannica.com/biography/al-Husayn-ibn-Ali-Muslim-leader-and-martyr.

8 Evans, "The Scent of a Martyr," 204-207.

9 Andrea Tapparo et al., "Chemical characterisation, plant remain analysis and radiocarbon dating of the Venetian 'Manna di San Nicola,'" *Annali di chimica* 92, no. 3 (2002): 327-32. https://pubmed.ncbi.nlm.nih.gov/12025516/.

오래된 책 » OLD BOOKS

1 American Chemical Society, "That Old Book Tells Its Secrets," Technology Networks, November 19, 2019, https://www.technologynetworks.com/analysis/news/that-old-book-smell-tells-its-secrets-327385, and "What Causes the Smell of New & Old Books?" Compound Interest, June 1, 2014, https://www.compoundchem.com/2014/06/01/newoldbooksmell/. See also Mark Kurlansky, *Paper: Paging Through History* (United States: W. W. Norton, 2016), 250-55.

2 Erin Blakemore, "The Quest to Better Describe the Scent of Old Books," *Smithsonian Magazine*, April 7, 2017, https://www.smithsonianmag.com/smart-news/the-quest-better-describe-scent-old-books-180962819/. Veronique Greenwood, "Can an Archive Capture the Scents of an Entire Era?" *The Atlantic*, May 15, 2017, https://www.theatlantic.com/science/archive/2017/05/smell-archive/526575/. Daniel A. Gross, "How Smell Tests Can Help Museums Conserve Art and Artifacts," *Hyperallergic*, March 12, 2018, https://hyperallergic.com/431947/smell-tests-can-help-museums-conserve-art-artifacts/.

Exercise • 11

1   https://www.sciencedaily.com/releases/2020/11/201130131517.htm.

나가며

1   Franklin Mariñ-Sáchez et al., "Smell training increases cognitive smell skills of wine tasters compared to the general healthy population. The WINECAT Study," *Rhinology* 48, no. 3 (September 2010): 273-76, doi: 10.4193/Rhin09.206, https://www.researchgate.net/publication/47636697_Smell_training_increases_cognitive_smell_skills_of_wine_tasters_compared_to_the_general_healthy_population_The_WINECAT_Study.

2   Asifa Majid, "Humans Are Neglecting Our Sense of Smell. Here's What We Could Gain By Fixing That," *Time*, March 7, 2018, https://time.com/5130634/sense-smell-milk-expiration-industrial-revolution/.

주요 참고문헌

문화사

· Ackerman, Diane. *A Natural History of the Senses*. New York: Vintage Books, 1990.

· Barwich, A. S. *Smellosophy: What the Nose Tells the Mind*. Cambridge: Harvard University Press, 2020.

· Classen, Constance, David Howes, and Anthony Synnott, eds. *Aroma: The Cultural History of Smell*. London and New York: Routledge, 1994.

· Classen, Constance. *Worlds of Sense: Exploring the Senses in History and Across Cultures*. London and New York: Routledge, 1993.

· Corbin, Alain. *The Foul and the Fragrant: Odor and the French Social Imagination*. Cambridge: Harvard University Press, 1986.

· Drobnick, Jim, ed. *The Smell Culture Reader*. New York: Berg, 2006.

· Le Guéerer, Annick. *Scent: The Essential and Mysterious Powers of Smell*. Translated by Richard Miller. New York: Kodansha America, 1994.

· Muchembled, Robert. *Smells: A Cultural History of Odours in Early Modern Times*. Translated by Susan Pickford. Cambridge, UK, and Medford, MA: Polity, 2020.

· Reinarz, Jonathan. *Past Scents: Historical Perspectives on Smell*. Urbana, Chicago, and Springfield: University of Illinois Press, 2014.

후각의 과학

· Burr, Chandler. *The Emperor of Scent: A Story of Perfume, Obsession and the Last Mystery of the Senses*. New York: Random House Publishing Group, 2003.

· Cobb, Matthew. *Smell: A Very Short Introduction*. Oxford: Oxford University Press, 2020.

· Gilbert, Avery. *What the Nose Knows: The Science of Scent in Everyday Life*. N.P.: Synesthetics, Inc., 2014.

· Herz, Rachel. *The Scent of Desire: Discovering Our Enigmatic Sense of Smell*. New York: Harper Perennial, 2007.

· Horowitz, Alexandra. *Being a Dog: Following the Dog Into a World of Smell*. New York: Scribner, 2016.

· McGee, Harold. *Nose Dive: A Field Guide to the World's Smells*. New York: Penguin Press, 2020.

· Pelosi, Paolo. *On the Scent: A Journey Through the Science of Smell*. Oxford: Oxford University Press, 2016.

· Stoddart, Michael. *Adam's Nose, and the Making of Humankind*. London: Imperial College Press, 2015.

· Turin, Luca. *The Secret of Scent: Adventures in Perfume and the Science of Smell*. New York: Harper Perennial, 2007.

· Vroon, Piet, with Anton van Amerangen and Hans De Vries. *Smell: The Secret Seducer*. Translated by Paul Vincent. New York: Farrar, Straus and Giroux, 1997.

향수

· Aftel, Mandy. *Essence & Alchemy: A Book of Perfume.* Layton, UT: Gibbs Smith, 2008.

· ——— *Fragrant: The Secret Life of Scent.* New York: Riverhead Books, 2014.

· Burr, Chandler. *The Perfect Scent: A Year Inside the Perfume Industry in Paris and New York.* New York: Henry Holt and Company, 2007.

· Dugan, Holly. *Scent and Sense in Early Modern England.* Baltimore: Johns Hopkins University Press, 2011.

· Klanten, Robert, Carla Seipp, and Santiago Rodriguez Tarditti, eds. *The Essence: Discovering the World of Scent, Perfume & Fragrance.* Berlin: Die Gestalten Verlag, 2020.

· Groom, Nigel. *The Perfume Handbook.* London: Chapman & Hall, 1992.

· Newman, Cathy, with photography by Robb Kendrick. *Perfume: The Art and Science of Scent.* Washington, DC: National Geographic Society, 1998.

· Stewart, Susan. Cosmetics & Perfumes in the Roman World. Gloucestershire, UK: Tempus Publishing, 2007.

· Turin, Luca, and Tania Sanchez. *Perfumes: The Guide.* New York: Viking, 2008.

꽃, 허브, 향신료

· Allen, Gary. *Herbs: A Global History.* London: Reaktion Books, 2012.

· Czarra, Fred. *Spices: A Global History.* London: Reaktion Books, 2009.

· Heilmeyer, Marina. *Ancient Herbs.* Los Angeles: Getty Publications, 2007.

· Kirkby, Mandy. *A Victorian Flower Dictionary.* New York: Ballantine Books, 2011.

- Scoble, Gretchen, and Ann Field. *The Meaning of Flowers: Myth, Language and Lore.* San Francisco: Chronicle Books, 1998.
- Turner, Jack. *Spice: The History of a Temptation.* New York: Knopf, 2004.
- Wells, Diana, with illustrations by Ippy Patterson. *100 Flowers & How They Got Their Names.* Chapel Hill, NC: Algonquin Books of Chapel Hill, 1997.

회고록

- Birnbaum, Molly. *Season to Taste: How I Lost My Sense of Smell and Found My Way.* New York: Ecco, 2011.
- Blodgett, Bonnie. *Remembering Smell: A Memoir of Losing—and Discovering—The Primal Sense.* Boston: Houghton Mifflin Harcourt, 2010.
- Ellena, Jean-Claude. *The Diary of a Nose: The Year in the Life of a Parfumeur.* Translated by Adriana Hunter. New York: Rizzoli Ex Libris, 2013.
- Harad, Alyssa. *Coming to My Senses: A Story of Perfume, Pleasure, and an Unlikely Bride.* New York: Viking, 2012.

아로마 테라피

- Farrer-Halls, Gill. *The Aromatherapy Bible: The Definitive Guide to Using Essential Oils.* New York: Sterling Publishing Co., Inc., 2005.
- Wilson, Roberta. *The Essential Guide to Essential Oils: The Secret to Vibrant Health and Beauty.* New York: Avery, 2002.

각 냄새에 관해 참고한 책들

용연향

· Kemp, Christopher. *Floating Gold: A Natural (& Unnatural) History of Ambergris*. Chicago and London: The University of Chicago Press, 2012.

맥주

· Palmer, John. *How to Brew: Ingredients, Methods, Recipes and Equipment for Brewing Beer at Home*. Boulder, CO: Brewers Publications, 2006.
· Nachel, Marty. *Beer for Dummies*. Hoboken, NJ: Wiley, 2012.

장뇌

· Donkin, R. A. *Dragon's Brain Perfume: An Historical Geography of Camphor*. Leiden and Boston: Brill, 1999.

대마초

· Abel, Ernest L. *Marihuana: The First Twelve Thousand Years*. New York: Plenum Press, 1980.
· Booth, Martin. *Cannabis: A History*. New York: Picador, 2003.
· Matlins, Seth, and Eve Epstein, with illustrations by Ann Pickard. *The Scratch & Sniff Book of Weed*. New York: Abrams Image, 2017.

포연

· Smith, Mark M. *The Smell of Battle, The Taste of Siege: A Sensory History of the Civil War*. Oxford: Oxford University Press, 2015.

치즈

· Dalby, Andrew. *Cheese: A Global History*. London: Reaktion Books, 2009.
· LeMay, Eric. *Immortal Milk: Adventures in Cheese*. New York: Free Press,

2010.

· Percival, Bronwen, and Francis Percival. *Reinventing the Wheel: Milk, Microbes and the Fight for Real Cheese.* Oakland: University of California Press, 2017.

· *The Cheese Nun: Sister Noella's Voyage of Discovery.* DVD. Directed by Pat Thompson. Alexandria, VA: PBS Home Video, 2006.

초콜릿

· Moss, Sarah, and Alexander Badenoch. *Chocolate: A Global History.* London: Reaktion Books, 2009.

유향과 몰약

· Groom, Nigel. *Frankincense and Myrrh: A Study of the Arabian Spice Trade.* Harlow, Essex, UK, and Beirut: Longman Group and Librairie du Liban, 1981.

재스민

· Grasse, Marie-Christine. *Jasmine: Flower of Grasse.* Parkstone Publishers & Muséee Internationale de la Perfume, 1996.

라벤더

· Ralston, Jeannie. *The Unlikely Lavender Queen: A Memoir of Unexpected Blossoming.* New York: Broadway Books, 2008.

사향

· King, Anya H. *Scent from the Garden of Paradise: Musk and the Medieval Islamic World.* Leiden and Boston: Brill, 2017.

성자의 향기

· Harvey, Susan Ashbrook. *Scenting Salvation: Ancient Christianity and the Olfactory Imagination.* Berkeley: University of California Press, 2006.

오렌지

· Attlee, Helena. *The Land Where Lemons Grow: The Story of Italy and Its Citrus Fruit.* Woodstock, VT: The Countryman Press, 2015.
· McPhee, John. *Oranges.* New York: Farrar, Straus and Giroux, 1983.

침향

· Morita, Kiyoko. *The Book of Incense: Enjoying the Traditional Art of Japanese Scents.* Tokyo and New York: Kodansha International, 1992.
· Al-Woozain, Mohamed. *Scent of Heaven: On the Trail of Oud.* Al Jazeera documentary, 2016. https://interactive.aljazeera.com/aje/2016/oud-agarwood-scent-from-heaven/index.html.

연필

· Petroski, Henry. The Pencil: *A History of Design and Circumstance.* London and Boston: Faber and Faber, 2003.
· Weaver, Caroline. *The Pencil Perfect: The Untold Story of a Cultural Icon.* Berlin: Gestalten, 2017.

장미

· Bernhardt, Peter. *The Rose's Kiss: A Natural History of Flowers.* Washington, DC, and Covelo, CA: Island Press and Shearwater Books, 1999.
· Potter, Jennifer. *The Rose: A True History.* London: Atlantic Books, 2010.

차

· Saberi, Helen. *Tea: A Global History*. London: Reaktion Books, 2010.

담배

· Gately, Iain. *Tobacco: A Cultural History of How an Exotic Plant Seduced Civilization*. New York: Grove Press, 2001.
· Goodman, Jordan, ed. *Tobacco in History and Culture: An Encyclopedia*. Detroit: Thomson Gale, 2005.

트러플

· Hall, Ian R. *Taming the Truffle: The History, Lore and Science of the Ultimate Mushroom*. Portland, OR: Timber Press, 2007.
· Jacobs, Ryan. *The Truffle Underground: A Tale of Mystery, Mayhem and Manipulation in the Shadowy Market of the World's Most Expensive Fungus*. New York: Clarkson Potter, 2019.
· Maser, Chris. *Trees, Truffles and Beasts: How Forests Function*. New Brunswick, NJ: Rutgers University Press, 2008.
· Wells, Patricia. *Simply Truffles: Recipes and Stories That Capture the Essence of the Black Diamond*. New York: William Morrow, 2011.

바닐라

· Rain, Patricia. *Vanilla: The Cultural History of the World's Favorite Flavor and Fragrance*. New York: Jeremy P. Tarcher, 2004.
· Ecott, Tim. *Vanilla: Travels in Search of the Ice Cream Orchid*. New York: Grove Press, 2004.

와인

· Betts, Richard, with Crystal English Sacca, illustrated by Wendy MacNaughton. *The Essential Scratch & Sniff Guide to Becoming a Wine*

Expert. New York: Rux Martin, 2013.

· Bosker, Bianca. *Cork Dork: A Wine-Fuelled Adventure Among the Obsessive Sommeliers, Big Bottle Hunters and Rogue Scientists Who Taught Me to Live for Taste.* New York: Penguin Books, 2017.

· Chartier, Françcois. *Taste Buds and Molecules: The Art and Science of Food, Wine and Flavor.* Translated by Levi Reiss. Hoboken, NJ: John Wiley & Sons, 2012.

· Robinson, Jancis. *How to Taste: A Guide to Enjoying Wine.* New York: Simon & Schuster, 2008.

· Shepherd, Gordon M. *Neurogastronomy: How the Brain Creates Flavor and Why It Matters.* New York: Columbia University Press, 2012.

지은이 **주드 스튜어트** *Jude Stewart*

《슬레이트*Slate*》, 《빌리버*The Believer*》, 《애틀란틱*The Atlantic*》, 《패스트 컴퍼니 *Fast Company*》, 《디자인 옵저버*Design Observer*》 등에 디자인과 문화에 관련된 글을 기고해왔다. 《프린트*Print*》의 자유기고가이기도 하다.

디자인 전문작가로서 오랫동안 직업적인 시각을 발달시켜왔던 그는 우연한 계기로 후각이라는 감각에 흥미를 가지게 된다. 이후 냄새들의 이야기를 탐험하며 신기하고 경이로운 향의 세계에 눈을 뜨게 되었고, 독자들에게 후각을 통해 세상을 새롭게 감각하는 방법을 알려주고자 이 책을 썼다.

저서로는 『빨주노초파남보*Roy G. BIV*』, 『패터널리아*Patternalia*』가 있다.

옮긴이 **김은영**

대학에서 물리학을 전공하였으며, 과학교양서를 주로 번역하고 있다. 『희망의 밥상』, 『다윈의 개』, 『슬픈 옥수수』, 『인류사를 바꾼 위대한 과학』, 『작은 것들이 만든 거대한 세계』 등을 번역했다.

코끝의 언어

우리 삶에 스며든 51가지 냄새 이야기

펴낸날 초판 1쇄 2022년 5월 13일
　　　　 초판 2쇄 2023년 1월 2일

지은이 주드 스튜어트

옮긴이 김은영

펴낸이 이주애, 홍영완

편집장 최혜리

편집1팀 문주영, 양혜영, 강민우

편집 박효주, 유승재, 박주희, 장종철, 홍은비, 김하영, 김혜원, 이정미

디자인 기조숙, 박아형, 김주연, 윤소정, 윤신혜

마케팅 김예인, 최혜빈, 김태윤, 김미소, 김지윤

해외기획 정미현

경영지원 박소현

펴낸곳 (주)윌북 **출판등록** 제 2006 - 000017호

주소 10881 경기도 파주시 광인사길 217

홈페이지 willbookspub.com **전자우편** willbooks@naver.com

전화 031-955-3777 **팩스** 031-955-3778

블로그 blog.naver.com/willbooks **포스트** post.naver.com/willbooks

페이스북 @willbooks **트위터** @onwillbooks **인스타그램** @willbooks_pub

ISBN 979-11-5581-479-6 (03990)